中文社会科学引文索引（CSSCI）来源集刊

民俗典籍文字研究

第二十九辑

北京师范大学民俗典籍文字研究中心　编

图书在版编目(CIP)数据

民俗典籍文字研究.第29辑/北京师范大学民俗典籍文字研究中心编.—北京:商务印书馆,2022
ISBN 978-7-100-21682-1

Ⅰ.①民… Ⅱ.①北… Ⅲ.①民俗学—研究—中国②汉语—语言学—研究 Ⅳ.①K892②H1

中国版本图书馆CIP数据核字(2022)第168973号

权利保留,侵权必究。

MINSU DIANJI WENZI YANJIU
民 俗 典 籍 文 字 研 究
第 二 十 九 辑
北京师范大学民俗典籍文字研究中心 编

商 务 印 书 馆 出 版
(北京王府井大街36号 邮政编码100710)
商 务 印 书 馆 发 行
北京艺辉伊航图文有限公司印刷
ISBN 978-7-100-21682-1

2022年6月第1版　开本787×1092　1/16
2022年6月北京第1次印刷　印张18½
定价:95.00元

《民俗典籍文字研究》学术指导委员会

主　任：董　琨

委　员（音序排列）：

　　　安平秋　郭锡良　何九盈　黄天树　江蓝生　李　强
　　　刘魁立　鲁国尧　王邦维　张　博　赵　诚

主　编：王立军
副主编：董晓萍

编　务：齐元涛　赵芳媛

目　　录

● 章黄学术研究

不失乾嘉以来之矩矱
　　——从钱穆评徐复《后读书杂志》想到的 …………………………… 王继如　1
章太炎所编《学林》创办与出版状况略考 ……………………………… 王　志　9
新见《黄先生语录》稿介绍与整理 …… 黄侃(讲)　黄焯(记)　张祎昀(整理) 17

● 民俗学研究

宋代祭酺礼探析 …………………………………………………………… 陈　渊　34
唐代虎伥故事的灾害叙事及其地方性知识 ……………………………… 张　云　47

● 汉字学研究

试论楚简中的"慮"及相关字形 ………………………………… 马文杰　孟蓬生　69
楚简"绝""继"考辨 …………………………………………… 俞绍宏　孙振凯　77
谈甲骨文中构件和笔画的组合体与单个构件之间的形体混同 ………… 吴盛亚　89
明清戏曲俗字考辨 ………………………………………………………… 王荣艳 100
徐州一带"饦汤"中"饦"的本字考 …………………………………… 史艳锋 108

● 词汇语义研究

汉语义位组合理据研究 …………………………………………… 袁世旭　郑振峰 118
卫姒簋的自名修饰语研究 ………………………………………………… 王英宵 129
《左传》"齐侯疥，遂痁"疑义辨证 …………………………………… 王克松 136
中古医籍中"淋沥"词义考 ……………………………………………… 朱圣洁 146

● 音韵学研究

清代官韵书《佩文诗韵》源流与流变考(上) …………………… 张民权　许文静 157
《合并字学集韵》所引《词韵》索解 …………………………… 李子君　高　博 178
《诗经》重言词隔章双声现象研究 ……………………………………… 赵团员 194

"重音说"与《仪礼音义》之"重音" ……………………………… 储丽敏 219

● 方言研究

以晋方言证解古今文献相对应的词 ……………………… 刘雨荷 乔全生 232

● 文献研究

历代字书数据库属性提取的方法、难点及对策 …………… 刘丽群 张一雄 247

上海图书馆藏宋宾王抄本《说文解字六书论正》考论 ………………… 张宪荣 263

英文提要 …………………………………………………………… 278

《民俗典籍文字研究》征稿启事 ………………………………… 289

(《民俗典籍文字研究》实行双向匿名审稿制度)

不失乾嘉以来之矩矱

——从钱穆评徐复《后读书杂志》想到的

王继如

提要： 1944 年徐复先生向当时的教育部提交手写稿《后读书杂志》参与学术评奖，审评人中有一位是钱穆先生，其评语竟然得以保存并在 2016 年出版的《学灯》第一辑上刊出。通过这个评语，可以体会到当时学者对学术矩矱的遵循并依循此学术矩矱而进行创造性探索的情形。《后读书杂志》直至 52 年后的 1996 年方正式出版，其考释成果是经历时间的磨砺的。这里举出《汉书》一例、《荀子》一例、《庄子》一例，从作为徐复先生的学生的角度，来探索徐复先生考释这些问题的思想路径并体味这些思考是如何遵循学术矩矱的。

关键词： 钱穆 徐复 后读书杂志 学术矩矱

2019 年 9 月 25 日，南京师大苏芃兄告诉我，香港浸会大学《学灯》第一辑有《民国学术奖评审意见选刊（六则）》，其中有钱穆评徐复《后读书杂志》，问我见过没有。我说没见过，记忆中也没听过徐老讲过此事，听说此事很高兴。苏芃传来《学灯》第一辑扫描版，即打印出来细读几遍，有一些感想。《学灯》是香港浸会大学孙少文伉俪人文中国研究所主办的，第一辑是上海古籍出版社 2016 年 4 月出版的，其第 272 页有《民国学术奖评审意见选刊（六则）》，是由北京师范大学历史学院研究生李妙麟整理，清华大学历史系副教授黄振萍校对的。关于学术奖评审的背景，该文篇首的"说明"有详细的叙述，此处不赘，评审意见的原稿，据"说明"所说，现藏台湾新竹清华大学杨儒宾教授处。杨儒宾教授给他们提供了七件照片，他们整理了其中较为完整的六件，其第六件就是钱穆评徐复《后读书杂志》，在第 280—281 页上。徐老 1932 年开始作《后读书杂志》，1944 年提交评奖的是手写稿本，直至 1996 年 4 月才由上海古籍出版社出版。1996 年的版本（下文称"今本"）和 1944 年提交的手稿本有一些不同，这是理所当然的事，我将钱穆举出的"尤精卓者"十三例逐一与今本对照，发现有三例今本未见。李氏、黄氏的录文，有一些可商之处，我将《学灯》录文与今本对读，再校录于下，校语加括号作为小注置于评语中，便于比较。

本书卷帙无多，而新义络绎，时有创见。大体论之，援据精惬，说义平允者，盖占全书十之六七，其他各条，亦皆妥帖自然，绝少牵强穿凿之病（《学灯》本句下误加逗号）与夫支蔓敷衍之害，询为不失乾嘉以来之矱矩（疑为"矩矱"之倒，本评语之末有"矩矱"）者。就中尤精卓者，如说《汉书》"噍类"为"畴类"，引《管子·（《学灯》本缺点号，下类似问题不再列出）枢言》（四页。今本在36页）。说"蹹背出血"为"焰背"，引《多桑蒙古史》（五页。今本在40页，295页更有详说）。说《宋书》"直勒"为"特勤"，引钱竹汀《养新录》（十一页。今本在55页）。说《史通》"凝脂"为"刑网之密"，引《盐铁论》（十六页。今本未见）。说《庄子》"颇斛"为"锺臾"，引《小尔疋》（二十六页。今本未见）。说《荀子》"屋室庐庾，葭藁（《学灯》本字误从木作"藳"，下文同误）蓐，尚机（《学灯》本误作"機"，今本亦均误作"機"）筵"为"局室庐，廉（"廉"字从今本，取少义，《学灯》本作"帘"字，恐误植）藁蓐，省机筵"，引《初学记》《盐铁论》《墨子》（三十页。今本在76页）。说《盐铁论》"若俟周召而望子高"为"望高子"，引《公羊传》（三十八页。今本在96页）。说"雹雾夏陨"为"雹霰"，引《吕氏春秋》（四十四页。今本在103页）。说司马相如《长门赋》"赐问"为"赐间（《学灯》本误植作"闻"）"，引《史记·范雎传》（五十七页。今本在188页。此条及下条出自《文选》）。说潘安仁《悼亡诗》"周惶忡惊惕"为"周惶中惊惕"，引《玉台新咏》与宋玉《九辩》（五十七页。今本在190页）。说《文心雕龙》"骨鲠所树"为"骨骾"，引《广韵》《抱朴子》（六十一页。今本在196页）。说"举止於察惠"为"与言止於察惠"，引宋本《御览》（六十三页。今本未见）。说"懕恫"为"譃词"，引《广韵》与《三国·魏志·程昱》《臧霸传》（程昱、臧霸分属两传，《学灯》本标点作"程昱臧霸传"，不妥）（七十四页。今本在206页）。如此之类，莫不确有援据，而释解精惬，使人有涣然冰释怡然理顺之感。其他不枝举。其据《御览》校《文心雕龙》各条，均历来治此书者所未照也。

总评：本书卷帙无多，而极富创获，已为随手举出十数条。此等或自来未得其解，或素不为人注意，一旦说出，转觉自然平淡。或若琐碎小节，然治古籍，正贵校勘诂训以为先基。而其间粗细高下各有分别，苟非平心静气，处之不苟，学养工夫到，即每好作游辞，妄生曲解，不惟不为学人之助，抑且转为之害。本书已勘此弊，其所发明，皆是以补前人所未备，询为犹有旧时

学人著作之矩矱者。按标准似可予以第二等奖,不知当否,敬待

    公决　　　　　　　　　　　　　　　　审查人:钱穆

                                           卅三年一月十六日

钱穆所激赏的十三条中,有两条徐老给我们授课时颇为强调,我至今记忆犹新。

第一条是《汉书·苏武传》"蹈其背以出血"的"蹈"当校作"焰"字。《苏武传》:"武谓惠等:'屈节辱命,虽生,何面目以归汉?'引佩刀自刺。卫律惊,自抱持武,驰召医,凿地为坎,置煴火,覆武其上,蹈其背以出血。武气绝半日,复息。"此文叙述卫律急救苏武的过程甚详细,但"蹈其背以出血"不合情理,蹈是踩、践踏,踩踏自刺濒死的苏武之背使之出血来急救他,恐怕不是正当之法,而且此法与上文的"凿地为坎,置煴火,覆武其上"又有什么关系呢?杨树达先生首先发现这个讲不通的问题,但没解决好。他在1925年由商务印书馆出版的《汉书补注补正》卷三,页六上说:"背不可蹈,况在刺伤时耶?蹈当读为搯。《国语·鲁语》云:'无搯膺。'注:'搯,叩也。'马融《长笛赋》云:'搯膺擗摽。'盖叩体谓之搯,故彼云搯膺,此云搯背,轻叩其背使出血者,虑血淤滞体中为害也。"杨先生谓"搯"是"轻叩",而辞书据这些例子解释"搯膺"是"捶胸,椎心。谓哀痛至极",两种解释有相当的距离,对刀伤濒死的人捶击其背恐怕也非所宜,而且仍旧与"凿地为坎,置煴火,覆武其上"无干涉,此解恐怕没有解决问题。但杨先生对此条自信甚坚,1955年由科学出版社出版的增补《汉书补注补正》而成的《汉书窥管》自序中再次强调这一条,说:"余四十年前,偶读《苏武传》,有'蹈其背以出血'语,心疑背不可蹈,况在武受伤时耶!而师古及《补注》并无说,余因读蹈为训轻叩之搯,文乃可通。缘此知《补注》篇帙虽富,遗义尚多。"《汉书窥管》该条仍同1925年的《补正》本(见上海古籍出版社1984年版第426页。此本即据科学出版社1955年本重版),杨先生并未增补能说明"搯"是轻叩的例子,而引用的两个例子并非轻叩义,而是大力捶击义。

徐老不同意"蹈"读为"搯",而认为是"焰"之误。他的这个认识,不仅来自于书本材料,而且来自生活经历。1942年抗战最艰苦的年代,徐老当时方年三十,在四川边疆学校授课,同时学习蒙语、藏语,了解边民习俗,读冯承钧译的《多桑蒙古史》第一卷第二章这样一段话:"铁木真遇泰亦赤兀十二骑,铁木真独与战,敌骑十二矢并发,伤其口喉,痛甚,昏堕马。不儿古勒(人名)燃火热石,投雪于石上,引铁木真口,以蒸气熏之,及凝血出,呼吸遂通。"(据今本第295页引文)恍悟《苏武传》的"蹈"字应是"焰"的误字。《说文·炎部》:"焰,火行微焰焰也。"字与焰同。"焰"字《苏武传》中用作动词,是"以火微熏其背以出凝血"的意思。徐老给我们讲这个例子时,还说到曾将这看法征询边疆学校的学员,

得到认可。千古之谜,一朝破解,乐何如之! 徐老如此看重这个发明,我们是可以理解的。

这里,关键的证据是《多桑蒙古史》上引的一段话。多桑(1780—1855),瑞典人,著名的东方学家。冯承钧译本,初版当在 1933 年(其序言写于此年)。冯承钧(1887—1946),湖北汉口人,通晓法文、英文、比利时文、梵文、蒙古文、阿拉伯文、波斯文,兼及古回鹘语、吐火罗语和蒙语八思巴字,著名中外交通史专家。1962 年,陆峻岭统一原来有些歧异的译名的本子由中华书局出版了,上述引文在此版本的第 39 页上:

> 铁木真别又经一大难,时从行者仅其二友不儿古赤(Bourgoudji)不儿古勒(Bourgoul)二人,遇泰亦赤兀人十二骑,铁木真独与战,敌骑十二矢并发,伤其口喉,痛甚昏坠马。不儿古勒燃火热石,投雪于石上,引铁木真口,以蒸气熏之,及凝血出,呼吸遂通。时雪大,不儿古赤执裘以盖伤者首,如是终夜,雪深至腰,足迹不移。及曙,以铁木真置马上卫之归;后赏二人之功,并授以答剌罕(tcrkhan)之号。凡有答剌罕之号者,豁免一切赋税,独有其战利品全部,随时可入见其主,犯八罪不罚,惟在第九次犯罪后始罚之。

徐老的引文,与此相校,有几个字的出入。开头提到的事主"铁木真"是插入语。"泰亦赤兀"下漏"人"字。"堕马"译本作"坠马",义同。"呼息"当依译本作"呼吸"。

徐老这个发明的文字发表,是到了 1959 年,发表在《南京师范学院学报》1959 年第 2 期上,文章题目是《杨树达先生遗著献疑——兼论汉语考证的方法与途径》(后文简称《献疑》)。在充分肯定杨树达先生的杰出成就的前提下,指出杨树达先生在语法、文字、训诂方面的一些疏失,其中就举了"蹈其背"的例子。这篇文章,不是认真研读了杨树达先生的许多著作并有更辽阔的阅读面和视野不能为之。但在当时"拔白旗"的政治气氛压迫下,对杨树达先生的一些疏失上挂到资产阶级治学方法上,其时徐老本人也受到同样的批判,南师的徐铭延和马和顺两位先生写了《对徐复的〈从语言上推测《孔雀东南飞》一诗的写定年代〉一文的商榷》(载《学术月刊》1958 年 12 期。后文简称《商榷》),开宗明义就说此文"集中反映了徐复先生的资产阶级唯心主义的学术思想以及错误的治学态度和方法"(徐铭延后划为右倾机会主义分子,调到南京大学后自杀)。这样的局面,真是诡谲难言。1978 年秋,我们三个徐老的研究生入学后,徐老找出那篇《献疑》的文章,说当时就是那样的局面,这些都不要管它了,这条考证还是可靠的,要我们裁取刻印出来学习。后来,徐老本人又将这段文字放在今本《后读书杂志》的附录中,题目作《〈汉书·苏武传〉"蹈其背以出血"解》。那篇《献疑》的文章,徐老后来还同我说过,除去政治用语,其中的许多举证是有意义的。我近日又浏览一过,如说收在《广雅丛书》中的吴㐷云(文中误排作"吴凌云")《吴氏遗箸》中关于文字的一些说法发于杨树达先生之前,例如说"甬"像钟形,"危"为跪的初文,都说在杨先生之前多年,杨先生不曾寓目。吴夌云尚有其他很有意思的说法,例如说"巳"是古"胎"字等。这些揭示,都很开人耳目,益人神智。可惜,这篇文章因为杂有批判用语而摒弃于徐老集子之外(上述《献疑》《商榷》两文扫描本均蒙苏芃兄提供)。

如今,徐老、我同届的研究生同学吴金华、朱声琦均已谢世,徐老发明"焰其背"之颠末恐知者无多,故陈述如上。

徐老所强调的第二条是《荀子·正名》"屋室庐庾,葭藁蓐,尚机筵,而可以养形"校作"局室庐,廉藁蓐,省机筵,而可以养形"。意谓狭窄的房屋,很少的草蓐,一点几案和坐席,就可以养身体了。校改的依据是《初学记·器物部》引"孙卿子曰:局室、芦帘、藁蓐,可以养形",其下未见"机筵"字样,如何合起来考虑?徐老疑为三个三字句,于是校改如上。迄今为止,《荀子》此处文字,未见有比徐老更妥帖的解释。

今人有王天海者,2005年在上海古籍出版社出版了《荀子校释》,书前有徐老的序,书中《正名》此处文字下也节引徐老之说,但不以徐老之说为是,而断句作"屋室庐庾葭,藁蓐尚机筵"(该书页926)解释说:"言所居之屋乃芦、草所搭之窝棚,且以草蓐当几席,其义本通。"这里,碰到的难题是"庾"训"草"需要有确凿的依据。王天海说:"庾者,草也,《尔雅》'薜庾草'。"《尔雅》"薜庾草"能简单读作"薜、庾,草"吗?清·翟灏《尔雅补郭》卷下该条说:"《集韵》以薜庾字骈连为名,庾与荔或音之转。"是否音转倒不一定,但《集韵》上平声十虞是将"薜庾"作为一个词的,该条云:"蕻、庾:薜蕻,草名。或省。"只是可以将"庾"字增旁作"蕻"而已。既然"薜庾"是一个词,是草名,就不能从中抠出一个"庾"字来训草,因此,王天海先生的说法是靠不住的。

萧旭兄有《荀子校补》,台湾花木兰文化出版社2016年出版,该书搜罗甚广,但未涉及该条。所以我敢说,该条比徐老更妥帖的说法,我迄今未见。

徐老是在什么情况下给我们讲解这类校勘问题的呢?记得我们研究生入学不久,程千帆先生由南京大学匡亚明校长落实政策调到南大,一时未有研究生,便来南师给我们上校雠学,其后徐老说:"我也来给你们讲点校勘学,和别人讲的会不一样。"听下来,程千帆先生口才极好,表述明晰,综述别人的例子很是成功,如关于《聊斋志异》的一条校勘,程先生说得非常清楚,我读书甚少,以为是程先生发明的,后来才知道是胡适发明的。徐老是朴学家,给我们讲的都是自己的发明,都是干货。

我听讲会做笔记留下的。但年老体衰,书物又多,难以翻检,往事只能凭记忆写下,可能有误。

读钱穆对徐老的评语,可知对于训诂校勘问题,钱穆很强调乾嘉矩矱,盛赞徐老"询为犹有旧时学人著作之矩矱者"。这个矩矱应该如何感知,从钱穆所举的今本犹存的"尤精卓者"十个例子中就可以感知。态度上要"平心静气,处之不苟",学力上必须"学养工夫到"。这"学养"二字不可小觑,是要靠"学"养出来的。钱穆对"妄生曲解"的情况深恶痛绝,因为它"不惟不为学人之助,抑且转为之害"。这仿佛就是对今天乱解古书的人说的。而徐老三十二岁时提交的稿本《后读书杂志》"已勘此弊""有旧时学人著作之矩矱",可见此时学术上已经非常成熟了,以后随着年龄的增长,阅历的丰富,学养的深厚,而终于达到炉火纯青的地步,是势所必至的事。

徐老的文笔,洗练而优美。他引用材料,不繁征引,能说明关键问题即可。徐老曾对我说,这是他与蒋礼鸿先生相异之处。至于徐老文笔之优美,懂得文章的人读了就能体会到,常国武先生曾对我说过:徐老的文章比一些著名的文学史家文笔更好。张舜徽先生曾经说过:不少清儒,能为考据之事,而不能为考据之文。所以,考据还必须有辞章来表述,徐老两者皆优为之。

2019年10月7日于吴下

附记

拙文7日当晚即传王华宝兄,8日华宝兄示知:今本未见三例,《史通》一例,见《徐复语言文字学晚稿》第249页(江苏教育出版社2007年版)。《庄子》一例,见《晚稿》第260页,又见《徐复语言文字学论稿》第225页(江苏教育出版社1996年版。后文简称《论稿》)。谢谢华宝兄匡我不逮,纠我疏失。我即检出细读。

《庄子》例,以《论稿》中《〈庄子〉"䰞䰞"解》一短篇所说为详,《晚稿》意同《论稿》,而文有节略。《〈庄子〉"䰞䰞"解》篇末注明1944年6月稿,和此前钱穆所转述"䰞䰞"为"锺臾"不同,是说"䰞"不成字体,实际上是"釜"字误书,"䰞"同庾,"䰞䰞"就是"釜庾","釜庾"可以连文。釜的容量是六斗四升。庾,《小尔雅·广量》:"二釜有半曰庾。"(此据徐老引。查《小尔雅·广量》,文作"釜二有半谓之薮","薮"义同"庾"。)容量是一斛六斗。二者容量相邻。

在上古文献中,"䰞"字仅见于《庄子》。《庄子·田子方》:"三年,文王观于国,则列士坏植散群,长官者不成德,䰞䰞不敢入于四竟。列士坏植散群,则尚同也;长官者不成德,则同务也;䰞䰞不敢入于四竟,则诸侯无二心也。"意思是周文王起用臧丈人(喻姜子牙),三年后,周文王考察国情,见到众士人不结团伙,不立首领,官员们不显示自己的功劳德政,外国的量器不敢进入四境。众士人不结团伙,不立首领,则同心协力;官员们不显示自己的功劳德政,则共同努力;外国的量器不敢进入四境,则诸侯国没有异心。这里,表示量器的"䰞䰞"有异文,有异读。《释文》:"䰞䰞,音庾。李云:'六斛四斗曰䰞。'司马本作'䰞䰞',云:'䰞读曰锺,䰞读曰臾。'"

徐老是据司马本"䵉斛"的文字立说的（不取其"䵉读曰锺"之说）。他说："䵉（印本误作䵉）左旁䖵字，不成字体，疑当为釜字形近之误，釜亦量名也。盖《庄子》本作釜斛二字，后人于斛旁注臾音，写者不达，遂误以为釜之偏旁耳。""䵉斛"就是"釜庾"，徐老接着举出古籍中"釜庾"连文之例，《三国志》一例，《晋书》一例。我们据检索版的数据，还可以补充一些例子，如《宋书》卷九十三《隐逸传·沈道虔》："时复还石山精庐，与诸孤兄子共釜庾之资，困不改节。"

徐老所以不取"䵉"读"锺"之说，以"釜庾为小量器，至锺则十倍于釜，四倍于庾，依序不当列于釜庾之先，故知非是"。然而依司马之本读"䵉"为"锺"，"锺庾"连文，也有例证。如《文选》卷四十任昉《奏弹刘整》："何其不能折契锺庾而襜帷交质？"《文苑英华》卷一百五十三李峤《晚秋喜雨并序》："牲币之礼，遍于神祇；锺庾之贷，周于穷乏。"《汉语大词典》有"锺庾"条。问题是，就"䵉"字而言，它显然是个合体字，而缺乏读"锺"的构件。《集韵》上平声三锺只有造出一个从缶重声的"𦈢"字来作为"䵉"的异体字，云："𦈢、䵉：量名，六斛四斗曰𦈢，或作䵉，通作锺。"（䵉，俗书常作"䵉"，本文不取。）然而《庄子》未用"𦈢"字，中国基本古籍库中迄今未见用"𦈢"的例子，这就使得"䵉"读"锺"更加难以找到证据了。

至于常见本之作"䵉斛"，是读"䵉"为"庾"，"庾斛"连文也有些用例，如《旧唐书》卷四十四《职官志三》司农寺太仓署下云："（太仓署）令掌九谷廪藏，丞为之贰。凡凿窖置屋，皆铭砖为庾斛之数，与其年月日，受领粟官吏姓名。又立牌如其铭。"（中华书局1975年版，第1887页）但徐老不取，为什么？徐老说："一本作䵉斛者，又以不知䵉字之误，故改[斛——笔者据文意增]为斛字以就文义矣。"

徐老的思路大致是这样：原文是"釜斛"，斛字难读，旁注"臾"音，抄者不解，遂将"臾"作釜的声旁又讹作不成字体的"䵉"，于是成了"䵉斛"（司马本）。"䵉斛"不能读"庾庾"，司马遂毫无根据地读为"锺庾"，常见本则擅改"斛"为斛而成"䵉斛"，读作"庾斛"。他们都不解"䵉"字是个不成字体的讹字。从文字学来看，徐老的立论是确凿的。

因此，钱穆评语提到的"就中尤精卓者"第五条说："说《庄子》'䵉斛'为'锺臾'，引《小尔疋》。"恐怕有误。徐老引《小尔雅·广量》"二釜有半曰庾"正是为了说明"釜"与"庾"之相邻，为原文当作"釜斛"佐证，不可能反而去证实"锺臾"的。不知道钱穆此条评语是误录呢，还是原文表述有误。当然，也不能绝对排除徐老1944年1月16日前提供审评的稿子和该年6月写定的稿子在认识上有一个大变化，但这种可能性不大，原因就是引《小尔雅》是钱穆看到的。

《史通》之例，钱穆评语云："说《史通》'凝脂'为'刑网之密'，引《盐铁论》。"据《晚稿》的《〈史通〉校补》所说，是围绕浦起龙就《史通·惑经》"躬为枭獍，则漏网遗名；迹涉瓜李,乃凝脂显录"所作的《通释》进行两方面的补充,一是优化释义,浦起龙说"凝脂"谓"刑峻",徐老说"盖取网密义,与上句漏网对文",显然,这个释义更准确些,"凝脂"以其致密来比喻刑网之密,这和"刑峻"在词义上是有距离的。二是浦起龙引《中华古今注》和《旧唐书》都未得典源,徐老引《盐铁论·刑德》"昔秦法繁于秋荼,而网密于凝脂"方得其典源。而浦起龙所引的五代·马缟《中华古今注》卷中"燕脂"条文云:"盖起自纣,以红蓝花汁凝作燕脂,以燕国所生,故曰燕脂。涂之作桃花妆。"细读其文,显然和刑网之密的"凝脂"无关。徐老行文简练,这些都略而不提了。

  一个有趣的问题是,徐老当年知道钱穆评了自己的《后读书杂志》吗?华宝兄告诉我:"经施之勉介绍,徐老与钱穆有交往,1952年徐老亲笔材料有说明。钱先生写评语,徐老可能知情。钱评二等,后为三等,钱对先生非常赞赏,徐老对钱'特别有知己之感'"(参见《徐复先生传略》,第47页)。华宝兄对徐老的生平和交往知之甚深,其说当有根据。

2019年10月23日于吴下

(王继如:苏州大学,215006,江苏苏州)

章太炎所编《学林》创办与出版状况略考

王 志

提要：《学林》是章太炎第三次流亡日本时创办的重要杂志。虽然《学林》筹办于1910年,但所出两期《学林》皆出版于1911年,而非学界通常认为的1910年。这一点,有许多材料可资佐证。学界流行的黄侃主编《学林》之说亦不可信。虽然《学林》是由太炎弟子们协助创办的,但其撰述与编辑工作则主要由太炎承担。

关键词： 章太炎 学林 黄侃 朱希祖

章太炎1906年流亡日本后,除曾长期主编《民报》,还曾创办《学林》杂志。虽然《学林》仅出版了两期(当时称为册),但却是研究章太炎生平与思想的重要资料,经常被研究章太炎以及近代革命史、学术史、期刊史、传播史的学者引为论证的依据。遗憾的是,关于《学林》,学界有不少认识虽然较为流行,但却去事实较远,颇有澄清之必要。

一 《学林》创办与出版之年份

汤志钧《章太炎年谱长编》认为《学林》创办于1910年,并认为两期《学林》都出版于1910年,在该书修订版中,他依然坚持了这一观点。学界谈及《学林》也普遍采纳了这一观点,不少学者引用《学林》时甚至将出版时间直接标注为"1910年"。然而事实上,《学林》虽筹办于1910年,但其出版时间却皆在1911年,不可不辨。

据朱镜宙《章太炎先生轶事》记载,在东京时:

> (章太炎)先生困甚。乃由弟子贺伯钟等集股,每人一元,共得一百五十元,印《国故论衡》数百部售之,聊以度日。故东京版之《国故论衡》实初本也。继后由弟子集股五百元,每股五元,创办《学林》。总务贺伯钟、邓只淳。书记任鸿隽、陈新彦。会计董庆伯、杨伯钦。校刊钟正懋。仅出二期,而武昌起义之电至。遂相率归国。[1]

---

[1] 陈平原、杜玲玲编《追忆章太炎》,第171页,中国广播电视出版社,1996年。

文中说《学林》创办于《国故论衡》初本出版之后，而关于《国故论衡》初本的出版，朱维铮曾有所考证：

> 章太炎的《国故论衡》，初刊于1910年，凡三卷。铅字排印的初版本，没有著者署名，仅在书内各篇题下分署"章氏学"三字；版权页也极简单，除了开列定价和"总发行所"地址，使人得知它是在日本印行的，出版日期仅列"庚戌年五月朔日"，而版权所有者则是国学讲习会。……
>
> 《国故论衡》的初版本，据我所见有两种印本，封面、装帧和内容全同，唯一区别在版权页。一种仅列印刷者为秀光舍，另一种则列"总发行所"地址在"小石川区小日向台町一丁目四十七番地国学讲习会"。这个地址即原《民报》社，也是章太炎在东京的住所。据此可知后一种乃本书重印本。庚戌年（清宣统二年）五月朔日，当公历1910年6月7日。[2]

文中说"小石川区小日向台町一丁目四十七番地国学讲习会"这个地址"即原《民报》社"，虽不知何据，但显然并不可信。翻查《民报》各期可知，《民报》从成立到第19号出版，其发行所一直在"东京丰多摩郡内藤新宿字番集町三十四番地"，第20号以后才移至"东京丰多摩郡大久保村百人町二百三十八番地"，第22号有《本报广告》云："发行所于本月迁移至丰多摩郡淀桥町角筈七百三十八番地"，但版权页所印发行所还是"大久保村百人町二百三十八番地"，第23号、24号载有与22号相同的《本报广告》，但版权页所印发行所皆已改为"淀桥町角筈七百三十八番地"；至于《民报》编辑所兼通信所则一直在"东京市牛込区新小川町二丁目八番地"。据此，便可见朱维铮说小石川区小日向台町一丁目四十七番地"即原《民报》社"有误。不过，这一点论述上的瑕疵并不妨碍我们对这一段材料其他内容的使用。

依朱维铮所述，《国故论衡》初版出版于1910年6月7日。既如此，则"继后""创办《学林》"，显然也就应该指1910年6月7日以后的一段日子。因此，说《学林》创办于1910年，是可信的。众知，朱镜宙本人未曾在日本追随太炎问学，但他是太炎三女儿的丈夫，与太炎门人亦多交往，故其所言太炎在东瀛之事，极可能闻之太炎或太炎之家人、弟子，应非空言。至于两期《学林》的出版时间，朱镜宙说是"仅出二期，而武昌起义之电至"。武昌起义事发1911年10月10日，而按《学林》所载《学林简章》所言，《学林》是每三个月出版一期的，这样的话，从武昌起义倒推，《学林》就皆当出版于1911年。这一观点与现今学界的普遍认识不同，但却可以在章太炎的相关书信中得以证实。

---

[2] 朱维铮《〈国故论衡〉校本引言》，《复旦学报（社会科学版）》1997年第1期，第65、70页。《国故论衡》出版状况亦可参考汤志钧《章太炎年谱长编》（增订本），第198页，中华书局，2013年。

譬如，1910年阳历10月20日，章太炎致钱玄同信云："《学林》为同志所发起，仆任著作，为分别十二门，拟于明春出版（一人精力有限，故出版甚迟）。今将《缘起》五纸寄去，望收入。"[3]据此，《学林》第1期应出版于1911年春。1910年阳历10月31日，章太炎致钱玄同信亦提及"《文始》当刊入《学林》，他日仍望作隶古正书，刻之木板"。[4]既云"当刊入《学林》"，则彼时《学林》自然尚未刊行。1910年阳历12月9日，章太炎致钱玄同信中又云："前得手书两件，以编辑《文始》迫不能复，今又在幼渔处得书三通，会《文始》亦略就绪，故略疏所怀以复。"[5]以时推度，这里所言"编辑《文始》"指的正是为《学林》所作的编辑工作的一部分。合此三封信件来看，《学林》应本定于1911年春出版，所以到了1910年的12月，章太炎犹在推敲《文始》，以求能在次年春天刊入《学林》。1911年阳历8月30日，章太炎致钱玄同信亦云："邓秋枚向无违言，惟去岁拟刊《学林》，本由同人合股，恐《国粹报》钞录原文，则销数绌而刻资空。故先与秋枚书，令弗妄登（此书同人为之，辞稍厉）。"[6]既云"去岁拟刊《学林》"，则"去岁"实未刊之也。

在与《学林》有关的书信中，有一封不能不提，这就是章太炎《答朱逖先问古文疑事书》。此信曾提及"《学林》下月可出，《文始》亦分期刻入"。[7]从"《文始》亦分期刻入"这种预估的口气来看，这里提到的《学林》应该指第1期。既如此，如果能确定这封信的写作时间，则两期《学林》的出版年月也就可以相应推定了。关于这封著名信件，朱乐川介绍说：

> 此信写于1910年5月24日，时章太炎在日本，朱希祖在浙江嘉兴第二中学任教。章太炎逝世后，朱希祖将章太炎1909、1910两年自日本所寄论学书札八封抄录寄给《制言》半月刊，后潘承弼、沈延国、朱季海、徐复编《太炎先生著述目录后编初稿》（《制言》第34期，1937年2月1日），将这几封书札标题列入，并在《制言》第35期摘要刊载了此信的第一部分，即《答朱逖先问老子征藏故书书》。[8]

朱乐川说此信写于1910年5月24日，这也是目前学术界的普遍观点。假使这一说法是正确的，则"《学林》下月可出"的"下月"显然指1910年的6月，这就是第1期的出版时间，下推三个月，1910年的9月也就应该是第2期的出版时间。在这个推定中，月份问题不大，但年份却是错误的。至少，章太炎信中未署年份，学界的说法也只是推测。如朱乐川文章中载录了此信的全文，但察看太炎在信末所署时间，实仅说是"阳五

---

[3] 马勇整理《章太炎全集·书信集》，第185页，上海人民出版社，2017年。
[4] 同上书，第191页。
[5] 同上。
[6] 同上书，第209页。
[7] 朱乐川《〈章太炎答朱希祖问古文疑事书〉考释》，《文献》2013年第4期，第104页。
[8] 同上书，第105页。

月二十四日",未署年份。朱乐川系之于1910年的根据,从其文章来看,主要是朱希祖1937年1月19日日记所云:"整理太炎先生于宣统元年、宣统二年在日本时寄至杭州、嘉兴的论学书札八通,抄录寄苏州《制言》半月刊。"[9]但细审之,朱希祖将此信记作1910年所写,实属误记。

第一,如果此信写于1910年,则《学林》第1期就应是1910年6月出版的,其筹办显然更在1910年6月之前,而这既与朱镜宙之说相矛盾,也与章太炎致钱玄同信中的说法相左。因而将此信记作1910年所写是错误的。朱希祖的相关日记记于1937年,距章太炎写此信之时过去了二十多年,其记忆发生错误也是不奇怪的。

第二,在这封信中,章太炎提及"《小学答问》若用美浓纸印,自校完善。然今求之者多,望速印二三十部,即用连史可也"。《小学答问》一书是章太炎所作,1909年已经付钱玄同"写刻",但正式印成书籍出版则在1911年。[10] 朱希祖后人也认为《小学答问》是1911年阳历3月朱希祖"出面集资刊刻"。[11] 1911年阳历4月12日,鲁迅致许寿裳信曾提及"《小学答问》刊资已寄去,计十五圆,与仆相等。闻板已刻成,然方寄日本自校,故未印墨",1911年闰六月初六(阳历7月31日),鲁迅致许寿裳信又提到"昨得逖先书及《小学答问》一大缚,君应得十五部……逖先云刻资共百五十金,印三百部计五十金,奉先生一百部,其二百部则分与出资者,计一金适得一部云"。[12] 1911年阳历8月30日,章太炎致钱玄同信亦云:"幼渔寄《小学答问》百册已到,字迹鲜明,足下之劳著矣。"[13]据此来看,《小学答问》由弟子们集资而大量刊刻确实是1911年的事情。如果章太炎《答朱逖先问古文疑事书》写于1910年5月,那么到1911年《小学答问》才出版,则时间久矣,不可谓"速",与章太炎信中对《小学答问》的出版要求不符。而如果是写于1911年5月24日的话,至同年七八月份弟子们及老师已可以拿到书,则其出版工作才诚可谓"速"。所以从这一点看,此信也当写于1911年。1911年阳历5月2日,章太炎致钱玄同信云:"《小学答问》至今尚未印成,望再致拱薇为要。"[14]《答朱逖先问古文疑事书》催朱希祖等速印《小学答问》,正与章太炎致钱玄同的这封信中所表达的急切心情相一致,也可见应为同一时期的信件。

第三,在这封信中,章太炎曾经问及"幼渔近况何似"。幼渔者,马裕藻之字也。而

---

[9] 朱乐川《〈章太炎答朱希祖问古文疑事书〉考释》,《文献》2013年第4期,第105页,第四条注释。
[10] 汤志钧编《章太炎年谱长编》(增订本),第182—183页,中华书局,2013年。
[11] 朱元曙、朱乐川《朱希祖年谱长编》,第48页,中华书局,2013年。
[12] 鲁迅《鲁迅全集》第11卷,第346、348页,人民文学出版社,2005年。
[13] 马勇整理《章太炎全集·书信集》,第209页。
[14] 同上书,第205—206页。

众知,1910年,马裕藻尚在日本东京,1911年初始回国,不久即任教于嘉兴(省立)第二中学(彼时尚名嘉兴府中学堂),同事中朱希祖、朱蓬仙都是在东京听太炎讲小学的"章门弟子"。[15] 马裕藻之子马巽在回忆录中也说,1905年他和父母都在东京,他"到了1909年才进了晓星小学。1911年春全家回国"。[16] 朱希祖则是1909年7月回国,1910年春就已任教于嘉兴中学堂。[17] 据此,如果此信写于1910年的话,章太炎探询马幼渔近况,不直接询问尚在东京的马幼渔以及其他身处东京的弟子,却去问询远在国内的朱希祖,就有些荒唐了。但是1911年5月,马幼渔与朱希祖当已共事于嘉兴第二中学,则彼时打听马幼渔近况而问询朱希祖也就很自然而合乎常理了。

第四,这封信中提到"《学林》下月可出,《文始》亦分期刻入"。而1910年阳历10月3日章太炎致钱玄同信云:"仆近草《文始》将就。"[18] 可见直到1910年阳历10月,章太炎犹在写作《文始》,怎么可能在同年的5月说《文始》在6月份就可以刊于《学林》第1期呢?可见此信所言"阳五月二十四日"不当系于1910年,系之于1911年才合乎道理。

此外,1911年阳历7月7日,章太炎致钱玄同信云:"逖先前有书问古文经典数事,如次答之。近亦久无来书。"[19] 此处所言"如次答之"明显指《答朱逖先问古文疑事书》而言,而所谓"近",明显指近时,时间不应太长,所谓"久"也只是就写信者的期盼而言,并非真的特别长久,否则就不该说是"近"了。如果《答朱逖先问古文疑事书》作于1910年阳历5月24日,则朱逖先之来信更在5月24日之前,这样算至1911年阳历7月7日,则确实是有些太久了,与章太炎信中所言"近"不相符。且1910年夏,朱希祖曾受委托护送太炎长女蕴来赴日本完婚[20],应该是与章太炎见过面的。如果《答朱逖先问古文疑事书》作于1910年阳历5月,时在朱希祖护送太炎长女赴日之前,那么,章太炎致钱玄同信为何要越过朱希祖替其送女赴日一事,而偏要从更早的时间来说朱希祖"近亦久无来书"呢?其不合乎常理殆毋庸多言。而相反,《答朱逖先问古文疑事书》若作于1911年阳历5月24日,则在同年阳历7月7日而感慨朱希祖"近亦久无来书",时间上确实属于"近",但又不是特"近",因而有"久"的感慨也就十分自然了。

可见,《答朱逖先问古文疑事书》实应是1911年写成的信件;据这封信来考察,也只能得出《学林》第1期出版于1911年的结论。

---

[15] 俞建伟等《马氏家族》,第23页,宁波出版社,2011年。
[16] 马巽《光复会的点点滴滴》,民盟北京市委文史资料委员会编《文史资料选辑》第1辑,第120页,编者内部印行,1980年。
[17] 朱元曙、朱乐川《朱希祖年谱长编》,第38、42页。
[18] 马勇整理《章太炎全集·书信集》,第184页。
[19] 同上书,第208页。
[20] 朱元曙、朱乐川《朱希祖年谱长编》,第43页。

然而,诚如前文所提到的,不少文章和著作在引用《学林》时,直接在注释中将《学林》第1期和第2期的出版时间标注为"1910年"。很显然,这种注释方式容易使人认为《学林》杂志上印有出版时间,而且正是"1910年"。但事实上,情况却并不如此。据笔者所购上海图书馆所藏《学林》第1期及第2期的复印本,《学林》杂志无论第1期还是第2期都没有标示出版时间。封面只刻印"学林""第一册"、"学林""第二册"。封底则印有"国内发行所　上海四马路惠福里　模范书局"及"印刷所　东京小石川江户川町十八番地　协信舍"字样。两期封底所印文字信息相同。据笔者所见,陕西省社会科学院收藏过的两期《学林》杂志,封面与封底所印文字信息及样式,与上海图书馆所藏者完全相同。据此可知,当年两期《学林》付印时,应没有标示出版时间,因而一些学者在注释中将两期《学林》杂志出版时间直接标注为"1910年"是不合适的,更何况这一系年乃是错误的呢。

总之,就目前材料来看,朱镜宙说《学林》创办于《国故论衡》初版出版之后,也就是1910年6月7日以后的说法还是可信的。至于"后"了多久,虽难确论,但《学林》第1期、第2期皆出版于1911年则断无可疑。

二　两期《学林》出版的具体月份

1911年阳历5月2日,章太炎致钱玄同信云:"《学林》近已付印,本定阳历五月五日出版,排字稍缓,未能赴期也。"[21]阳历5月5日对于东京来说,正是春季,所以此信所言《学林》原定出版时间,与1910年10月20日章太炎致钱玄同书信中言及的出版时间"明春",是一致的。只是到了这个"五月五日",《学林》虽"近已付印",但由于"排字稍缓,未能赴期",也就是说,未能在春天出版了。东京的春天一般止于五月末,照这样来看,《学林》第1期的出版,很可能是1911年6月以后的事情了。前文已考,1911年5月24日章太炎《答朱逖先问古文疑事书》曾言及"《学林》下月可出,《文始》亦分期刻入"。据此,则《学林》第1期也应是1911年6月才完成出版的。1911年7月7日,章太炎致钱玄同信说:"蓬仙言足下欲借钞《文始》,此册每期付《学林》排印,在此亦需友人移写,思令蓬仙暂住舍中,自录一本,归即可假足下再钞也。"[22]彼时《学林》第1期当已付印,第二期则还在编辑之中。《学林》每三个月出一期,1911年阳历6月出了第1期,正常的话,第2期最迟应于当年阳历9月完成出版。如确实在9月完成出版第2期,则筹

---

[21]　马勇整理《章太炎全集·书信集》,第207页。
[22]　同上书,第208页。

编第3期的时间也就确实比较接近武昌起义。这和朱镜宙说"仅出二期,而武昌起义之电至",正相一致。

又,汤志钧虽将两期《学林》出版年都系于1910年,但据其介绍:

> 1911年7月15日,《日本及日本人》第五六二号出版,内有艮维生的《〈学林〉与章太炎》,介绍《学林》第1号,谓《学林》计划年出四期。[23]

试想,如果《学林》皆出版于1910年,艮维生的文章为什么只介绍第1期呢?到了艮维生发文的1911年7月15日,不仅1910年早结束了,连1911年也过去一半有余了,又怎么能说"《学林》计划年出四期"呢?而如果按我们前面所考,《学林》第1期出版于1911年6月,则艮维生7月发文只介绍第1期而不及第2期,并介绍"《学林》计划年出四期"也就没有什么不顺当的地方了。与《学林》情况相类的是,1909年3月2日,鲁迅与周作人译著的《域外小说集》第1册在日本出版了,同年5月1日出版的《日本及日本人》杂志的"文艺杂事"就对该书进行了推介。[24] 彼时章太炎的声望远非鲁迅兄弟可比,他编的重要刊物,《日本及日本人》杂志怎么能迟在次年方予以评论呢?《学林》1911年6月方一出版,7月《日本及和日本人》就加以评论,这才更合乎该刊的办刊风格。

三 黄侃与《学林》之关系

汤志钧《章太炎年谱长编》曾说《学林》第1册《学林缘起》"似出黄侃手笔"。[25] 司马朝军等《黄侃年谱》也认为《学林缘起》"似出黄侃手笔"。[26] 姜义华更认为是"黄侃创办了《学林》杂志"。[27] 沈延国《章太炎先生在苏州》则说章太炎"一九一零年,在东京主编《学林》,由黄季刚(侃)编辑,仅出两期"[28]。类似的说法还有不少,并且在学界还都比较流行,但目前来看,这些说法大都属于无根之谈,而谓两期《学林》皆为黄侃所编尤不可信。

据黄焯《季刚(侃)先生简历》,1910年秋,黄侃即受革命同人之邀归国,奔波于武汉及鄂东诸县从事革命活动。[29] 章太炎1910年阳历10月3日致钱玄同信亦言"季刚归

---

[23] 汤志钧《乘桴新获:从戊戌到辛亥》,第635页,北京师范大学出版社,2018年。
[24] 鲁迅博物馆等编《鲁迅年谱长编》,第171页,河南文艺出版社,2012年。
[25] 汤志钧编《章太炎年谱长编》(增订本),第193页。
[26] 司马朝军、王文晖《黄侃年谱》,第52页,湖北人民出版社,2005年。
[27] 姜义华《章炳麟评传》,第699页,南京大学出版社,2002年。
[28] 陈平原、杜玲玲编《追忆章太炎》,第380页。
[29] 湖北省人民政府文史研究馆编《黄季刚先生逝世五十周年诞辰一百周年纪念集》,第21—22页,湖北省人民政府文史研究馆,1986年。

蕲,足下与逖先辈,一时散尽,甚寂寂也"。[30] 而前揭1910年阳历10月20日章太炎致钱玄同信又云:"《学林》为同志所发起,仆任著作,为分别十二门,拟于明春出版(一人精力有限,故出版甚迟)。今将《缘起》五纸寄去,望收入。"从这些材料来看,《学林》皆出版于黄侃离开日本后,说他代为起草了《学林缘起》虽无确证,但尚有可能;说他是创办者、主持者或编辑者,难以置信。一者,朱镜宙介绍《学林》杂志社的事务分工颇为详细,却并未提及黄侃有何职任或贡献。并且朱镜宙本人与黄侃私交不错,断不至于掩没其功绩。二者,说到《学林》的"著作"与"出版",章太炎明确强调自己"一人精力有限,故出版甚迟"。如果《学林》有黄侃代为主持编辑,章太炎如何会感慨自己"一人精力有限"呢?三者,《学林》创办后,在其第1期与第2期的编辑与出版期间,黄侃已回到国内忙于革命的动员与组织工作,恐亦无暇为远在日本的章太炎主持《学林》的编辑与出版。四者,《学林》第1期、第2期虽然载有黄侃的作品,但其相关文字和口气显示,其编者宜为太炎。如第1期载有《秋夜与黄侃联句》以及《游仙与黄侃联句》,从题目来看,其编者显然宜为太炎。又如第2期载有黄侃的《梦谒母坟图题记》,而在其文末尾附有太炎所作按语,则其编者宜为太炎,更毋庸多言。

(王志:吉林大学文学院中文系,130012,吉林长春)

[30] 马勇整理《章太炎全集·书信集》,第184页。

新见《黄先生语录》稿介绍与整理*

黄侃(讲)　黄焯(记)　张祎昀(整理)

提要： 在关于黄侃先生学术与思想的各种材料中，语录是具有独特价值的一种，新见的黄焯所录《黄先生语录》稿本一种，又为此增添了一份重要资料，本文即因之整理而成。语录稿是一份较早的草稿，分为记录、抄录两部分，记录部分存有五十余条新见条目，抄录部分则多与既刊的《黄先生语录》重合。语录稿主要有两方面价值：首先，新条目可以拓展黄侃学术研究的材料、印证黄侃学术观点与学术传承；其次，语录稿抄录中产生的差异能够体现黄侃语录的整理情况，丰富对相关文献的认识。

关键词： 黄侃　黄焯　语录　训诂　学术史

一　新见《黄先生语录》稿概况

黄侃先生为章黄学派的核心人物，在近现代学术史上占有重要地位。他谨守"五十后著书"之愿，又不幸早世，只留下了少部分成熟的论著，使后人但能窥其学之一角而已。正因如此，黄氏身后遗留的未刊稿、批点、讲义、语录等，都补充了接近其人其学的途径，具有重要的学术价值与史料价值。在这些材料中，语录类是较为独特的，作为对讲课、漫谈的记录，它能够跳出专书与专门学术的界限，展现黄侃学术与教学的更多侧面。陆宗达先生等弟子回忆，黄侃喜与学生谈话，许多学术观点都"靠教学中口耳相传被保留下来"[1]，积累的语录数量自然不少，李庆富《蕲春黄先生雅言札记》[2]、黄席群等《量守庐讲学二记》[3]、金毓黻《成均撷言》[4]、黄焯《黄先生语录》[5]、《量守庐论学札

---

* 本文受国家社科基金重大项目"基于国际化、标准化的古籍印刷通用字字形规范研究"（批准号：15ZDB096）的资助。

[1] 陆宗达《我所见到的黄季刚先生》，载程千帆、唐文编《量守庐学记》，第108页，生活·读书·新知三联书店，2006年。

[2] 李庆富《蕲春黄先生雅言札记》，《制言》1937年第41期，第1—7页。

[3] 黄侃讲，黄席群、闵孝吉记《量守庐讲学二记》，载张晖编《量守庐学记续编》，第9—14页，生活·读书·新知三联书店，2006年。

[4] 金毓黻《成均撷言》，载虞和平主编《中国抗日战争史料丛刊·848·文教 教育》，第123—133页、第293—313页、第477—497页，大象出版社，2016年。

[5] 黄焯《黄先生语录》，载黄侃、黄焯撰《蕲春黄氏文存》，第217—229页，武汉大学出版社，1993年。

记》[6]等即是代表。

在诸多语录中,《黄先生语录》由黄焯整理(下简称"《语录》"),又出版于《量守庐学记续编》卷首(下简称"《学记》")[7],是最为人熟知的一种。近日,笔者在上海博古斋得见《黄先生语录》稿本一种(下简称"语录稿")[8],是补充黄侃语录的重要资料。

语录稿以草纸记录,共十页,除第一页用两纸粘合外,其余均用整张纸写就。稿前题"黄先生语录【制言四十一期】",内容分为两部分,第一部分即抄录《制言》第四十一期之《蕲春黄先生雅言札记》(下简称"《札记》"),第二部分为黄焯所记黄侃语录,二者所占篇幅各半。稿中每页于右上角标示阿拉伯数字页码,在第十页、第九页背面又分别标有11、12两个页码,但并未使用。稿中所记诸条上,多于页眉标示圈号(〇)或点号(、)以示重点,后又以"△"替换圈号;对应符号,又有于"△"上标注"已录",于无"△"处标注"未录""不录""别录"之别。语录稿标为"已录"的条目,多能在《语录》中找到对应,但未能完全覆盖《语录》内容,说明《语录》尚有其他辑录来源,我们目前尚未见到。同时,在第二部分,又存有《语录》未收的五十余条新条目,经比对可在金毓黻《成均撷言》(1913—1916年记录于北京大学)、武酉山《追悼黄季刚师》[9](内含1932年7月11日、13日两日"听季刚师讲训诂学"笔记)、《文字声韵训诂笔记》(主要记录于1928—1935年,至1978年完成整理出版)找到部分对应,说明语录稿以不同时期黄侃弟子的听讲笔记为主要辑录来源,时间跨度较大。

以上两点情况,再加上语录稿第一部分抄录自1937年的《札记》,可以对语录稿的辑录与后续整理情况做一大致梳理:语录稿的条目以不同时期的黄侃讲学记录为主要来源,最早在1937年便开始辑录,其后又整理部分条目收入《语录》,故可以视作《语录》的部分草稿。

二　新见《黄先生语录》稿之价值

语录稿分为记录与抄录两个部分,记录部分存有五十余条新见条目,涉及以小学为主的多个领域,表达了黄侃的学术观点,且能与黄侃弟子的论述形成印证;抄录部分虽源于《札记》,但亦产生了不少具体内容的差别,呈现出明显的前后关系。可见,上述两

---

[6] 是编为黄焯生前摘录辑成,后由王庆元整理刊布,黄侃著,王庆元整理《量守庐论学札记》,《人文论丛》1999年卷,第1—27页。

[7] 黄侃讲,黄焯记《黄先生语录》,载张晖编《量守庐学记续编》,第1—8页。

[8] 此稿已于2021年8月8日在博古斋网络限时拍卖"第十四期:纸杂文献专场"中为藏家竞得(拍品序号21),详情可通过"博古斋在线"微信小程序查看。

[9] 武酉山《追悼黄季刚师》,载程千帆、唐文编《量守庐学记》,第96—98页。

个部分的性质不同,其价值也分别侧重于学术、文献两方面,其中又以学术价值为重,兹分述于下。

(一)新见条目的学术价值

此次新见的五十余条语录,除了提供新的文献材料外,更具特色的价值在于能够增进对黄侃学术的认识。其内容遍及小学、经学、史学、文学、文献学、百科知识等方面,向我们展示着黄侃治学广博该洽的面貌。小学又是其中的主要方面,除了"凡能释字,皆当以易识常见之字为之""集解之学始于郑君"等通论外,更值得注意的是具体的训诂考证条目,它们能够很好地反映黄侃的学术观点。

如第 147 条:

> 《公羊》庄二十四年:"八月丁丑,夫人姜氏入。"传曰:"其言入何?难也。其难奈何?夫人不偻,不可使入,与公有所约,然后入。"《解诂》曰:"偻,疾也,齐人语。约,约远媵妾。夫人稽留,不肯疾顺公,不可使疾入[10]。公至后,与公约定,八月丁丑乃入。"段玉裁以为"偻"即"娄","娄"即"屡"。孔广森以为"偻"训"俯"。俞正燮以为"偻"即"搂",训牵曳。朱骏声以为"偻"即"数",实为速。按何解为"疾"不谬;段以为"偻"即"娄"亦是,惟"娄"不读"屡"耳。此"偻"即《左》定十四年"既定尔娄猪"之"娄"。《集解》曰:"娄猪,求子猪也。"《音义》曰:"娄,《字林》作瞜。"案,《说文》:"娄,空也。从毋、中、女,空之意也。"是"娄"即妇人求男子之意,引申则为凡牝求牡之称,《字林》所作则后起字也。"夫人不偻"者,不亟于与公成昏。故何氏谓不肯疾顺公。段、孔、俞、朱皆未得解。

此条考证"夫人不偻"之确解。在集中罗列清儒的破读结果后,黄侃指出当从段玉裁读"偻"为"娄",并作出新解,认为应据《说文》笔意和《左传》、杜注等旁证释为"妇人求男子"。黄侃的考证虽然简短,却十分准确,且反映着丰富的学术观点。首先,在确定词义的过程中,黄侃主要的依据是《说文》形义统一的说解,正如《文字声韵训诂笔记》所言:"《说文》则为言小学最完善之书。"[11]"形、声、义三者,形以义明,义由声出,比而合之,以求一贯,而剖解始精密矣。"[12]《说文》之最为完善,源于对形、声、义综合互通之系统条理原则的贯彻,因之能够指导训诂实践的精密化、科学化。其次,清人破读多端,黄侃在字形、本义以及文献语言意义的帮助下,排除异说、找准了解释方向,正是通过形义条件约束纯粹的声韵相通,亦合于他对清代语言文字学的深刻反思:"清代小学,音韵最

---

[10] 《公羊解诂》此句作"不可使即入",语录稿盖误记作"疾"。
[11] 黄侃述,黄焯编《文字声韵训诂笔记》,第 6 页,武汉大学出版社,2013 年。
[12] 同上书,第 8 页。

盛,盖喉唇之学,不烦佐证。不知喉唇主于虚,而必证之于实。"[13]正因如此,在最终回归文献解释时,黄侃利用清儒的有效成果,更好地解读了古注与原文;认为何注释"偻"为"疾"不误,清儒将"偻"还原为"娄"不误,但不必进一步破读。只有在"娄"的形义帮助下,才能理解何氏所谓"疾"实指男女心意合顺,希望快些多些相见的情形,其实质在"顺",故能正确揭示出"夫人不肯疾顺公"的微言大义。这鲜明地反映着黄侃对古注的态度:"凡读古书,遇有所疑,须展转求通,勿轻改易。"[14]"旧解说虽不可尽信,而无条条逊于后师之理。廓然大公,心如明镜,然后可以通古今之邮,息汉宋之诤。"[15]黄侃在训诂研究与实践中,对汉魏古注始终保持着深入理解、尽量沟通的态度,主要着眼于古注正确解读文献之处,并以之为进一步解释的起点。上面看似疏误的做法,恰恰反映着黄侃"师古而非复古,坚守而不保守"[16]的立场,对比当时新一轮的疑古学潮,更可见其宝贵。

在上述方法和态度的结合中,黄侃的考证使旧注的文意说解落实到语义层面,诸家异说亦得以定评解纷,堪称典范。语录稿中与黄侃学术观点相合之处,还远不止于此:如第89条,论述"韵文有二种句读:一音节之句读,一文义之句读",即与《文心雕龙札记·章句篇》相合,反映着黄侃基于语义区别句读功能的观点,并重新分析《商颂·玄鸟》的句读,以为证明。又第94条,对《史记·屈原列传》《伯夷列传》《货殖列传》三篇四处句读进行分析,从理顺语义关系开始,由释词而解句,使疑难句变得通畅易懂,都印证着黄侃"古人训诂之作,即为欲通句读"[17]的论断。再如第86、95、112条均可在《文字声韵训诂笔记》中找到对应,第96条于《尔雅音训》中存在申说阐述等,都有益于我们进一步了解黄侃学说及其统系。

在印证黄侃自身学术研究外,不少新见条目还能合于黄侃弟子、交游者的论述,从而加深我们对黄氏学术传承的认识。作为黄侃小学最重要的传承人,陆宗达承师说而发扬之,开启着说文学与训诂学的新境。除上举第147、94两条,第88、89、93等条也见于《训诂浅谈》《训诂简论》《说文解字通论》等著作,并均有申说、补证。其中第88条值得注意:

《盐铁论》云:"胶车逢霖雨,请与诸生解。"用"胶车"等五字释后一"解"字,此亦

---

[13] 黄侃述,黄焯编《文字声韵训诂笔记》,第2页。
[14] 同上书,第221页。
[15] 黄侃讲,黄焯记《黄先生语录》,载张晖编《量守庐学记续编》,第2页。
[16] 详参王宁《师古而非复古 坚守而不保守——论章炳麟黄侃国学研究和教育中的使命意识、独立思想和严谨学风》,《南京师范大学文学院学报》2003年第2期,第103—107页。
[17] 黄侃述,黄焯编《文字声韵训诂笔记》,第225页。

训诂学之事也。

此条举出的例子颇似歇后语,黄侃从中解读出了"解"与前文的语义关系,进而上升到拓展训诂学研究内容的高度。对于此类现象,在《训诂浅谈》《训诂简论》中,陆宗达最早系统地将其界定为"正文训诂"[18],并提出需要特别关注以正文形式出现的训诂,也正与此条一脉相承。此外,语录稿中谈论史学、文学的条目,多与金毓黻《成均撷言》相合(第109、110、111、144、145、146条)。第100条论《经典释文》羼入后世异文,兼及"或问《穀梁》释文"事,恰与吉川幸次郎拜访、请教黄侃的回忆对应[19],而且补充了关于《经典释文》异文复杂情况的认识,可以证明黄侃对吉川氏的回答实建立在更全面的认识之上。

以上种种,都可反映出黄侃治学、传学的真实面貌,使我们益知其所谓"今日自救救人之法,曰刻苦为人、殷勤传学"(第15条),所言非虚;进一步地,由其学术在弟子手中发扬光大来看,更可深切感知"死而不亡者寿。学有传人,亦属死而不亡者"(第79条)一语背后,蕴含的学术自信与期许。反映学术观点、补充学史脉络,正是语录稿的最重要的学术价值所在。

(二)抄录差异的文献价值

语录稿第一部分抄录自《札记》,但内容不尽相同:或为无心笔误、或为有意修改,最终影响了《语录》的面貌,具有明显的前后关系,兹举数例以明之。

首先是笔误:

①《札记》:集解之学行,则无真正之学。【经生之道亡也。】<u>科举</u>之法行,则无自然之文。

语录稿(45,语录稿编号,下同):集解之学行,则无真正之学。【经生之道亡也。】<u>科学</u>之法行,则无自然之文。

②《札记》:据之有故者,言其说之由来,述其过去也。言之成理者,言其说之结果,推其<u>未来</u>也。

语录稿(72):据之有故者,言其说之由来,述其过去也。言之成理者,言其说之结果,推其<u>本来</u>也。

例①《札记》原作"科举",语录稿误录为"科学"。在论文之时,黄侃明确地将科举文章与自然之文对立起来,反对文有定格的弊病:《文心雕龙札记》中,黄侃开篇即标举"文章本

---

[18] 陆宗达《训诂浅谈》,第34—40页,北京出版社,1964年;陆宗达《训诂简论》,第83—96页,北京出版社,1980年。

[19] 〔日〕吉川幸次郎《南京怀旧绝句》,载张晖编《量守庐学记续编》,第80—81页。

由自然生"[20],又引章学诚语"戕贼自然以为美"[21]批评时文风气。因此,"科举之法行,则无自然之文",更能反映黄侃的观点,《语录》沿稿本之误作"科学",殊无依据,于是可豁然而解。例②是对"据之有故,言之成理"的阐释,此语本于《荀子》"持之有故,言之成理",黄侃以之为作文说经准则[22]。此条《札记》虽然能够很好地补充《语录》内容,却被标为"不录",恐怕也是由于笔误。《札记》以"言其结果""推其未来"解释"言之成理",本为通人之论;语录稿误作"本来",就与对"据之有故"的解释重复,令人不得其解了,自然也就难以收录到正式的《语录》中。除影响较明显的以上二例外,语录稿抄录的笔误还有不少,都为《语录》沿用,我们都注明在下文整理部分。

其次是语录稿修改《札记》内容的,如:

①《札记》:学问之道有五:一曰不欺人,【惠栋《九经古义》及日记,阅之可以教人不欺。】……

语录稿(26):学问之道有五:一曰不欺人,【惠栋《九经古谊》及《九曜斋笔记》,阅之可以教人不欺。】……

②《札记》:季孙之爱我,美疢也;孟孙之恶我,恶石也。美疢不如恶石。学问亦然。

语录稿(32):《左传》臧武仲云:"季孙之爱我,美疢也;孟孙之恶我,药石也。美疢不如恶石。"学问亦然。

例①通过修改揭明了惠氏"日记"的具体所指,例②则指明出处并订正了引文,两处修改都使得语录内容较《札记》更为明白易懂,应是黄焯在整理时有意的调整,也都反映到了《语录》之中。语录稿中其他发生修改的情况,率多此类,我们也在整理部分一一注明。

此外,还值得注意的是,《语录》相较于《札记》的改动处,并未完全反映在语录稿中。如第20条"初学之病有四",语录稿全录,《语录》略有改动并删去末段"江永年五十后,岁为一书,大可效法";第28条"治学贵能记诵",语录稿全录,《语录》删去王闿运、康有为相关内容并增"此可知其要矣"句;第78条"凡古今名人",语录稿全录,《语录》又于"古今名人"后增"学术之成"一语。

上述例子都说明语录稿辑录时间较早,其后可能又经过筛选、修改,才定稿为今日所见的《语录》。反映了黄侃语录这一特殊文献的具体整理情况,语录稿在文献意义上的价值正在于此。

---

[20] 黄侃《文心雕龙札记》,第5页,上海古籍出版社,2000年。
[21] 同上书,第115—116页。
[22] 黄侃讲,黄焯记《黄先生语录》,载张晖编《量守庐学记续编》,第8页。

三　新见《黄先生语录》稿整理

说明：本节为语录稿整理，首以文本，后附语录稿照片两幅以供参考。语录稿分为抄录《札记》与黄焯所记两部分，但前后相连，故以下各条连续编号，其中抄录《札记》而有所出入者以脚注注明情况。其余标注如"△"、点号、着重号、勾画、小注等一仍稿中原貌，小注以"【　】"标示。

黄先生语录【制言四十一期】

1. 中国之名本有二说：一谓疆土，一谓人民。

2. 中国民族之来此土有二路：一由新疆而来，一由四川而来，历史均有明证。伏羲生于成纪，甘肃也。大禹生于西羌，四川也。

3. △历史以明文为主。明文已亡，不可推定。

4. △中国历史之难考，等于人家之谱牒。【虽孔子世次，亦有数代不详，见《阙里文献考》。】一家之谱牒不可造，一国之谱牒可造乎？今之言上古史者，谓中国民族出于巴比伦、埃及、印度等，皆造谱牒之类也，可谓大愚。

5. 历史，如祖先遗容。虽妍媸有别，然终不可加以修饰。

6. △今日国家，第一当保全匡廓；今日学术，第一当保全本来。

7. △中国学问如仰山铸铜，煮海为盐，终无止境。

8. △中国学问无论六艺九流，有三条件：一曰言实不言名，一曰言有不言无，一曰言生不言死。故各家皆务为治，而无空言之学。

9. 孔子，耶稣，释迦同为圣人而道不同。耶稣乃亡国之余民，释迦亦亲见其国家之亡而不能救。圣人如此，不必为也。故圣人必以[23]有国家种族为其根据。

10. △中国[24]学问有二类：自物理而来者尽人可通，自心理而来者终不可通。

11. △人类一切学问当以正德、利用、厚生为三德。

12. 【张横渠语】学问是为天地立心，为生民立命，为往圣继绝学，为万世开太平。

13. △读书人当以四海为量，以千载为心。

14. △学问文章以高明广大为贵。

15. △今日自救救人之法，曰刻苦为人、殷勤传学。

---

[23]　"以"，《札记》作"须"。
[24]　"中国"，《札记》作"天下"，《语录》沿用稿本。

16. "天下兴亡,匹夫有责"者,修身之谓也。

17. 中国学术[25]最难说者二:哲学史与文学史也。

18. △治国学当力戒二弊:一曰不讲条理,一曰忽略细微。讲条理而不讲细微,如五石之瓠;讲细微而不讲条理,如入海量沙。

19. △近人之病有三:一曰郢书燕说之病,一曰辽东白豕之病,一曰妄谈火浣之病。

20. △初学之病有四:一曰急于求解,一曰急于著书,一曰不能阙疑,一曰不能服善。不知为学当日日有所知,日日有所不知。古书无全懂之理,亦无全不懂之理。择其可解者而解之,以阙疑为贵,不以能疑为贵也。江永年五十后,岁为一书,大可效法。

21. △世人同是尧舜而非桀纣,治学亦当[26]是其是而非其非。

22. △荀子曰:"不以夫一害此一谓之一。"为学须牢记此语。

23. △《礼记》云:"疑事毋质,直而勿有。"八字足为治学之道。杭世骏《诸史然疑序》,其谦虚态度可惊,要亦以此八字之力也。

24. △凡专门之学,不可于其间有所去取。因牵一发而动全身也。

25. △凡阅近人书籍,须先调查其材料。

26. △学问之道有五:一曰不欺人,【惠栋《九经古谊》及《九曜斋笔记》[27],阅之可以教人不欺。】一曰不知者不道,一曰不背所本,【恪守师承,力求闻见。】一曰为后世负责[28],一曰不窃,【偶与之同,实由心得,非窃;习所见闻,忘其所自,非窃;众所称引,不为偷袭,非窃;结论虽同,推证各异,非窃。】

27. △治学第一当恪守师承,第二当博学多闻,第三当谨于言语。多闻则守之以约,多见则守之以卓;寡闻则无约矣,寡见则无卓矣。

28. △治学贵能记诵。《西京杂记》云"读千赋乃能为赋",近人王闿运能背《公羊注疏》,康有为能背全部《杜诗》。[29]

29. △学问以积累为先,文学以顿悟为贵。故文学能早成,学问则早成者少。有之则[30]颜回、韩非、贾谊、王弼数[31]人而已。

30. △学问之事[32],有传学、有行学。欲行其学者,未有不皇皇[33]如也。

---

[25] 《札记》于"学术"后有"有"字。
[26] "当",《札记》作"应",《语录》沿用稿本。
[27] 此句《札记》作"《九经古谊》及日记",《语录》沿用稿本。
[28] "为后世负责",《札记》作"负责后世",《语录》沿用稿本。
[29] 《札记》作"近人王闿运能背全部注疏,康有为能背《汉书》《杜诗》",后《语录》删去稿本"近人……《杜诗》"句,又于"乃能为赋"后增"此可知其要矣"句。
[30] 《札记》无"则"字,《语录》沿用稿本。
[31] "数",《札记》作"四",《语录》沿用稿本。
[32] 《札记》无"之事"二字,《语录》沿用稿本。
[33] "皇皇",《札记》作"惶惶",《语录》沿用稿本。

31. △学者可贫而不可贱。白刃当前,不救流矢,学问亦然。

32. △《左传》臧武仲云[34]:"季孙之爱我,美疢也;孟孙之恶我,药石也。美疢不如恶石。"[35]学问亦然。

33. △无论历史学、文字学,凡新发见之物,必可助长旧学,但未能推翻旧学[36]。【新发见之物,只可增加新材料,断不能打倒旧学说。】[37]

34. △所谓科学方法:一曰不忽细微,一曰善于解剖,一曰必有证据。

35. △今之科学家近于法家,以残忍刻薄为能。[38]

36. △学术分类,非一成不变。凡分类者,无非便于演说耳。

37. △古人之议论其言简,今人之议论其言繁。唐以前人之一二语,唐以后人可敷衍而为千百言。读周秦诸子等书,均可作如是观。

38. △凡引古书,或从[39]本义引之,或以己意引之。前者名曰推原本义,后者名曰断章取义。如孟子曰:"'忧心悄悄,愠于群小',孔子也。"即后者之类。

39. △顾亭林曰:"著书必前之所未尝有,后之所不可无。"

40. △章学诚谓六经皆史,此言须加修改[40]。盖史学不过为经学之一部分知识,经学于垂世立教有大功焉,故经学为为人之学。[41]

41. △十三经中[42]字不见[43]于《说文》者有四千余字。

42. 【未录】汉学之所以可畏者,在不放松一字。

43. △考据之学有三要点:一曰不可肊说,二[44]曰不用单文,三[45]曰不可迁折。[46]欲为考据之学,必先能为辨论之文。

---

[34] 《札记》无此句,《语录》沿用稿本。
[35] 先钞作"季孙之爱我,美疢也;孟孙之恶我,恶石也",后划改如此。
[36] "必可……推翻旧学"句,《札记》作"必可助长于旧学,未能一切推翻旧学也",《语录》沿用稿本。
[37] 此句《札记》、稿本均为小注,《语录》提为正文。
[38] 整条划去。
[39] "从",《札记》作"以",《语录》沿用稿本。
[40] 此二句《札记》作"章学诚曰六经皆史也,此言须加以修改。"
[41] 《语录》此条变化较大,兹摘录如下:"《汉书·艺文志》谓六经者王教之典籍,章实斋本之,因有六经皆史之说。惟章语实有未合处。史学只经学之一部分,经学于垂世立教大有功焉,故经学为为人之学。"
[42] "中",《札记》作"之"。
[43] "见",《札记》作"限"。
[44] "二",《札记》作"一",《语录》沿用稿本。
[45] "三",《札记》作"一",《语录》沿用稿本。
[46] 《札记》于此处分为两条,稿本合为一条,《语录》沿用稿本。

44. △乾嘉学[47]风谨严缜密,苦人甚矣。故至道咸以后,风气即变[48]。

45. △集解之学行,则无真正之学。【经生之道亡也[49]。】科学[50]之法行,则无自然之文。

46. 【未录】文学者,本于自然以为文。加以人力谓之学。

47. △文学不随时代而变迁者,文学之理论也。文学随时代而变迁者,文学之历史也。

48. △言中国文学,决不能舍《文选》《文心》二书。无《文选》无材料,无《文心》无法式。

49. △《史记》《汉书》兼文学史学而有之[51]。若《新唐书》则重于文学,《旧唐书》则重于史学。[52]《史记·货殖列传》表章人类有自善其生之能,《刺客列传》表章人类有自报其仇之权。

50. △有非常之思想,始有非常之文章。苏东坡、陆放翁之诗文所以见称于世者,非仅其文采秀丽,亦在乎思想之异常也。陶渊明诗与邵康节诗亦约略相同,而多喜读陶诗者,亦以其思想之高超耳。

51. △讲文学:解析第一,评骘第二,模拟第三,通变第四。此四者中重解析而不重批评,重模拟而不重通变。

52. △文章要切题,有波澜,有气焰。

53. △饮食以可口为贵,文章以切理厌心为贵。

54. △共食起于高坐,纤足起于舞屐。

55. △刻板印书由拓碑之法而变。明孝宗弘治十四年,欧人始有活字版。

56. 【未录】古代金马书刀用以删除错字,出自四川。

57. △数目字大写,始于汉朝。

58. 【未录】羊毫笔起于晚唐五代。

59. △杨子云好司马相如之文,每自属文,常拟之以为式。故曰[53]:"子云、相如,同工异曲。"

60. △苏轼诗出于刘禹锡而过之。

---

[47] "学",《札记》作"之",《语录》沿用稿本。
[48] 《札记》于"即变"后有"焉"字,《语录》沿用稿本。
[49] 此句《语录》改为"经学之道亡"。
[50] "科学",《札记》作"科举",《语录》沿用稿本。
[51] 《札记》于"有之"后有"也"字。
[52] 《札记》于此处分为两条,稿本合为一条。
[53] 《札记》无"故曰"二字。

61.【不录】士夫之语言,修饰多而真实少;农人之语言,真实多而修饰少。成年人之与儿童亦然。修饰之语言,感叹词、语助词丧失殆尽,副词亦少。

62.△庄子文之所以妙者,在多语助词。

63.【不录】今日语文[54],无论其以文言自居、语体自循,皆非真正之国语也。

64.△方土之言,只有别字而无讹音。别字者,一人之失检;讹音者,多数之误读。

65.句中小注[55],等于自注,亭林作诗,自注出典,傅山笑之。[56]

66.△唐以前无句读之书。批点始于南宋,非古法也。

67.△骈文一盛于汉魏六朝,再盛于唐,三盛于宋。清代[57]骈文不能自立。

68.△词本源[58]于乐府,乐府生于《诗》之《风》《雅》。《风》《雅》道人情,人情不外男女。故填词多言男女之情。

69.【不录】"不学《诗》,无以言"者,言不学《诗》无以知立言之法也。

70.佛教之经论与语录,相当儒家之传注与口义。

71.【不录】中国人只计发明,不计出名。故无名之著作,往往卓异。十九首无作者姓名,三百篇有姓名者不过十之一二。

72.【不录】据之有故者,言其说之由来,述其过去也。言之成理者,言其说之结果,推其本来[59]也。

73.△有南威之容,乃可以议于淑媛;有龙渊之利,乃[60]可以议于断割。批评文学者,不可不知此。

74.△文章以虚字为最难解,亦以虚字为最难用。驾驭之法有三:一曰依习惯,一曰依文法,一曰通小学。关于虚字之解释,有《助字辨略》《经传释词》二书,学者可取而读也[61]。

75.△教化者,教人且化人也。故道德须立于感情之基础上。

76.△陈简斋诗云:"微波能摇人,小立俟其定。"可以为立身处世之方。

77.△天下事不外名实二种。名所以招实,而名非实,惟实至者名自归矣。

78.△凡古今名人[62],皆由辛苦,鲜由天才。其成就早者,不走错路而已。

---

[54] "语文",《札记》作"语言"。
[55] "小注",《札记》作"小句"。
[56] 《札记》此条后有"段氏《说文解字注》,唐以前书无不见者"一条,《语录》亦未录入。
[57] 《札记》无"代"字。
[58] "源",《札记》作"原"。
[59] "本来",《札记》作"未来"。
[60] 此条二"乃"字,原钞均作"然后",与《札记》合,后划改如此。
[61] "关于……读也",整句划去。
[62] 《语录》于"古今名人"后增"学术之成"语。

79. △死而不亡者寿。学有传人,亦属死而不亡者。

80.【未录】《吕氏春秋·贵生篇》曰:"尊生者,非迫生之谓也。"即"不自由,无宁死"之意。

【以上录自《制言》杂志第四十一期】

81. △所贵乎学者,在乎发明,不在乎发见,今发见之学行,而发明之学替矣。

82. △治经须先明家法。明家法自读唐人义疏始。

83.【复条】△或问《穀梁释文》两云"《释》旧作某",何谓?余答之曰:"此宋时校者之词,非陆本文。'《释》旧作某'者,《释文》旧本作某云尔。"

84.【不录】普通文体分三种:一论说;二记载;三辞赋,此为纯粹抒情文字。

85. △吾国文章素重声律、对偶、局度。

86. △《诗经》中上下文同而字异者甚多,如《大雅·行苇》章"四鍭既钧,舍矢既均","钧""均"二字形异而实同。又《邶风·谷风》:"不我能慉,反以我为雠。既阻我德,贾用不售。""售""雠"二字形异而实同。

87. △中国书用字简炼,不妄下一字者,《易》《礼》《春秋》《说文》《唐律》是也。

88.【别录】《盐铁论》云:"胶车逢霖雨,请与诸生解。"用"胶车"等五字释后一"解"字,此亦训诂学之事也。

89. △韵文有二种句读:一音节之句读,一文义之句读。如《商颂·玄鸟》章"天命玄鸟降而生商",按文义当于"天命"绝句,"玄鸟降"绝句,"而生商"绝句。

90. △《诗经》最难句读,《书经》最难解释。

91. △古人文多用配字。如《出师表》"危急存亡之秋","存"字系配字;《游侠传·序》"缓急人所时有","缓"字系配字。

92.【不录】天下有不通之文章,无不通之语言。

93. △凡人说话,多顺言相反之字。如云"利害",此本言"害"而连及"利";"兄弟",此言"弟"而连及"兄";"且夫","且"此也,"夫",彼也。《诗》云:"匪且有且,匪今斯今。"即"振古如兹"之义,亦连言字也。

94.《史记·屈原列传》:"其志洁,故其称物芳。其行廉,故死而不容。自疏濯淖污泥之中,蝉蜕于浊秽,以浮游尘埃之外,不获世之滋垢,皭然泥而不滓者也。"此当从"死而不容"断句,与上文"方正之不容"句法正合。"濯"通"浊","濯淖"与"污泥"意同。"自疏"直贯下文,谓自远也,为一句之动字。后人以不解"濯"字之故,以"死而不容自疏"为句,而以"淖污泥"三字皆释作"泥",非也。又《伯夷列传》:"伯夷、叔齐虽贤,得夫子而名益彰。颜渊虽笃学,附骥尾而行益显。岩穴之士,趋舍有时若此,类名湮没而不称,悲夫!"旧多从"趋舍有时"断句,殊不可解。当读"趋舍有时若此"为句,"此"字正指上文夷齐、颜子而言。"趋舍"者,汉时语,当作举动行为解。类,大率也。又《货殖列传》:"及秦文、孝、缪居雍,隙陇、蜀之货物而多贾。献、孝公徙栎邑,栎邑北郤戎翟,东通三晋。亦多大贾【中略】千里无所不同,唯褒斜绾毂其口,以所多易所鲜。"徐广于"隙"字断句,曰:"隙者,间孔也。地居陇蜀之间要路,故曰隙。"解释是矣,惟下句无动字。盖"隙"当属下读,直贯"陇蜀之货物而多贾"八字。"隙"又与下文"北郤戎翟"之"郤"为一字,同字相避也。其义亦即与下文之"绾毂其口"同。【焯案:方苞云,"隙"字属下读,与后文"东绾濊貊朝鲜之利"文正相类,盖居其隙而并受之也。先从父说暗与之合。】《货殖传》又云:"家贫亲老,妻子软弱,岁时无以祭祀进醵饮食,被服不足以自通。"俗本"祭祀进醵饮食"分两句读,非也。"岁时无以祭祀进醵饮食"十字,与下文"被服不足以自通"句为对文,"进"与"赆"通。

95. △今日籀读古书,当潜心考索文义,而不必骤言通假。当精心玩索全书,而不可断取单辞。旧解说虽不可尽信,而无条条逊于后师之理。廓然大公,心如明镜,然后可以通古今之邮,息汉宋之诤。

96.【已详《尔疋音训》〔63〕】△《尔雅·释诂》:"诏,相,导,左,右,助,勴也。"案:凡能释字,皆当以易识常见之字为之。"勴"字不常见,不当为能识〔64〕字。"助"当在"勴"下,今本误倒。

97. 郭璞《尔雅注》,其要义在《释草》以后诸篇。

98. △《康熙字典》以颜真卿《韵海镜原》为蓝本。

99.【未录】孙奭《孟子疏》、《史记索隐》皆文理不通。

100. △【已录】《经典释文》中有"本作""本亦作""亦作""字亦作",皆陆德明原文;有"本今作",乃后人据其时本,注异同于陆氏书内,非陆氏原文也。或问《穀梁》释文两云"释旧作某"何谓? 余答曰:"此宋时校者之词,非陆本文。'《释》旧作某'者,《释文》旧本作某云尔。"〔65〕

101. △韩退之七古句以三平落脚,不便诵吟。

102. △作散文宜避双字。

103. △词分令、慢二种。令起于诗,为唐代之清乐,与绝句同式。令之所起,先于近

---

〔63〕《尔雅音训》系黄焯整理黄侃手批《尔雅义疏》而成,其中专门汇集与声训相关的批语。与此条语录相关的批语见《卷上·释诂第一》:"'左,右,助,勴也。'《关雎》笺:'左右,助也。'疏以为《释诂》文。(《文选·求加赠刘前军表》注引:'左右,助也。')证之《说文》,训'勴'为'助',('勴'为'勴'之省,《玉篇》:"勴,助也。"《广韵》:"勴,助也。"又"勴,助也。力御、力胡两音。")《大宰》注训'诏'为'助',《序官》注训'佐'为'助',《说文》训'右'为'助'。此文应以'助也'统上诸字,'勴'应在'助'上。且郭注无'勴'必在'助'下之明文,《释文》又无可考,此唐以来传本倒植也。"详黄侃笺识《尔雅音训》,第26页,艺文印书馆,1978年。

〔64〕 按"识"字当为"释",或为笔误。

〔65〕 按前第83条与此条后半重复。

体。隋炀帝时已有之。其声音易调,声律与诗相似。慢起于歌辞,为唐代之燕乐,燕乐起于琵琶,慢之成立,至宋徽宗时周邦彦始达完善。其声音难调,声律与诗不相似。

104. 温飞卿《菩萨蛮》"新贴绣罗襦",贴,买也;罗襦,今之汗衫。又"水晶帘里颇黎枕",颇黎即玻璃,古谓之碧琉。又"人胜参差剪","胜"本字作"纼",簪属;人胜,谓胜如人字形【人】。又"双鬓隔香红",香红即面也。又"绣帘垂箓簌",箓簌即流苏。

105. △郑《易》学费氏,而参以京房爻辰之说。

106. △《诗》毛传之反切,皆北魏刘芳所为。

107. △前人所称上帝,即谓北极星。

108. △古史资料可分三端:一曰载籍,典谟之文是也;二曰传闻,古哲传述之辞是也;三曰痕迹,甲骨鼎彝之属是也。

109.【已录】△读《汉书》宜知四事:一曰求字诂,二曰通句读,三曰证经义,四曰考史法。

110.【已录】△《汉书》中多古文旧说,盖班氏笃信古文故也。

111.【已录】△王子雍《古文尚书》二十五篇虽属伪作,然其可取者有三。子雍读书甚多,取材宏富,可取一也;其注文甚美,胜于潘勖之《九锡文》,陈琳之《讨曹檄》,可取二也;子雍注书甚多,其《毛诗》《仪礼》注颇为后儒所采,他经注若此,《尚书注》亦可知,可取三也。

112.【已录】△《诗经》凡郑与毛异训者,不皆驳毛之词,实多申毛之处。如《邶风·北门》之卒章"王事敦我",毛云:"敦,厚。"郑云:"敦,犹投掷也。"盖毛意以为王事厚加于我之身,郑意以为王事投掷【尤今俗言丢。】于我之身,义异而实同也。

113.【不录】郑君解兴诗极佳,往往引申毛公之意。

114.【不录】郑君于《民劳》《节南山》等篇多就事发议。

115.【未录】《诗疏》称毛以为者,多王肃辞。

116.【未录】王子雍说《诗》有胜康成处。

117. △集解之学始于郑君。

118. △《易·坎》:"有孚,维心亨"。此言心学之始。

119. △贾韦《国语》注、二郑《周礼》注、服虔《左传》注,皆采《易》费氏说。陆氏《易释文》引费氏《易》者数处。

120. △自刘歆以前,今文师已多通古文之学者。如孟喜传古文《易》,见《国志·虞翻传》裴注。

121. △古文可分书本与师说二耑。书本有前出后出之异,师说有先师后师之分,内蕴不明,易迷涂径。

122. △诸经皆先有古文,后有今文。唯《论语》今文独在古文之先。

123. △《鲁论》皆古文。

124.【已录】△许君《五经异义》至为严谨,其说无一字无来历。

125.【已录】△郑君引古文经,多用己所改定之字,虽称古文某作某,每非原本之旧。

126. △《郊特牲》注:"诸侯事五庙,于曾祖以上称曾孙而已。"此"齐衰三月"章,但有曾祖父母之故。

127. △"《穀梁传》汉初始作"说见《大禹谟》正义,与《郑志》及《范氏集解》不合。

128. △《史记·孟子荀卿列传》之中,只荀卿宜提行。

129. △《太史公自序》"上述陶唐以来,至于麟止,自黄帝始"句,盖隐以孔子修《春秋》自比。

130. △唐代版图辽廓,行征兵之制。人民皆有戍边之务,故诗人多戍客思妇之什。及征兵之制废,此类之作遂少矣。

141. △读史分字、义、音、句四者求之,此属文学之事。又人、地、官、年、事、制、言、文八者,此属小学之事。

142. △《汉书·王贡两龚鲍传》,即范书《独行》《逸民》两传所本。

143.《老子》"吾所以有大患,为我有身"四语,须细玩上下文,方明白其义。世人专执此四语以为说,遂谬谓老子有出世之想矣。

144. △《李义山诗》"此情可待成追忆","可"字作"岂"字解。唐诗"可"字多如是解,不独《李义山诗》为然。

145. △义山《无题》诸作皆述其有求于人而不见谅之词,或目为香艳之作,非其实也。实则义山诗之近于香艳者不在《无题》,乃在有题。如《曲池》一首,"日下繁香""月中流艳",不谓之香艳不可也。

146. △学桐城文者,为格律所限,多不能畅所欲言。又以喜用情韵不匮之笔,故有不当言而言者,此所以可议也。

147.【已录】△《公羊》庄二十四年:"八月丁丑,夫人姜氏入。"传曰:"其言入何?难也。其难奈何?夫人不偻,不可使入,与公有所约,然后入。"《解诂》曰:"偻,疾也,齐人语。约,约远媵妾。夫人稽留,不肯疾顺公,不可使疾入。公至后,与公约定,八月丁丑乃入。"段玉裁以为"偻"即"娄","娄"即"屡"。孔广森以为"偻"训"俯"。俞正燮以为"偻"即"搂",训牵曳。朱骏声以为"偻"即"数",实为速。按何解为"疾"不谬;段以为"偻"即"娄"亦是,惟"娄"不读"屡"耳。此"偻"即《左》定十四年"既定尔娄猪"之"娄"。《集解》曰:"娄猪,求子猪也。"《音义》曰:"娄,《字林》作𡢃。"案,《说文》:"娄,空也。从毋、中、女,空之意也。"是"娄"即妇人求男子之意,引申则为凡牝求牡之称,《字林》所作则后起字也。"夫人不偻"者,不亟于与公成昏。故何氏谓不肯疾顺公。段、孔、俞、朱皆未得解。

附图：

(张祎昀:北京师范大学民俗典籍文字研究中心,100875,北京)

宋代祭酺礼探析

陈 渊

提要： 我国历史上曾长期存在着通过祭祀祈祷来禳除蝗虫的办法，不过，在北宋前期，由于传统儒家祀典的衰落，官方的禳蝗祭祀不得不求助于佛教或道教。直到宋仁宗庆历年间，伴随着排斥异端与重建古礼的需要，官方通过对"酺"字义的厘正，建构了以驱蝗为目标的祭酺礼，并在南宋时将之纳入吉礼。从宋代的祭酺实践来看，由于祭酺礼并非常祀，面对佛、道二教及民间祠神在禳蝗活动中的竞争，祭酺难以获得民众的广泛认同。但是，由于酺神具有自然神与人格神的双重特征，它的出现为明清时期驱蝗神的人格化转向铺平了道路。

关键词： 宋代 蝗灾 祭酺神 礼制

在中国传统农业社会，蝗虫为灾，严重威胁农作物的生产，进而可能给国计民生带来巨大的危害。历代的官方政府与民间社会都对蝗灾极为重视，采取了一系列驱蝗、治蝗的应对措施。不过，由于古人对蝗灾成因的认知局限，加之缺乏有效的防虫、治虫技术，在我国历史上曾长期存在着通过祭祀祈祷来禳除蝗虫的办法，学界称之为"巫禳"[1]或"祭蝗"[2]。目前，刘猛将、八蜡等蝗灾祭祷对象已受到学者的广泛关注，相关研究成果颇为丰硕。但众所周知，八蜡祭祀始于西周，盛于汉唐[3]，而刘猛将则是明清时期才开始广泛流行的驱蝗神，那么，宋代作为驱蝗神从八蜡向刘猛将转变的关键期，其主要的蝗灾祭祷对象是什么？它又是如何形成与演变的呢？对此，李华瑞先生已注意到"自宋仁宗朝开始，专门用于祭拜祷告的酺神渐次成为蝗灾发生时的主要祭祀对象"，并认为"自古以来，祭祀或祭拜神灵就是民众防治蝗虫的重要方法"，肯定其合理性。[4] 张志强先生则认为随着宋代人口的增长与农田开垦面积的增加，蝗灾的发生越

---

[1] 章义和《关于中国古代蝗灾的巫禳》，《历史教学问题》1996 年第 3 期。
[2] 李华瑞《宋代的捕蝗与祭蝗》，《山西大学学报（哲学社会科学版）》2011 年第 6 期。
[3] 刘宇、郑民德《农神崇拜与社会信仰：以明清时期的八蜡庙为对象的历史考察》，《农业考古》2014 年第 1 期。
[4] 李华瑞《宋代的捕蝗与祭蝗》，《山西大学学报（哲学社会科学版）》2011 年第 6 期。

来越频繁,为害的程度也越来越严重,人们不得不寻找新的力量来克制蝗虫,进而出现了"醋神之祀"[5]。诚然,考察禳蝗的祭祀传统与现实背景确实有助于我们理解宋代祭醋的形成原因,但祭醋礼作为国家祀仪,毕竟与产生于民间的刘猛将信仰不同。事实上,宋代祭醋礼的形成不仅回应了禳灾的现实需求,更是经学新变下礼制转型的产物。宋代的祭醋实践也反映出儒家祀典与民间祭祀在禳灾活动中的竞争与融合,并最终为明清时期驱蝗神的人格化转向铺平了道路。

一 躬祈道佛：北宋前期的禳蝗活动

儒家祀典中有岁末祭蜡的传统,其主要祭祀对象是与农事密切相关的先啬、司啬、农、邮表畷、猫虎、坊、水庸、昆虫等八种神,合称为"八蜡"。昆虫为八蜡的第八位,郑玄注云:"昆虫,暑生寒死,螟蝝之属为害者也。"[6]可见昆虫专指农业生产中的害虫,自然也应该包括了蝗虫。然而,与八蜡中其它七神相比,昆虫对农作物有害无益,昆虫之祭稍显突兀。宋代学者们对此也颇多争议,陈祥道[7]、司马光[8]、张载等都对八蜡中的昆虫之祭不以为然,他们主张以"百种",即百谷之种替换八蜡中的昆虫,张载对此解释说"旧说以昆虫为百种,昆虫是为害者,不当为百种"[9],在他看来,蜡是"报成之祭",在此庆祝丰收的仪式上,为害农作物的昆虫不应当出现。在宋代,尽管昆虫仍是蜡祭百神之一,但其终究属于南郊之常祀[10],而非旨在禳灾的祈禜祭祀。可以说,在北宋前期的官方祀典中并没有一个比较明确的蝗灾祭祷对象,因此,在蝗灾发生后,官方虽不忘"遣官祭告"[11],但却不得不借助于佛教、道教的神灵或仪式。

首先是佛教。在唐末宋初的敦煌,佛教中的摩醯首罗天已经成为驱蝗的神灵[12],

---

[5] 张志强《驱蝗避灾：宋代禳蝗对象的增衍与转变》,中国宋史学会第十四届年会提交论文（未刊稿）,2010年。
[6] 《礼记正义》卷二十六《郊特牲》,第3150页,中华书局,2009年。
[7] 陈祥道《礼书》卷九十三《蜡腊》,《文渊阁四库全书本》第130册,第582页,商务印书馆,1983年。
[8] 司马光撰,李文泽等校点《司马光全集》卷六十一《问景仁以正书所疑书》,第1282页,四川大学出版社,2010年。
[9] 张载著,章锡琛点校《张载集·语录下》,第327页,中华书局,1978年。
[10] 欧阳修等编《太常因革礼》卷四十七《有司腊日蜡百神于南郊》,《丛书集成初编本》,第283页,商务印书馆,1936年。
[11] 李焘撰《续资治通鉴长编》卷八十七"大中祥符九年六月丁酉",第1997页,中华书局,2004年。
[12] 吕德廷《佛教与禳蝗》,《文化遗产》2014年第5期。

如敦煌的《结坛祈祷发愿文》中提到："上方首罗大将疆场,扫蝗军不犯。"[13]在佛典中出现了消除蝗灾的陀罗尼,"此陀罗尼应二十一遍,咒土以散谷上,能除一切灾蝗诸虫"[14],当是除蝗的佛家咒语。后汉隐帝时,面对天下旱蝗,在司天监表示无能为力后,"皇太后乃召尼诵佛书以禳之"[15],也是以诵经消蝗。唐代时还出现了名为"本(木)天坛法"的禳蝗法术,据《酉阳杂俎》记载："荆州有帛师号法通,本安西人,少于东天竺出家,言蝗虫腹下有梵字,或自天下来者,乃叨利天、梵天来者,西域验其字,作本(木)天坛法禳之。"[16],从法通的个人经历来看,此法或与西域佛教有关。可以说,宋初的佛教已经能够在神灵、仪式方面提供一套比较完整的攘除蝗虫的办法,这就为蝗灾发生后的祈佛禳蝗之举奠定了基础。

开宝寺是北宋京城开封著名的佛教寺院,寺内的福圣院有灵感塔藏佛舍利,宋真宗对此极为崇奉。大中祥符九年(1016年),飞蝗过京城,宋真宗乃前往开宝寺焚香祈祷[17]。据《历朝释氏资鉴》卷二载："秋七月,飞蝗蔽天,上诣开宝寺塔,祈禳有感。御制赞曰:西方有圣释迦文,接物垂慈世所尊。常愿进修增妙果,庶期饶益在黎元。"[18]宋仁宗也与佛教关系密切,王珪称其"自膺宝祚,仰慕佛乘。持守兢兢,罔敢失堕"[19]。庆历二年(1042年),"蝗潦继作,上责身引咎,祈佛福祐"[20],可见面对蝗灾,宋仁宗也曾求助于佛教。

其次是道教。在早期天师道的经典《赤松子章历》中载有"却虫蝗鼠灾食苗章"的上章科仪。其内容显示,面对"灾蝗所食,不可禁止"的状况,上章者请"北门官中天田君一人,官将百二十人,主为某家辟除灾蝗虫鼠伤犯苗稼者,一切虫鼠为害,皆令消灭"[21]。北宋开宝年间的国师张洞玄在《玉髓真经》中还提到了"主岁内蝗虫伤苗稼之兆"的"蛇宫太乙"[22]。与佛教主要依靠咒语禳蝗不同,道教驱蝗多使用符。唐高宗时,"洛阳苦飞蝗",道士刘道合"以符示官吏,俾散帖境内,则蝗立消灭。"[23]道教的禳灾仪式为斋

---

[13] 黄征、吴伟编校《敦煌愿文集》,第589页,岳麓书社,1995年。
[14] 《陀罗尼杂集》卷五,《大正藏》第21册,第610页,新文丰出版公司,1983年。
[15] 欧阳修撰《新五代史》卷三十《李业传》,第336—337页,中华书局,1974年。
[16] 段成式撰,许逸民校笺《酉阳杂俎校笺》前集卷十七《广动植之二·虫篇》,第1269页,中华书局,2015年。
[17] 李焘撰《续资治通鉴长编》卷八十七"大中祥符九年七月辛亥",第1998页。
[18] 熙仲《历朝释氏资鉴》卷九,《卍续藏经》第132册,第172页,新文丰出版公司,1993年。
[19] 《景祐新修法宝录·序》,《中华大藏经》第73册,第524页,中华书局,1994年。
[20] 熙仲《历朝释氏资鉴》卷九,第173页。
[21] 《赤松子章历》卷三,《中华道藏》第8册,第642页,华夏出版社,2014年。
[22] 张洞玄《玉髓真经·赤霆经》卷下,明嘉靖刻本。
[23] 陈葆光《三洞群仙录》卷十八,《中华道藏》第45册,第393页。

醮，宋代的太宗、真宗都曾亲自为皇家的金箓斋撰写祝颂词文。[24] 面对京畿蝗灾，对道教极为崇奉的宋真宗不仅"命辅臣诣玉清昭应宫、景灵宫、会灵观建道场以祷之"[25]，还亲自撰写"为虫螟词"，求助于三清、玉皇等道教神。[26]

值得一提的是，为应对大中祥符九年（1016 年）的蝗灾，宋真宗曾遣官祀九宫贵神[27]，九宫贵神本是道教神，但唐宋时已经正式纳入国家祀典，这是否意味着九宫贵神已经成为官方的驱蝗神呢？其实不然，据唐代术士苏嘉庆言，九宫贵神"典司水旱"[28]，虽然与农业生产有密切的关系，但却并无明确的驱蝗之能。从宋代文献来看，九宫贵神也多是以水旱之神的形象出现的。[29] 其实，由于蝗虫多因旱而生，适量的降水在缓解旱情的同时也有助于消减蝗虫，宋人也认为"螟螽之属，随阳而动，得雨而止"[30]。为此，在没有独立驱蝗神的情况下，祈雨也是"殄除蝗孽"[31]的间接办法。宋真宗祭祀九宫贵神实际上是通过祈雨来间接达到禳蝗的目的。不过，降雨只对未长出翅膀的螟蝗幼虫有效，如果"螟蝗翅长，渐能飞动"，那么"雨虽通济，已为后时"[32]，以祈雨来禳蝗无疑有很大的局限性。之所以宋初多有祈雨禳蝗之举，部分原因在于此时的官方祀典中只有司雨的神灵，而没有驱蝗的神灵，若不借助儒家祀典中的司雨之神来间接驱蝗，则难免求助于佛道二教，甚至是民间淫祀。

事实上，自唐末五代以来，佛教和道教都呈现出世俗化和平民化的趋势，它们通过提供大众祈福禳灾所依赖的神灵、仪式介入到民众的日常生活之中。与此同时，由于儒家祀仪过于程式化以至于缺乏必要的神秘感，面对水旱蝗螟等灾害，官方的禳灾活动也不得不借助于佛道二教的神灵或仪式。在这一过程中，"大量祠庙乃至释道寺观的祈祷也纳入礼法典制之中"[33]，从而进一步削弱了儒家礼制在国家祀典中的地位。宋真宗为了实现神道设教的目的，不仅命好"道家科仪"[34]的王钦若主持详定《罗天科仪品位》，确定道教醮仪，而且在京师增置玉清昭应宫、景灵宫、会灵祥源观、太一宫等为祈祷

---

[24] 李焘撰《续资治通鉴长编》卷八十一"大中祥符六年十月己卯"，第 1851 页。
[25] 李焘撰《续资治通鉴长编》卷八十七"大中祥符九年六月癸巳"，第 1996 页。
[26] 《宋真宗御制玉京集》卷五，《中华道藏》第 44 册，第 581—582 页。
[27] 李焘撰《续资治通鉴长编》卷八十七"大中祥符九年七月癸亥"，第 2001 页。
[28] 司马光编著《资治通鉴》卷二百一十五《玄宗至道大圣大明孝皇帝中之下》，第 6861 页，中华书局，1956 年。
[29] 李焘撰《续资治通鉴长编》卷二百一"治平元年五月己亥"，第 4865 页。
[30] 孔文仲、孔武仲、孔平仲著，孙永选校点《清江三孔集》卷十七《蝗说》，第 274 页，齐鲁书社，2002 年。
[31] 张方平《乐全集》卷三十五，《文渊阁四库全书本》第 1104 册，第 394 页。
[32] 袁燮《絜斋集》卷十三，《文渊阁四库全书本》第 1157 册，第 180 页。
[33] 皮庆生《宋代民众祠神信仰研究》，第 153 页，上海古籍出版社，2020 年。
[34] 脱脱等撰《宋史》卷二百八十三《王钦若传》，第 9563 页，中华书局，1985 年。

道场,又诏"诸路、州、府、军、监、关、县择官地建道观……天下始遍有道像矣"[35],不少道家神祇、仪式由此进入国家祀典。宋廷对于佛教也颇为热心,曾先后修建了五台山寿昌寺、峨眉山普贤寺等佛教道场,尤其是京师的开宝寺宝塔花费亿万计,修造逾八年,"巨丽精巧,近代所无"[36]。诚如宋仁宗时的石介所言,当时社会上出现了"老观、佛寺遍满天下"[37]的怪现象。当然,北宋朝廷之所以对修建寺、观如此热衷,除了右文政策的考虑外,很多时候是将之作为官方祭祷的场所。如宋真宗时每年以国家名义举行的道家斋醮竟达四十九次,宋仁宗时虽有减损,但一年也有二十次之多。[38]

在佛、道二教已经广泛参与到国家祭祷活动的背景下,北宋初年的儒家传统祀仪不可避免的被边缘化了。南宋学者陈宓有言:"国朝承五代废缺之余,稽古礼文,事固多缺略,自建隆至庆历,未有能举祀神之礼者。"[39]其言"未有能举祀神之礼"虽不免夸张,但由于宋初的官方祀神活动确实采用了不少佛、道仪式,在正统儒家士大夫看来,自然很难称得上是儒家的祭祀之礼。更为严重的是,不少士大夫已默认"雩祷祈禳"为宗教仪制,有别于儒家的"礼乐刑政"[40],全然无视儒家礼制中的雩、傩等祈禜祭祀。其中,尤以蝗灾祈禳受佛道二教的影响最大,因儒家祀典中本身就缺少相应的驱蝗神,在蝗灾发生后,"躬祈道佛"[41]几乎是宋初官民的普遍攘除办法。

二 庆历祀仪新变与祭酺礼的形成

为了与佛道二教对抗,宋初儒者继承了韩愈以来的攘斥态度。石介批评佛、道破坏了中国的礼乐祭祀、纲常伦理。[42] 孙复也指出:"佛、老之徒横于中国,彼以死生祸福、虚无报应为事,千万其端,绐我生民,绝灭仁义,屏弃礼乐,以涂塞天下之耳目。"[43]在他们看来,民众启咒祈祭、屏弃礼乐都因佛道蛊惑而起。为此,受韩愈"人其人,火其书,庐其居"之说的影响,石介、孙复等儒生希望凭借国家的政治力量彻底消灭佛道异端,从而使四夷与中国"各人其人,各俗其俗,各教其教,各礼其礼……各不相乱"[44]。但事实

---

[35] 李焘撰《续资治通鉴长编》卷七十二"大中祥符二年十月甲午",第1637页。
[36] 同上书卷三十"端拱二年八月癸亥",第686页。
[37] 石介著,陈植锷点校《徂徕石先生文集》卷五《怪说上》,第60—61页,中华书局,1984年。
[38] 李焘撰《续资治通鉴长编》卷一百"天圣元年二月庚申",第2317页。
[39] 陈宓《龙图陈公文集》卷七《安溪县试诸生策问五道·策问二》,清抄本。
[40] 郝玉麟等修,鲁曾煜纂《广东通志》卷五十九《中阁禅院修建道场颂》,清雍正九年(1731)刻本。
[41] 李焘撰《续资治通鉴长编》卷一百五十四"庆历五年正月丙戌",第3742页。
[42] 《徂徕石先生文集》卷十《中国论》,第116—117页。
[43] 黄宗羲撰,陈金生等点校《宋元学案》卷二《泰山学案》,第100页,中华书局,1986年。
[44] 《徂徕石先生文集》卷十《中国论》,第117页。

上,由于宋初的官方祀典中杂糅了许多佛道的内容,石介、孙复等人完全攘斥的主张并不现实。

(一)庆历年间的礼制重建思潮

与石介、孙复攘斥佛老的路径不同,欧阳修在庆历二年(1042年)作《本论》提出了著名的"修其本以胜之"的排佛主张。在他看来"佛所以为吾患者,乘其阙废之时而来,此其受患之本也。补其阙,修其废,使王政明而礼义充,则虽有佛无所施于吾民矣",正是由于三代以来,传统的儒家礼制相次而尽废,佛教才得以乘虚而入。所以,与其和佛教争口舌之胜,甚至"禁汝之佛",不如从儒家自身出发,通过重建"郊天、祀地,与乎宗庙、社稷、朝廷之仪"与郡县的"蒐狩、婚姻、丧祭、乡射之礼",使儒家礼制逐渐在政治、社会各方面重新确立主体地位,从而使"佛无所施矣"。[45] 诚如南宋人陈善所言"此论一出,而《原道》之语几废"[46],欧阳修的主张将排佛的重心从攻击异端转向了儒家自身的礼制建设,相较于以文攻佛的韩愈而下诸儒,无疑提供了更具操作性的排佛方式。

就官方祀典来看,宋初虽先后修订了《开宝通礼》《淳化正辞录》《礼阁新仪》等礼书,但大多因循五代陋制,很难适应新的形势。因此,到了庆历年间,伴随着"修本胜佛"主张的提出,文化和政治领域兴起了"回向三代"的思潮,作为制度性存在的三代礼乐复古也逐渐萌芽。尽管疑传惑经、发明经旨是这一时期的主流,但如欧阳修所言:"祭祀、衣服、车旗似有可采者,岂所谓郁郁之文乎?"[47] 考证古制,以为复古之蓝本也要求对儒家传统礼制予以足够重视。[48] 宋仁宗后期曾先后修撰了《太常新礼》《庆历祀仪》《郊祀总仪》《太常因革礼》等礼书。这些礼书摒弃了许多真宗朝神道设教的内容,如原本道教色彩颇浓的景灵宫祭祀在此时就加入了不少儒教祭祀的因素[49]。可以说,随着儒家礼制主体地位的确立,道教通过昭应宫挑战国家祀典体系中儒教地位的局面在仁宗朝得以扭转。[50] 取法于传统儒家礼制成为宋仁宗后期祭祀仪制的重要特点,以驱蝗为目标的祭酺礼正是在这样的背景下形成的。

(二)"酺"字义的厘正与祭酺礼的形成

在宋代之前,"酺"主要是合众饮酒之义。许慎《说文解字》曰"酺,王德布,大饮酒

---

[45] 欧阳修著,李逸安点校《欧阳修全集》卷十七《本论下》,第288—292页,中华书局,2001年。
[46] 陈善《扪虱新话·下集》卷四,第83页,中华书局,1985年。
[47] 欧阳修著,李逸安点校《欧阳修全集》卷四十八《问进士策三首》,第674页。
[48] 冯茜《唐宋之际礼学思想的转型》,第163页,三联书店,2020年。
[49] [日]吾妻重二《宋代の景灵宫について——道教祭祀と儒教祭祀の交差》,收入小林正美变《道教の斋法仪礼の思想史研究》,第283—333页,知泉书馆,2006年。
[50] 吴铮强、杜正贞《北宋南郊神位变革与玉皇祀典的构建》,《历史研究》2011年第5期。

也"[51],因汉律中有群饮酒之禁,皇帝特别下诏允许会聚饮酒称为赐酺,宋代仍有赐酺。在此之外,"酺"还有另外一个含义,郑玄注意到《周礼·族师》所言"春秋祭酺"中的"酺"本是指人物灾害之神,但由于"酺"的这一个含义只存在于《周礼》之中,在现实生活中并无应用,故少为人知。然而,到了宋代,"酺"的后一个含义却从经书走进了现实,成为官方蝗神的称呼。据《太常因革礼》卷八十一《新礼》十四《京师及州县祭酺》记载:

> 《礼院例册》:庆历四年六月,臣僚上言:天下螟蝗颇为民物之害,伏缘祈祷之礼,籍在太常,臣欲乞京师内外并修祭酺,以禳天灾。诏送礼院定在京及外州县祭酺坛位、礼料等。礼院称:案,《周礼·族师》:"春秋祭酺(音步)。"酺者,为人物灾害之神也。郑康成云:"校人职有冬祭马步,则未知此酺者,螟蝝之酺欤?人鬼之酺欤?盖亦为坛墠,如雩禜云。"然则校人职有冬酺,是与马为害者,此酺盖亦人物之害也。康成不知何神,故举汉法以况尔,汉时有螟蝝之酺神,又有人鬼之步神,未审果何酺,故两言之。历代书史悉无祭酺仪式,今欲准祭马步仪施行。坛在国城西北。祭仪、礼料并属小祀。今乞差官就马坛设祭,神宜称为酺神,祝文系学士院撰定。若外州者,即略依禜礼,今撰到仪式祝文,乞随敕颁下。[52]

庆历四年(1044年)六月,继淮南之后京师也发生了蝗灾,据《宋史·五行志》记载,"(庆历)四年,淮南旱蝗。是岁,京师飞蝗蔽天"[53],这应该是臣僚上言修祭酺的直接原因。然而,臣僚为何选择于此次蝗灾上言修祭酺呢?其原因有二:一是天时,就在当年六月,北宋皇帝此前经常前往的祈祷之所开宝寺佛塔突然遭遇天火,宋仁宗乃取舍利入内廷供奉,并意图重新营造。仁宗此举遭到了余靖[54]、蔡襄[55]等大臣的激烈反对,他们认为舍利自身尚不能躲避天灾,可见"奉佛无效",佛教神灵并不足依凭。然而,面对此次蝗灾,宋仁宗亦曾"默祷上帝"[56],又"祈于天地、宗庙、社稷"[57]等传统儒家祀典,但似乎效果也并不好。为了能够借开宝寺焚毁之机打击佛教祭祀,士大夫们急需在儒家祀典中寻找一个新的祭祀对象来实现禳蝗的目的。二是人和,正如学者所言,礼制是专门之学,系于人而不系于官。[58]从庆历四年(1044年)初修撰《太常新礼》《庆历祀仪》的

---

[51] 许慎撰《说文解字·酉部》,第392页,上海书店出版社,2016年。
[52] 欧阳修等编《太常因革礼》卷八十一,第391页。
[53] 脱脱等撰《宋史》卷六十二《五行志·水下》,第1356页。
[54] 李焘撰《续资治通鉴长编》卷一百五十"庆历四年六月丁未",第3633页。
[55] 蔡襄撰,吴以宁点校《蔡襄集》卷十六《乞罢迎舍利奏》,第309—311页,上海古籍出版社,1996年。
[56] 李焘撰《续资治通鉴长编》卷一百五十"庆历四年六月甲寅",第3638页。
[57] 李焘撰《续资治通鉴长编》卷一百五十"庆历四年六月",第3655页。
[58] 尹承《太常因革礼研究》,第104页,山东大学博士学位论文,2015年。

列名人员来看,包括主持编修的贾昌朝在内,参与其事的孙祖德、李宥、张方平、吕公绰、曾公亮、王洙、孙瑜、余靖、刁约[59]等人都对儒家礼制素有研究,且对佛、老异端深恶痛绝。

从上文来看,太常礼院主要依据经学大师郑玄对"酺"字的解释将《周礼》中的"春秋祭酺"与蝗虫祭祀联系起来。郑玄认为"酺"与"步"义同字异,都为周代的祭祀之名。据唐代的孔颖达考证:"州祭社,党祭禜,族祭酺……皆是国人所祭之事也。"[60]可见社、禜、酺分别是周代州、党、族不同组织单位的祭祀名。又因为州长、党正等职在祭祀之后有饮酒礼,族长无饮酒之礼,乃在祭酺之后"与其民以长幼相献酬焉"[61],即聚钱饮酒,而后世沿袭此义,"遂以酺亦专为会饮,而失其祭神之义"[62],证明以"酺"作合众饮酒解实为后起之义,其最初实为祭祀之名。那么,所谓祭酺,其祭祀的对象究竟是什么?郑玄对此并无定谳,他只是根据汉代的实际情况提出自己的猜想,认为酺或为蟓螟之祭,或为人鬼之祭,总之是对人物造成灾害的神灵。事实上,对物的伤害最终也会作用于人,如孔颖达所言"蟓螟,食谷之虫,害及人物,此神能为灾害,故祭以止之"[63],所谓祭酺,祭祀的并非害虫本身,而是主管此害虫的神灵。我们认为,尽管宋人对郑玄《周礼注》多有批评,但也承认他在"通训诂,考制度,辨名数"方面"得多而失少"[64],况且在庆历年间至治平年间,学界在《周礼》真伪问题上所持的尊崇与怀疑两种立场可以说是平分秋色、无分轩轾的[65],郑玄的《周礼注》还是得到了不少学者的推崇。从详定的结果来看,太常礼院最终正是在郑玄注的基础上将"酺"确定为掌管农业害虫的神灵,并将官方驱除蝗虫的祭祀活动称之为"祭酺"。

由于前代没有祭酺的仪式,宋代京师祭酺乃"准祭马步仪施行",马步即郑玄所说的周代校人冬天所祭祀的与马为害之神。《周礼·夏官·司马》记载,校人"春祭马祖,执驹。夏祭先牧,颁马,攻特。秋祭马社,臧仆。冬祭马步,献马,讲驭夫"[66]。宋代有专门祭马的马坛,其坛在国城西北,"坎深三尺,广四丈,坛高一尺,广二丈,四方各为陛,降入坎中,然后升坛"[67]。在规格和礼料上,"先牧、马祖、马步皆小祠,每位亦一少

---

[59] 李焘撰《续资治通鉴长编》卷一百四十六"庆历四年正月辛卯",第 3533 页。
[60] 《周礼注疏》卷十九《肆师》,第 1662 页,中华书局,2009 年。
[61] 同上书,卷十二《族师》,第 1548 页。
[62] 孙诒让著,汪少华整理《周礼正义》卷二十二《地官·族师》,第 1062 页,中华书局,2015 年。
[63] 《毛诗正义》卷十九《良耜》,第 1300 页,中华书局,2009 年。
[64] 杨复《天神篇·祀昊天上帝礼》,转引[日]乔秀岩《〈杨复再修仪礼经传通解续卷祭礼〉导言》,《学术史读书记》,第 352 页,三联书店,2019 年。
[65] 夏微《宋代〈周礼〉学史》,第 416 页,中国人民大学出版社,2018 年。
[66] 《周礼注疏》卷三十三《校人》,第 1858 页。
[67] 欧阳修等编《太常因革礼》卷六《坛遗下》,第 33 页。

牢"[68]。据此可知,宋代的祭醋礼也是以少牢祭祀于马坛。《太常因革礼》中保存了庆历四年(1044年)的祭醋礼仪流程,详情如下:

> 《礼院例册》:是岁仪注,先择便方,除地设营缵为位(营缵谓立表施绳以代坛)。祀官先祭一日致斋。祭日,设神座,内向,用罇及笾豆各一,实以酒醋醢,设于神座之左,又设罍洗及筐于酒罇之左,俱内向,执事者位于其后,皆以近为上。荐神用币帛(币色白,长一丈八尺,在筐)。将祭,赞者赞祀官拜就盥洗讫,进至神座前,上香奠币,俯伏兴,退诣罍洗盥帨,爵实以酒,再诣神座前奠爵。祝文曰:维某年岁次月朔日辰,州县具官姓名,敢昭告于醋神,蝗蝝荐生,害于嘉谷,惟神降祐,应时消殄,谨以清酌制币嘉荐昭告于神,尚飨。祝讫,再拜退,瘗币如常仪。[69]

从祭醋活动的礼料、场所、流程来看,它基本摆脱了佛、道等宗教科仪的影响,几乎是以传统儒家祭祀为样本展开的。如佛、道禁杀,也反对以血食牲牢来作为礼料,但祭醋礼却用少牢,显然是儒家祭祀用牲的礼制传统。除少牢外,其它的罇、笾豆、酒等礼料与《礼记》中的记载也基本相符。[70] 另外,从祭祀之前的斋戒到祭祀中的神位设置、祈祷顺序,以致祝文宣读,祭醋礼都深刻体现出诚和礼的儒家祭祀原则,与佛道祭祀的神秘性、娱乐性相去甚远。

(三)从"礼院例册"到"吉礼"

值得注意的是,上文中关于祭醋礼的文献都来源于《礼院例册》。例册,又称例策,是例(敕、札、批状、指挥等)的汇编。戴建国先生认为:"作为后事之比的例积累多了以后,前后往往矛盾抵触,容易发生混乱。是以宋廷常常不定期对所行例进行整理删修,编类成册"[71],以作为相对规范的后事援引文本。宋代各司均有例册,《礼院例册》即太常礼院有关本司事例的汇编,它是礼院处理礼制相关事宜的重要参考。然而,不同于真正意义上的礼典,《礼院例册》并不只有那些正确无误、可以作为规定者,礼院关于重要事项的讨论内容,也会修入例册,以备参考[72]。上述有关祭醋礼的内容整体上也是讨论性的文字,这也表明庆历四年(1044年)的祭醋尚为事例,并未真正进入礼典。尽管欧阳修在修撰《太常因革礼》时在引用此段文字的基础上,将至纳入"新礼",但如其所言

---

[68] 徐松辑,刘琳等校点《宋会要辑稿》"礼十九"之六,第975页,上海古籍出版社,2014年。
[69] 欧阳修等编《太常因革礼》卷八十一《京师及州县祭醋》,第391页。
[70] 《礼记正义》卷二十一《礼运第九》,第3068页。
[71] 戴建国《宋代法制初探》,第93页,黑龙江人民出版社,2000年。
[72] 尹承《太常因革礼研究》,第45页。

"其无所沿者谓之新礼"[73],新礼是所有新创礼制的集合,并不按"五礼"进行编排,祭酺虽"略依禜礼(吉礼之一)",但并未明确表示其进入吉礼。宋徽宗时的《政和五礼新仪》是以"五礼"为序进行编排的,仍不载祭酺之仪。宋孝宗即位后,在《绍兴祀令》的基础上重修祭酺,鉴于行在"国城西北无坛壝",乃"于余杭门外西北精进寺设位行礼",具体的仪式则"依常时祭告小祀礼例"[74]实行。到淳熙年间,由礼部、太常寺纂修的《中兴礼书》以一卷篇幅载"祭酺神",并明确将之纳入吉礼。[75] 此后,祭酺也改于圆坛举行,据蒋津《苇航纪谈》记载,沈诜在刑部时曾"致斋圆坛祭酺神"[76],圆坛为皇帝祀天之坛,非祭马的马坛可比,可见随着祭酺进入吉礼,其祭祀规格似乎也有所提升。

三 宋代的祭酺实践

儒家祭祀可以分为常祀和非常祀,前者定期举行,后者临事而祀。由于祭祀马步并非常祀[77],依马步仪实行的祭酺也非常祀,只是在蝗灾发生后举行祭祀。熙宁年间,有朝臣建议改祭酺为常祀,"每岁春秋行礼",但最终并未实行。[78] 及至"高宗南渡,经营多难,其于稽古饰治之事,时靡遑暇"[79],但遇有蝗灾,仍"令长吏修酺祭"[80]。不过,南宋时期的祭酺仍非常祀,朝廷只于蝗灾发生后临时颁降祭式。据孝宗淳熙年间的王佐回忆,"绍兴、隆兴间,朝廷尝命礼官讨论,频降祭式,事已即罢"[81]。说明所降祭式只用于当次蝗灾,下次遇有蝗灾需重新颁降祭式。宋宁宗时,许奕曾批评"蝗至都城,然后下礼寺讲酺祭"[82],也说明酺祭降式具有临时性质。

嘉定年间,江浙地区多次发生蝗灾,朝廷为此频降祭式。如嘉定元年(1208年)朝廷下诏修祭酺,经礼部、太常寺讨论后,"依小祀仪式用酒酺,差守令设位祭告行礼施行",次年飞蝗入畿县,再行酺祭。[83] 嘉定八年(1215年),"六月七日,以飞蝗入临安府

---

[73] 欧阳修著,李逸安点校《欧阳修全集》卷155《太常因革礼序》,第2577页。
[74] 徐松辑,刘琳等校点《宋会要辑稿》"礼十八"之三十九,第970页。
[75] 《中兴礼书》卷一百五十五《祭酺神》具体内容缺失,但从该书的体例来看,该卷即吉礼卷155,则祭酺神当属吉礼。
[76] 蒋津《苇航纪谈》,《说郛》卷七,第144页,上海古籍出版社,1998年。
[77] 郑居中等撰《政和五礼新仪》卷一《序例》,《文渊阁四库全书本》第647册,第135页。
[78] 楼钥《攻愧集》卷八十二《祭酺神祝文》,《文渊阁四库全书本》第1153册,第289页。
[79] 脱脱等撰《宋史》卷一百三十《乐志五》,第3029页。
[80] 脱脱等撰《宋史》卷六十二《五行志·水下》,第1357页。
[81] 徐松辑,刘琳等校点《宋会要辑稿》"瑞异三"之四十五,第2673页。
[82] 脱脱等撰《宋史》卷四百六《许奕传》,第12269页。
[83] 徐松辑,刘琳等校点《宋会要辑稿》"瑞异三"之四十七,第2675—2676页。

界,诏差官祭告醅神。同日,诏令两浙、淮东西路转运司行下所部州县,如有飞蝗去处,并仰守臣差官祭告醅神,精加祈祷,不得徒为文具"[84]。嘉定九年(1216年),浙东蝗灾,朝廷责令监司,"各行下所部州县,应有蝗蝻生发去处,守令日下祭告醅神"[85]。一般来说,州县官员在措置捕蝗的同时,会按照上级命令祭醅神以禳蝗。北宋的宋祁、秦观、陆佃,南宋的楼钥等人都有祭醅的祝文留存[86]。李纲也描绘了"田父纷在野,祭醅方乞灵"[87]的地方祭醅场景。但值得注意的是,尽管自庆历年间祭醅礼形成之后,官方主要是通过祭醅来禳蝗的,但并未放弃向其它神灵祈祷。如在嘉定年间,在祭告醅神无效之后,宋廷也曾求助于霍山广惠庙行祠、天竺灵感观音等灵应的寺观或祠庙。[88] 官方的禳蝗活动尚且如此,民间的禳蝗祈祷对象就更为多样了。以嘉定年间的禳蝗为例,在乌程县有崔承事、李承事二公祠宇,嘉定八年(1215年),"飞蝗蔽天,乡民罗拜于庙,或泣或诉"[89];在常熟县有顶山祠宫,嘉定九年(1216年),县大夫赵崇恁"率僚贰走祠下,洁斋襘禳……是夕蝗悉陨于江以毙"[90];在吴兴有陆侯庙,"嘉定夏,飞蝗蔽天,神见云端而驱之,蝗不为害"[91]。几乎每一个地方都有自己的地方守护神,民众在向这些神灵祈祷时,"或相与迎神出,次以浮屠、老子之法而祝祀之"[92],与官方的祭醅礼相去甚远。

总体上来看,相较于佛道二教以及祠神信仰中的禳蝗仪式,儒家的祭醅礼在宋代的宗教市场上并不占优势。其原因在于,随着佛道二教的世俗化趋势,祈福禳灾已逐渐成为它们的"主要业务"。如北宋释契嵩在《上仁宗皇帝万言书》中就这样为佛教辩驳:"河海方波涛汹涌,其舟欲没,人之欲溺,及投佛之经,则波清水平,民得无害。民欲旸若,以其法而祷之天地,而天地旸;民欲雨若,以其法而祷之,鲜不之效。然其遗风余法,与天下为福为祥而如此,此又人耳目之所常接者也。与陛下禋天地、祀社稷、祷乎百神而与

---

[84] 徐松辑,刘琳等校点《宋会要辑稿》"瑞异十五"之四十,第970—971页。
[85] 徐松辑,刘琳等校点《宋会要辑稿》"瑞异三"之三十七,第2677页。
[86] 参见宋祁《景文集》卷四十八《醅神文》,《文渊阁四库全书本》第1088册,第440页;秦观《淮海集笺注》卷三十二《祭醅神文》,第1053—1054页,上海古籍出版社,1994年;陆佃《陶山集》卷十三《祭醅神祝文》,《文渊阁四库全书本》第1117册,第162页;楼钥《攻媿集》卷四十八《禳蝗祝文》,《文渊阁四库全书本》第1152册,第777页。
[87] 李纲《李纲全集》卷十五《醅祭》,第185页,岳麓书社,2004年。
[88] 徐松辑,刘琳等校点《宋会要辑稿》"瑞异三"之四十六,第2673页。
[89] 陆心源撰《吴兴金石记》卷十二《嘉应庙勅牒碑》,《续修四库全书本》第911册,第583页,上海古籍出版社,1996年。
[90] 孙应时纂修,陈其弟校注《至正重修琴川志》卷十三,第149页,方志出版社,2013年。
[91] 《永乐大典方志辑佚·吴兴续志·庙》,第822页,中华书局,2004年。
[92] 陈棨仁、林尔嘉《闽中金石略》卷八,《历代碑志丛书》第22册,第605页,江苏古籍出版社,1998年。

民为福者,何以异乎?"[93]在他看来,佛教致力于为民众攘灾却祸的手段,与儒家祭祀与民为福的原则并不相悖。而宋代的道教,如朱熹所言:"如今恰成个巫祝,专只理会厌禳祈祷"[94],成为专事祈禳的工具。显然,儒家虽然在《祭法》中规定"能御大灾、能捍大患则祀之",但在具体的攘灾仪式、神灵资源上终究比较缺乏,难以与专事攘灾的佛道二教及民间祠神相抗,这也使得宋代的祭醅礼在实践中很难获得民众的广泛认同。

四 余论

祭醅礼只行于宋代一朝,宋代以后的驱蝗神主要是刘猛将,但刘猛将的出现与宋代的祭醅仪式关系密切。有学者认为南宋时驱蝗神开始了从八蜡到刘猛将的变革,并指出,"驱蝗神崇拜从虫到人,是民间神祇演变中的一大进步。在南宋经济发展、社会变革的基础上,受人本思想的推动,民众信仰焦点开始从自然神逐渐转化为人格化神灵。"[95]南宋的驱蝗神确实有日趋人格化的趋势,但是,驱蝗神从官方祭祀的自然神八蜡转化为民间祭祀的人格神刘猛将并不是一蹴而就的,宋代官方祭祀带有自然神与人格化神双重特征的醅神是这一转化过程的重要关节点。与八蜡祭祀中的昆虫相比,"醅非祭害物之神,祭其主此害物之神者耳"[96],即醅神并非害虫本身,而是主管此害虫之神,具有人格化神灵的特征。而与明清时期的刘猛将相比,醅神终究是神而非人,尚且保留了自然神的底色。

早在庆历年间,太常礼院根据郑玄注将蝗灾祭祷对象称为醅神时,宋祁就曾表示出担忧,他认为"废醅为神,破一体,兴二说,近乎攻异端者矣"[97],传统儒家重视祭祀活动,但不承认鬼神的存在,将醅确定为神,确实有违儒家"重礼轻神"的祭祀传统。此后,朝廷虽然频颁醅式,但受佛道二教及民间祠神的影响,醅神越来越向人格神靠近,尤以州县为甚。如安丰知县王希吕撰《祭蝗虫文》,不仅设身处地地为蝗虫找好出路,而且试图与蝗虫订立契约,俨然"蝗虫有知"[98]。而在沭阳县艾山以东的厚丘城侧甚至出现了

---

[93] 释契嵩著,林仲湘校注《镡津文集校注》卷九《上仁宗皇帝万言书》,第174页,巴蜀书社,2014年。
[94] 黎靖德编,王星贤点校《朱子语类》卷一百二十五《论道教》,第3005页,中华书局,1986年。
[95] 陈国安、裘兆远《从八蜡到猛将:民间驱蝗神的建构》,《中国社会科学报》2020年3月24日,第3版。
[96] 秦蕙田《五礼通考》卷五十七,《文渊阁四库全书本》第136册,第289页。
[97] 宋祁《景文集》卷四十八,《文渊阁四库全书本》1088册,第433页。
[98] 刘昌诗撰,张荣铮等点校《芦浦笔记》卷九《祭蝗虫文》,第68页,中华书局,1986年。

专门祭祀䗜神的"䗜神庙"[99]。凡此种种都为驱蝗神的人格化转向奠定了基础。从明清时期的方志来看,许多地方是将祀刘猛将视为祭䗜之遗制的[100],考虑到宋代之前《周礼》中的祭䗜尚未与驱蝗发生联系,所谓"遗制"则只能是宋代的祭䗜神之制了。因此可以说,虽然祭䗜礼只出现在宋代,但它在我国蝗灾祭祷的历史上却起着承上启下的作用,不可等闲视之。

(陈渊:西南大学历史文化学院,400715,重庆)

---

[99] 于钦撰,刘敦愿等校释《齐乘校释》卷四《䗜神庙》,第408页,中华书局,2012年。

[100] 郝懿行著,李念孔等点校《证俗文》第十一《刘猛将军》,第2505页,齐鲁书社,2010年。

唐代虎伥故事的灾害叙事及其地方性知识[*]

张 云

提要： 唐代虎伥故事是古代虎故事中的特殊类型，包含伥鬼、化虎、虎皮、文书、刺血涂衣等多种叙事母题，这些母题不仅表现出不同情境下的人虎关系，而且在传承中不断发展，最终呈现出时代特色。以晚唐裴铏《传奇·马拯传》为典型的虎伥故事与开元以来江南多地频发的虎患事件有关，不同故事在虎患事件的非常书写中又表现出怪异惊奇等叙事特征。虎伥故事一定程度上也蕴含着地方民众长期以来应对虎患事件的生活知识与经验，基于地方俗信的"伥鬼"认知是解释虎患成因的情感逻辑，相应地形成了以地方民俗经验禳解自然灾害的观念与行动体系。

关键词： 虎伥故事 母题 非常书写 灾害民俗 地方性知识

"为虎作伥"几乎是人尽皆知的成语，意指成为恶人的帮凶而行恶。实际上，其背后正是我国古代著名的一类故事，祁连休称之为"制伥灭虎"型故事，主要写："伥鬼助虎作恶，为患不浅，村民却无计可施。后经高人指点，先对付伥鬼，再消灭恶虎，因而确保四乡平安。"[1] "制伥"与"灭虎"正是此类故事的核心情节之一。

我国古代有数量众多的虎故事，尤以魏晋南北朝以及唐代志怪、传奇小说中的虎故事最为出色。"制伥灭虎"型故事属于中国虎故事，但学界对其专题研究较少，有学者认为虎伥故事起源于六朝，其历史根源与西南地区的虎神信仰有关[2]。唐初戴孚《广异记》、中期皇甫氏《原化记》、晚唐裴铏《传奇》皆有虎伥故事，是古代虎故事中的特殊类型。虎伥故事具有一定的文学特色，而且与唐代南方多地的虎患现实、灾害民俗信仰等相关。本文拟从民间故事学、灾害文学、灾害民俗学等角度，重点讨论唐代虎伥故事的叙事母题源流、灾害叙事特征，及其地方灾害文化意蕴。

---

[*] 本文系贵州省2021年度哲学社会科学规划国学单列课题"中国古代重大灾害文化记忆研究"（批准号：21GZGX11010）的阶段性成果。

[1] 祁连休《中国古代民间故事类型研究》（修订本），第529页，河北教育出版社，2007年。

[2] 参见孙国江《虎伥故事的历史根源》，《北京社会科学》2013年第5期。

一 传承与新变:唐代虎伥故事的叙事母题源流

龙虎文化可以说是中华传统文化的代表之一,历史悠久,延续至今。1987年6月出土于河南濮阳的仰韶时期"龙虎蚌塑"已见龙虎信仰同时存在,何星亮就认为"蚌壳龙虎是墓主神灵的象征"[3]。相比于龙的观念性特点,虎则是起源于中国并广泛分布于亚洲的大型猛兽。千百年来,我们的祖先与生活于兹的虎不断接触融合,逐渐形成了丰富多样的中国虎故事。

(一)古代虎故事中的人虎关系

中国虎故事是动物故事中较为特殊的类型,亚型众多,内容丰富,蕴藏着丰富的中华虎文化。孙正国较早将中国虎故事分为"恶虎型""化身型""义虎型"与"其他类型"四类。[4] 汪玢玲则分为"神虎型""义虎型"等十类。[5] 亦有其他不同亚型的细致分类,基本如此。虽然分类标准不同,但不同类型的虎故事可以反映出不同历史时期的人虎关系。

先秦两汉的虎故事,以体现虎的神性特征及人对虎的崇拜为主。人虎关系具体为四种情况,即虎作为人所畏惧的生物、被人崇拜的对象、被人役使的对象、政治人事的反映。前三种情况在《山海经》中已有记载,第一类主要是类虎食人的怪兽,如《南次二经》浮玉之山中的"彘","状如虎而牛尾""是食人";第二类显示半人半虎的神性特征,如《西次三经》中的西王母,"其状如人,豹尾、虎齿而善啸,蓬发戴胜,是司天之厉及五残";第三类如《大荒东经》有"中容之国",国人"使四鸟:豹、虎、熊、罴"。[6] 其中虎食人而引人畏惧是其本身的生物特性。

人对虎的崇拜往往表现为一种图腾意涵。学界多认为西王母反映的是西北虎图腾部落,尤其"司天之厉及五残"更是掌管生死,自然被视作崇拜对象。又如廪君神话中,廪君巴人以白虎为图腾。《后汉书·南蛮西南夷列传》载,廪君死后"魂魄世为白虎",巴人"以虎饮人血,遂以人祠"。[7] 干宝《搜神记》又载,"江汉之域有貙人,其先廪君之苗

---

[3] 何星亮《河南濮阳仰韶文化蚌壳龙的象征意义》,《中原文物》1998年第2期,第36页。
[4] 孙正国《中国虎故事的类型研究》,《湖北民族学院学报(社会科学版)》1997年第2期,第13—15页。
[5] 汪玢玲《中国虎文化》,第232—266页,中华书局,2007年。
[6] 参见郝懿行撰,栾保群点校《山海经笺疏》,第12、63、329页,中华书局,2019年。
[7] 《后汉书》卷八十六《南蛮西南夷列传》,第2840页,中华书局,1965年。

裔也,能化为虎"[8]。不仅如此,至今彝族、土家族等少数民族以虎为图腾崇拜。第三类所谓"使四鸟"有可能指对虎的驯服,也有可能指四方部落之图腾象征。类似的情况如《列子·黄帝篇》载,"黄帝与炎帝战于阪泉之野,帅熊、罴、狼、豹、貙、虎为前驱"[9],对此袁珂就认为黄帝联合众多小部族最终战胜蚩尤[10]。

以虎患为政治人事的反映大概自孔子始。《礼记·檀弓下》载孔子过泰山侧,闻妇人舅、夫、子皆死于虎,因无苛政不愿离去,子曰:"苛政猛于虎也。"[11]两汉以来受"天人感应""五行灾异"等思想影响,虎患与政事联系更为紧密。王充《论衡·遭虎篇》即曰:"变复之家,谓虎食人者,功曹为奸所致也。"[12]显然遭虎由于"功曹为奸所致"是一种较为普遍的认知观念。相关故事如应劭《风俗通义·正失》载,"九江多虎,百姓苦之","郡境界皆设陷阱",后太守宗均到任,认为"咎在贪残居职使然,而反逐捕,非政之本也",于是"退贪残,进忠良","虎悉东渡江,不为民害"[13]。《后汉书·法雄传》又载永初(公元107年—公元113年)中,南郡"多虎狼之暴,前太守赏募张捕,反为所害者甚众",后太守法雄以为"太守虽不德,敢忘斯义",去除槛阱后"虎害稍息,人以获安"[14]。同书《循吏传》童恢、《儒林传》刘昆等事迹皆是如此,历代正史等亦不乏相关记载。

魏晋南北朝的虎故事更为丰富,人虎关系主要表现为人虎争斗、人虎互化等情况,相对而言虎的神性特征明显减弱。人虎争斗往往因虎造成灾害,成为民众畏惧,甚至攘除的对象。如葛洪《神仙传》载尹轨弟子"黄理居陆浑山中,患虎为暴。公度使断大木为柱,去家四方各一里外埋一柱,公度即以印印之,虎即绝迹"[15]。又如陶渊明《搜神后记》载,义熙(公元405年—418年)中丹阳人沈宗"以卜为业",时"左将军檀侯镇姑熟,好猎,以格虎为事",一日虎化人来占卜,宗告之"东向吉,西向不利",及出门"东行百步,从者及马皆化虎。自此以后,暴虎非常"[16]。故事或暗示左将军格虎与此后"暴虎非常"有所关联。

除直接格杀外,佛教虎故事则表现高僧通过对虎的感化而攘解虎患。如王琰《冥祥记》载"义熙末,阳新县虎暴甚盛",附近居民"遭虎死者,夕必一两";晋沙门法安"暮投此

---

[8] 干宝撰,李剑国辑校《搜神记辑校》,第339页,中华书局,2019年。
[9] 杨伯峻《列子集释》,第84页,中华书局,1979年。
[10] 袁珂《古神话选释》,第142页,人民文学出版社,1982年。
[11] 郑玄注,孔颖达疏《礼记正义》,阮元校刻《十三经注疏》,第1313页,中华书局,1980年。
[12] 黄晖《论衡校释》,第825页,中华书局,2017年。
[13] 应劭撰,王利器校注《风俗通义校注》,第122页,中华书局,2010年。
[14] 《后汉书》卷三十八《法雄传》,第1278页。
[15] 葛洪撰,胡守为校释《神仙传校释》,第319页,中华书局,2010年。
[16] 陶潜撰,李剑国辑校《搜神后记辑校》,第523页,中华书局,2019年。

村,民以惧虎,早闭门闾,且不识法安,不肯受之",于是至社树下参禅,"向晓,有虎负人而至,投树之北,见安,如喜如跳,伏安前,安为说法授戒,虎踞地不动,有顷而去",此后"虎患遂息"。[17] 又如慧皎《高僧传·求那跋摩》载,始兴虎市山"本多虎灾,自跋摩居之,昼行夜往,或时值虎,以杖按头,弄之而去,于是山旅水宾,去来无梗,感德归化者,十有七八"。更有舍身饲虎者如同书《昙称传》载,"宋初彭城驾山下虎灾,村人遇害,日有一两",昙称谓村民曰:"虎若食我,灾必当消。"是夜独坐草中,咒愿曰:"以我此身,充汝饥渴,令汝从今息怨害意,未来当得无上法食。"果然虎"啖身都尽,唯有头在,因葬而起塔,尔后虎灾遂息"。[18] 魏晋南北朝是佛教传入中国后大力发展的阶段,高僧伏虎故事也成为中国虎故事的特殊类型。

如果说先秦神话中半人半虎的虎神形象已暗含人虎互化,那么魏晋南北朝的人虎互化故事更具志怪色彩。人虎互化主要有因病而化与果报而化等情况。《法苑珠林》卷二五引顾微《广州记》曰:"晋复阳县里民有一家儿牧牛,牛忽舐此儿,舐处肉悉白,儿俄而死。其家葬此儿,杀牛以供宾客。凡食此牛肉男女二十余人,悉变作虎。"[19]"二十余人,悉变作虎"表现出明显的志怪色彩,其原因或是人食病牛而发狂若虎。又如东阳无疑《齐谐记》载晋太元元年(376年),江夏郡安陆县薛道询"忽得时行病,差后发狂,百治救不痊。乃服散狂走,犹多剧,忽失踪迹,遂变作虎,食人不可复数"[20]。服散或加剧了薛道询病情恶化。

佛教传入使得因果报应成为民间社会的重要思想之一,这就不乏以虎灾故事来表现业报思想。如《齐谐记》载,义熙四年(408年)东阳郡太末县吴道宗外出,"邻人闻其屋中磕碰之声,窥不见其母,但有乌斑虎在其屋中",乡里恐虎食宗母,共往救助,"围宅突进,不见有虎,但见其母,语如平常";宗还,母曰:"宿罪见谴,当有变化事。"其后县内多发虎灾,"皆云母乌斑虎",人虎相斗至有损伤,"经数日后,虎还其家故床上,不能复人形,伏床上而死"。[21] 人虎互化怪异非常,而宗母所谓"宿罪见谴"便属于业报思想。又如祖冲之《述异记》载腾屿与南溪之间有淡水蟹,"筐大如笠,脚长三尺",宋元嘉(公元424年—公元453年)中,"章安县民屠虎取此蟹食之",夜梦少妪曰:"汝啖我,知汝寻被啖不?"明日屠氏出行,"为虎所食",下葬之后,"虎又发棺啖之,肌体无遗"。[22] 显然屠氏遭虎与其此前食蟹有关,从"少妪"之言以及虎连续侵害屠氏来看,故事同样暗含果报

---

[17] 王琰《冥祥记》,鲁迅校录《古小说钩沉》,第306—307页,齐鲁书社,1997年。
[18] 释慧皎撰,汤用彤校注,汤一玄整理《高僧传》,第107、446页,中华书局,1992年。
[19] 释道世撰,周叔迦、苏晋仁校注《法苑珠林校注》,第1013页,中华书局,2003年。
[20] 东阳无疑《齐谐记》,《古小说钩沉》,第138—139页。
[21] 同上书,第140页。
[22] 祖冲之《述异记》,《古小说钩沉》,第101—102页。

思想。

唐人小说中的虎故事在继承魏晋南北朝虎故事志怪特色的同时，无论在篇幅上，还是人虎关系表达上又有新的突破，而且多数故事属于复合型故事。唐代虎故事除了表现人虎争斗外，更多的是对人虎互化的非常书写，较为新奇的如人虎婚恋、虎恤人报恩、人被虎役使等情况，后者下文详论。书写人虎婚恋的如《广异记·虎妇》载，"虎取人家女为妻"，其妇两载未有察觉，一日虎与客饮酒皆醉，"妇女往视，悉虎也"，其妇后借归家得以脱离。同书《勤自励》讲述勤自励西北战还后雨夜阴差阳错于虎穴救妻之事。[23] 又如薛用弱《集异记·裴越客》讲述吏部尚书张镐次女德容许嫁仆射裴冕三子裴越客，"已剋迎日，而镐左迁，遂改期来岁之季春"。后德容日暮游园被虎掠走，是夕前夜，"越客行舟去郡三二十里，尚未知其妻之为虎暴"，登岸徐行后于水边板屋偶然救之，"遂以其事列于镐"，"镐凌晨跃马而至，既悲且喜，遂与同归，而婚媾果谐其期。自是黔峡往往建立虎媒之祠"。[24] 也就是说，裴越客虎穴救妻事还形成了地方婚俗。《原化记·天宝选人》中的人虎婚恋有所不同，选人入京途中娶得一妻，"数年秩满，生子数人"，一日与妻复至"前宿处"，因笑语妻曰："君岂不记余与君初相见处耶？"其妻怒曰："某本非人类，偶尔为君所收，有子数人，能不见嫌，敢且同处。今如见耻，岂徒为语耳。还我故衣，从我所适。"选人语其妻北屋自取，"女人大怒，目如电光，猖狂入北屋间寻觅虎皮，披之于体，跳跃数步，已成巨虎，哮吼回顾，望林而往"。[25] 诸如此类的人虎婚恋故事情节曲折，引人入胜，也暗含一定的家庭伦理观念。

虎恤人报恩故事一改虎凶猛残暴的形象，变得更通人性。如《广异记·张鱼舟》讲述张鱼舟为虎拔除左掌长刺后，"虎跃然出庵，若拜伏之状"，其后"每夜送物来，或豕或鹿"，一日更送"绢一匹而来"。同书《虎恤人》讲述凤翔府李将军"为虎所取，蹲踞其上"，李频呼曰："大王，乞一生命！"虎负李至虎穴与虎子共生，不仅"恒分所得之肉及李"，后送其"至所取处而诀"，更是"每三日，一至李舍，如相看"。[26] 类似的故事再如柳祥《潇湘录》载，郑人周义"性倜傥，好急人之患难"，一孟州之虎因"刺史发州兵搜求"前来求救，后有"少年踰垣入义家，抛下一金枕，高声告周义：'我是昔受恩人也，今将此枕答君之惠。'"[27] 从更大的故事类型来说，虎恤人报恩属于动物报恩故事，叙述极具人情味。

唐以后的虎故事基本延续唐前虎故事中所表现的人虎关系。但需要注意的是，清

---

[23] 戴孚撰，方诗铭辑校《广异记》，第168、171—172页，中华书局，1992年。
[24] 薛用弱《集异记》，第65—66页，中华书局，1980年。
[25] 李昉编，汪绍楹点校《太平广记》，第3479页，中华书局，1961年。
[26] 戴孚撰，方诗铭辑校《广异记》，第173—174、177—178页。
[27] 李昉编，汪绍楹点校《太平广记》，第3502页。

人黄之隽笔下的《虎媪传》属于世界著名的"老虎外婆"故事（AT333C 型）异文之一，以反映孩童面对外来威胁时的机智勇敢为主，至今有同类口传故事在全国各地广泛流传[28]。虎恤人报恩、化虎故事等至今在不少民族中也有较多口传异文，兹不赘述。

总体而言，中国虎故事从先秦神话至当代口传，千百年来生生不息。不同时段有不同类型的虎故事，反映出不同的人虎关系与虎文化。尤其不同的是，魏晋以来虎的神性特征逐渐减弱，而且唐前虎故事中的虎基本不能直接如人言语，主要通过化人、托梦以及下祝等方式与人对话，人虎关系相对简单。但唐代以降，不少虎故事中的虎人格化特征更为明显，有的甚至能直接与人言谈，从而在表现人虎关系时更为自然、更具人情味。

（二）唐代虎伥故事的人虎关系

在数量与质量皆可观的唐代虎故事中，虎伥故事所表达的人虎关系较为特殊，不同故事异文通过具体的叙事母题表现人虎之间的情感关联。虽然学界对"母题"的讨论几乎未曾停止，但"母题"正是同类型故事中具有传承价值的最小叙事单元。[29] 唐代虎伥故事大致可以分为"伥鬼"亚型与"化虎"亚型两类。前者情节单一，主要叙述伥鬼助虎作恶；后者除"伥鬼"母题外，又包含其他叙事母题，而且这些母题在传承中不断发展变化，如伥鬼、化虎、虎皮、文书、刺血涂衣等。

第一是"伥鬼"母题。伥鬼所体现的人虎关系主要是人为虎所食后被虎役使"助虎作恶"。南朝宋刘敬叔《异苑》中有两则虎故事，情节基本符合伥鬼行事，卷三的一则故事载：

> 武陵龙阳虞德流寓溢阳，止主人夏蛮舍中。忽见有白纸一幅，长尺余，标蛮女头，乃起扳取，俄顷有虎到户而退。寻见何老母标如初，德又取之。如斯三返，乃具以语蛮。于是相与执仗，伺候须臾，虎至，即格杀之。[30]

可以看到虞德所见"白纸"连续三次"标蛮女头"，且每次标记后皆有虎至。但具体是谁发出标记指令、完成标记动作引虎前来，故事并未交代。同书卷六另一则故事讲述会稽严猛之妇外出采薪"为虎所害"，一年后严猛外出遇其妇预言："君今日行，必遭不善，我

---

[28] 参见［美］丁乃通著，郑建成等译《中国民间故事类型索引》，第 91—99 页，中国民间文艺出版社，1986 年。祁连休《中国古代民间故事类型研究》（修订本），第 539—548 页。

[29] 如美国学者斯蒂·汤普森认为："一个母题是一个故事中最小的、能够持续在传统中的成分。"我国学者陈建宪结合中国民间故事的具体特征，认为"母题"是"民间叙事文学作品内容的最小元素"，"这些元素有着某种非同寻常的力量，使它们能在一个民族的文化传统中不断地延续"。关于"母题"内涵的界定亦有其他论述，兹不赘述。参见［美］斯蒂·汤普森著，郑海等译《世界民间故事分类学》，第 499 页，上海文艺出版社，1991 年。陈建宪《神话解读——母题分析方法探索》，第 22 页，湖北教育出版社，1997 年。

[30] 刘敬叔撰，范宁校点《异苑》，第 16 页，中华书局，1996 年。

当相免也。"随后严猛果然遇虎袭击,而"猛妇举手指拨,状如遮护。须臾有一胡人荷戟而过,妇因指之,虎即击胡,婿乃得免"[31]。从两则故事中的虎行动可见,在虎为害之前均有导引。

《异苑》的两则虎故事都没有提及"伥鬼"二字,亦未直接言明伥鬼与虎之间的关系,属于虎伥故事的初级形态。在唐代虎伥故事中,虎役使伥鬼为害的叙事更为明确,而且伥鬼形象多变。《广异记·宣州儿》载:

> 天宝(公元742年~公元756年)末,宣州有小儿,其居近山。每至夜,恒见一鬼引虎逐已,如是已十数度。小儿谓父母云:"鬼引虎来则必死,世人云:'为虎所食,其鬼为伥',我死,为伥必矣。若虎使我,则引来村中,村中宜设穽于要路以待,虎可得也。"后数日,果死于虎。久之,见梦于父云:"身已为伥,明日引虎来,宜于西偏速修一穽。"父乃与村人作穽,穽成之日,果得虎。[32]

故事直接交代了"伥鬼"由来,二者之间的关系即人"为虎所食,其鬼为伥",虎又役使其鬼为害。

其他几则"伥鬼"亚型故事中,叙及伥鬼者有孩童形象。《广异记·碧石》中,一人登树见伥鬼"如七八岁小儿,无衣轻行,通身碧色,来发其机",后虎触机关而死,"小儿行哭而返,因入虎口,及明开视,有碧石大如鸡子在虎喉焉"。[33]《原化记·浔阳猎人》讲述猎人"二更后,见一小鬼青衣,髡发齐眉,蹩躠而来弓所,拨箭发而去",虎死之后,"其伥鬼良久却回,见虎死,遂鼓舞而去也"。[34] 虽云"小鬼",但"髡发齐眉,蹩躠而来""鼓舞而去"符合孩童形象。《广异记·刘老》《原化记·李奴》虽明确伥鬼为虎役使,但未涉及具体形象,我们暂且不论。

在"化虎"亚型的几则故事中,伥鬼形象较为多变。《广异记·石井崖》讲述里正石井崖遇虎之事,所见道士之"二青衣童子"虽未明确为伥鬼,但行事与伥鬼一致,先受道士役使曰:"我明日日中得书生石井崖充食,可令其除去刀仗,勿有损伤。"后道童变化为军人前往石井崖住所解除其随身刀仗,待道士被石井崖击毙后,"二童子审观虎死,乃讴歌喜跃"。[35] 其行事与《浔阳猎人》中的"小鬼"一致,但又有"道童"身份,还可变作"军人"模样。又如《原化记·柳并》讲述河东监察御史柳并与其书吏委任途中夜宿"岭下孤馆"遇伥鬼之事,柳并所见伥鬼"长尺余,状若猕猴,手持一纸幡子,步上阶,以幡插书吏

---

[31] 刘敬叔撰,范宁校点《异苑》,第54页。
[32] 戴孚撰,方诗铭辑校《广异记》,第172页。
[33] 同上书,第169页。
[34] 李昉编,汪绍楹点校《太平广记》,第3511页。
[35] 戴孚撰,方诗铭辑校《广异记》,第179页。

头边而去",柳并三次拔去"纸幡",三次见虎前来"遍嗅诸人"。[36] "长尺余"的伥鬼显然被虎役使前来插幡,仍有"小鬼"身影,但却"状若猕猴"。流传于浙江江山的《除虎除伥》故事中,猎人朱庭捕虎时,于树上得见:"一个奇怪的小人,正用一根棍子扫道面来,陷阱被小人棍子一拨,局杆竖了,陷阱落了,小人平安无事地过去了。片刻,一只黄斑虎顺着小人的足印也大模大样地走过去了。"虎被朱庭射杀后,伥鬼变化为大毒蛇,"张口伸舌爬上树来,要害朱庭"。[37] 黄斑虎出现之前扫道的小人即是伥鬼,不仅有孩童形象,还能变化为蛇。

晚唐《传奇·马拯传》故事较为曲折,讲述长庆(公元821年—公元824年)中处士马拯前往"衡山祝融峰,诣伏虎师"遇虎之事。马拯从马沼山人处得知寺中老僧为虎变化后逃难下山,二人"近昏黑,而遇一猎人,于道旁张强弓,树上为棚而居",双方对话如下:

  (猎人)语二子曰:"无触我机。"兼谓二子曰:"去山下犹远,诸虎方暴,何不且上棚来?"二子悸怖,遂攀缘而上。将欲人定,忽三五十人过,或僧,或道,或丈夫,或妇女,歌吟者,戏舞者,前至强弓所。众怒曰:"朝来被二贼杀我禅和尚,方今追捕之,又敢有人张我将军!"遂发其机而去。二子并闻其说,遂诘猎者,曰:"此是伥鬼,被虎所食之人也,为虎前呵道耳。"[38]

人定之时三人于棚上所见"三五十人"身份各异,不仅称呼马拯所谒老僧为"我禅和尚",又称虎为"我将军"。故事同样明确了虎役使"所食之人"为伥鬼,比较其他几则故事中的伥鬼形象可见,此处为伥鬼群像。

值得一提的是,另有一则虎伥故事在表现伥鬼叙事时有所不同。流传于广州连平县的《老虎鬼找替身》故事中,住在深山村落的一女子生子满月后,夜出方便被虎所食,此后一虎每夜前来居所叫唤,村民以为"这是老虎鬼寻亲人来了,那个妇女被老虎吃了,现在她就带了老虎寻找替身",于是村民以妇女之子为诱饵引虎前来。但令人惊奇的是,虎并未食子,而是"用嘴在小孩的脸上、头部和肩手几个地方嗅来嗅去,弄得小孩不时咯咯大笑",最后"围着小孩转了三圈,头一仰,大叫一声,才慢慢离去"。[39] 明显的区别是,妇女鬼魂引虎前来并未助虎作恶,反而表现出作为"母亲"的浓浓爱意。

第二是"化虎"母题。化虎叙事并非首见于唐代虎故事,《淮南子·俶真》已见公牛

---

[36] 李昉编,汪绍楹点校《太平广记》,第3511页。
[37] 《中国民间故事集成·浙江卷》,第694—695页,中国ISBN中心,1997年。
[38] 李剑国辑校《唐五代传奇集》,第2402页,中华书局,2015年。
[39] 《中国民间故事集成·广东卷》,第935—936页,中国ISBN中心,2006年。

哀转病"七日化为虎"[40]之事,后在魏晋南北朝的虎故事中多有所见。我们讨论的"化虎"亚型则结合了"伥鬼"母题,所表现的人虎关系具有内在联系。《广异记·荆州人》讲述"荆州有人山行,忽遇伥鬼以虎皮冒己,因化为虎,受伥鬼指挥",后在伏虎禅师处"半年毛落,变人形";再后"暂出门,忽复遇伥以虎皮冒己,遽走入寺。皮及其腰下,遂复成虎,笃志诵经,岁余方变"[41]。可见在伥鬼"以虎皮冒己"的情况下,荆州人三次变化为虎,甚至"受伥鬼指挥",虎皮成为人虎合体的媒介。《柳并》故事中,柳并令其书吏逃难,但书吏仗剑入山寻虎,于一茅庵"屋上见一领虎皮,吏怀其书并取皮",后"行未数里,见一胡僧"。胡僧教书吏避难之法,"吏如言登树,投皮与僧衣之,便作虎状",书吏"取单衣,刺血涂之,投于地。虎得衣跳跃,擘撦而吞之。良久,复为人形,曰:'子免矣。'"[42]显然胡僧与虎通过虎皮互化,而"状若猕猴"的伥鬼被虎役使前往书吏头边插"纸幡"。

到了《马拯传》中,化虎叙事则是在悬念中逐步确证。马拯拜谒老僧之初并未觉察有异,偶遇登山的马沼山人讲述途中遇虎食人,又言:"遥见虎食人尽,乃脱皮,改服禅衣,为一老僧也。"在马拯询问老僧其仆"至半山路,已被虎伤"事时,僧以"无信妄语"极力反驳,但"拯细窥僧吻,犹带殷血"。接着故事进一步引出老僧即虎,先是马拯与山人夜深时"闻庭中有虎怒,首触其扉者三四,赖户壮而不隳";再是祷告所宿食堂内"土偶宾头卢尊者"得谶诗,其中"寅人但溺栏中水"一句二子解为"寅人,虎也。栏中即井";随后二子"诈僧云井中有异,使窥之",老僧"细窥次,二子推僧堕井,其僧即时化为虎"[43]。对比以上几则故事中的"化虎"过程,《马拯传》叙述细腻,扣人心弦,具有引人入胜的效果。

第三是"虎皮""文书""刺血涂衣"母题,见于"化虎"亚型的几则故事中。前引《荆州人》已见伥鬼以虎皮冒荆州人化虎;《柳并》中胡僧得虎皮"衣之,便作虎状,哮吼怒目,光如电掣";《马拯传》中山人遥见虎"脱皮,改服禅衣,为一老僧"。因而"虎皮"成为化虎之媒介。这一母题最初见于《异苑》卷八的两则虎故事中,一则讲述社公令广陵太守郑袭作虎,"以斑皮衣之",郑袭推辞后,"神怒,还使剥皮,皮已著肉";另一则叙述鄱阳桓闿以生犬肉祭祀绥山,山神因此惩罚桓闿,"其年忽变作虎,作虎之始,见人以斑皮衣之,即能跳跃噬逐"[44]。"虎皮"母题在前引《天宝选人》已见,在唐代其他虎故事中亦不乏所载,兹不赘述。因此披虎皮即为虎,脱虎皮即为人的情节单元我们可称之为"虎皮"母题。

---

[40] 刘文典撰,冯逸、乔华点校《淮南鸿烈集解》,第55页,中华书局,1989年。
[41] 戴孚撰,方诗铭辑校《广异记》,第175页。
[42] 李昉编,汪绍楹点校《太平广记》,第3511—3512页。
[43] 李剑国辑校《唐五代传奇集》,第2402页。
[44] 刘敬叔撰,范宁校点《异苑》,第82—83页。

所谓"文书"母题,指故事讲述被虎食之人早已记录在册,暗含一种宿命论思想。前引《异苑》卷三虞德三次所见"有白纸一幅,长尺余,标蛮女头"即暗示蛮女遭虎早已命中注定,这一母题首见于此。《广异记》有两则虎故事虽未提及伥鬼,但叙述虎按"日历"食人,如《费忠》讲述开元(公元713年—公元741年)中费州费忠夜行缚虎,乃是"北村费老,被罚为虎",从费老所言"天曹有日历令食人""今夜合食费忠",以及"于我腰边看日历"[45]等情节可见,费忠遇险早已注定。同书《稽胡》讲述慈州稽胡"以弋猎为业",开元末"逐鹿深山"遇一道士,道士不仅对稽胡自说其是"虎王",又说"适闻汝称姓名,合为吾食",且"案头有朱笔及杯兼簿籍,因开籍以示胡"[46],同样表明稽胡早有此劫。对比可见《柳并》中小鬼三次插幡书吏头边,书吏于茅庵所见"席上案砚朱笔,有一卷文书皆是人名。或有勾者,有未勾者,已名在焉",以及胡僧所谓"吾非强害君者,是天配合食之。岂不见适来文簿,昨日已愆数期"[47]等情节,显然事出有先,基本糅合了《异苑》"虞德"故事与《广异记》的相关叙事母题,而且伥鬼叙事更为明确。

唐代虎伥故事亦包含"刺血涂衣"母题,前引《柳并》中胡僧教书吏"取单衣,刺血涂之"即是如此。这一母题较早见于《广异记·稽胡》故事,道士因"汝既相遇,必为取免"语稽胡曰:"明日可作草人,以己衣服之,及猪血三斗,绢一匹,持与俱来,或当得免。"翌日,稽胡持物前来:

> 因令胡立草人庭中,置猪血于其侧,然后令胡上树,以下望之高十余丈,云:"止此得矣,可以绢缚身着树,不尔,恐有损落。"寻还房中,变作一虎,出庭仰视胡,大噑吼数四,向树跳跃,知胡不可得,乃攫草人,掷高数丈,往食猪血尽。入房,复为道士,谓胡曰:"可速下来。"胡下再拜,便以朱笔勾胡名,于是免难。[48]

显然《柳并》故事中的"刺血涂衣"母题源出于此。此处的道士与《柳并》故事中的胡僧在身份上有相似之处,皆以巫术解除遇虎之人的危难,方法如出一辙,其中人的衣物又成为避免人虎直接冲突的媒介。

要之,虎伥故事是唐代虎故事的特殊类型,其发展大致经历了由简入繁的过程,而且在单一"伥鬼"母题的基础上糅合了"化虎"等多种叙事母题,形成更富有意趣的复合故事,所体现的人虎关系也更为微妙。当然这一过程并非完全表现出层累叠加的特点,反而在《马拯传》中有所取舍,呈现出明显的有意而为。

---

[45] 戴孚撰,方诗铭辑校《广异记》,第167页。
[46] 同上书,第168页。
[47] 李昉编,汪绍楹点校《太平广记》,第3511—3512页。
[48] 戴孚撰,方诗铭辑校《广异记》,第168—169页。

二 纪实与非常：唐代虎伥故事的灾害叙事特征

唐代虎伥故事的纪实性主要指以写实的方法叙述不同人物遇虎事件，这些事件并非一定是人物真实经历，但实际生活中确实有相关的虎患叙事背景，而且作者在故事讲述中有尽力消解虚构的痕迹。虚构主要指虎伥故事中的一些内容"有意为之"，以"非常书写"的方式刻画人物、叙述情节，故事整体呈现出怪异惊奇的特点。

（一）虎伥故事虎患叙事的现实背景

猛虎为害的直接表现就是吃人伤畜，这是其生物特性之实，也是虎伥故事的灾害叙事背景，尤其故事开头往往直接交代虎患发生的时间、地点、频次等信息。如《广异记·碧石》讲述"开元末，渝州多虎暴，设机穽，恒未得之"，"月夕"有人登树见伥鬼前来[49]。《宣州儿》载，天宝末宣州（今安徽宣城）儿"其居近山"，"每至夜，恒见一鬼引虎逐己，如是已十数度"，其中"近山"以及虎在夜间活动等情节符合虎的实际活动习性。

这一叙事背景又如《荆州人》载，荆州（今湖北荆州）人山行遇伥鬼化虎后，"凡三四年，搏食人畜及诸野兽，不可胜数"。《刘老》故事载信州（今江西上饶信州区）刘老"住持于山溪之间"，"人有鹅二百余只，诣刘放生，恒自看养。数月后，每日为虎所取，以耗三十余头，村人患之"。[50]《浔阳猎人》中浔阳（今江西九江一带）猎人"常取虎为业"[51]，二更见伥鬼。《李奴》故事时间为唐元和九年（814年），而李奴主人"寄居宣州山中"[52]。连平县的《老虎鬼找替身》故事中，遭虎妇女所居便在深山村落，遇虎则在夜间外出方便。

以上几则故事，时间、地点的准确讲述意在凸显虎患事件的真实性，但其中的人物较为模糊，基本未见具体姓名，属于典型的民间故事叙事方式。相比而言，《柳并》《马拯传》等故事，人物姓名、身份较为明确。《柳并》交代柳并与书吏夜宿"岭下孤馆"，言明身份为"河东柳并""监察御史"。柳并其人见载于正史，为盛唐名士萧颖士门人。《新唐书·柳并传》曰："柳并者，字伯存。大历（公元766年—公元779年）中，辟河东府掌书记，迁殿中侍御史。……初，并与刘太真、尹征、阎士和受业于颖士，而并好黄、老。"[53]

---

[49] 戴孚撰，方诗铭辑校《广异记》，第169页。
[50] 同上书，第175页。
[51] 李昉编，汪绍楹点校《太平广记》，第3511页。
[52] 同上书，第3492页。
[53] 《新唐书》卷二百二《文艺列传》，第5771页，中华书局，1975年。

《原化记》"柳并"正是以历史人物柳并为原型背景。《马拯传》主要叙述长庆中处士马拯于"衡山祝融峰"(今湖南衡阳市南岳区南岳镇)遇虎之事。江山市的《除虎除伥》中,猎人名为朱庭,虎患发生地则是"江郎山下,出现了一只吊眼白额黄斑虎,到处伤害人畜,闹得周围百姓不得安宁"[54]。故事人物身份、姓名的确定大大增加了虎伥故事的可信性。

当然,虎伥故事中的虎患事件未必真实,但以虎为害在古代社会确有其事,一般称之为"虎暴"或"虎灾"。《论衡·遭虎》即曰:"夫虎害人,古有之矣。"[55]前引《高僧传》之《求那跋摩》《昙称传》,以及《齐谐记》"吴道宗"故事中,都直接叙述所在境界多"虎灾"。

从我们所论虎伥故事中的地点来看,在唐代基本隶属淮南道、江南道、岭南道等区域,这些地区当时确有大量的虎活动其间,而且虎吃人伤人事件时有发生[56]。值得注意的是,唐玄宗开元四年(716年)正月因江淮南诸州虎患下诏曰:

> 如闻江淮南诸州大虫杀人,村野百姓,颇废生业,行路之人,尝遭死失。州县不以为事,遂令猛兽滋多。泗州涟水县令李全确前任宣州秋蒲县令,界内先多此兽,全确作法遮捕,扫除略尽。迄今人得夜行,百姓实赖其力。宜令全确驰驿往淮南大虫为害州指授其教,与州县长官同除其害。缘官路两边去道各十步,草木尝令芟伐,使行人往来得以防备。[57]

唐代避讳太祖李虎称虎为"大虫",可见猛虎导致江淮南道各州百姓"颇废生业",行人"尝遭死失",虎患严重到唐玄宗颁布诏令的地步。从唐玄宗所言"州县不以为事,遂令猛兽滋多"来看,是对州县长官的直接责咎。而捕虎有方的李全确曾任"宣州秋蒲县令",与《宣州儿》《李奴》故事中的虎患发生地基本吻合。不仅于此,唐代开元律令明令规定设置机弶、射窝捕获猛兽送官者都有相应的奖励。[58]政令的部分内容一直延续至北宋《天圣令》依然可见,《天圣令》卷二三《仓库令》附唐令第二十条曰:"诸牧须猎师之处,简户奴解骑射者,令其采捕。所杀虎、狼,依例给赏。"其中"户奴"是唐代官奴的一种。[59]

但作为生态系统中的一员,人的活动必然会与其中的其他成员产生交流,甚至冲

---

[54] 《中国民间故事集成·浙江卷》,第694页。
[55] 黄晖《论衡校释》,第827页。
[56] 参见翁俊雄《唐代虎、象的行踪——兼论唐代虎、象记载增多的原因》,荣新江主编《唐研究》第3卷,第384—388页,北京大学出版社,1997年。
[57] 王若钦等编《册府元龟》卷147,第1778—1779页,中华书局,1960年。
[58] [日]池田温著,孙晓林等译《中国古代的猛兽对策法规》,《唐研究论文选集》,第292—295页,中国社会科学出版社,1999年。
[59] 戴建国《唐〈开元二十五年令·田令〉研究》,《历史研究》2000年第2期,第45页。

突,后者很有可能演变为自然灾害。江南地区水草茂盛,为虎的生存活动提供了基础条件,我们已经看到唐代虎伥故事多叙及人或居住于山溪之间,或进入山林川泽,这就为其偶然遭虎提供了可能,正如《汉书·地理志》所谓江南民众"以渔猎山伐为业"[60]。而且唐代天宝十二载(753年)人口较此前大量增加,"人们扩大了活动范围,向这些人迹罕至之地进军,特别是江淮地区,更为突出"[61]。以淮南道为例,《旧唐书·地理志》载,唐初人口"九万四千三百四十七",到天宝时则为"四十六万七千八百五十七"[62],可谓激增。

人口扩张同时也可能带来生态问题,即人进入虎的"领地"应是唐代江淮等地虎患事件时常发生的关键因素之一。如《新唐书·地理志》载舒州桐城县(今安徽桐城)"自开元中徙治山城,地多猛虎、毒虺,元和八年(813年),令韩震焚薙草木,其害遂除"[63]。就舒州人口而言,唐初人口"三万七千五百三十八",至天宝时则有"十八万六千三百九十八"[64],同样激增。桐城县"徙治山城"可能会对原有猛虎栖息地有所侵占,但"韩震焚薙草木"之举更是对虎生存环境的直接破坏。

人口扩张与山中猛虎冲突还表现在地方农业生产、经济发展等方面。如《新唐书·李绅传》载,李绅任滁、寿二州刺史时,"霍山多虎,撷茶者病之,治机穽,发民迹射,不能止。绅至,尽去之,虎不为暴"[65]。滁、寿二州亦属淮南道,霍山指霍山县(今安徽六安霍山县)。对此李绅《虎不食人》诗序曰:"霍山县多猛兽,顷常择肉于人。每至采茶及樵苏,常遭啖食,人不堪命。自大和四年(830年)至六年(832年),遂无侵暴,鸡犬不鸣。深山穷谷,夜行不止。得摄令和僕状,称潜川县乡村正赵珍夜归,中路与虎同行至家,竟无伤害之意。"[66]霍山茶以"黄牙"[67]尤为著名,"撷茶者病之"实际也是采茶人对霍山虎生存空间的侵扰。从人口来看,唐初滁州人口"二万一千五百三十五",至天宝时则有"十五万两千三百七十四";寿州唐初人口"一万四千七百一十八",至天宝时则有"十八万七千五百八十七"[68]。因而本地人口的增加与撷茶者入山采茶自然会增加遇虎的几率,《虎不食人》提及"深山穷谷,夜行不止"也说明人的活动时间和范围大大扩展,至于赵珍夜归遇虎平安归家虽有夸张之嫌,但说明虎依然存在。

---

[60] 《汉书》卷二十八《地理志第八下》,第1666页,中华书局,1964年。
[61] 翁俊雄《唐代虎、象的行踪——兼论唐代虎、象记载增多的原因》,荣新江主编《唐研究》第3卷,第388—389页。
[62] 《旧唐书》卷四十《地理三》,第1572页,中华书局,1975年。
[63] 《新唐书》卷四十一《地理五》,第1054页。
[64] 《旧唐书》卷四十《地理三》,第1582页。
[65] 《新唐书》卷一百八十一《李绅传》,第5349页。
[66] 李绅撰、卢燕平校注《李绅集校注》,第38—39页,中华书局,2009年。
[67] 李肇撰、聂清风校注《唐国史补校注》,第285页,中华书局,2021年。
[68] 《旧唐书》卷四十《地理三》,第1574、1576—1577页。

另外古代的寺观庙宇一般建造于密林深山之间,一定程度上也有对虎生存空间的影响。如唐人李冲昭《南岳小录》载,大历中道士刘玄静修行之衡山"隐真宫"便是"夺虎穴而居之",后有人前往寻访,"行及中宫西南面三里余,历险攀萝,见一石室,深邃屈曲,有似人家。于是攀藤萝,入深□,乃见先生凝然而坐"。[69]"隐真宫"的幽深环境自然适宜修行,但却是对原有虎穴的掠夺。类似的情况又如后晋天福(公元936年—公元944年)中,僧人洪道为避马希范征召,"引徒弟数辈转徙入深山中,得一岩,遂且止息",初入岩时"见一虎在穴乳二子,徒弟大骇,洪道叱曰:'无惧,彼当移去。'言讫,虎衔二子趋出穴,至行之所感也如此"[70]。显然"虎衔二子趋出穴"出于洪道等人的"冒犯",并非所谓"行之所感"。前引《荆州人》虎伥故事便是在荆州山中某寺发生,《马拯传》中老僧化虎吃人之处正是衡山祝融峰。

这就不难理解,虎伥故事中的时间多在开元以来,而且除叙述虎患外,大多有"猎人"设陷阱捕虎的情节,这些猎人如稽胡"以弋猎为业"、浔阳猎人"常取虎为业",恰与律令所见相似。因此,唐代开元时期针对各地猛兽颁布的律令以及人虎冲突实际,一方面显示出当时猛兽为害之频繁,另一方面说明虎伥故事的虎患背景并非完全向壁虚构。

(二)虎伥故事情节内容的非常书写

虎伥故事所述并非俗事常事,主要以非常书写的方式讲述"制伥灭虎"等怪异事件。所谓"怪异",主要指故事中的人物、事件异于平常,表现出怪异、奇怪,乃至惊奇的特点。唐人玄应《一切经音义》卷六释《妙法莲华经》"怪"为:"怪,异也。惊,怪也。凡奇异非常皆曰怪。"[71]"怪异非常"正是晋唐时期志怪、传奇小说的典型特点之一。

首先故事中的人物表现出常与非常的形象特点。《柳并》《马拯传》对常人的形象刻画较为细腻,重在展现人物的性情以及遇虎时的心理。《柳并》故事主角并非柳并其人,反而对"书吏"着墨较多,先写"此吏素强勇,携剑入山,寻逐虎穴",然后途中见胡僧"状异,不敢杀之",最后登树避祸时"吏惧,将欲堕者数过"。[72] 人物心理符合情节发展,一个活脱脱的"书吏"形象跃然纸上。

《马拯传》在视角转换、人物刻画等方面更为细腻逼真、丰富多样,人物主要有"马拯""马沼山人""禅僧""猎人"。故事先概述马拯"好寻山水,不择险峭,尽能跻攀",前往"衡山祝融峰,诣伏虎师",为其后偶遇马沼山人铺垫。马沼山人向马拯讲述山下遇虎又

---

[69] 李冲昭《南岳小录》,《丛书集成初编》第2998册,第6—7页,中华书局,1985年。
[70] 《旧五代史》卷一百三十三《马希范传补》,第1762页,中华书局,1976年。
[71] 徐时仪校注《一切经音义三种校本合刊》,第136页,上海古籍出版社,2008年。
[72] 李昉编,汪绍楹点校《太平广记》,第3511—3512页。

以亲身遭遇为主,叙说虎食拯仆化僧后,"拯大骇""甚怖惧"。及二子夜宿食堂,"闻庭中有虎怒,首触其扉者三四"时,"二子惧而焚香,虔诚叩首于堂内土偶宾头卢尊者";下山途中遇猎人言"诸虎方暴"时,"二子悸怖,遂攀缘而上",皆在特定的场景中刻画人物;故事又以马拯视角引出禅师:"佛室内道场严洁,果食馨香,兼列白金皿于佛榻上。见一老僧,眉毫雪色,朴野魁梧,甚喜拯来。"[73]及马拯询问仆夫被虎所食后,"僧怒"。这些人物刻画都与禅师化虎吃人的情节相关联。故事中的人物皆有名有姓,人物行动符合人物心理的同时,又在人物参照、场景氛围中刻画形象。

虎伥故事中的人物有时看似常人,但却具有"非常"能力。如故事中的猎人、宣州儿、柳并、马拯等人皆能在夜间看到伥鬼;石井崖能"见道士,道士不见石井崖"[74];宣州儿讲述伥鬼与虎患时于生前、死后两次预言成真。《荆州人》中,其人通过"笃志诵经"的方法"岁余方变",这种能力显然非比常人。故事中伥鬼的出现一般意味着虎的出现,讲述这一秘密的人有时也并非现实中的人。如《刘老》故事中,向刘老告密的老叟则是突然出现,而且"巨首长鬣"[75]。《马拯传》中为马拯与马沼山人提供帮助的则是"土偶宾头卢尊者"。"宾头卢尊者"即佛教十八罗汉之一,身份符合衡山祝融峰的寺院场景。也正是因为这些非常之人的非常能力,增添了虎伥故事的怪异色彩。

其次是故事人物遇虎过程的非常书写。伥鬼与虎的出现有时意味着变形、恐怖与血腥。如果说《碧石》故事中伥鬼变化为"碧石大如鸡子在虎喉"只是形状上的变化,那么在"化虎"母题中,人与虎的相互变化则超越了物种界限,不仅带来叙事上的惊奇,同时给人带来感官上的恐怖。较为明显的如荆州人三次变形,先突遇伥鬼"以虎皮冒己,因化为虎";由虎化人时"半年毛落,变人形";再化虎时"皮及其腰下,遂复成虎",视点聚焦于具体的身体部位,引人战栗。

恐怖与血腥直接表现在虎吃人的场景描述中。《原化记·李奴》中,李奴被主人鞭笞,怀恨出门,"忽闻叫声,奴辈寻逐,无所见。循虎迹,十余里溪边,奴已食讫一半,其衣服及巾鞋,皆叠摺置于草上"[76]。奴辈先闻"叫声"已暗示李奴遇害,待众人所见时"奴已食讫一半",叙述由听觉转向视觉,既吸引了读者,又增加了恐怖氛围。《柳并》中僧衣虎皮"便作虎状,哮吼怒目,光如电掣","虎得衣跳跃,攫扯而吞之"。虽然是模拟场景,但僧化虎之迅速、虎状之威猛、虎吞衣之野蛮着实令人恐怖。

相较于其他几则虎伥故事对虎吃人场景的直接描述,《马拯传》叙述婉转,逐层深

---

[73] 李剑国辑校《唐五代传奇集》,第2401—2403页。
[74] 戴孚撰,方诗铭辑校《广异记》,第179页。
[75] 同上书,第175页。
[76] 李昉编,汪绍楹点校《太平广记》,第3492页。

入,通过时间与空间的推移增添恐怖之感。马拯三次与老僧直接接触,于佛室初见老僧时,僧"甚喜拯来",再见老僧时"细窥僧吻,犹带殷血",最后"二子推僧堕井,其僧即时化为虎"。而老僧化虎吞食马拯仆夫则是先叙述老僧借机指使仆夫下山买盐酪,"仆乃挈金下山去,僧亦不知去向",再由马沼山人向马拯叙说上山途中遇虎食人,"说其服饰,乃拯仆夫也"[77]。故事更多的是对马拯、马沼山人遇虎过程的细节描写,在品读中逐渐使人生畏。

再次,《马拯传》淡化了宗教色彩,并且在叙述中出现了谶诗与文末的议论情节。石昌渝曾说:"唐代传奇小说与南北朝志怪小说之最大不同,是它洗涤了宗教色彩,而带有明显的娱乐性质。"[78]虎伥故事的叙事母题中,"文书"与"刺血涂衣"母题宗教巫术色彩浓厚,这两类母题恰恰未见于《马拯传》,或是出于作者的有意为之。

与其他虎伥故事相比,谶诗与议论只见于《马拯传》。马拯与山人夜宿食堂,情急之下"虔诚叩首于堂内土偶宾头卢尊者":

> 良久,闻土偶吟诗曰:"寅人但溺栏中水,午子须分艮畔金。若教特进重张弩,过去将军必损心。"二子聆之,而解其意曰:"寅人,虎也。栏中即井。午子即我耳。艮畔金,即银皿耳。"其下两句未能解。

土偶吟诗参与人物对话,谶诗内容则推动情节发展。马拯与山人通过解诗前两句才有其后推僧入井、取僧银皿下山的情节。下山得知猎人姓名后,二人大喜曰:"土偶诗下句有验矣,特进乃牛进也,将军即此虎也。"[79]谶诗的应验情节前后照应,既增加了故事的奇异氛围,又带有一种明显的游戏化叙事效果。

文言小说文末议论的手法大体受史传"太史公曰"的影响,《马拯传》文末议论主要在人物对话中体现:

> 逡巡,诸伥奔走却回,伏其虎,哭甚哀,曰:"谁人又杀我将军?"二子怒而叱之曰:"汝辈无知下鬼,遭虎啮死,吾今为汝报仇,不能报谢,犹敢恸哭,岂有为鬼不灵如是!"遂悄然。忽有一鬼答曰:"某等为虎食咬,固当刻心以抱冤,然都不知禅师、将军乃虎也。聆郎君之说,方大醒悟。"蹴其虎而骂之,感谢而去。[80]

从二子"怒而叱"的内容来看,直接以批评的方式道出了伥鬼"遭虎啮死"的事实,以及伥鬼不明被虎役使、不思报恩反而哭虎"甚哀"的"无知"之举。批评以故事人物代替作者,最终以一鬼"方大醒悟""感谢而去"收束,于传奇述异中发人深省。

---

[77] 李剑国辑校《唐五代传奇集》,第 2401—2402 页。
[78] 石昌渝《中国小说源流论》(修订版),第 149 页,生活·读书·新知三联书店,2015 年。
[79] 李剑国辑校《唐五代传奇集》,第 2402 页。
[80] 同上书,第 2403 页。

就小说观念而言,志怪、传奇小说的虚构与真实并无严格界限。南宋赵彦卫《云麓漫钞》卷八即称传奇小说:"盖此等文备众体,可以见史才、诗笔、议论。"[81]关于唐代传奇小说"史才、诗笔、议论"的文体特点学界多有论述,也正如程毅中所谓并非所有唐人小说都文备众体,"但他对唐代小说的特点确实有所发明"[82]。《马拯传》在一定程度上是符合这一标准的,可以认为是唐代虎伥故事中的传奇佳作。

三 知识与经验:唐代虎伥故事的地方性灾害文化

20世纪70年代美国学者格尔茨(Clifford Geertz)在解释人类学研究中倡导"地方性知识"的应用,在其影响下"地方性知识"逐渐成为文化人类学、民俗学等研究领域的关键词之一。主要指:"地域社会里一般民众所共享的知识,是普通人可以信赖的常识,人们通过这些类似'库存'一样的知识来组织和解释他们的生活世界,或使其中习惯性或经验性的知识发挥其参考作用,进而得以经营他们自己的日常生活。"[83]虎伥故事一定程度上蕴含着地方民众长期以来的生活知识与经验,也是集体对他们所处自然环境、人文环境的认识与理解。

(一)基于地方俗信的虎患认知

一些研究唐代虎故事的学者多从虎图腾、虎信仰等角度出发,也有学者认为多数研究"落于虎祖图腾崇拜的俗套",从巫术文化角度进行关照更容易理解虎故事的文化背景。[84]实际上虎伥故事多数讲述虎患的发生与解除,不同故事在情节上有所差异,在一些层面也表现出地域性民俗意义指向。对于自然灾害现象的理解,古人常采取感性的、文化性的态度,尤其灾害现象中的民俗文化"是由经历了灾害的人们集合性的记忆而形成"[85]。

虎伥故事中"伥鬼"是解释虎患发生的关键,不同地域的人对伥鬼之基本认识几乎一致的同时又稍有不同。几乎一致指伥鬼会引虎为害。《宣州儿》中小儿对其父母曰:"鬼引虎来则必死,世人云:'为虎所食,其鬼为伥',我死,为伥必矣。"《浔阳猎人》又载:"旧说云:'人为虎所食,即作伥鬼之事。'"[86]《马拯传》中猎人对马拯与山人亦说:"此是

---

[81] 赵彦卫撰,傅根清点校《云麓漫钞》,第135页,中华书局,1996年。
[82] 程毅中《唐代小说史》,第356—357页,人民文学出版社,2019年。
[83] 周星《民俗语汇・地方性知识・本土人类学》,《社会学评论》2021年第3期,第51页。
[84] 刘正平《唐五代文言小说虎故事的巫术文化解读》,《宗教学研究》2006年第3期。
[85] [日]樱井龙彦著,陈爱国译《灾害民俗学的提倡》,《民间文化论坛》2005年第6期,第69页。
[86] 李昉编,汪绍楹点校《太平广记》,第3511页。

伥鬼,被虎所食之人也,为虎前呵道耳。"稍有不同指对伥鬼特性的差异认知。如《刘老》中老叟对刘老说:"此鬼好酸,可以乌白等梅及杨梅布之要路,伥若食之,便不见物,虎乃可获。"[87]《李奴》故事中,李奴则向其伙伴曰:"今是闰年,人传多虎,何不食我。"[88] 从所谓"世人云""旧说云""人传"等口传言辞来看,显然是出于民间长期以来对虎患发生原因的认识,而不同地域又表现出一定的地方差异。

口耳相传正是民间故事、民间知识传播的方式之一,虎伥故事中人物对伥鬼的认识与古代江南等地长期以来的巫鬼俗信不无关系。《汉书·地理志》曰:"楚有江汉川泽山林之饶;江南地广,或火耕水耨。民食鱼稻,以渔猎山伐为业……信巫鬼,重淫祀。"[89] 到了唐代,这一风气依然不减。《旧唐书·于頔传》载于頔任苏州(今江苏苏州)刺史时,"吴俗事鬼,頔疾其淫祀废生业,神宇皆撤去"[90]。《旧唐书·李德裕传》亦曰:"江、岭之间信巫祝,惑鬼怪,有父母兄弟厉疾者,举室弃之而去。……四郡之内,除淫祠一千一十所。"[91] 可见汉唐时期巫鬼俗信长期存在于江、岭地区。

尽管巫鬼俗信是一个较为宽泛的概念,事实上在民俗观念中巫鬼俗信的流行与灾害关系较为紧密。魏晋南北朝时道教文献《女青鬼律》卷二曰:"虎精之鬼名健庄子。"[92] 即称虎精为"鬼"。从伥鬼的基本行事来看,受害者主要是非正常死亡。地方民众称其为伥鬼,一个重要原因就是地方社会长期流行"强死为厉"的灾害思想观念。《论衡·论死》即曰:"世谓人死为鬼,有知,能害人。"[93] 干宝《搜神记》"蒋子文"故事更载,汉末秣陵尉蒋子文战死后谓吏曰:"我当为此土地之神,以福尔下民耳。尔可宣告百姓,为我立祠,当有瑞应也;不尔,将有大咎。"果然"是岁夏大疫,百姓辄相恐动,颇有窃祠之者",未几又连续下巫祝言立祠之事,并且引发"虫入人耳为灾""火灾"等灾害,"时议者以为鬼有所归,乃不为厉,宜告饬,有以抚之",于是孙主遣"使者封子文为中都侯,次弟子绪,为长水校尉,皆加印绶,为立庙堂",最终"灾诊止息,百姓遂大事之"。[94] 显然蒋子文获得立祠恰是利用了民间流行的"鬼有所归,乃不为厉"的鬼神信仰,而"大疫"、虫灾、"火灾"等灾害情况或是巫祝有意而为。

与之相关的联系便是古代民间"替死鬼"俗信的流传。五代孙光宪《北梦琐言》"周

---

[87] 戴孚撰,方诗铭辑校《广异记》,第175—176页。
[88] 李昉编,汪绍楹点校《太平广记》,第3492页。
[89] 《汉书》卷二十八《地理志第八下》,第1666页。
[90] 《旧唐书》卷一百五十六《于頔传》,第4129页。
[91] 《旧唐书》卷一百七十四《李德裕传》,第4511页。
[92] 佚名《女青鬼律》,何建明主编《道藏集成》第1辑第54册,第154页,国家图书馆出版社,2017年。
[93] 黄晖《论衡校释》,第1015页。
[94] 干宝撰,李剑国辑校《搜神记辑校》,第105页。

雄毙虎"条即载唐大顺(公元890年—公元891年)、景福(公元892年—公元893年)后蜀地民间传言:"凡死于虎,溺于水之鬼号为伥,须得一人代之,虽闻泛言,往往而有。"[95]江山市的《除虎除伥》讲述朱庭除虎后,伥鬼便说:"晦气!害我不能出世。"[96]前引连平县《老虎鬼找替身》故事中村民所谓亦是如此。这就不难理解,虎伥故事或叙述伥鬼引虎前来,或叙述以"刺血涂衣"的巫术代替遭虎。

虎的栖息环境以及生物特性同样是影响地方民众认识伥鬼的因素之一。从虎伥故事的流传地来看,虎的种类极有可能是我国特有的华南虎,成年虎一般喜欢独栖,"主要活动在人烟稀少、动物资源较为丰富的林区","有时也喜欢在高草丛中卧息",以及通过尿液等方式在其领地进行标记。[97] 我们在前引唐玄宗开元四年颁布的诏书中也可以看到除设置捕虎措施外,又要求"缘官路两边去道各十步,草木尝令芟伐"。而且虎之类的野生猫科动物多数喜欢在夜间活动,行走时近乎悄无声息,这样的行踪以及吃人伤人的恐怖事实很容易引发时人的联想而将其称为鬼怪。南朝时黄州(今湖北黄冈)地区民间言传有"黄父鬼"能引发疾疫,其特点正是"张口而笑","长短无定,随篱高下"[98]。虎伥故事中虎即多于夜间出现,地点近乎山溪川泽之处,《刘老》故事更载"人有鹅二百余只"。而伥鬼引虎前来或是虎通过标记行为为熟知了行动路线而已。

另外虎与人、"伥"之间本身也有一定的内在联系。《说文解字》五篇上《虎部》释"虎"曰:"山兽之君,从虍从儿。虎足象人足也。"八篇上《人部》释"伥"曰:"狂也,从人,长声。"段玉裁注曰:"狂者,狾犬也。假借为人狂之称。"[99]不仅是虎足与人足相像,而且这种"人狂"的状态与虎关联。一方面或是对虎本身威猛状态的直观认识,另一方面也可能是人被虎所伤后狂犬病毒发作导致人近乎发狂直至死亡的恐怖状态。在医疗水平相对不发达的古代社会,民众对后者的认识条件基本有限。

某种意义上可以认为"误解"制造了伥鬼,这种"误解"是感性的,基于地方自然环境、人文环境等综合因素。江、岭地区丰饶的自然资源为虎的生存繁衍提供了良好的生存空间,民间俗信等因素转而又影响地方民众对自然环境、灾害表象的认识和理解。

(二)基于民俗经验的虎患防御

面对不同的自然灾害,千百年来不同地域的人们也形成了一套属于自我的灾害防御

---

[95] 孙光宪撰,贾二强点校《北梦琐言》,第440页,中华书局,2002年。
[96] 《中国民间故事集成·浙江卷》,第695页。
[97] 马建章等编著《虎研究》,第144、154页,上海科技教育出版社,2003年。
[98] 祖冲之《述异记》,《古小说钩沉》,第113页。
[99] 段玉裁《说文解字注》,第210、378页,上海古籍出版社,1988年。

手段。安德明称之为"农事禳灾","指通过对某种超自然力量的祈求或控制,围绕预防或消除农业自然灾害的目的而形成的观念和行动的体系","它属于民间信仰活动中的一项内容"。[100] 在传统中国农业社会,以民俗信仰禳除自然灾害的目的和行为体现的正是民众的习惯性生态经验。

就唐代现实生活中的人虎关系而言,地方民众、官员也会通过对超自然神灵的祭祷而祈求祛除虎患。杜甫客居夔州(今重庆奉节)期间,所作诗歌有提及夔州居民通过祭祀禳除虎患之举,《戏作俳谐体遣闷》其二曰:"西历青羌板,南留白帝城。於菟侵客恨,粔籹作人情。瓦卜传神语,畲田费火声。是非何处定,高枕笑浮生。"黄鹤注作于大历元年(766)杜甫初至夔州记俗之异[101]。"於菟"即虎,《左传·宣公四年》曰:"楚人谓乳谷,谓虎於菟。"[102]后者如白居易《祷仇王神文》载,长庆三年(823年)八月十七日杭州刺史白居易遣余杭县令常师儒祭祀仇王神曰:"余杭县自去年冬逮今秋,虎暴者非一,神其知之乎?人死者非一,神其念之乎?……若一告之后,神其有知,即能挥灵神威,服猛禁暴,是人之福幸,亦神之昭昭。若人告不闻,兽害不去,是无神也,人何望哉?"[103]余杭县(今浙江杭州余杭区)虎暴造成"人死者非一",刺史白居易则通过祭祀地方神灵希求禳灾。相比于残忍捕杀,对超自然神灵的祭祀或许会缓和人虎之间的直接冲突。

基于地方性民俗经验对虎患成因的认识,围绕"伥鬼"俗信的禳灾观念与行动逐渐形成。《碧石》故事中伥鬼先来触发捕虎机关,"及过,人又下树正之。须臾,一虎径来,为陷机所中而死"[104]。《宣州儿》中宣州小儿通过托梦的方式言于其父:"身已为伥,明日引虎来,宜于西偏速修一穽。"其父"与村人作穽,穽成之日,果得虎"。《浔阳猎人》中同样先是伥鬼"拨箭发而去",后一虎"履弓而过",猎人"速下树,再架箭,而登树觇之。少顷虎至,履弓箭发,其虎贯胁而死"。[105]《马拯传》亦如此法,在猎人说明伥鬼前为虎呵道后,马拯与山人"遂劝猎者重张其箭,猎者然之。张毕登棚,果有一虎哮吼而至,前足触机,箭乃中其三班,贯心而踣"[106]。而在《刘老》故事中,信州刘老正是听从老叟所言伥鬼好酸的民俗知识于要路设置陷阱,"四鼓后,闻虎落穽,自尔绝焉"[107]。可见在伥鬼故事中,正是利用一些地方民俗经验,为害之虎往往得以有效控制。

---

[100] 安德明《天人之际的非常对话:甘肃天水地区的农事禳灾研究》,第14—15页,中国社会科学出版社,2003年。

[101] 谢思炜校注《杜甫集校注》,第2578—2579页,上海古籍出版社,2015年。

[102] 杨伯峻编著《春秋左传注》(修订本),第683页,中华书局,2009年。

[103] 白居易撰,朱金城笺注《白居易集笺校》,第2670页,上海古籍出版社,1988年。

[104] 戴孚撰,方诗铭辑校《广异记》,第169页。

[105] 李昉编,汪绍楹点校《太平广记》,第3511页。

[106] 李剑国辑校《唐五代传奇集》,第2402—2403页。

[107] 戴孚撰,方诗铭辑校《广异记》,第176页。

前文我们也论及虎伥故事含有"文书"与"刺血涂衣"母题,前者解释遭虎缘由,后者则是解除灾祸的方式,其中所蕴含的巫术文化皆与灾害关系较为密切。"文书"母题重点讲述超现实力量对人灾祸的控制,人名是其中的关键。在民间俗信中,姓名与人本身之间具有等同关系,也即英国人类学家弗雷泽(J. G. Frazer)所谓:"常以为名字和它们所代表的人或物之间不仅是人思想概念上的联系,而且是实际物质的联系,从而巫术容易通过名字,犹如透过头发指甲及人身其他任何部分来为害于人。"[108]《柳并》中书吏所见"有一卷文书皆是人名。或有勾者,有未勾者,己名在焉"正是基于此类巫术的故事表达。《广异记》"费忠""稽胡"故事虽未讲述伥鬼,但二人同样"榜上有名"。因此我们在《费忠》故事中看到化虎之老人云:"若有同姓名人,亦可相代。"结果"南村费忠锄地遇唉"[109]。

在巫术信仰观念中,除了姓名,人的所有物同样可以等同于人本身,《稽胡》《柳并》故事中的"刺血涂衣"母题即是如此。有学者指出这是一种"接触巫术",尤其是"鲜血"在巫术禳解过程中的替代作用[110]。"接触巫术"即弗雷泽所说:"能通过一个物体来对一个人施加影响,只要该物体曾被那个人接触过,不论该物体是否为该人身体之一部分。"[111]虽然《稽胡》《柳并》中也叙及"鲜血",但"刺血涂衣"巫术中起到关键禳灾作用的应是受害者的衣物。前引《稽胡》故事中道士令稽胡"作草人,以己衣服之",结果是"胡下再拜,便以朱笔勾胡名,于是免难"。《柳并》中胡僧令书吏"用剑自刺少血涂一单衣投之",更曰:"我以衣为禳之耳。"[112]直接说明以衣禳灾,结果书吏同样幸免于难。与其他虎伥故事虎死灾除不同的是,《稽胡》《柳并》中为患之虎并未死亡,反而表现出对遇虎之人的体恤,宿命论思想的背后又蕴藏着对人通过敬畏虎而扭转自我命运的肯定。

从"接触巫术"的角度来看,显然衣物与人直接接触过,而且也可能是贴身的、长时间的直接接触。衣物之所以能起到代替自我禳解灾祸的作用,一个非常重要的思想逻辑便是古代民间俗信中衣物与人的魂魄有对应关系。[113] 古代动物故事中,亦有借助人衣物造成危害的情况,比较典型的如郭璞《玄中记》曰:"姑获鸟夜飞昼藏,盖鬼神类。衣毛为飞鸟,脱毛为女人。……今时小儿之衣不欲夜露者,为此物爱以血点其衣为志,即取小儿也。故世人名为鬼鸟,荆州为多。"[114]荆州地区的姑获鸟即是通过小儿之衣对其

---

[108] [英]J. G. 弗雷泽著,汪培基等译《金枝》,第405页,商务印书馆,2015年。
[109] 戴孚撰,方诗铭辑校《广异记》,第167页。
[110] 刘正平《唐五代文言小说虎故事的巫术文化解读》,《宗教学研究》2006年第3期,第170页。
[111] [英]J. G. 弗雷泽著,汪培基等译《金枝》,第26页。
[112] 李昉编,汪绍楹点校《太平广记》,第3512页。
[113] 参见李道和《女鸟故事的民俗文化渊源》,《文学遗产》2001年第4期,第9—12页。
[114] 郭璞《玄中记》,《古小说钩沉》,第238页。

造成危害,也正是基于这样的民俗认知,民众采取不夜露小儿衣服的措施预防灾祸。对比虎伥故事不难发现,二者叙事逻辑基本一致,尤其是"衣毛为飞鸟,脱毛为女人"同"虎皮"母题类似。其实"虎皮"在某种程度上也就是"衣服",同样也蕴含着灵魂对等关系。

由此看来,古代社会自然灾害的发生不单纯是一种自然现象,而是自有其地方性的文化逻辑。民众对自然灾害的认识往往依存于地方民间信仰,将一般的灾害表象具体化、感性化,又在一次次灾害遭遇中形成自我适应性的灾害民俗知识,用于处理人与自然冲突的关系。

四 结语

不得不说,唐代虎伥故事有相关母题的延续,同时又展现出新的特色。围绕"伥鬼"母题而形成的复合型故事展现出唐代虎故事的审美意趣,尤其裴铏《传奇·马拯传》具有典型意义。当然,虎伥故事不仅仅是一个故事类型,不同的故事文本又与地方自然环境、人文环境等因素关联,在当时的社会文化中构建了其成员认识和防御虎患的特殊方式,承载着地方民众遭遇虎患的集体记忆,同时也蕴藏着一定的地域性灾害文化。

时至今日,虎早已成为我国国家一级保护动物,人在野外遭虎的可能性也较低。但人与自然和谐相处,保持生物多样性则是当下诸多领域关心的重要议题,如何处理好人与自然相处的关系,或许民俗文化等地方性知识可以在生态维护中体现出特殊价值。

(张云:云南大学文学院,650091,云南昆明)

试论楚简中的"慮"及相关字形*

马文杰　孟蓬生

提要： 楚系文字中的构件"肙"有"叀"和"庸"两个不同的来源，由此产生了具体语境中"慮""慮"两字如何区别的问题。本文通过对相关字形的考察，发现"庸"与"肙"、"叀"与"肙"皆为以"肙"为终点的单向讹混，不得逆推，因此楚简从"叀"的"慮"和从"庸"的"慮"并不存在相混的问题。在此基础之上，本文认为郭店简《老子》"绝伪弃慮"、上博简《三德》"慮事不成"中的"慮"都不能看作"慮"的讹误字，前者当读为"诈"，后者当读为"作"；上博简《竞建内之》"发古簋"之"簋"字从"慮"得声，也不能读为"慮"，可以试读为"籍"。

关键词： 楚系文字　慮　慮　单向讹混　文字考释

一　楚简"慮"字的两个来源

楚简中有如下两组（A组、B组）字形，现将其字形和辞例开列于下：

A1. 古（故）言则～亓（其）所冬（终）。（上博一·紂衣17）[1]

A2. 见亓（其）前，必～亓（其）后。（上博七·武王践阼7）[2]

B1. 凡人伪为可恶也。伪斯叜矣，叜斯～矣，～斯莫与之结矣。（郭店·性自命出48）[3]

B2. 欲生于性，～生于欲，悕生于～，静生于悕，尚生于静。（郭店·语丛二10—12）

从字形来看，A、B两组字形皆为从"肙"从"心"之字，可隶定为"慮"。之所以将其

---

* 本文为国家社会科学基金重大项目"汉字谐声大系（批准号：17ZDA297）"的阶段性成果。王化平先生和喻威、叶磊、刘萧冬、董婉婷等同学曾对拙文提出宝贵的修改意见，特此一并致谢！

[1] 马承源主编《上海博物馆藏战国楚竹书（一）》，上海古籍出版社，2001年。今本《礼记·缁衣》作"故君子寡言而行，以成其信"。

[2] 马承源主编《上海博物馆藏战国楚竹书（七）》，上海古籍出版社，2008年。今本《大戴礼记·武王践阼》作"见尔前，虑尔后"。

[3] 荆门市博物馆编《郭店楚墓竹简》，文物出版社，1998年。下同。

分成两组,是因为"慮"在具体语境中需要解释为不同的词。

A组字所在的辞例,可与传世文献相对照。通过与今本比较,▨(A1)、▨(A2)二字确切无疑应为"慮"字,只是中间从"目"不从"田","慮"可看作"慮"字在楚系文字中的写法。

"慮"字所从"田"形在楚系文字中作"目"形,可以从楚简"慮"的异构字得到证明:

C1. ▨ 古(故)言则~其所终。(郭店·缁衣33)

C2. ▨ ~欲困(渊)而毋异。(上博一·性情论27)

D. ▨ ~欲困(渊)而毋伪。(郭店·性自命出62)

C1、C2同字,从心,膚(臚)声。▨(C1)、▨(A1)皆与今本《缁衣》"慮"字对应,后者(A1)是由前者(C1)简省而来。▨(C2)和▨(D)所在语境相同,两者应表一词;其中▨(D)的写法比较特别,陈剑先生认为"膚"与"心"之间的曲折线条是"皿"的省形,此字从"盧"得声[4]。从文义上看,以上诸字释为"慮"是非常合适的,它们在字形上有一个共同的特点:中间从"目"不从"田"。

B组字所在的辞例,无传世文献可资对照,但我们可以从字形和辞例入手解决该字的读法。

小徐本《说文·又部》:"叡,又取也。从又,虘声。""叡"字在楚简中极为常见,多借为连词"且"。值得注意的是,其所从的"虘"旁也常常可以写作"膚"[5],例如:

E1. ▨ 人之败也,恒于其~成也败之。(郭店·老子丙12)

E2. ▨ 《诗》云:"吾大夫恭~俭,靡人不敛。"(郭店·缁衣26)

E3. ▨ 德者,~莫大乎礼乐焉。(郭店·尊德义29)

E4. ▨ 昊天有成命,二后受之,贵~显矣。(上博一·孔子诗论6)

E5. ▨ 齐竞(景)公疥~瘧。(上博六·竞公疟1)[6]

从字形来看,这种写法的"叡"字除去"又"形后的部分跟B组字所从的"膚"完全一样,所以B组字所从的"膚"也有可能来源于"虘"。

---

[4] 裘锡圭《纠正我在郭店〈老子〉简释读中的一个错误》,《裘锡圭学术文集·简牍帛书卷》,第327页,复旦大学出版社,2012年。笔者在写作过程中曾就此字的构形向陈剑先生请教,谨致谢忱!

[5] 裘锡圭《纠正我在郭店〈老子〉简释读中的一个错误》,《裘锡圭学术文集·简牍帛书卷》,第327—328页。

[6] 马承源主编《上海博物馆藏战国楚竹书(六)》,上海古籍出版社,2007年。《晏子春秋·内篇谏上》作"景公疥且疟",《左传·昭公二十年》作"齐侯疥遂痁"。

而从辞例来看，B组的"慮"明显是一个具有贬义色彩的词[7]，所以将B组的"慮"释为"慮"并不合适。裘锡圭基于字形和辞例两个方面的考虑将两字皆释为"慮"，读为"怚"，其说可从。[8]

上面的讨论表明，楚简中的"慮"字可以看作同形字，有两个不同的来源："慮1"来源于"慮"，"慮2"来源于"慮"。

二　楚系文字中的"单向讹混"

从构件层面看，"慮1"和"慮2"的同形，是战国楚系文字"慮"字的构件"田"和"慮"字的构件"且"同时演变为"目"形造成的。

战国楚系文字中"目"形构件的来源十分复杂。楚简中的"福"字作𥜨（郭店·语丛四3），亦作𥜨（郭店·老子甲38），以"目"代"酉（畐）"；"得"字作𢔶（包山18）[9]，亦作𢔶（包山184），以"目"代"贝"形，省两点或一点；"贞"字作𠂤（包山216），以"目"代"鼎"，省鼎足；"畏"字作𢖵（郭店·五行36），亦作𢖵（郭店·成之闻之5），以"目"代"由"形。

袁莹曾指出战国文字的"混同方向"具有多样性，其中"单向混同"是战国文字形体混同的一个重要特点。所谓"单向混同"主要是指一个形体朝着另一个形体的方向变化从而与另一个形体混同，但是另一个形体并不朝着这个形体的方向变化[10]。以上所举"福""得""贞""畏"的演变方向均以"贝""由""田"等形为演变的起点，而以"目"为演变的终点，符合袁文所说"单向混同"。

因此，我们认为，由"慮"到"慮"和由"慮"到"慮"，跟"福""得""贞""畏"等字演变一样，都是由相关构件（各种框廓形的构件）单向演变为"目"形，不存在相反方向的演变，即不得逆推。

除了上节所举E组字形从"盧"到"膚"的演变实例之外，我们还可以补充以下一些字例：

---

[7]　关于"慮"的感情色彩问题，宁镇疆在他的文章中做了十分精彩的讨论，这里不再赘述，参看宁镇疆《郭店楚简〈老子〉"绝伪弃诈"证说》，《中华文史论丛》2020年第4期，第67页。

[8]　裘锡圭《纠正我在郭店〈老子〉简释读中的一个错误》，《裘锡圭学术文集·简牍帛书卷》，第327—328页。

[9]　湖北省荆沙铁路考古队编《包山楚简》，文物出版社，1991年。下同。

[10]　袁莹《战国文字形体混同现象研究》，第130页，中西书局，2019年。

从"虍"	从"月"
F1. [字] 肃肃兔~。(安大一 13)[11]	F2. [字] 隹(惟)尹自顪(夏)~(徂)白(亳),粲至才(在)汤。(清华壹·尹至 1)[12]
G1. [字] 迡(遲)~(瘥)。(望山一·62)[13]	G2. [字] 疾迡(遲)~(瘥)。(望山一·61)

安大简[字](F1)形相当于今本《诗经》"罝"字。清华简《尹至》篇 1 号简[字](F2)形,整理者读为"徂",谓"自夏徂亳"与《国语·楚语上》武丁"自河徂亳"句式一致,可从。故[字](F2)所从之"月"实由"虍"演变而来,[字](F1)、[字](F2)为一字异体。

望山楚简[字](G1)、[字](G2)所在语境一致,皆可读为"瘥"。[字](G2)所从之"月"亦由"虍"演变而来,[字](G1)、[字](G2)为一字异体。

H. [字] 汝毋以小谋败大~(作)。(清华壹·祭公 16)

I. [字] 其君子薄于教而行~(诈)。(清华捌·邦家之政 10)[14]

清华简《祭公》篇 16 号简[字](H)形,通过与今本对读可知应读为"作"。清华简《邦家之政》篇 10 号简[字](I)形,整理者隶定为"愳",读为"诈"[15],音义皆可通,可从。从文义上看,[字](H)、[字](I)二形皆与"乍"声字相通[16],故其所从之"目"当由"且"省变而来。

三　楚简"慮"字释读

上文已经指出:"虍"与"月"、"虘"与"月"都是以"月"为终点的单向讹混,不得逆推。因此我们可以假定,楚简从"虘"的"慮"不可能是"慮"字。有了这个假定,我们可以较为轻松地解决与此相关的一些疑难字词的读法。

J1. [字] 绝智弃辩,民利百倍;绝巧弃利,盗贼无有;绝伪弃~,民复季子。(郭店·老子甲 1)

J2. [字] 百事不遂,~事不成。(上博五·三德 15)[17]

---

[11] 黄德宽、徐在国主编《安徽大学藏战国竹简(一)》,第 11 页,中西书局,2019 年。此句今本《诗经》作"肃肃兔罝"。

[12] 清华大学出土文献研究与保护中心编,李学勤主编《清华大学藏战国竹简(壹)》,中西书局,2010 年。下同。

[13] 滕壬生《楚系简帛文字编》(增订本),第 710 页,湖北教育出版社,2008 年。

[14] 清华大学出土文献研究与保护中心编,李学勤主编《清华大学藏战国竹简(捌)》,中西书局,2018 年。

[15] 清华大学出土文献研究与保护中心编,李学勤主编《清华大学藏战国竹简(捌)》,第 122 页。

[16] "且""乍"音近,故可相通,详见下文。

[17] 马承源主编《上海博物馆藏战国楚竹书(五)》,上海古籍出版社,2001 年。下同。

《老子》是中国古典哲学名著，▉(J1)的读法涉及老子哲学思想的理解，曾一度成为学者讨论的热点问题。裘锡圭最初读为"诈"[18]，后受张立文启发改释为"虑"[19]。后一释读目前在学界影响很大，刘钊、高明等先生均持此说[20]。但李零认为仍应读为"诈"[21]，宁镇疆亦持此说[22]。此外，学界还有一种观点认为▉(J1)应读为"作"，持此观点的有季旭昇、庞朴、李锐等先生[23]。

▉(J2)的读法，学者们也有不同的释读意见。陈伟等释为"虑"，认为"百事"可以理解为自然发生的事，"虑事"可以理解为人为策划的事[24]。李锐释为"作"，并借用陈伟的说法，指出"作事"亦可理解为人有意作为之事[25]。

现在看来，此前讨论的各方主要是从老子哲学思想出发，而忽略了字形的细致考察。其实从字形上看，J组的两种写法都明确从"且"而不从"目"，既然由"慮"到"虑"和由"慮"到"虑"属于"单向讹混"，我们就不能援引从"目"形之"慮"字可以有两种读法之例，而逆推从"且"之"虑"字也可以有两种读法。

我们认为，▉(J1)字当从李零等人的观点读为"诈"，▉(J2)字当从李锐的观点读为"作"。"诈""作"同从"乍"得声，与"且"声相通。下面我们尝试从语音、辞例两个角度论述这种释读的合理性。

从语音上看，"且"在清纽鱼部，"乍"在从纽铎部，声母同类，韵部对转，故可相通。《说文·歺部》："殂，往死也。从歺，且声。《虞书》曰：'勋乃殂。'䢕，古文殂从歺从作。"《诗·邶风·谷风》"既阻我德"，《太平御览》835引《韩诗》"阻"作"诈"。《诗·大雅·荡》"侯作侯祝"，《释文》"作本或作阻"，《正义》"作，则古诅字。"[26]

从上下文来看，把郭店《老子》中的▉(J1)字释为"诈"也是十分自然的。"智""辩"、

---

[18] 荆门市博物馆编《郭店楚墓竹简》，第113页。
[19] 裘锡圭《纠正我在郭店〈老子〉简释读中的一个错误》，《裘锡圭学术文集·简牍帛书卷》，第326—333页，复旦大学出版社，2012年。
[20] 刘钊《郭店楚简校释》，第5页，福建人民出版社，2005年。高明《读郭店〈老子〉》，《高明学术论集》，第309—311页，上海古籍出版社，2013年。
[21] 李零《郭店楚简校读记》（增订本），第18—19页，中国人民大学出版社，2007年。
[22] 宁镇疆《郭店楚简〈老子〉"绝伪弃诈"证说》，《中华文史论丛》2020年第4期，第67页。
[23] 季旭昇《读郭店楚墓竹简札记：卞、绝为弃作、民复季子》，《中国文字》1998年新24期，第129页。庞朴《古墓新知——漫读郭店楚简》，《读书》1998年第9期，第3页。李锐《再论郭店〈老子〉的"绝叡弃虑"》，《简帛研究》2016年第1期，第12页。
[24] 陈伟《〈三德〉校读》，《新出楚简试读》，第251—252页，武汉大学出版社，2010年。
[25] 李锐《再论郭店〈老子〉的"绝叡弃虑"》，《简帛研究》2016年第1期，第13页。
[26] 参看季旭昇《读郭店楚墓竹简札记：卞、绝为弃作、民复季子》，《中国文字》1998年新24期，第132—133页。更多关于"且""乍"相通的问题，参看孟蓬生《清华简〈厚父〉"者鲁"试释》，《古文字研究》2018年第32辑，第384—389页。

"巧""利"、"伪""慮"两两对举,"慮"字应与"伪"字意义相近相关。"绝憍(伪)弃诈"符合道家的思想体系,老子主张自然无为、返璞归真,所以"憍(伪)、诈"是一定要绝弃的[27]。

文献中常见"诈伪"或"伪诈"并提,睡虎地秦墓竹简《秦律杂抄》:"敢为酢伪者,赀二甲。"[28]"酢"读为"诈"。上博简《三德》篇2号简:"毋为憍叔,上帝将憎之"[29]中"叔"当读为"诈"。清华简《治邦之道》篇10号简:"毋诈伪,则信长。"[30]《礼记·乐记》:"于是有悖逆诈伪之心。"《左传·襄公四年》:"恃其谗慝诈伪,而不德于民。"《荀子·不苟》:"诈伪生塞。"《荀子·礼论》:"君子审于礼,则不可欺以诈伪。"《庄子·渔夫》:"称誉诈伪以败恶人,谓之慝。"《吕氏春秋·离谓》:"故辨而不当理则伪,知而不当理则诈。诈伪之民,先王之所诛也。"丁四新指出,《吕氏春秋·离谓》文句与简本《老子》"绝智弃辩,绝伪弃诈"的意思相契若符节,则更加可以作为有力的证明[31]。我们十分赞同这种观点。

李锐认为"百事不遂"的"事"可以理解为自然发生的事,而"作事不成"的"事"可以理解为人有意作为之事,其说可从。但李文把"慮(作)事"看作偏正结构,则大可不必。《管子·四时》:"刑德离乡,时乃逆行。作事不成,必有大殃。"《大戴礼记·千乘》:"在今之世,男女属散,名不升于公门,此以气食不节,作事不成。"上博简《三德》中"慮事不成"就是传世文献中"作事不成"。

四　楚简"䉵"字释读

上文已经指出,从"虍"之字有两个不同的来源,因此对于从"虍"的未识字应当根据所处语境作出具体分析。

上博简《竞建内之》篇3号简有一从"竹"从"慮"之字。其字形和辞例如下:

K. 䉵　既祭,焉命行先王之瀘(法),发(发)古～,行古造(作),发(废)造者死,弗行者死。㒨(狄)人之怀(服)者七百里。(上博(五)·竞建内之3)

䉵(K)既有可能从"慮",也有可能从"慮",要弄清楚究竟是什么字,必须从上下文入手。

---

[27] 关于道家思想与学派争鸣的讨论,本文赞同宁镇疆先生的观点,参看宁镇疆《郭店楚简〈老子〉"绝伪弃诈"证说》,《中华文史论丛》2020年第4期,第67页。

[28] 睡虎地秦墓竹简整理小组编《睡虎地秦墓竹简》,第87页,文物出版社,1990年。

[29] 马承源主编《上海博物馆藏战国楚竹书(五)》,第289页。

[30] 清华大学出土文献研究与保护中心编,李学勤主编《清华大学藏战国竹简(捌)》,第136页。

[31] 丁四新《郭店楚竹简〈老子〉校注》,第12页,武汉大学出版社,2010年。

"癹(发)古簬,行古迮(作),癹(废)迮者死,弗行者死。"此句作为"行先王之法"的具体措施,具有较强的逻辑性。上文言"行古迮",则下文"弗行者死"自然应理解为"弗行古迮者死";上文言"癹古簬",则下文"癹迮者死"当理解为"癹古簬"的反面行为。句中"行"与"弗行"语义相反,则前一个"癹"应与后一个"癹"语义相反。所以我们试读"癹迮者死"之"癹"字为"废(廢)","废(廢)"与"弗行"同义。"发"与"废"正反相对,那么"废迮者死"中的"迮"毫无疑问就是指上文中的"簬"字(乍且声通之例已见上文)。这样一来,"行古迮"与"弗行者死"相对,"癹(发)古簬"与"癹(废)迮者死"相对,整句话的逻辑关系便十分清楚了。

明白了"簬"与"迮"同表一词[32],它们的读法问题也就简单了许多。我们目前有三条线索:1."发古簬"为"行先王之法"的具体措施;2."簬(迮)"可"发"亦可"废";3."簬(迮)"读音与"乍"相近。基于此,我们认为"簬(迮)"可读为"籍",为法令、典章之义。

昔声与且声、乍声古音相通。昔为心纽铎部,且为精纽鱼部,声母同类,韵部对转,故可相通。《周礼·地官·序官》:"蜡氏。"郑注:"蜡读如狙司之狙。"《释文》:"蜡读为狙。"《周礼·地官·遂人》:"以兴耡利甿。"郑注:"郑大夫读耡为藉。"《周礼·地官·里宰》:"以岁时合耦于耡。"郑注:"郑司农云:'耡读为藉。'"《周礼·地官·乡师》:"共茅蒩。"郑注:"郑大夫读蒩为藉。"昔为心纽铎部,乍为从纽铎部,声为一系,韵部相同,故可相通。《老子》二章:"万物作焉而不辞。"汉帛书乙本作"昔"。《尔雅·释器》:"鱼曰斮之。"《礼记·内则》曰:"鱼曰作之。"《说文·齿部》:"齰,啮也。从齿,昔声。齚,齰或从乍。"《仪礼·特牲馈食礼》:"尸以醋主人。"郑注:"古文醋作酢。"《易·系辞上》:"是故可与酬酢。"《释文》:"酢,京作醋。"《战国策·赵策一》:"属之雠柞。"汉帛书本"雠柞"作"祀諎"。《说文·言部》:"諎,大声也。从言,昔声。读若笮。"《说文·矛部》:"䂮,矛属。从矛,昔声。读若笮。"

古籍,即故籍,传世文献或作"固籍"。《韩非子·外储说左上》:"此三士者,言袭法则官府之籍也,行中事则如令之民也,二君之礼太甚。"太田方曰:"籍,常典也。"《战国策·赵策二》:"国有固籍,兵有常经,变籍则乱,失经则弱。"吴师道《补正》:"固、故通。"这样整句话可以读为"发古籍,行古作,废(古)籍者死,弗行(古作)者死。"逻辑清晰,文通意顺。

---

[32] 记录同一个词,上句用"簬",下句用"迮",这可能会引起一些学者的质疑。其实楚简中不乏同篇同词异字的现象,参看孟蓬生《"牪"疑》,《简帛》2008年第3辑,第17页;苏建洲《〈姑成家父〉简9"人"字考——兼论出土文献"同词异字"的现象》,《楚文字论集》,第439页,台湾万卷楼图书有限公司,2011年;孟蓬生《"象"字三探》,《中国文字》2019年第1期,第108页。

五 结语

综上所述，楚系文字中的构件“虐”有“虘”和“虘”两个不同的来源，“虘”与“虐”和“虘”与“虐”皆为以“虐”为终点的单向讹混，不得逆推，因此楚简从“虘”的“慮”和从“虘”的“慮”并不存在相混的问题。郭店简《老子》“绝伪弃慮”之“慮”当读为“诈”，上博简《三德》“慮事不成”之“慮”当读为“作”。上博简《竞建内之》“癹（发）古篋”之“篋”字从“慮”得声，可以试读为“籍”，与下文“癹（废）遳者死”之“遳”字记录的是同一个词，为法令、典章之义。

参考文献

(1)段玉裁《说文解字注》，上海：上海古籍出版社，1988 年。
(2)《十三经注疏》，台北：艺文印书馆，2001 年。
(3)王弼注，楼宇烈校释《老子道德经注校释》，北京：中华书局，2008 年。
(4)王先谦《荀子集解》，北京：中华书局，1988 年。
(5)徐元诰《国语集解》，北京：中华书局，2002 年。
(6)黎翔凤《管子校注》，北京：中华书局，2004 年。
(7)杨伯峻《春秋左传注》（修订本），北京：中华书局，2016 年。
(8)吴师道《战国策校注》，北京：中华书局，1991 年。
(9)王力《汉语史稿》，北京：中华书局，2015 年。
(10)高亨《古字通假会典》，济南：齐鲁书社，1989 年。

（马文杰、孟蓬生：西南大学 汉语言文献研究所，重庆，400715）

楚简"绝""继"考辨

俞绍宏　孙振凯

提要：《说文》以"𢇍"为"绝"字古文,其来源于战国晋系中山王器之类字形;又以反"𢇍"之"𢇍"为"继"字。与《说文》相反,楚系简帛中"𢇍"为"绝"字,反"𢇍"之"𢇍"为"继"字,曾侯乙墓简中多见的"𢇍聂"可读作"麂摄"。战国时期,字形"𢇍""𢇍"在楚系文字内部不相混淆,在不同系别文字之间,由于字形与字种关系的不统一而产生混淆现象,传世文献"𢇍""𢇍"相混源于此。

关键词： 楚简　继　绝

《说文》:"绝,断丝也。从糸从刀从卩。𢇍,古文绝,像不连体,绝二丝。""继,续也。从糸、𢇍。一曰反𢇍为继。""𢇍,截也。从斤从𢇍。𢇍,古文绝。""𢇍"又有古文字形"𢇍""𢇍"。即《说文》以"𢇍"为"绝"字古文,以反"𢇍"之"𢇍"为"继"字。秦系文字"绝"作𢇍,季旭昇以为其即在"绝"字甲骨文𢇍、楚简𢇍(字形见于望山简,说见后文)基础上增"卩"声而成。[1]

一　楚系以"𢇍"为"绝"字

字形"𢇍""𢇍"均见于楚系简帛,滕壬生据《说文》之说,将"𢇍"置于"继"字条下,"𢇍"置于"绝"字条下,但在所录郭店、上博简"𢇍"诸形后括注"绝"。[2] 古文字学界占统治地位的观点是:楚简"𢇍""𢇍"正反无别,即将二者视为一字。而我们以为楚系"𢇍"

---

* 本文为国家社科基金重大项目"楚系简帛文字职用研究与字词合编"(批准号:20&ZD310)的阶段性成果。

黄锡全老师与季旭昇先生,同事张青松、王凯博、尉侯凯,学友袁金平、侯乃峰、罗小华等审阅了本文,审稿专家与编辑部老师也提出了修改意见,特此致谢!

[1] 季旭昇说转自刘钊《关于〈吴越春秋〉一段疑难文意的解释》,《文献》2020 年第 1 期,第 10—19 页。刘文还论及古文字中时代更早的"继""绝"字形,读者可以参看。本文旨在探讨楚简字形"𢇍""𢇍",对于时代更早的"继""绝"字形及秦系字形𢇍,本文不作讨论。何琳仪已经指出字形"绝"从"卩"得声,可参其著《战国古文字典》,第 944 页,中华书局,1998 年。

[2] 滕壬生《楚系简帛文字编》(增订本),第 1079 页,湖北教育出版社,2008 年。

"繼"应是两个字,且与《说文》之说正相反,即"䌛"为"绝"字,"繼"为"继"字。

(一)楚简中独立的"䌛"字用法考察

先看楚简"䌛"字,清华五《汤处于汤丘》简 1 作▨,清华六《子仪》简 8 作▨,清华七《越公其事》简 5 作▨,这些都是标准的写法。[3]该字字形多省简,如上博六《孔子见季桓子》简 15 之▨、天星观楚简遣策之▨[4]、《越公其事》简 7 之▨省去二束丝,同样的省简字形又见于同篇简 60、70,清华九《治政之道》简 41,包山楚简 249、250[5],天星观楚简遣策,郭店《老子乙》简 4、《缁衣》简 44、《六德》简 29[6],上博一《缁衣》简 22,上博二《容成氏》简 53,上博三《彭祖》简 8,上博四《柬大王泊旱》简 14,上博九《陈公治兵》简 2、3、4,上博九《卜书》简 7。郭店《六德》简 29 又省去字形中间的横画而作▨(▨,共有 3 例),此字形也见于同篇简 32。郭店《老子甲》简 1 又省简为▨,此字形也见于望山 2 号墓简 9(▨)、简 50(▨、▨)。[7]上博七《吴命》简 1 又有增羡横画而作▨形者。

上述字形,《孔子见季桓子》简 15 因文字残缺而文意不好确定,具体用法不明。天星观楚简与望山 2 号墓简 9、50 文字说见后文。其他字形通过文例推勘以及与传世文献对读,可知释"绝"是确定无疑的,由此可以推知上述字形均应释"绝"。

(二)楚简中"䌛"旁字用法考察

相关字形释"绝"还可从以其为声旁的字的释读上得到印证。楚简中以"䌛"为声旁的"藹"字,如《礼记·缁衣》"故大臣不可不敬也,是民之表也",与"表"对应的字,郭店《缁衣》简 21 作▨,上博一《缁衣》简 12 与郭店《缁衣》同,此字隶定作"藹",整理者释"蓻","蓻"与"表"属于同义字词换用。[8]此字还见于上博一《性情论》简 7,文例为"义也者,群善之藹也",上博简整理者释"藹"为"蓻"。需要补充说明的是,郭店《性自命出》简 13 与上博一《性情论》简 7"藹"对应的字作▨,其下部偏旁之右下为"刀",其他部分可

---

[3] 本文清华二、清华三、清华五至清华九分别指李学勤主编《清华大学藏战国竹简(贰)》《清华大学藏战国竹简(叁)》《清华大学藏战国竹简(伍至玖)》,中西书局,2012、2013、2015—2019 年。

[4] 本文上博一至上博七、上博九分别指马承源主编《上海博物馆藏战国楚竹书(一至七)》《上海博物馆藏战国楚竹书(九)》,上海古籍出版社,2001、2002、2003、2004、2005、2007、2008、2012 年。天星观楚简遣策字形,见滕壬生《楚系简帛文字编》(增订本),第 1079 页"继"字条。

[5] 湖北省荆沙铁路考古队《包山楚简》,文物出版社,1991 年。

[6] 本文"郭店"指荆门市博物馆编《郭店楚墓竹简》,文物出版社,1998 年。

[7] 望山 2 号墓竹简,见武汉大学简帛研究中心、湖北文物考古研究所、黄冈市博物馆编《楚地出土战国简册合集(四)》,文物出版社,2019 年。

[8] 本文征引学者考释上博简字词诸说,凡未注明出处的,均见俞绍宏、张青松《上海博物馆藏战国楚简集释》相关简文集释部分,社会科学文献出版社,2019 年。为了使行文简洁,本文一般不再一一注明诸说所出之原始文献。

以视为"䌛"省作二束丝形,即从"刀"从"䌛"省,"䌛"亦声,"刀"与二束丝不交错重叠,与后文所述望山2号墓简15、17之▨、▨可以视为同一字位的异写,▨下部省去左边"𠃊",▨、▨省掉了一束丝,他们都可视为从"䌛"省(说见后文)。因此▨是从"艹"、从"绝"字异体省,同时这个省简的"绝"字异体又充当了整个字的声旁。刘昕岚等以为"蕝"有"表"义[9],无疑是正确的,在《性情论》《性自命出》简文中为标志、表征、标准义。

上博六《用曰》简6的▨字文例为"▨源流渐,其胡能不涸",同样的字形也见于同篇简14▨,文例为"设其有▨图,而难其有惠民",整理者释"继"文意不可通,李锐、陈剑等释读为"绝"文意通顺。[10] 其隶定字形与"继"同形,但实际上是从"糸""䌛(绝)","䌛(绝)"亦声,"绝"字异体。

清华八《邦家之政》简11之▨,简文文例为"上下▨德",整理者以为与《祝辞》▨(该字见后文)所从相类,读"绝",背离之意。▨右旁为"䌛"的又一种省简方式,仅保留二束丝与中间的横画。

(三)楚简中在"䌛"上增益"刀"旁的"䌛"字异体

望山2号墓简15▨、简17▨一般也释"绝",隶作"刿",为"绝"字异体。[11] 其应当是从▨而省去中间的横画,再增加"刀"旁,即从"刀"从"䌛"省,"䌛"亦声。可能是战国楚系文字中"䌛"所从的"刀"旁常作𠃊形,已经变得不像"刀"形,因此再增"刀"旁以足字意。简17文例为"……𦎧,▨纯",程燕指出"纯"与曾侯乙墓简"摄"都可以训"缘",▨释"绝"读"絜",《说文》"絜,麻一耑也","絜纯"指用麻一类丝织品制成的弓衣之边,以作保护或装饰之用。[12] 此说于文意可通,但楚简"纯""摄"前表示"纯""摄"具体材料的字一般都与动物的毛皮有关,因此释"绝"读"絜"说未必能成为定论;后文讲到的楚简"▨"字或释"绝"而读作"纂",也存在同样的问题。《论语·子罕》"子绝四:毋意,毋必,毋固,毋我",皇侃疏:"绝者,无也。明孔子圣人,无此下四事,故云'绝四'也。"[13] 望山2号墓简9"𦎧䌛(绝)纯"、简17之"𦎧▨(绝)纯"之"绝",我们以为也有可能依本字读,也训作

---

[9] 可参俞绍宏、张青松《上海博物馆藏战国楚简集释》之《性情论》简7集释。

[10] 可参俞绍宏、张青松《上海博物馆藏战国楚简集释》。"设其有绝图,而难其有惠民","设"可训"施",意思是施用。简文意思是使用超绝的谋略,却不能施惠于民。"设"也可视为假设之辞,则简文大意为,即使有超绝的谋略,却不能施惠于民。"设"字也有释"规"之说。"规"有谋求、谋划之训,若释"规"可信,其谋求、谋划之训可用于简文。

[11] 此字释"绝",见湖北省文物考古研究所、北京大学中文系编《望山楚简》,第119页注四十二,中华书局,1995年。徐在国、程燕、张振谦《战国文字字形表》,第1748页,上海古籍出版社,2017年。

[12] 程燕《望山楚简考释六则》,《江汉考古》2003年第3期,第86页。

[13] 可参何晏集解、皇侃义疏《论语集解义疏》第2册,第117页,载王云五主编《丛书集成(初编)》,商务印书馆,1937年。

"无",简文是指帐上面没有镶嵌起保护或装饰作用的缘,它们与曾侯乙墓简文"簸无摄""帐无摄"(见后文)正好可以比对。前述天星观遣策简中"䜌"文例为"䜌鞍",也可训"无","绝鞍"即没有鞍,指陪葬的这套车马具中没有鞍,与曾侯乙墓简95"无弓"简文同例。望山2号墓简15"☐生"之☐(绝),简50作☐、☐之"绝"(文例为"阴绝"),在简文中的具体用法待考。

九店56号墓简34之☐,即前举望山2号墓简15、17之☐、☐,只是原简字形不太清晰,以至于字形左侧摹写不全。[14] 整理者说其与望山2号墓竹简"☐"相似,释为"绝",文例为"绝日",睡虎地秦简《日书》乙种"楚除"作"绝纪之日"。[15]

综上可知,楚简中的"䜌"及其各种省、变体均是"绝"字。这几乎是目前古文字研究者的共识。[16] 它们与《说文》"绝"字古文字形方向正好相反。

(四)楚简中的"䜌"用作"断"的文字学解释

楚简中的"䜌"释"绝"例外的例子见于清华二《系年》,该篇简66有"☐道","☐"整理者释"断",指出简文"断道"即《春秋·宣公十七年》"公会晋侯、卫侯、曹伯、邾子同盟于断道"之"断道"。此字在同篇简69、70又省简为☐、☐。我们原本以为《系年》此三例都是"绝"字,简文中同义换读为表地名"断道"之"断"。何琳仪等以为"绝""断"本为一字分化[17],我们以为此说也可备一说。考虑到楚简中的"断"字作"劅",即《说文》"断"古文"劅"字形之源,且在不同批次楚简中均多见,从文字的系统性角度来看,楚系文字似乎没有再从"䜌(绝)"中分化出"䜌(断)"的必要;同时文字的分化一般会在字形上留下分化的痕迹,而"劅"与"䜌"在字形上显然不存在分化关系。秦系文字中"断""绝"有以下字形:[18]

二者之间也不存在字形分化关系,因此我们未将一字分化说视为定论。单纯从字形上

---

[14] 字形取自滕壬生《楚系简帛文字编》(增订本),为摹写字形。
[15] 此字形取自滕壬生《楚系简帛文字编》(增订本),第1079页"绝"字条。整理者说见湖北省文物考古研究所、北京大学中文系编《九店楚简》,第94页,中华书局,2000年。
[16] 学者或将前述上博九《陈公治兵》中的几例"䜌"视为"继"。《陈公治兵》中的这几例带有"䜌"的简文是在回忆楚国的先人在战场上取得的一系列胜利,简文中"师不䜌"若释读为"师不继",则意味着战场上力量不足,后继乏力,无法继续战斗,也即意味着失败,这与简文文意不合。
[17] 刘钊《关于〈吴越春秋〉一段疑难文意的解释》,第10—19页。
[18] 徐在国、程燕、张振谦《战国文字字形表》,第1747、1930页。

看,秦系字形"斷"倒像从"绝"之"鑑"这一类字形中分化出来的字形,只是目前还没有见到秦系文字在较早的时候有作"鑑"形的"绝"字。但汉代人从《说文》古文字形"鑑"中造出分化的小篆字形"鑑"的可能性是存在的。无论是同义换读还是一字分化,"鑑(绝)"可以用作"断"是无疑的。

二 "鑑"字考辨:楚系"鑑""鑑"非为一字

(一)"鑑"在楚系丧葬简中的用法与在中山王器中的用法不同

《说文》"绝"字古文"鑑"已经见于战国文字材料,如集成 9735 号晋系中山王方壶鑑字,据文例可知应是"绝"字。[19] 这类"绝"字应当是《说文》"绝"字古文字形的来源。[20] 楚简中的字形"鑑"曾侯乙墓简中多见,如简 5、13、14、16,等等[21],学者普遍依据《说文》"绝"字古文字形而将其释为"绝"[22]。此字在上博五《三德》简 16 中省简作鑑,在上博一《孔子诗论》简 27、29 中又进一步省简中间横画而分别作鑑、鑑形。我们以为,与晋系"鑑"释"绝"不同,楚系"鑑"就是"继"字。

蒙罗小华告知:天星观楚简中有一个由"毛""鑑"构成的字形,据文例可知与曾侯乙墓简"鑑"用法相同,何琳仪释曾侯乙墓简"鑑"为"绝",读为"纂",训为"似组而赤",天星观简此字释为"绝"字异体,读"纂"。而罗小华本人对相关字的释读存疑。[23] 他在与我们交流时指出,曾侯乙墓简"鑑摄"的"鑑"应是指制作箴摄的具体质料。其说可从。

考察曾侯乙墓简,其箴、帐之摄除了多见的"鑑摄"之外,还有以下几类:

一是箴带有獏摄、貍摄、狐摄、鱼摄、虎摄等,指箴的摄是用这些动物的皮制成的。此类简文中多见,本文不再一一列举。

二是箴带有"敔摄",见于简 2,刘钊以为"敔摄"是多重的缘。[24] 此说可参。

---

[19] 本文"集成"指中国社会科学院考古研究所编《殷周金文集成》,中华书局,1984—1994 年。铭文"以内鑑召公之业,乏其先王之祭祀"是说燕王哙禅让的事,其中的"鑑"显然应当释"绝"。

[20] 燕系陶文有鑑,文例为二字,纵向排列,是使用印章刻印上去的。可参王恩田《陶文图录》,第 1698 页,齐鲁社,2006 年。徐在国、程燕、张振谦《战国文字字形表》第 1748 页入"绝"字条下。此字"刀"旁两侧为"丝"形,可能为人名用字,难以通过文例推勘其义,本文不予讨论。

[21] 曾侯乙墓简,可参滕壬生《楚系简帛文字编》(增订本),第 1079 页"绝"字条。武汉大学简帛研究中心、湖北省博物馆编著《楚地出土战国简册合集(三)》,文物出版社,2019 年。

[22] 学者说可参曾宪通、陈伟武主编《出土战国文献字词集释》,第 6386—6405 页,中华书局,2018 年。

[23] 何琳仪说见何琳仪《战国古文字典》,第 944 页,中华书局,1998 年。罗小华《天星观简中的摄》,《考古与文物》2015 年第 3 期,第 114—116 页。

[24] 刘钊《畐"字源流考》,《古文字研究》第 30 辑,第 594 页,中华书局,2014 年。

三是箙、𫓶"无摄",即箙、𫓶无缘,见于简42(箙)、48(𫓶、箙)、60(箙)。

我们以为楚系"䌛"释"继",古音"继"属见纽质部,"麂"属见纽脂部,二者同属见纽,质、脂对转,"继"可读"麂",曾侯乙墓简中常见的"䌛摄"可读为"麂摄",是指箙上镶嵌了麂皮之摄,"麂摄"属于前列第一类摄。[25] 前述天星观简中的那个从"毛""䌛"之字,"䌛"为声旁,也可读"麂",很可能是表麂皮之专字。

(二)"䌛"在《孔子诗论》中的用法考察

《孔子诗论》简27"《北风》不䌛人之怨",简29"《涉溱》其䌛",学者指出简文中的《北风》即今本《邶风·北风》,《涉溱》即今本《郑风·褰裳》。学者多以为简文中的"䌛"为"绝"字古文。李零指出《涉溱》中的"绝"可能指"子不我思",则断绝往来,廖名春认为即《郑风·褰裳》"子不我思,岂无他人"。只有周凤五以为简文中的"䌛"释"继",《北风》"不继怨"指虽一时交恶,而彼此无怨,终能和乐相处。

从文意来看,"䌛"若释"绝",简文意思就成了对人的怨愤不绝。《邶风·北风》三章中的第三、四句分别为"惠而好我,携手同行""惠而好我,携手同归""惠而好我,携手同车",所述显然为同好之间发生的事情;第五、六句均为"其虚其邪?既亟只且",说明一方对另一方行动(逃亡)迟缓有所埋怨,催促同伴快一点,但"携手同行""携手同归""携手同车"的同好之间显然不会"怨愤不绝"的。简文"《北风》不继人之怨"即是此意,指虽然暂时有怨,但不记恨。因此我们以为周凤五说可信。再看《褰裳》:

子惠思我,褰裳涉溱。子不我思,岂无他人?狂童之狂也且!
子惠思我,褰裳涉洧。子不我思,岂无他士?狂童之狂也且!

诗中的女子应当是在说赌气的话,就像传统戏曲里面小情侣、小夫妻之间发生了误会,埋怨对方不懂己心,女方往往会骂男方为"冤家""傻瓜"之类是一个意思,即所谓"骂是爱"。"狂"有愚顽与倨傲、傲慢的意思,《褰裳》所要表现的可能是一个怀春的少女,以为对方不能理解其心曲,因此说出了"子不我思,岂无他士?狂童之狂也且"这样生气的话,"狂童之狂也且"意思就是你这个小笨蛋真是笨,言下之意是你怎么不懂我的心。"狂"解释成"倨傲"文意也通。传统戏曲里面因爱而骂男人为"冤家""傻瓜"者,最后都是误会消除,男女好合。因此我们以为简文"䌛"释"继"可能性更大,《诗论》"《涉溱》其继"意思即姻缘得继。

当然,若依据《毛诗序》:"《褰裳》,思见正也。狂童恣行,国人思大国之正己也。"郑笺:"狂童恣行,谓突与忽争国,更出更入,而无大国正之。"则《褰裳》讲的是郑庄公的儿

---

[25] 曾侯乙墓简中数见"一䌛摄",简26有"一䌛一摄",疑简26后一个"一"可能是衍文。待考。

子太子忽与公子突争君位。若《毛诗序》与郑笺所说可信,历史上忽、突争位这个乱象一直延及到二人之弟公子亹与公子婴,简文"《涉溱》其继"或是指此事。

又《左传·昭公十六年》:"子大叔赋《褰裳》。宣子曰:'起在此,敢勤子至于他人乎?'子大叔拜。宣子曰:'善哉,子之言是。不有是事,其能终乎?'"简文"《涉溱》其继"或是指"不有是事,其能终乎"。

又《吕氏春秋·求人》:"晋人欲攻郑,令叔向聘焉,视其有人与无人。子产为之诗曰:'子惠思我,褰裳涉洧;子不我思,岂无他士?'叔向归曰:'郑有人,子产在焉,不可攻也。秦、荆近,其诗有异心,不可攻也。'晋人乃辍攻郑。孔子曰:'诗云:"无竞惟人。"子产一称而郑国免。'"[26]简文"《涉溱》其继"或是就这件事而言。

以上三种解释都能讲通楚简"《涉溱》其继"文意。

(三)上博简《三德》"繼"与《吕氏春秋·上农》中的"绝"字的异文问题

《三德》简16:"夺民时以土功,是谓稽,不繼忧恤,必丧其祕。夺民时以水事,是谓潮,丧以系乐,四方来器。夺民时以兵事,是……"

范常喜举出《吕氏春秋·上农》中与上述简文可以对读的文句,以为:简文中的"繼"释"继",与《上农》中"绝"对应,《上农》"绝"可能是形近而讹;"忧恤"即忧虑、顾恤,且多用于王者对下民的体恤,与《上农》"忧唯(惟)"义近。"不继忧恤"意思是不继以忧恤;"祕"读"匹",与《上农》"秕"为通假关系。简文"系"义为"继、接续",与《上农》"继"义近。我们以为范说可从。

《上农》相关文字如下:"夺之以土功,是谓稽,不绝忧唯,必丧其秕。夺之以水事,是谓籥,丧以继乐,四邻来虐。夺之以兵事,是谓厉,祸因胥岁,不举铚艾。数夺民时,大饥乃来。野有寝耒,或谈或歌,旦则有昏,丧粟甚多。皆知其末,莫知其本,真□□□,□□□□。"[27]

所谓"上农",即以农业为上业,其主旨是在说明要重视农业,以农为本,否则就会产生消极后果。上述"夺"的实施者应当是国家,"夺"后的句子,或是指国家后续的行为,或是指国家呈现的状况,或是指国家承受的后果。

第一夺是说国家若大兴土木,延误农时,在接下来的时间里如果不忧恤民众,必然会丧失其匹,也即其君主必然丧失君位。"匹""配"古音可通用,简文中的"祕"或可以直

---

[26] 陈奇猷《吕氏春秋新校释》,第1525页,上海古籍出版社,2002年。
[27] 此段参考了陈奇猷《吕氏春秋新校释》,第1720—1739页。

接读"配"。《书·吕刑》"惟克天德,自作元命,配享在下","今天相民,作配在下",屈万里指出"配享,言配合天命而享国","作配,意为配合天意"。[28]也即"配"有配合上天以治下民的含义,作为名词实际上可指天子、君主,《吕刑》"作配"即可以理解为做君主。

第二夺是说国家若以水事夺农事,在丧以继乐的情况下,会造成四邻来虐的后果。孟蓬生以为《三德》"潮"可读"溺",《上农》"䈞"与"溺"古音可通。《三德》"四方来器"与《上农》"四邻来虐"对应。《诗·秦风·小戎》"乱我心曲"之"乱"安大简对应的字由"又""器"构成,徐在国指出其从"又""器"声,"挠"字异体,可训"乱"。[29]若此则《三德》中的"器"也可读"挠",训"乱"。简文"四方来挠"即四方来作乱,与《上农》"四邻来虐"意相近。

第三夺是说国家若夺农事以兵事,就会产生"祸因胥岁,不举铚艾"的结果。

在国家"数夺民时"的情况下,整个国家就会"野有寝耒,或谈或歌,旦则有昏,丧粟甚多",其结果是"大饥乃来"。"皆知其末,莫知其本,真□□□,□□□□"应当是全文总结,说明趋末轻本之害。

"绝"字无论是在《上农》中还是在简文中,都不易讲通文意。或将"不绝忧唯"理解为农民忧愁思虑不绝,似是增字解经[30];或将"秕"解释为"不成粟"或"恶米",于文意难通。或将"或谈或歌"解释为君主或谈或歌,似也是增字解经。"或谈或歌"字面意思是有的人谈,有的人歌。"野有寝耒,或谈或歌"应当理解为是整个国家呈现出来的状况,这样才会"丧粟甚多";因为君主"或谈或歌,旦则有昏"与"丧粟甚多"是没有什么逻辑关系的,只要国家重视农业,农民戮力耕耘,君主即使是"或谈或歌,旦则有昏",也不会"丧粟甚多"的。

以上说明,楚简"𠢕"释"继"是有道理的。

(四) 楚简从"𠢕"声之字可读作"继"

楚简中还有从"𠢕"得声的字形,如《越公其事》简5有𥁕,简文文例为"亦兹勾践𥁕𥁕于越邦","𥁕𥁕"也见于同篇简7。"𥁕"赵平安释"蓉",读"燎",指庭燎,简文"继燎"指勤奋工作。或以为"继燎"义为组织宗庙祭祀之谦辞。[31]我们以为"蓉"读"燎",指燎祭。

---

[28] 屈万里《尚书集释》,第260、266页,中西书局,2014年。

[29] 徐在国《谈〈诗·秦风·小戎〉"乱我心曲"之"乱"及文字考释的重要性》,《安徽大学学报(哲学社会科学版)》2020年第5期,第76—79页。

[30] 或以为"不绝忧唯"以及下文"或谈或歌"是成分省略,然古汉语中的成分省略根据上下文一般是很容易看出来的,因而不会造成文意误解。这两句若是成分省略,根据上下文显然不容易看出来省略的是什么成分,因此恐怕非为成分省略。

[31] 诸说参见王宁《清华简〈越公其事〉与〈四告〉中的"竂(燎)"别议》,复旦大学出土文献与古文字研究中心网站,2020年11月23日(http://www.fdgwz.org.cn/Web/Show/4699)。

《逸周书·世俘》:"武王朝至,燎于周。""乃以先馘入燎于周庙。"简文"亦兹勾践继燎于越邦",是越王勾践请求吴王阖闾,让其能够继续举行燎祭于越国,也就是让其延续越国之国祚。[32] 𦅫读"继"现在是可以确定的。𦅫在清华三《祝辞》简2中作𦅫,整理者说其从"绝"字古文,疑读"绝"字,意为隔断,或提出他说[33],但均难以讲清文意,本文暂且不论。

上博五《弟子问》简15"回,来,吾告汝,其组𦅫乎?虽多闻而不友贤",𦅫或以为其可能是"者"的一种变体,或释读作"䋹(绝)",此二说可以并存。若其为"者"字变体,则与本文所论字形无关;若释读作"䋹(绝)",则可成为本文释"䇒"为"绝"的又一佐证。

可见,楚系简牍中的"䇒"是"绝"字,"𦅫"是"继"字,与《说文》中的字形正好相反。

据以上第一、二部分所论可知,"𦅫"在晋系为"绝",与《说文》"绝"字古文同,而在楚系却是"继"字;"䇒"在楚系是"绝"字,晋系目前未见。楚系"𦅫""䇒"互为反文,所记之词与《说文》"𦅫""䇒"正好相反。也即"𦅫"在晋、楚二系分别与字种"绝""继"对应。若此,当今古文字学界的主流看法,即古文字中"䇒""𦅫"正反无别,均为"绝"字,这一看法恐怕就要修正了。需要补充说明的是,古文字正反无别的构形现象不是绝对的,最为典型的就是"ナ(左)"与"又(右)"是靠字形方向来区别字形的;再如作为偏旁的"人",二"人"同向为"从"字,向背为"北"字,等等。

三 "𦅫""䇒"相混问题

楚系文字内部"𦅫""䇒"不相混,但战国不同系别文字之间,如前文所述楚系与晋系之间存在相混现象。传世先秦文献中的"𦅫""䇒"纷争是战国时期不同系别文字中二者相混的孑遗。如《庄子·至乐》"得水则为䇒",《经典释文》说:"此古绝字。徐音绝。今读音继,司马本作继,云'万物虽有兆朕,得水、土、气,乃相继而生也。'本或作断,又作续断。"[34]郭庆藩引卢文弨说:"古绝字当作𦅫,此䇒乃继字。"[35]从文意来看,这里的"䇒"应为"继"字古文。《史记》:"庄子者,蒙人也。"也即庄子出生于楚文化圈,其文中原本应为楚系文字"䇒(继)",在整理、转抄过程中,有人将文中该字改为《说文》"继"字古文

---

[32] 柯平已经指出这里简文就是上文说的求吴保留宗祀。可参其著《诗经里的菫菜(续篇中)》,《文学港》2017年第8期,第145页。

[33] 可参黄杰《初读清华简(叁)〈良臣〉〈祝辞〉笔记》,武汉大学简帛研究中心网站2013年1月7日(http://www.bsm.org.cn/?chujian/5970.html)。高一致、余朝婷《读清华简(叁)〈祝辞〉浅见》,武汉大学简帛研究中心网站2013年4月6日(http://www.bsm.org.cn/?chujian/6022.html)。

[34] 陆德明《经典释文》,第1504—1505页,上海古籍出版社,1985年。

[35] 郭庆藩集释,王孝鱼点校《庄子集释》,第555页,中华书局,2013年。

"𢇍",因此产生了异文。由于战国时期不同地域"𢇍""𢆊"相混,后人不识楚系以"𢇍"为"继",因而产生了"𢇍""𢆊"与"绝""继"的字形纷争问题。

传世先秦文献中"绝""断"与"继"存在的异文现象,也与战国时期不同系别文字中的"𢇍""𢆊"相混有关。先秦文献经过汉代人的整理、转抄,原本用"𢆊""𢇍"者,汉代人用当时的通行字形"绝""继"转抄,也就造成了"绝""继"相混问题。前文所述《上农》误"继"为"绝"即此例。又因"绝"可用作"断",如前述清华简"𢆊(绝)"可用作"断",而"𢇍"在《说文》中又是"继"字古文,这样就造成了"继""断"的纷争。《礼记·儒行》"不断其威",郑玄注"断,或为继",即属于此例。

再如《荀子·宥坐》:"乡者赐观于太庙之北堂,吾亦未辍,还复瞻被九盖皆继,被有说邪?匠过绝邪。"王念孙《读书杂志》引杨倞注说,《家语·三恕篇》作"北盖皆断",指出"继"当为"𢇍"字之误,《说文》"𢇍,古文绝",正与"辍""说""绝"为韵;"𢇍"为古文"绝",而此文以"𢇍""绝"并用者,古人之文不嫌于复;《家语》作"北盖皆断",断,亦绝也。[36]

我们以为,《宥坐》中的"继"原本可能为楚系"𢆊",当然更有可能是前述上博六《用曰》简 6、14 中的字形 ⿰、⿰,即"绝"字。荀子曾受聘于楚,应当熟悉楚系文字,其著述中留有楚系文字是正常的。袁金平曾指出:中国古代典籍多成于众手,辗转传抄,讹文错字不可胜数。荀子的学术活动主要集中在后半生,特别是仕楚任兰陵令这一阶段,《荀子》一书在战国晚期大概是以单篇形式流传,至汉代由刘向校订编次,始而成书,其在撰写或传抄过程中多少会受到楚文字书写习惯的影响;《不苟》中"盗跖吟口,名声若日月"之"吟口"本为楚系"含(今)",传抄中误抄作"吟口"。王志平指出《荀子·正名》中的"沧热"一语保留了楚文字和楚文献的特色。[37] 后人转抄《荀子》,依据"反𢇍(绝)为𢆊(继)"的既有认识,误将文中楚系字形"𢆊(绝)"转写成"继",或者将楚系释"绝"的⿰、⿰之类字形误释为隶楷阶段的"继"。荀子也曾受聘于秦,应当熟悉秦系文字,因此后文"匠过绝邪"用了秦系文字字形"绝"。王念孙"古人之文不嫌于复"之说是可信的,就楚简而言,光是同一支竹简中的同一个词用不同字形书写的现象,目前已经发现了多例。

需要补充说明的是,前述《吕氏春秋》为秦相吕不韦组织门客编写的,照说是秦国文献,而秦系文字中不存在六国古文中的"𢇍""𢆊"相混问题。不过吕不韦门客中应当有来自秦国之外的人,如甘罗为下蔡人(《史记·樗里子甘茂列传》"甘茂者,下蔡人也""甘罗者,甘茂孙也。茂既死后,甘罗年十二,事秦相文信侯吕不韦")、李斯为上蔡人(《史记·李斯列传》"李斯者,楚上蔡人也""李斯乃求为秦相文信侯吕不韦舍人。不韦贤之,

---

[36] 刘钊《关于〈吴越春秋〉一段疑难文意的解释》,第 14 页。
[37] 袁金平《利用楚简文字校释〈荀子〉一则》,《古文字研究》第 29 辑,第 618 页,中华书局 2012 年。王志平《〈荀子〉古文举隅》,《中国典籍与文化》2019 第 2 期,第 114—118 页。

任以为郎"),至于吕不韦本人,《史记·吕不韦列传》:"吕不韦者,阳翟大贾人也。"《战国策·秦策五》:"濮阳人吕不韦贾于邯郸。"无论是阳翟还是濮阳,从战国文字系统来看均属于晋系。从《上农》文字与楚简《三德》部分文字可以对读来看,《上农》中的这段文字当来源于别系文献,很可能就是楚系文献,因而保留了楚系文字的特点,或者是其门客中的楚人所写。[38] 汉代人在整理转抄时,根据当时的认识,将《上农》中留有的楚系文字"蠿"误释为"绝":《说文》以"蠿"为"绝"字古文,反"蠿(绝)"为"䌛(继)"可能是汉代人的普遍认识。至于《上农》后文"丧以继乐"之"继"作"继",也是属于"古人之文不嫌于复"的用字现象。

可能是受战国不同系别"蠿""䌛"相混影响,汉代人的文献中也出现了二者相混现象。刘钊指出马王堆汉墓帛书《阴阳五行(甲篇)·室》行8、行9之"䌛"为"绝"字,似也应读为"断";马王堆汉墓帛书《十问》行2、行11之"䌛"为"继"字,东汉光和四年(181年)魏元丕碑"继"字作"䌛",直到北魏孝昌元年(525年)元怿墓志"继"字还可以写作"䌛"。又指出《吴越春秋·吴太伯传》"吾以伯长居国,绝嗣者也"之"绝"字应该是"继"字之讹。其说可信。[39]《吴越春秋》中的材料可能来源于先秦文献,遗留了先秦文献中的"继""绝"古文字形,作者在文字转写过程中疏于辨识字形,因而产生了字形误转相混现象。吴越文字属于楚系,《吴越春秋》这里的源文献中可能本作"蠿",为楚系"继"字,汉代人依据其"蠿"为"绝"字古文的常识,误转写成了"绝"。马王堆汉墓帛书《阴阳五行(甲篇)》"䌛"为"绝"应当是楚系文字的遗留,李学勤指出,《阴阳五行(甲篇)》文字含有大量楚国古文的成分,抄写者很可能是一位还未能掌握秦法定统一字体的楚人。[40] 而《十问》属于以"䌛"为"继",或者是其可能来源于非楚系文字底本,或者是汉代人基于当时反"蠿(绝)"为"䌛(继)"的既有认识而产生的用字现象。元丕碑、元怿墓志之"䌛"也是基于反"蠿(绝)"为"䌛(继)"的认识而产生的用字现象。

四 结论

楚系文字中"蠿""䌛"较为多见,学者多将二者视为一字,这种做法可能是不可取的。《说文》将"蠿""䌛"分为二字是可信的,但《说文》中二者所记之词(即字形与字种关

---

[38] 黄炜炬指出:"早期农家发源于楚国,与流行于楚地的老子学说既相关又对立。""《上农》吸收了来自楚地的道家思想。"可参其著《从〈上博五·三德〉分析〈吕氏春秋·上农〉思想来源》,复旦大学出土文献与古文字研究中心网站2019年11月22日(http://www.fdgwz.org.cn/Web/Show/4484)。

[39] 刘钊《关于〈吴越春秋〉一段疑难文意的解释》,第10—19页。

[40] 李学勤《楚文化新探》,第36—37页,湖北人民出版社,1981年。

系)与楚系文字正好相反。楚系文字中"𢇍""𢇏"分别为"继""绝",二者不相混;而晋系"𢇍"为"绝"字,可见战国时期不同的系别文字之间存在"𢇍""𢇏"相混现象。传世先秦文献中的"𢇍""𢇏"纷争是战国时期"𢇍""𢇏"相混的孑遗;这种相混又造成了传世先秦文献在转抄过程中发生"继""绝"错误转抄现象,《上农》"不继忧唯"中的"继"误转抄成"绝",《宥坐》"还复瞻被九盖皆绝"之"绝"误转抄成"继",均为此例。受战国文字"𢇍""𢇏"相混的影响,汉代人著述中也出现了二者相混现象。

(俞绍宏:集美大学海洋文化与法律学院,361021,
福建厦门/郑州大学汉字文明研究中心,450001,河南郑州;
孙振凯:郑州大学汉字文明研究中心,450001,河南郑州)

谈甲骨文中构件和笔画的组合体
与单个构件之间的形体混同

吴盛亚

提要： 甲骨文中存在构件和笔画的组合体与单个构件之间形体混同的现象。倒书的"又"和笔画组合后可能会与"止"形混同。"爻"也有可能混同于正写的"又"和笔画的组合体。这种混同是由刻写引发的形体变化，造成了构形理据的缺失，影响了甲骨文字的系统性。刻手集团会通过改变某些形体的刻写方式以避免混同现象的出现。而这一改刻的过程，又受到甲骨文字构形系统的制约。

关键词： 构件　笔画　组合体　形体混同

一　引　言

"形体混同"是指两个或两个以上来源不同、相互区别的汉字形体在发展变化的过程中变得形体相同或十分相近的现象。[1] 类似的概念还有"讹混"，刘钊指出："'讹混'是指一个文字构形因素与另一个与其形体接近的构形因素之间产生的混用现象。"[2] 较之"形体混同"，"讹混"更强调"讹变"的影响。刘钊认为，在广义上，"讹混"可列为"讹变"的一个小类；在狭义上，"讹变"除了包括整字与偏旁的讹变还包括笔划讹变，且大都是不能逆转的单向发展。[3] 但目前学界对"讹变""讹误""讹混"等术语尚未有较一致的看法[4]，且有些形体混同也并不是"讹变"造成的。正如齐元涛所说："'讹变'是站在评价立场上的观点。站在描写文字学的立场，我们不去纠缠这种变化是正确还是谬误，客观描写这种变化的轨迹、深入探究这种变化的成因与目标、正确评价这种变化在汉字发展中的价值与局限，对更好地理解汉字历史与汉字现状都是有帮助的。"[5] 因此本文

---

［1］袁莹《战国文字形体混同现象研究》，第 2 页，中西书局，2019 年。
［2］刘钊《古文字构形学》（修订本），第 139 页，福建人民出版社，2011 年。
［3］同上。此处依照原文用"笔划"，本文均用"笔画"。
［4］张峰《楚文字讹书研究》，第 7—12 页，上海古籍出版社，2016 年。袁莹《战国文字形体混同现象研究》，第 2—6 页。
［5］齐元涛《汉字发展中的跨结构变化》，《中国语文》2011 年第 2 期，第 185 页。

采用"形体混同"这一术语。但由于"形体混同"与"讹混""讹变"等术语在具体材料与研究历史上的纠葛，本文在行文中也常涉及有关"讹混""讹变"等现象的论述。

学者们在研究"形体混同"时，一般会根据混同形体的构形层级分类，如整字之间的混同、构件之间的混同。[6]还有学者将笔画[7]或笔画组合也视作"形体混同"的一类[8]。袁莹进一步明确提出："发生形体混同的构形要素既可以是单独存在的整字，也可以是构成整字的构件，还可以是整字中的组合体。"并将组合体的混同分成构件组合体的混同、笔画组合体的混同、构件与笔画构成的组合体的混同三小类。袁莹认为："由于构件体现构意，所以一般对汉字构形结构的分析都是只分析到构件这个层级。但是我们对形体混同的研究并不是单纯的对构形理据的研究，而是着眼于形体变化的动态研究。从形体混同的实际出发，我们除了关注整字与构件这些跟汉字构形相关的要素的混同外，还要注意到，一些不能拆分或者与汉字构形理据无关的要素也存在着混同。"[9]根据汉字构形学理论，构形与书写是汉字的不同属性，笔画是书写元素而非构形元素。[10]不过将笔画有关的组合体混同列为"形体混同"的一种类型，并不意味着将笔画视作整字、构件之下的一个构形层级。"组合体"提出以及分类的合理性实际上源于字形材料所反映出的客观情况，即混同后构件形体的来源除了另一个单独的构件、构件与构件的组合体，的确还包括笔画与笔画的组合体、构件与笔画的组合体。[11]后两类形体来源的特殊之处是跨越了构形与书写两个层面。

袁莹将与笔画有关的组合体纳入"形体混同"的考察范围，令人耳目一新。目前学界对于甲骨文字形体混同现象的研究主要集中在构件与整字层面。[12]笔者在整理甲

---

[6] 齐元涛《隋唐五代碑志楷书中的形体混同现象》，《古汉语研究》2004年第2期，第48—50页。刘钊《古文字构形学》（修订本），第140、141页。楼兰《睡虎地秦简文字中的形体混同现象调查》，《中国文字研究》第9辑，第161页，大象出版社，2007年。雷黎明《楚简文字形体讹混现象试说》，《内蒙古社会科学（汉文版）》2009年第1期，第100、101页。

[7] 本文所谓的"笔画"是广义上的概念。王宁《汉字构形学导论》，第78页，商务印书馆，2015年。古文字阶段的"笔画"也被称作"点线"或"线条"。王贵元《汉字笔画系统形成的过程与机制》，《语言科学》2014年第5期，第550页。齐元涛《汉字构形与汉字书写的非同步发展》，《励耘语言学刊》第27辑，第277页，中华书局，2017年。

[8] 朱疆《古玺文字中的同形部件初探》，《中国文字研究》第5辑，第174、175页，广西教育出版社，2004年。吴文文、林志强《简析汉碑文字中的讹混现象》，《福建师范大学学报（哲学社会科学版）》2009年第2期，第105—107页。

[9] 袁莹《战国文字形体混同现象研究》，第6页。

[10] 王宁《汉字构形学导论》，第77—105页。齐元涛《汉字构形与汉字书写的非同步发展》，《励耘语言学刊》第27辑，第277页。

[11] 袁莹《战国文字形体混同现象研究》，第53—109页。袁莹《战国文字形体混同特点略论》，赵平安主编《讹字研究论集》，第177—179页，中西书局，2019年。

[12] 李旼姈《甲骨文字构形研究》，第138—174页，台湾政治大学博士学位论文，2005年，指导教师：蔡哲茂教授。王子杨《甲骨讹字研究》，赵平安主编《讹字研究论集》，第9—72页。

骨文字材料时，发现了一些构件和笔画的组合体与单个构件之间形体混同的字例。下文对甲骨文中的这一现象及相关问题进行考察。舛误之处，敬祈方家指正。

二　甲骨文中构件和笔画的组合体与单个构件之间形体混同举例

（一）倒写的"又"和笔画组合体[13]与"止"的混同

裘锡圭在考释甲骨文中的"远"字时，曾明确指出古文字中"又"与"止"的混同现象。先将有关文字抄录于下：

"夋"上加"止"无义可说，⬚字上部的"止"当是"又"的讹变之形。古文字中"又""止"二形往往相乱。例如金文"瞯"字或作⬚（《金文编》216页。《自选集》编按：见1985年版273页），下面的"又"写得像"止"；"復"字或作⬚（同上87页。《自选集》编按：见1985年版111页），下面的⬚（倒"止"）讹变为"又"。甲骨文"毓"（育）字有一个作⬚的繁体（《前》2.11.3【《合》38244】），胡厚宣先生解释它的字形说："右旁从两手持衣……象女人产子接生者持襁褓以待之。"其说可信。在这个"毓"字所从的两手持衣形里，上面的那个"又"如果跟"衣"形上端斜出的那一笔结合在一起看，也很像"止"字。这是⬚字上端的"止"形由"又"形讹变而成的明证。也有可能写刻这个字的殷史并没有把"又"误认为"止"，只不过把"衣"形右上部的那一道斜画写得太长了一些，客观上造成"又""止"相混的后果。不过金文⬚字的上部则确实已经讹变为"止"了。[14]

这段论述除了所举字例十分精准之外，还有以下两点值得注意：一是"又"讹作"止"，有一个条件，即"又"与其他构件的一道笔画（如"衣"右上的斜笔）组合后，才可能与"止"形相混；二是"止"与"又"的混同，还可以细分出一小类，即"夂（倒止）"与"又"的讹混（参下一小节）。

裘锡圭关于"远"字的考释很快得到了学界的认可，不过近年来也有学者提出异议，如陆忠发认为：

裘锡圭先生说"古文字中'又''止'二形往往相乱"，所举例都是金文的例子，没有举出甲骨文中"又"与"止"相乱的例子。按理说，说甲骨文中"又"与"止"相乱，就

---

[13] 为行文方便，下文或简称作"组合体1"。
[14] 裘锡圭《释殷墟甲骨文里的"远""狋"（迩）及有关诸字》，《裘锡圭学术文集·甲骨文卷》，第171页，复旦大学出版社，2012年。

应该举甲骨文的例证。事实上甲骨文中🦶与🖐混同的情况几乎是看不到的。因为甲骨文以刀刻写，刻写者会非常小心，所以我们没有看到🦶与🖐混同的情况。[15]

裴锡圭所举的🐾也是从"麦"，的确未列举其他甲骨文中"止"与"又"混同的字例，这难免会引起其他学者的疑虑。不过陆忠发忽略了二者混同的条件，只着眼于比较单独的"又"与"止"形，并不符合"远"字等形体的实际情况。

甲骨文中还存在一例倒写的"又"和笔画组合体与"止"形混同的字形，并且也造成过释读上的分歧。

《合集》31254 的残辞中有一字作🔣形，一般多释为"先"字[16]，将上部的🔣视作"止"。《殷墟甲骨刻辞摹释总集》摹作🔣，《殷墟甲骨文编》则处理作🔣。细审拓本，后者更为准确，补出了下部的一道短横。

"先"字从"止"从"人"，或在二者间加一道横画，从无在人上再加一笔的写法。🔣与"先"形体判然有别。刘钊曾认为此形从"耒"从"又"，是简体的"耤"字，并摹作🔣。[17]后来又对字形作了修正，处理为🔣。[18] 裴锡圭认为此形象以手持耒，大概就是"耒"字。[19] 尽管两位学者最终的释字意见不同，但对🔣的构形分析是一致的。倒书的"又"与"耒"形上部的竖画组合在一起，看起来与"止"形无异。此形可视作🔣上部的"止"为"又"形讹变的平行例证。

在明确"组合体 1"与"止"存在混同的可能性后，我们会发现甲骨文中似"止"形的"组合体 1"其实并不罕见。试对比如下两组形体：

"组合体 1"：🔣、🔣、🔣、🔣、🔣。[20]

"止"：🔣、🔣、🔣、🔣、🔣。[21]

之所以不会对上述"组合体 1"作出误判，是依据它们所在的🔣(爱)、🔣(受)、🔣(杀)等字。

---

[15] 陆忠发《甲骨文🔣、🔣、🔣、🔣、🔣诸字补释》，《殷都学刊》2018 年第 4 期，第 1 页。

[16] 姚孝遂主编《殷墟甲骨刻辞摹释总集》，第 693 页，中华书局，1988 年。胡厚宣主编《甲骨文合集释文》，第 31254 号，中国社会科学出版社，1999 年。曹锦炎、沈建华《甲骨文校释总集》，第 3472 页，上海辞书出版社，2006 年。陈年福《殷墟甲骨文摹释全编》，第 2767 页，线装书局，2010 年。韩江苏、石福金《殷墟甲骨文编》，第 226 页，中国社会科学出版社，2017 年。"汉达文库"：http://www.chant.org/Bone/ShowBone.aspx? bname=H31254&r=2。

[17] 刘钊《释甲骨文耤、羲、蟺、敖、栽诸字》，《古文字考释丛稿》，第 1 页，岳麓书社，2005 年。

[18] 刘钊主编《新甲骨文编》（增订本），第 279 页，福建人民出版社，2014 年。

[19] 裴锡圭《评〈殷墟甲骨刻辞类纂〉》，《裴锡圭学术文集·杂著卷》，第 73 页，复旦大学出版社，2012 年。

[20] 此五形分别截取自《合集》34133 之"爱"字（历二）、33244 之"受"字（历二）、33265 之"受"字（历二）、13239 之"杀"字（典宾）、《花东》286 之"杀"字（花东）。

[21] 此五形分别截取自《合集》5549 反之"疋"字（典宾）、20700 之"先"字（圆体）、23326 之"先"字（出二）、33417 之"往"字（历二）、27641 之"市"字（无名）。

如果抛开它们所在的整个字给的提示，仅就字形而言，这些"组合体1"与"止"就难以辨别了。相应的，之所以会将⿰、⿰诸形上部的"组合体1"误认作"止"，一方面因为我们对整个字的认识不够清晰，另一方面也因为"组合体1"与"止"形体上的混同并未引起我们的重视。

在出现频率与类组方面，处在整个字上部的"止"形见于⿰(疋)、⿰(先)、⿰(往)、⿰(逸)、⿰(市)、⿰(朱)等多个字中，类组上的分布也比较广泛。"组合体1"则见于⿰(将)、⿰(再)、⿰(爰)、⿰(印)、⿰(挚)、⿰(夒)、⿰(受)等字中，几乎也分布于各个类组。然而并非所有的"组合体1"在写法上都会与"止"形混同。似"止"形的"组合体1"仅见于"爰""受"以及倒书的"杀"字等极个别字中，类组上则主要集中在历二类卜辞，偶见于典宾或花东卜辞。

值得注意的是，⿰、⿰均见于无名组卜辞，⿰见于黄组卜辞。历二类卜辞中似"止"形的"组合体1"，到了无名组、黄组卜辞中进一步讹成"止"形，这也符合甲骨文字体从历组到无名组再到黄组的发展演变轨迹。

（二）"夊"（倒止形）与正写的"又"和笔画组合体的混同[22]

前文讨论了倒书于字上方的"又"与笔画组合后似"止"形的现象，与之对应的是倒书的"止"（即"夊"）有时会混同于正写的"又"和笔画的组合体。

在上一小节摘录的文字中，裘锡圭曾列举了金文中的"复"或作⿰、⿰，指出下方的"夊"形已经讹变成了"又"。⿰见于小臣謎簋（《集成》4238.2），拓本作⿰。⿰见于曶鼎（《集成》2838），原拓现存两个版本，分别作⿰（《集成》2838A）、⿰（《集成》2838B）。《集成》4239还著录了另一件小臣謎簋，器、盖上的"复"分别作⿰、⿰[23]。前一形所从的还勉强可看作"夊"形，而后一形进一步离析成了一道斜笔与"又"形。通过这两个字形可以看出，当"夊"形左边的一道斜笔与右边的两道笔画断开后，右边的两道笔画就有可能与"又"形相混。

这种"夊"与"组合体2"的混同，也见于甲骨文中。试对比如下两组形体：

"夊"：⿰、⿰、⿰、⿰、⿰[24]

"组合体2"：⿰、⿰、⿰、⿰、⿰[25]

---

[22] 为行文方便，下文或简称作"组合体2"。

[23] 此二形选自《故宫西周金文录》，较之《集成》的拓本更为清晰。台北故宫博物院编辑委员会《故宫西周金文录》，第215页，台北故宫博物院，2001年。

[24] 此五形分别截取自《合集》25948之"後"（出二）、《屯南》2358之"後"（无名）、《合集》17078正之"复"（典宾）、《合集》34712之"降"（历二）、《屯南》736之"麦"（无名）。

[25] 此五形分别截取自《合集》28085之"及"（无名）、《花东》42之"及"（花东）、《合集》27657之"尹"（无名）、《合集》29407之"散"（无名）、《合集》30822之"燮"（何二）。

抛开所在整个字的提示，仅就形体而言，这两组也难以辨析。而这种混同，同样影响到我们对某些字形的认识。

甲骨文中有如下五形：

　　　　A ▨《屯南》2395　　　B ▨《合集》29369　　　C ▨《合集》28139

　　　　D ▨《合集》28140　　　E ▨《合集》36809

诸形或释为"敊"[26]，或释为"麦"[27]，也有学者将其中的某些形体当作未释字[28]。本文认为诸形均是"麦"字，下面根据同版辞例或清晰拓本等材料，对上揭五形略加考证。

A 形所在的辞例为：

　　　　(1a)叀麦[29]，亡戈。

　　　　(1b)叀徥焚。吉。

　　　　(1c)叀 A 焚。吉。　　　　　　　　　　　　　　《屯南》2395(无名)

三条卜辞是对麦地与徥地进行选贞。(1a)中的"麦"作▨，(1c)中的 A 形(▨)下端的笔画并不显豁。但根据(1a)的"麦"字与卜辞内容，仍可将 A 形释作"麦"。

B 形又见于《中历藏》1605，此版有两个"麦"字，分别作▨、▨形。二形均存在借笔现象，所从"来"的中间竖笔明显向下延伸，并同时完成了"夂"左侧的一笔。"夂"形剩下的两道笔画则似"又"形。类似的"麦"字又见于《屯南》736，作▨形。甲骨文中一个字所从的构件之间有时会出现借笔，如"望"字作▨(《合集》171)，或增加"土"形作▨(《合集》6187)，但《合集》237 有一形作▨，表示人体躯干的笔画与"土"左侧的斜笔共用[30]。C 形又见于《安明》2039，拓本作▨。与 B 形相同，"来"形的竖笔同样向下延伸，与"夂"左侧一笔共用。C 形所从的"来"较为特殊，省略了左右两侧向外下垂的斜笔，不过"麦"字也有从此形的，如《合集》28138 的▨。《甲骨文字编》将二形分别摹作▨、▨，"来"中间的竖笔较短，导致共用部分的笔画消失，进而将"夂"右侧的两道笔画当成"又"，误释为"敊"。

D 形又见于《甲编》1611，拓本作▨[31]，D 形与 C 形有两点区别，一是省略了▨所从

---

[26] 如李宗焜将五形均收入"敊"字头下，参《甲骨文字编》，第 532 页，中华书局，2012 年。

[27] 如《新甲骨文编》(增订本)将 A、C、E 三形均收入"麦"中，参刘钊主编《新甲骨文编》(增订本)，第 348 页。

[28] 如屈万里将 D 形摹作▨，认为不可识，参《屈万里先生全集·殷虚甲编文字考释》，第 365 页，联经出版事业公司，1984 年。《殷墟甲骨刻辞摹释总集》中将 C、D 二形分别摹作▨、▨，参姚孝遂主编《殷墟甲骨刻辞摹释总集》，第 625 页。

[29] "麦"字下部残缺，不排除"麦"后还有一个类似"田""焚"的动词。

[30] 参吴盛亚《谈甲骨文中的单字借笔兼释相关诸字》，《文史》2021 年第 3 辑，第 20 页，中华书局。

[31] 彩照参历史语言研究所考古资料数位典藏系统：https://ndweb.iis.sinica.edu.tw/archaeo2_public/Include/ShowImage.jsp? filename=Oa/htmCsZ0ripTE=&title=黽甲卜辭殘片。

"来"上的斜笔,而"来"省略上部的斜笔在甲骨文中十分常见[32]。二是左侧多出了一道短竖。这一点的确较为特殊。可能正是受到此笔的影响,《殷墟甲骨刻辞摹释总集》在D形的摹本旁标注了一个问号。目前我们对这一笔也没有很好的解释,但需要指出的是,这种现象(在字形一侧刻画与形义无关的短竖)并不是孤例。就笔者所见,还见于《合集》28202(《甲编》1484)上的"迟"字。该形的拓本作▨[33]。所从的"辛"旁左侧明显有两道短竖笔。从整版的文字来看,这两笔只可能属于"迟"字[34]。▨、▨二形均属于何组二类卜辞,所在的两版残骨又都是在1929年12月9日出于小屯大连坑东段[35]。不知这种现象是否与类组有关,有待进一步研究。简言之,D形当与B、C二形相同,也是"麦"的借笔写法,而不应分析作从"来"从"又"的"叒"字。

E形所从的"又"与"来"分离,就偏旁分析而言,的确可拆分作"来"与"又"两个构件。但考虑到二者的位置关系,应严格隶定作"麥"而非"叒"。这种写法当是"麦"形的变体。一般的"麦"形讹变[36]作"麥"需要两个条件。一是"夂"与"组合体2"形体上混同。这一点,前文已经作了字形比较与分析。二是书写者将"夂"形右边的两道笔画当作"又",并将"又"形脱离整字。前文列举的▨、▨就是金文中的典型例证。E形所在卜辞属于黄组,黄组的刻手在刻写下方的手形时,有时会也将"又"形与整字离析,如"获"字其他类组多作▨(《合集》20449·自小)、▨(《合集》9339·自宾)、▨(《合集》208·典宾),而在黄组中或作▨(《合集》37373)、▨(《合补》11299反)。《合集》36809的刻手可能将E形下部当作"又",并受到同类组刻写习惯的影响,将"又"单独刻写,从而客观上造成"麥"形的出现。可惜的是,除▨形外,甲骨文中似未见将"夂"形右边两笔脱离整字的刻法。

在字形上,B、C、D[37]中"夂"左侧的笔画与"来"字中间的竖笔存在借笔现象。在刻写时,"夂"右侧的两笔就着"来"中间的竖笔刻画。正常刻写的"夂"多为三笔形成的一个整体,不会把右侧两笔与左侧一笔析书,从而形成所谓的"又"形。但借笔后,左侧一笔与右侧两笔刻写上的割裂,就可能导致构形上的离析,即E形的出现。齐元涛在研究汉字发展中的"跨结构变化"时曾指出:"跨结构变化的实现过程实际上是一个由书

---

[32] 参李宗焜《甲骨文字编》,第528—530页。

[33] 彩照参历史语言研究所考古资料数位典藏系统:https://ndweb.iis.sinica.edu.tw/archaeo2_public/Include/ShowImage.jsp?filename=Oa/htmarakripTE=&title=龜甲卜辭殘片。

[34] "字编类"工具书在收录此形时往往将这两道短竖笔略去。如李宗焜《甲骨文字编》,第988页。刘钊主编《新甲骨文编》(增订本),第96页。夏大兆《商代文字字形表》,第60页,上海古籍出版社,2017年。韩江苏、石福金《殷墟甲骨文编》,第688页。

[35] 石璋如《小屯·第一本·遗址的发现与发掘:丁编·甲骨坑层之一(一次至九次出土甲骨)》,第59、79页,中央研究院历史语言研究所,1985年。

[36] 使用"讹变"这一术语,是考虑到"麥"并不符合"麦"字的构形理据。

[37] A形拓本不够清晰,无法确定是否有借笔,暂且不论。

写组块对构形理据组块进行重新分析的过程。""当汉字书写者把汉字作为一个书写单位进行总体处理而不必完全维护其理据结构时,构件原有的理据组块界限就被打乱。"[38]这对我们认识以上五形很有启发。"麦"字一般作从"来"从"夊","来"与"夊"既是两个书写组块,同时也是可以拆分的两个构件。但刻手出于刻写简便的考虑,在刻写B、C、D三形时采用了借笔的形式,这就先在刻写层面打破了两个构件的界限。又由于"夊"右侧两笔与"又"形接近,进一步与整字离析则作"麥"形,从而造成了构形层面理据组块界限的混乱。

在辞例上,五形均作地名,也符合"麦"字的用法。不再一一列举。

综上所述,A—E均是"麦"字,其中B、C、D是"麦"字的借笔写法,E的确可隶定作"麥",乃"麦"的异体。"麥"是"麦"字所从的"夊"混同于"又"形和笔画的组合体后,"又"形再与整字断开形成的。有关学者之所以会将诸形释作"敊",可能是由于没有厘清"夊"与"组合体2"的关系,在构形分析时,将它们所从的"夊"误判成了"组合体2"。

三 刻手集团避免混同的努力

上文讨论了两类字例,可统称为构件"又"和笔画的组合体与构件"止"之间的混同。组合体与构件之间的区别度降低,影响对形体的辨识,同时客观上也造成了某些字构形理据的缺失。而在汉字发展过程中,构形理据对形体变异起着很大的制约作用[39]。那么甲骨文刻手集团是否会对这种混同现象进行调整以及调整的具体方式如何?笔者在整理甲骨文中与"手"有关的形体变化时,发现历二类卜辞以后的刻手主要通过将"组合体1"中的"又"改刻作"爫"形来避免与"止"混同。下文简单陈述笔者对甲骨文中从"爫"之字所作的考察。

根据"爫"形写法上的类组差异,大致可将从"爫"的字分成两类:一类是"禺""印""挛""妥"等字;另一类是"爱""受""将""鱟"等字。前一类诸字上部或作倒书"又"形或作"爫"形,从倒书"又"形与"爫"形的形体在类组分布上并没有明显的差异,两种写法还往往见于同一类组,如"禺"在典宾类中作■(《合集》17630),或作■(《合集》6162);"印"在自组小字类中作■(《合集》20411),或作■(《合集》20717)。后一类诸字上部的手在大多数类组中多作倒书的"又"形,而在无名组中多作"爫"形,如"爱"在自宾类中作■(《合集》8930)、典宾类中作■(《合集》19238),在无名组中作■(《合补》9799);"受"在宾类中作

---

[38] 齐元涛《汉字发展中的跨结构变化》,《中国语文》2011年第2期,第184页。

[39] 王立军《汉字形体变异与构形理据的相互影响》,《语言研究》2004年第3期,第89—92页。

■(《合集》9737)、花东子卜辞中作■(《花东》262),在无名组中作■(《合集》27524);"将"在宾一类中作■(《合集》13525)、何一类中作■(《合集》31056),在无名组中作■(《合集》27592);"鱟"在宾三类中作■(《合集》52),在无名组中作■(《合集》28426)[40]。这种现象带来了两个值得探讨的问题。

一是为什么从"爫"的字会呈现出这种分类?

笔者认为这与两类字分别所从的"爫""叉"有关。"禹""印""挛""妥"等字上部所从的"爫"表抓取义,如"禹"象手抓提鱼形,"印""妥"二字象手抓人(女)并按抑之形[41]。裘锡圭在考释"挛"字时也提到:"'爪'本象抓物的手。"[42]

"爰""受""将""鱟"等字上下均有手,所从即《说文解字》中的"叉"。《说文解字·叉部》:"物落上下相付也。从爪从又。"段玉裁认为:"以覆手与之,以手受之,象上下相付。"[43]马叙伦结合"受""爰"二字的甲骨文字形也指出:"则此篆不从覆手之爪,乃从两手。"[44]其说可从。尽管诸字上部的手既作"又"形,又作"爫"形,但作"爫"形时并不强调抓取义,而是通过上下的手形共持某物以会不同之意,如"爰"表示上下两手持某物以援引,"受"表示上下两手持舟相授受,而"鱟"字所从的"叉"象"双手张网"之形[45]。"爰""受""将""鱟"等字上部的爫形,是无名组卜辞刻手的刻写习惯,与字义无关[46]。

二是在"爰""受""将""鱟"等字中,为什么无名组卜辞的刻手会有将其他类组上部的"又"刻作"爫"形的习惯?这正与刻手集团为了避免形体混同有关。

先分别将"爰""受"二字在历二、无名以及黄组中的写法简单列举于下:

"爰"字在历二类中作■(《合集》34133)、■(《合补》10630),上部似"止"形。在无名组

---

[40] 具体字形的罗列以及统计参吴盛亚《甲骨文字构形研究》,第73—77页,首都师范大学博士学位论文,2020年。

[41] 关于"妥"的本义一般认为是"以手抚女,会安抚之意",参李学勤主编《字源》,第1102页,天津古籍出版社,2012年。不过也尚有讨论的空间,如有学者认为"'妥'字……甲骨文正会以手抑女使之止坐之意,引申有安定之义。"徐中舒主编《甲骨文字典》,第1319页,四川辞书出版社,2006年。笔者赞同后者,另作考证。

[42] 裘锡圭《战国玺印文字考释三篇》,《裘锡圭学术文集·金文及其他古文字卷》,第283页,复旦大学出版社,2012年。

[43] 许慎撰,段玉裁注《说文解字注》,第160页,浙江古籍出版社,1998年。

[44] 马叙伦《说文解字六书疏证》第八卷,第14页,上海书店出版社,1985年。

[45] 陈剑《楚简"罨"字试解》,《战国竹书论集》,第353—384页,上海古籍出版社,2013年。陈剑指出隶定形叐不太准确,应隶定作叟,认为此形象"双手张网",实际上就是"罨"形变换了一个方向的写法。

[46] 由这种分类也可看出构件"叉"在甲骨文中就已经具有一定的汉字统辖功能,因此在利用"自然分类法"对甲骨文部首进行编排时,应将"叉"设立为一个部首。一方面可与部属字"受""爰"等相照应,便于分析字形结构;另一方面也可与《说文》部首"叉"对应。黄天树《说文部首与甲骨部首比较研究》,《文献》2017年第5期,第3—15页;《甲骨部首整理研究》,《文献》2019年第5期,第54—61页。

中作▨(《合补》9799)、▨(《合集》29710)、▨(《合集》31781),上部的手均作"ⅿ"形。黄组中似乎未见"爰"字。

"受"字在历二类中作▨(《合集》31979)、▨(《合集》31977)、▨(《合集》32974)、▨(《合集》33244),上部分别作正常的三歧手形、二歧手形、ⅿ形,作三歧手形时,与"止"形相似。在无名组中绝大多数均作ⅿ形,如▨(《合集》26884)、▨(《合集》26992)、▨(《合集》27524)、▨(《屯南》841)等[47],唯有九例作二歧手形,分别是▨、▨(《合集》27018)、▨(《合集》27094)、▨(《合集》27228)、▨(《合集》31731)、▨(《合集》30489)、▨(《屯南》2254)。在黄组中大多数也作ⅿ形,唯有七例作二歧手形,分别是▨、▨(《缀汇》708)、▨(《合集》36352)、▨(《合集》36522)、▨(《合集》36975)、▨(《合集》37858)、▨(《合集》36356)[48],无名组与黄组中未见三歧手形的写法。

结合三歧手形在历二类卜辞中有与"止"形混同的实例以及历一类卜辞中有使用二歧手形的情况,笔者认为历二类的某些刻手已经注意到了"又"形和笔画的组合体可能与"止"形讹混,为了避免字形混同,开始采用另外两种的形体(即"ⅿ"形与二歧手形)刻写倒书的手。无名组的刻手继承了这种刻写方法,摒弃了容易造成混同的三歧手形,而改刻作"ⅿ"形或二歧手形。黄组刻手总体上延续了历二以及无名组刻手的这一刻写习惯。

无名组、黄组的刻手尽管已将大部分容易造成混同的"又"改刻作"ⅿ"形或二歧手形[49],但也偶有遗漏,即一开始讨论的▨、▨、▨、▨四形。这可能与"糌""远""毓"字少出现,未引起刻手的注意有关。

如果上文的讨论成立,不仅凸显了商代刻手集团拥有为避免字形混同而对字形进行淘汰、选择与继承的自觉意识,还可以加深我们对二歧手形的认识。历一中"又"形往往作二歧手形,已经被很多学者熟知且运用[50]。现在可以确知,二歧手形不仅见于历一,还见于历二、无名及黄组卜辞。其中"受"所从的二歧手形,可能是相应刻手为了避免混同,从历一类卜辞中的二歧手形继承而来。

---

[47] 参李宗焜《甲骨文字编》,第1239—1242页。

[48] 上面列举的二歧手形,不排除可能是由于拓本不清造成的误判。

[49] "将"字不见于黄组,在历二类中作▨(《合集》32766)、▨(《合集》32767)等形,上部的组合体 2 并不与"止"相混;在无名组中共五见,作▨(《合集》27592)、▨、▨(《合集》27988 三见)、▨(《合集》30761),上部均从"ⅿ"形。"鳗"字不见于历二类与黄组,在无名组中共四见,作▨(《合集》28426)、▨(《合集》28427)、▨(《合集》28429)、▨(《屯南》3060),上部亦均从"ⅿ"。"将""鳗"二字在无名组中上部作"ⅿ"形,可能是受到了"爰""受"二字类化的影响。

[50] 周忠兵《读契札记三则》,《甲骨学暨高青陈庄西周城址重大发现国际学术研讨会论文集》,第327—330页,齐鲁书社,2014年。刘钊《释甲骨文中的"役"字》,《书馨集续编——出土文献与古文字论丛》,第4—50页,中西书局,2018年。

构件和笔画的组合体与单个构件的混同是由刻写引发的构形变化。这种现象破坏了"袁""麥"等字的构形理据,影响了甲骨文字的系统性。刻手集团为了避免混同而对形体进行改刻的过程,又受到了甲骨文字构形系统的影响[51]。比如在"爰""受"等字中,之所以主要用"爫"形替代三歧手形,主要是由于整个系统中已经存在或者说可供选择的相关形体只有"爫"形和二歧手形,而后者使用的频率又远远小于前者。

本文引用甲骨著录书简称表

《合集》——《甲骨文合集》	《合补》——《甲骨文合集补编》
《屯南》——《小屯南地甲骨》	《甲编》——《殷虚文字甲编》
《中历藏》——《中国社会科学院历史研究所藏甲骨集》	《安明》——《明义士收藏甲骨文字》
《缀汇》——《甲骨缀合汇编》	《集成》——《殷周金文集成》

附记:本文蒙黄天树、王立军、陈英杰、齐元涛、方稚松、王子杨、王晶晶、李晓晓、马尚、宋专专、刘昕曜等师友指正,审稿专家也提出了宝贵修改意见,在此一并致谢!

(吴盛亚:北京师范大学文学院,100875,北京)

---

[51] 参齐元涛《汉字发展中的跨结构变化》,《中国语文》2011年第2期,第185页。

明清戏曲俗字考辨*

王荣艳

提要: 明清戏曲文献中存在着大量俗字,目前这方面的研究成果较少。文章对明清戏曲中的六则俗讹字进行了考辨,认为"㝉"当是"竅(窍)"字,"㤜"当是"隐"字,"胖"当是"胙"字,"鼡"当是"鼠"字,"점燥"当是"氊臊"二字,"搽"当是"抻"字。

关键词: 戏曲 俗字 考辨

明清戏曲文献中存在很多疑难俗字,有的字形平常但并非表面之义,有的经过多次讹变,已看不出本来面貌。这给文献阅读和整理带来诸多困难,很需要加强研究。文章选取明清戏曲中的七则俗字进行考辨。不当之处,敬请方家指正。

一 㝉

旧钞本《四大庆·四本》第三场:"记得前年我初来出家,我里师父说:'你暴来出家,你没有㝉来经忏,是勿要思量,等我先教会伍念阿弥陀佛。'"(《丛刊》5/5/273[1])

按:"㝉"字《车本》作"窚"(13/289[2]),黄仕忠迻录作"窾"(《全编》9/320[3])。《字汇补·穴部》"窚"与"最"同[4],但此处"㝉"显非"最"字。"㝉"当为"竅(窍)"之俗讹。从"身"旁的字俗书常讹作"身",如旧钞本《遍地锦》第十出:"情关紧,要求相公即往,休辞免,况临行再四叮嘱道速趣,万勿俄延。"(《丛刊》2/16/64)清钞本《五高风》第十七出:

---

* 本文在写作过程中得到了梁春胜老师的指导帮助,匿名评审专家和编辑部亦对文章提出了宝贵的修改意见,谨此致谢! 尚存问题概由作者负责。

[1] 《古本戏曲丛刊》编辑委员会编《古本戏曲丛刊》,国家图书馆出版社,2016—2021年。文中简称《丛刊》,斜线前后的数字,分别表示集数、册数和页码。

[2] 首都图书馆编《清车王府藏曲本》,学苑出版社,2001年。文中简称《车本》,斜线前后的数字,分别表示册数和页码。

[3] 黄仕忠主编《清车王府藏戏曲全编》,广东人民出版社,2013年。文中简称《全编》,斜线前后的数字,分别表示册数和页码。

[4] 吴任臣《字汇补》,第608页,《续修四库全书》233册影印清康熙五年汇贤斋刻本。

"小弟一到文家,先把宅子围住,然后拿文锦斩了。不想赵氏逃走,各处追捕,并无消息,只得将文锦首级回**缴**。"(《丛刊》5/4/65)旧钞本《绣春舫》第十七出:"昨日解到叛逆犯妇一名卫氏,明日四鼓押出江城外西草场处斩,限五鼓回**缴**。"(《丛刊》6/10/76)旧钞本《庆有余》第五出:"(净)太老爷,小人也要感**激**。"(《丛刊》6/8/18)其中"**邀**"即"邀"字,"**缴**""**缴**"即"缴"字,"**激**"即"激"字。皆是其例。故"窾(窍)"字亦有变"身"为"身"者,如旧钞本《大红袍宝卷》:"那晓得,曾荣唬得魂多出**窾**,目顿口呆,无法可想,难以逃走,今朝必死总难以脱身的了。"(《民》16/483[5])清刊本《走马春秋》第十二回:"赵熊飞大怒,两腮紫胀,七**窾**生烟,一声怪叫:'好丑贼,你敢藐视于我么?你有多大的本事,这等放恣。'"(《集成》4/217[6])又"身"字第一笔撇常可省略,如明刊本《韦凤翔古玉环记》第十五出:"**窾**通算来各有时,将相本无种。"(《丛刊》1/9/74)清刻本《续夷坚志·稻画》:"暗室中作小**窾**取明,与主客谈笑为之,尝戏于袖中掐虱数枚,乱掷客衣上。客以为真虱而拾之,其技如此。"[7]其中"**窮**"为"窮(穷)"字,"**窾**"为"窾(窍)"字。

如此,"窾(窍)"之"身"旁作"身"即与"耳"形体相似,俗书遂讹变作"耳",如"窮(穷)"或作"**窮**""**窮**""**窮**"等形,《重订直音篇·穴部》:"**窮窮**,同窮。"[8]明钞本《李云卿得悟升真》第一折:"贫道秉乾坤之正气,得虚无之自然。炼日月之精华,斡先天之气运。长生不老,变化无**窮**。"(《丛刊》4/27/392)是其例。

俗书"攵""又"常互作,如"收"或作"**收**"(《丛刊》3/24/12),"啟(启)"或作"**啟**"(《丛刊》5/4/8),故"窾(窍)"之"攵"或讹作"又"。这样"窾(窍)"之"敷"旁俗遂作"取"。"取"之"又"旁俗书常作两点,如《宋元以来俗字谱》引《古今杂剧》作"**取**",引《太平乐府》作"**取**"[9],故"窾(窍)"俗遂讹作"**窾**"。"窾(窍)"有"通;贯通"之义,此处"窾(窍)"当指领悟经忏的能力。

二 烷

清钞本《御袍恩》第十一出:"[园林好]我夫人且莫泪频,从今去好脱离祸门。

---

[5] 中国宗教历史文献集成编纂委员会编纂《民间宝卷》,黄山书社,2005年。文中简称《民》,斜线前后的数字,分别表示册数和页码。

[6] 《古本小说集成》编委会编《古本小说集成》,上海古籍出版社,1994年。文中简称《集成》,斜线前后的数字,分别表示辑数和页码。

[7] 元好问《续夷坚志》,第468页,《续修四库全书》1266册影印清刻本。

[8] 章黼撰、吴道长重订《重订直音篇》,第125页,《续修四库全书》231册影印明万历四年明德书院刻本。

[9] 刘复、李家瑞《宋元以来俗字谱》,第119页,文字改革出版社,1957年。

(旦白)相公吓！前路茫茫,还向那里去?(外)夫人!(叹)顾不得山穷水尽,或者桃源路有避,秦渔郎棹可迷津。(旦)[江儿水]回想从前事,着甚因,到不如鹿门偕ṛ人安分。(白)妾身自嫁相公呵,(叹)只道白首齐眉传宗胤,这泼天风浪来何迅。"(《丛刊》3/27/422)

按:"ṛ"当为"隐"之俗讹字。"隐"俗书或作"阮",如清刊本《通俗演义·西汉志》卷六:"钟离昧阮藏许久,见朕出游云梦,事机已露,然后来见,非汝本心杀昧也。"[10]旧钞本《混元金科》卷七:"点宗亲,青龙山上荫后人。点灶神,阮恶扬善镇厨庭。"(《民》14/564)清钞本《桃花记》:"告辞官职归故里,阮居山林作高贤。"[11]又下文:"怎知道,美中不足好事尽。怎知道,周公算卦无阮形。"[12]清刊本《五凤吟》第四回:"上前一看,阮阮不像,便又问道:'你是哪个?'君赞答道:'实不相瞒,我是平君赞,来见小姐的。'"(《集成》4/44)后世点校本盖不识"隐"字,将"隐隐"径改为"陌生"[13]二字,误。又第六回:"这晚是云朦月暗,方城偶出书房,门外小解。莽儿阮阮见个戴巾的走来,只道是琪生,心忙意乱,认定决是琪生,走上前照头尽力一刀,劈做两开,遂急急跳墙回家献功。"(《集成》4/76)点校本又有将"阮阮"作"恍恍"[14],亦误。"隐""允"《中原音韵》同属上声影母真文韵,二字音近。"隐"字右旁形体复杂,书写不便,俗书遂换"㒺"旁为"允"。

又因"允""充"形体相似,俗书易混。如清刊本《红楼梦补》第二十三回:"我头里定过一家亲事,女儿已经充许的了。到放定这一天,不知为什么忽然翻悔,把礼物原盘送回。所以又定花家这头亲事,娶过门来,也落了空。"(《集成》3/897)其中"充"即"允"字。因此"ṛ"之"充"旁当为"允"之讹。

"隐"之"阝"旁,草书或作"亻"形,如"阴"可作"阴""阴"等形,清钞本《佛说白罗衫宝卷》:"有老尼,叫夫人,听我说话,不要哭,在庵中,且过光阴。"(《民》17/547)清钞本《双蝴蝶宝卷》:"喜得爷娘身康健,朝欢夜乐过光阴。"(《民》18/176)"阵"或作"阵""阵"等,如旧钞本《十全福·大战》:"(徐)如此甚好,众将校,随俺登山观阵者。(众兵)得令。"(《珍本》1/339)[15]《大书源》引《草韵辨体》"阵"作"阵"[16]。如此,"亻"则与"丬"形体相似,俗书进而讹作"丬",如清钞本《群仙阵》卷五:"开刀斩了刘少主,推倒昏君命归阴。"[17]其中

---

[10] 甄伟、谢诏撰《东西汉通俗演义》,第25页,清宝华楼刊本。
[11] 佚名撰《桃花记》,第8页,清文艺斋钞本。
[12] 同上书,第36页。
[13] 马松源主编《中国孤本小说》第4册,第20页,线装书局,2014年。
[14] 同上书,第32页。
[15] 北京大学图书馆编《北京大学图书馆藏程砚秋玉霜簃戏曲珍本丛刊》,国家图书馆出版社,2014年。文中简称《珍本》,斜线前后的数字,分别表示册数和页码。
[16] [日]二玄社《大书源》,第2804页,现代出版社,2007年。
[17] "中研院"历史语言研究所编《俗文学丛刊》第183册,第352页,新文丰出版有限公司,2004年。

"冃"即"阴"字,可比勘。故"阣"当是"隐"字换"㥯"旁为"允"后,"允"又讹作"充",而左旁"阝"讹变作"丬"而形成的俗讹字。

《御袍恩》还存有另外钞本,即国家图书馆藏钞本《义忠烈》,此段话《义忠烈》第十五出表述为:"[江儿水]追思从前事,着甚因,到不如鹿门偕隐人安分。我的夫,妾身随嫁高门二十载有余,并无一男半女,更不的浪泊行船把舵难留了,那能勾白首齐眉传家胤,更遇这泼天风浪何来迅。"(《丛刊》6/10/80)其中《义忠烈》中"鹿门偕隐"正对应《御袍恩》中"鹿门偕阣",此亦可证"阣"即"隐"字。

"鹿门偕隐"为典故词,典源见"鹿门采药",《后汉书·庞公传》:"庞公者,南郡襄阳人也。居岘山之南,未尝入城府。夫妻相敬如宾。荆州刺史刘表数延请,不能屈……后遂携其妻子登鹿门山,因采药不反。"[18]后以"鹿门偕隐"指夫妇一同隐居。《御袍恩》例中吕惠卿诬陷高琼谋反,高琼依韩琦之计,挂冠远遁。前途迷茫,吉凶难料,高琼妻子遂有"回想从前事,着甚因,到不如鹿门偕隐人安分"之语。

三　胖

清钞本《埋轮亭》第二出:"凭胖蟹,秉丹心,质上苍,论为臣须尽纲常,论为臣须尽纲常。"(《丛刊》6/4/15)

按:"胖"当为"肦"之俗讹。"月""目"两旁俗书常相混,如清钞本《双和合》八叙:"[斗黑麻]玉睑低垂含羞自痴。(老)我儿借当炉有约,免却禁宫冷栖。"(《丛刊》3/24/31)元刊本《调风月》第四折:"千载相完聚,花发无风雨。头白相守,䏖黑处全无。"(《丛刊》4/1/63)其中"睑"即"脸"字,"䏖"即"眼"字。

"肦"字字形生僻,《说文·十部》从十从肎[19],俗书"八""人"二旁相乱,如"分"或作"今"(《丛刊》4/6/277),"盼"或作"䀎"(《丛刊》6/11/70)。"人""厶"作构件又常混用,如《大书源》引清邓石如"眸"或作"𥅘"[20],清刊本《吴江雪》第九回:"只见小姐穿着白纱衫儿,倚着栏杆,凝䏞不语。"[21]旧钞本《金丸记》第十九出:"他愁着脸,凝肦觑来,吓,怀抱着小婴孩,怀抱着小婴孩。"(《丛刊》1/13/59)其中"䀎""肦"即"眸"。又《龙龛手镜·卓部》"幹"字俗书作"𦨞"[22]。亦可证。

---

[18] 范晔撰《后汉书》,第2776—2777页,中华书局,1965年。
[19] 许慎《说文解字》,第68页,中华书局,1985年。
[20] [日]二玄社编《大书源》,第1889页。
[21] 佩蘅子撰《新镌绣像小说吴江雪》,第6页,清衡香草堂本。
[22] 释行均编《龙龛手镜》,第540页,中华书局,1985年。

"肸"之"八"讹作"人"后,与"厶"相混。《汉语大字典》收有"盻"字,音迄,视也,引自《改并四声篇海》引《川篇》。据杨宝忠先生考释"盻"乃"肸"字之误。[23]

如此,"肸"之"月"讹作"目","八"讹作"厶","肸"遂讹作"盻"。又因"盻""眸"形近,"盻"进而讹作"眸"。这样,"肸"流俗遂误作"眸"。

"肸蠁"亦作"肹蠁",本为散布弥漫义,多用于声音或气体。后引申可比喻灵感通微,即心灵与神幽世界的感应。如明杨慎《送石熊峰阁老代祀泰山阙里》:"郊禋元祀启,肸蠁九幽通。"[24]明刊本《蝴蝶梦》第二十九出:"怕他汞败炉儿走,况从来魔道相雠,全凭肸蠁答神庥,还防触忤成灾咎。"(《丛刊》3/6/352)明刊本《醒世恒言·勘皮靴单证二郎神》:"此间有个清源庙道二郎神,极是肹蠁有灵。"[25]清刊本《右台仙馆笔记》:"大凡其气益清则其升益高,故孔孟颜曾千秋崇祀,而在人间绝无肸蠁,盖其气已升至极高之地,去人甚远也。"[26]《埋轮亭》例中"肸蠁"亦即"心灵与神幽世界的感应",张纲与赵君安有协力匡扶朝廷,诛攘奸谗之心,二人面对香案将此心质之天地,遂有"凭肸蠁,秉丹心,质上苍,论为臣须尽纲常,论为臣须尽纲常"之语。

四 鼠

旧钞本《四大庆·三本》第一场:"吾乃洞庭君是也,火鼠虬髯,金鳞玉脊。为介虫之首领,作水部之前驱。"(《丛刊》5/5/194)

按:"鼠"字初看似"鼠"字,《车本》作"鼠"(13/275),黄仕忠录作"鼠"。(《全编》9/294)"火鼠"虽成词,但于义不合。实则"鼠"当为"鼢"之俗讹。

"鼢""鼠"二字形近,俗书易混。"鼠"字俗书有在上部缀加"巛",作"鼠""鼠"者,如日本钞本《珍珠舶》第二回:"没有男子在家,须防小人暗算,倘有什么响动,只宜侧耳细听,切不可就说是猫鼠。"[27]清刻本《咫闻录》:"是处之多盗,乃山形之似鼠,宜在山上铸铁猫铁人以镇之。"[28]其中"鼠""鼠"皆是"鼠"字,而字形与"鼢"相近。

同样,"鼢"俗书又有形如"鼠"者,如《可洪音义》"獵"或作"猥"[29],《龙龛手镜·昼部》"鼲"俗作"鼲"[30],其中"鼢"旁皆与"鼠"相混。

---

[23] 杨宝忠《疑难字考释与研究》,第545页,中华书局,2005年。
[24] 杨慎撰《升庵集》,第165页,《文渊阁四库全书》第209册。
[25] 冯梦龙编《醒世恒言》,第24页,明天启叶敬池刊本。
[26] 俞樾《右台仙馆笔记》,第25页,清光绪二十五年刊春在堂全书本。
[27] 鸳湖烟水散人著《新镌绣像珍珠舶》,第17页,日本钞本。
[28] 佚名撰《咫闻录》,第13页,清道光二十三年刻本。
[29] 韩小荆《〈可洪音义〉研究——以文字为中心》,第560页,巴蜀书社,2009年。
[30] 释行均编《龙龛手镜》,第90页。

"鼡"上从"旧",为"臼"俗写,其字就字形而言是"鼠"字,但"火鼠"不合文意,故此处亦应是"鼷"字俗讹。"鼷"是"鬣"的初文,据段玉裁《说文解字注·囟部》:"鼷与鬣盖正俗字,巛即发,不当复从髟矣。《髟部》'鬣'之为增窜无疑。"[31]因此"火鼷"即"火鬣"。此处"火鬣"与"虬髯"对举,"虬髯"指卷曲的连鬓胡须。"火鬣"当指龙之火红色的鬣毛。以"火鬣"指称龙之鬣毛,亦有其他文献例证,如《太平广记》卷四一九引《柳毅》:"俄有赤龙长千余尺,电目血舌,朱鳞火鬣,项掣金锁,锁牵玉柱,千雷万霆,激绕其身,霰雪雨雹,一时皆下,乃擘青天而飞去。"[32]《大唐三藏取经诗话·九龙池处第七》:"只见馗龙哮吼,火鬣毫光,喊动前来。"(《集成》4/23)可比参。

五 粘羺

旧钞本《遍地锦》第四出:"(小生)呀,俺这里束起锦征袍,踪骅骝,剿粘羺。近的呵,好辨着锟铻剑;远的呵,请尝那雁翎刀。"(《丛刊》2/16/30)

按:"粘"当为"氈"之俗字。因"亶""占"两字声近韵同,且"亶"字笔画较多,故从亶之字,俗书有换声旁作"占"者,如旧钞本《琥珀匙》第十一出:"黯黯的强朦胧心顚警,怪迷离梦眼闭来还醒。"(《丛刊》3/19/278)旧钞本《绣春舫》第十七出:"难言恐血泪有万千,待说来一场京顚。"(《丛刊》6/10/79)其中"顚"即"颤"字。旧钞本《绣春舫》第十七出:"鱼入釜鸟逢鴲,痛肠哭断枕儿边。"(《丛刊》6/10/81)旧钞本《牛头山》第十一出:"过城市,到山川,擒龙缚虎似鹰鸗。"(《丛刊》3/14/309)其中"鴲""鸗"皆为"鹯"之俗字。"鹯"即鹞类猛禽,亦称"晨风"。同理,"氈"之"亶"旁可变作"占",俗遂作"粘"。旧钞本《琥珀匙》第十三出:"羊肉不到口,反惹一身粘。秀妈,这是桃佛奴亲笔文契,请收子,到门哉。"(《丛刊》3/19/287)旧钞本《精忠记》第十一出:"才得乐业乐业,闻道班师平所惊,幸离左衽脱毡腥,万户千门歌太平,从此班师又起战争。"(《珍本》31/3)其中"粘""毡"亦即"氈"字。可证。

"羺"当为"臊"之俗字。"臊"字有变"肉"旁为"羊"旁俗作"臊"者,如明刊本《二奇缘传奇》第二十二出:"走了张皇后,出尽官家丑。惹却一身臊,羊肉不到口。"(《丛刊》3/4/340)明刊本《绣襦记》第三十一出:"你看他枯瘠疥癞殆非人状,快推出市曹,快推出市曹,遍体臭猩臊,蓬头一饿莩。"(《丛刊》1/19/584)因羊体上常散发出一种难闻的气味,故"臊"之"肉"旁遂变为"羊"。"羺"之声旁"蚤"乃"蚤"之俗书,从蚤之字,俗书常缀加

---

[31] 段玉裁《说文解字注》,第501页,上海古籍出版社,1981年。
[32] 李昉等编《太平广记》,第3412页,中华书局,1961年。

两点作"蚤",如旧钞本《四大庆·二本》第四出:"移莲步整玉㧌,强为欢心转焦,一腔愁绪向谁行高。"(《丛刊》5/5/412)清钞本《桃园记·仙宴传情》:"莫同弄玉学吹箫,难逃,敢则是仙女轻挑童子风骚。"[33]其中"㧌"为"摇"字,"騒"为"骚"字,皆是其例。因"蚤""枭"音近,俗书遂变"燥"之"枭"旁为"蚤",后"蚤"讹变作"蚤","燥"遂可作"燥"。当然,"燥"变"肉"旁为"羊"旁,也不排除受上字"膻"类化的可能。

如此,"膻燥"即"膻臊"二字。"膻臊"本指牛羊之类身体上的腥臊气味,因胡人常食牛羊肉,进而引申为西北少数民族的称谓。此处"膻臊"即指胡人。

六 搻

清光绪三年钞本《青石山》:"揪胡子的揪胡子,撕嘴的撕嘴。搻起腿来,拿荆条棍刷的像雨点儿一样的乱打。"[34]

按:《古壮字字典》收有"搻"字,释为"压;按"[35],放入文中"压(按)起腿来",不通。"压;按"暗含向下的动作,后接"起"字显然矛盾。清代神魔小说《狐狸缘全传》是根据《青石山》改编而成的小说,其中第十二回有描写王道士被妖精打的语句:"众妖见他跌倒在地,便去揪胡子的、撕嘴的、捏鼻子的、扯腿的,先揉搓了一顿,然后拿起荆棍一齐向他下半截刷刷刷,犹如雨点一般是的乱抽混打。"(《集成》3/247)其中"扯腿的"对应例中"搻起腿来",据此"搻"当有"扯;拉"义。今谓"搻"当为"抻"之换声旁俗字。

"搻"之声旁"岑"与"抻"发音相近。"岑""抻"韵同,"岑"《中原音韵》属彻穿母侵寻韵,宁继福拟音为[tṣ'iəm][36],"抻"《中原音韵》属审母真文韵,宁继福拟音为[ṣiən][37]。吕叔湘《释您,俺,咱,喒,附论们字》:"盖 m 收声,两宋以来已见动摇,宋词元曲不乏-m,-n 通押之例。元明之际,事态推移,当已略同今日,闽海岭南而外,不复有-m 之收声。"[38]《青石山》版本众多,包括昆曲、京剧等,内容大同小异。清光绪三年钞本《青石山》为清代作品,从语言风格上看,作者多用北京方言,或为京剧剧本。据吕叔湘先生的意见,元明之际闭口韵-m 在除闽海岭南以外的地区已消失,可知-m 在清代北方方言中已并入-n。另外,从《青石山》中其他从"岑"之字来看,亦可发现-m 韵尾已混入-n 中,如

---

[33] 顾春撰《桃园记》,第 10 页,清钞本。
[34] 佚名撰《青石山》,第 227 页,清光绪三年钞本。
[35] 广西壮族自治区少数民族古籍整理出版规划领导小组办公室主编《古壮字字典》,第 107 页,广西民族出版社,2012 年。
[36] 林连通、郑张尚芳总编《汉字字音演变大字典》,第 384 页,江西教育出版社,2012 年。
[37] 同上书,第 873 页。
[38] 吕叔湘《吕叔湘文集》,第 9 页,商务印书馆,1990 年。

"延寿与你无仇恨,你把他,嚼个希烂吃个㖺[39]㟌。打了我的徒们还尤可,你不该,撕了圣相毁了经文。"[40]其中"㟌"当为"碜"之俗字。"碜"或作"碜",如《金瓶梅》第六十八回:"爱月儿道:'那张懋德儿,好肏的货,麻着七八个脸弹子,密缝两个眼,可不砢碜杀我罢了!'"[41]又第七十四回:"怪碜货,我是你房里丫头,在你跟前服软?"[42]清娜嬛斋藏版本《红楼复梦》卷五十六:"你到咱们家也叫我姐姐,若是叫二婶子怪砢碜的。"(《集成》1/1967)《青石山》:"方才这一顿荆条子,他把我出家人往苦里薄,若不是有点架骨儿,旧矻碜了。"[43]"㟌"因涉"口吃物"义,俗书乃换"碜"之"石"旁为"口"旁,故"㖺㟌"即"磕碜"二字。这里的"磕碜"当为凄惨可怕义[44]。"碜"《中原音韵》属彻穿母侵寻韵,而"碜"为韵脚字,与"恨""文"通押"真文"韵,可见当时侵寻韵已并入真文韵中。故"㟌""抻"韵同。

又"㟌""抻"声近,据宁继福先生的拟音,"㟌"声母为塞擦音,"抻"声母为擦音,"㟌"声母音弱化后,与"抻"之声母发音相近。"㟌""抻"声近韵同,故"抻"可换声旁作"挦"。"抻"本为"拉长"义,《广韵·震韵》试刃切:"抻,抻物长也。"[45]清翟灏《通俗编·杂字》:"抻,展物令长也。"[46]后又引申指"扯"义,有比较粗鲁的意味,《汉语大字典》"抻"字下有"扯"义,并举证:冯骥才等《义和拳》:"两个有人命血债的财主,被团民抻着头发,砍头示众。"[47]《北京方言词典》[48]"抻"条下有"拉"义,如"抻面""抻抻袖子""把他抻出来"。

(王荣艳:河北大学文学院,071002,河北保定)

---

[39] "㖺"当为"磕"之俗字,从"盍"之字俗书有改从"克"者,如《青山石》:"如今给你出一个绝好的荡儿,管保把那些妖精唬的屁滚尿流,连他姥姥家都不认得了,我赶着旧硊了个头,说多蒙师父指教。"(244)清钞本《回龙传》:"小王化,说把之时连叩首,硊头碰地响咕咚。"(139)又:"呀,只雇硊头咧,把岁数都忘了。"(444)其中"硊"均当为"磕"字。又因"磕"涉及"吃"义,俗书遂变"石"为"口",作"㖺"。
[40] 佚名撰《青石山》,第401页。
[41] 兰陵笑笑生撰《金瓶梅》,第1953页,香港太平书局,1982年。
[42] 同上书,第2145页。
[43] 佚名撰《青石山》,第237页。
[44] 据李伟大《砢碜》小考",可碜"有"可怕"义。参看:李伟大《砢碜》小考",《兰台世界》2013年第6期,第110页。"磕碜"表凄惨可怕义,在《青石山》中亦有其他用例,如"什么妖精咧,怪物咧,又是什么骨头咧,鲜血咧,说的这们㖺哩㖺吟的吓人。"(105)其中"㖺哩㖺吟"车本《青石山狐仙传》作"㖺哩㖺㟌"(《车本》30/297)"㖺哩㖺㟌"义即"㖺㟌","㖺㟌"即"磕碜"的俗写。"㖺哩㖺吟"即凄惨可怕。
[45] 陈彭年编《广韵》,第373页,中国书店,1982年。
[46] 翟灏著《通俗编》,第23页,武林竹简斋本。
[47] 《汉语大字典》编辑委员会编纂《汉语大字典》(第二版),第1958页,湖北长江出版集团,2010年。
[48] 陈刚编《北京方言词典》,第33页,商务印书馆,1985年。

徐州一带"饦汤"中"饦"的本字考

史艳锋

提要： 徐州"饦汤"中"饦"系坊间俗字。"饦汤"之前曾写作"糁汤"，不过"糁"并非"饦"的本字。文章使用方言考本字方法考证出"饦"本字为"𪎭"。"𪎭"是"碎麦"之义，这与"饦汤"制作时必须加入麦仁相吻合。"𪎭"，中古假开二生母平声字，属于开口"知二庄"组字，徐州话本应读 sa，不过今徐州方言读 ʂa，这与徐州市区方言"知二庄"开口字正在由平舌音向翘舌音演变有关。在此基础上，文章还对"饦"本字是"啥""膪""蛇"观点的不可靠性分别进行了分析。

关键词： 饦汤　考本字　𪎭　语音变读

"饦汤"是苏鲁豫皖四省交界地带盛行的一种汤食早餐，主要用鸡肉和麦仁调煮而成。"饦汤"是今徐州人的写法，山东临沂、枣庄写作"糁"，安徽蒙城、河南夏邑写作"膪汤"，此外还有许多写作"啥汤"的。根据前人研究，饦汤源于雉羹[1]。传说彭铿曾向唐尧进献过雉羹，因善烹饪受封在彭城。彭城即今徐州，如此看来徐州饦汤的渊源可追溯到古唐尧时代。[2] 下文我们主要使用方言考本字的方法，从徐州和周边方言出发，揭示出"饦"的本字面貌，在此基础上就"饦"本字是"啥""膪""蛇"观点的不可靠性展开分析。文中的本字指词的最初书写用字。

一　"饦"的本字求证及其语音变读始末

"饦汤"是今徐州人的写法，那么"饦"是其本字写法吗？下面我们将从语言学的角度层层分析，解开这个谜团。

---

* 本文系国家社科基金项目"中原古都城市圈今官话、晋语的深度调查与语料库建设研究"（项目编号 21BYY075）的阶段性成果。编辑部和匿名审稿专家详细审阅了本文，并提出了宝贵的修改意见，谨致谢忱！

[1] 饦汤在临沂叫"糁"，临沂早期的"糁"就是鸡肉糁，也说明饦汤是由雉羹演变来的。
[2] 刘扬生《江苏传统名特食品》，第 120—121 页，南京大学出版社，1990 年。

(一)徐州"饦汤"之前曾写作"糁汤"

《徐州古今楹联》收录了清代秀才苗聚五(1850年—1932年)为当时徐州西门附近"汪记糁锅"店写的楹联:"古筴铿雉羹传世,今汪家糁汤飘香。"[3]可以看出在徐州"饦汤"曾写作"糁汤",与今临沂的写法一致。不过今天徐州街头已经见不到"糁汤"的写法,"糁"已经被"饦"所替代。徐永志、朱庆民指出,解放初期徐州"糁汤"进一步改进后,人们认为"糁"字与汤的名称音不符合,于是造了一个俗字"饦"。[4]我们基本赞同徐、朱两位先生的看法,不过认为"饦"出现的时间较解放初期更早些。徐州《十三韵》曹文煊抄本,抄写时间略早于民国二十六年(1937年),其中已经增补"饦"字,并释义"饦,鸡汤也"。[5]

"饦"字被徐州人作为形声字创造出来,不过该字在常用字典里并不能查到,系地方自造俗字。基于"糁汤"中"糁"读 sa⁵⁵,与徐州话常用字"蛇"音同,便选定"蛇"字来替换"糁"字。不过现实中"糁汤"与"蛇"没有联系,用"蛇汤"来替换"糁汤"不易为人接受,于是根据"糁汤"是一种吃食,使用"食"字旁替代"蛇"字的"虫"字旁,造出俗字"饦"。通过改换意符方式创造新字,这类造字法在历史上很常见,如宋时起"蝎饼"变"餲饼",是坊间长时间弄不清"蝎饼"起初的造词理据与其形如蝎虫有关后,据"餲饼"是一种面食,遂类推"餲"从食曷声。汉晋时的"髓饼"后世写作"饐饼""籫饼""䭏饼"也是改换意符的变化。[6]

(二)"糁"并非"饦"的本字

刚刚上文提及历史上徐州"饦汤"曾写作"糁汤",今天山东临沂一带"饦汤"仍写作"糁",读 sa⁵³ 音。"糁"会不会是"饦"的本字呢?下面我们从意义和语音两方面进行考证。

从意义来看,徐州、临沂的"糁"与古文献记录的"糁"有相似之处。古代"糁"也写作"糂",主要有三种含义:"稻米肉饼""以米和羹"和"米粒、饭粒"。下面我们就这三种含义分别与徐州、临沂的"糁"的含义进行比较。

《礼记·内则》记载:"糁,取牛羊豕之肉,三如一,小切之,与稻米。稻米二、肉一合

---

[3] 郭殿崇主编《徐州古今楹联》,第262页,知识出版社,1994年。
[4] 见于徐永志、朱庆民《天下第一羹》,新华日报社生活处编《江苏老字号》,第192—193页,南京出版社,1992年。
[5] 徐州《十三韵》曹文煊抄本今被徐州市云龙区潘塘金庵村张立赋先生收藏。
[6] 史艳锋《俗词源影响下的"喝饼子"用字变化》,《励耘语言学刊》2018年第2辑,第262—263页。

以为饵,煎之。"《礼记》中"糁"与今徐州、临沂一带的"糁"不同,前者是稻米肉饼,后者则系汤粥。再者临沂最早的"糁"是加入鸡肉的,而不是猪牛羊肉,[7]这也说明徐州、临沂"糁"与《礼记》中"糁"不是一回事。

《说文解字》曰:"糁,以米和羹也。一曰粒也。……古文糁从参。"《庄子·山木篇》:"孔子穷于陈、蔡之间,七日不火食,藜羹不糁。"这里"糁"为"以米和羹"之义,与徐州、临沂"糁"颇有几分相似。徐州、临沂"糁"是以鸡肉(或牛羊肉)、面粉、麦仁外加调料制成的羹汤,不过与"以米和羹"不同,麦仁成为"糁"中的必有原料。

在古代"糁"还有"米粒、饭粒"之义。如《续传灯录》:"厨乏聚蝇之糁。"徐州、临沂"糁"不是"饭粒",不过倒是可以理解成用"麦仁粒"做成的汤。

综上来看,徐州、临沂一带的"糁"和《说文》中的"糁"在含义上有相似之处,但不完全一致:作汤羹义时,前者是"以麦仁和羹"之义,后者是"以米和羹"之义,二者区别是制作时所用的食材不同,二者虽然接近但不是同一种食物;作"粒"义时,前者是"麦仁粒",后者是"饭粒、米粒",后者较前者范围宽泛。

从语音来看,徐州、临沂读音 $\mathrm{ʂa^{55}/sa^{53}}$ 是"糁"字的训读音。"糁"中古为心母咸摄开口一等上声感韵字,今普通话读 $\mathrm{san^{214}}$。临沂话"糁"读 $\mathrm{sa^{53}}$,阳平调,[8]字音中韵母与声调均未能对上。那么会不会是 san 失去鼻音韵尾变成 sa 了呢?我们认为,临沂话中古咸山摄舒声字今读音都带前鼻音韵尾-n,san 变成 sa 的可能性不大。退一步讲,"饣它"在徐州读 $\mathrm{ʂa^{55}}$,在临沂读 $\mathrm{sa^{53}}$,而心母洪音字在这两地方言中均读平舌声母,不读翘舌声母,因此 $\mathrm{ʂa^{55}/sa^{53}}$ 只能是心母字"糁"的训读音。综合意义、语音两方面考量,"糁"不是"饣它"的本字。

(三)"饣它"的本字是"䬪"

既然"饣它"本字是"糁"的观点靠不住,那么"饣它"的本字是什么呢?"饣它"徐州话读 $\mathrm{_{c}ʂa}$,周边别的方言读 $\mathrm{_{c}sa}$,其声母一种是翘舌音,一种是平舌音,这种现象值得重视。同一个字在一种方言中声母读翘舌音,而在临近的另一种方言中声母读平舌音,排除精组字[9],显然"知二庄""知三章"两分的方言要较"知庄章"声母合流的方言更易考证出本字来。徐州周边的两分型方言开口"知二庄"组读 ts 组,开口"知三章"组读 tʂ 组;而其周边"知庄章"合流的方言声母多读 tʂ 组。这就是说来自开口"知二庄"的字具有在一

---

[7] 临沂"糁"最早是鸡肉糁,后来发展到猪肉糁、牛肉糁、羊肉糁等。
[8] 临沂方言单字调:阴平 214、阳平 53、上声 55、去声 312。
[9] 精组字在方言中一般读 ts 组音。

个方言中读平舌音,而在另一方言读翘舌音的可能。这样我们基本将考证范围锁定在开口"知二庄"组字中。当然开口"知二庄"字还能在老派、新派的徐州话、夏邑话中呈现 ts 组、tʂ 组的差异,实际上后文的分析中我们恰恰用到了这一点。

通过对"知二庄"字的筛查,我们发现"䊆"字符合要求。从语音上看,"䊆",中古假开二生母平声字,普通话读 ʂa,昌徐型方言读 sa。从词义上看,"䊆"是碎麦之意。无论山东临沂还是安徽蒙城,抑或是河南永城,这些地方的"饦汤"制作时都加入了麦仁。麦仁是成就"饦汤"的关键,是"饦汤"区别于一般鸡汤[10]或牛羊肉汤的点睛之笔,是"饦汤"的精华。从临沂"糁"形成之初时加入鸡肉和麦仁制作而成,到今天加入牛肉或羊肉与麦仁混煮而成,这里边肉的成分可以变,而唯一不变的就是麦仁。麦仁成为"糁"的命名理据并不稀奇。从临沂鸡肉糁、牛肉糁、羊肉糁的名称看,前边已经指出肉的类型,"糁"的所指应该不包括肉在内[11],因此"糁"指麦仁在此说得通。徐州早餐中还有一种汤,市区称为"辣汤",郊区农村叫"面筋汤"。"面筋汤"得名与汤里放有面筋有关,这种命名方式与汤中放入麦粒称为"䊆汤"具有很强的一致性。

图 1　徐州马市街饦汤中的麦仁

不过从语音来说,"饦"的本字为"䊆","䊆"作为中古假开二生母平声字,徐州话中其读音应该为 sa,而不是 ʂa。徐州方言中知庄章组声母的读音系熊正辉先生提出的昌徐型,老派发音中今读开口呼的字,开口知二庄、止摄章组字读 ts 组,开口知三章(章组除止摄)读 tʂ 组。[12] 那么为什么今天的徐州话中"䊆"读 ʂa 呢?

---

[10] 徐州及徐州周边早餐也有"母鸡汤","母鸡汤"就是汤名,不过里边没有麦仁,除此之外与"饦汤"非常相似。

[11] 当然我们也不完全排除,临沂"糁"起初得名与鸡肉和麦仁有关,后来为了与牛羊肉麦仁的"糁"相区别,才加上牛肉糁、羊肉糁、鸡肉糁名字中的肉类限制,使得"糁"看起来语义与肉无关了。

[12] 熊正辉《官话区方言分 ts tʂ 的类型》,《方言》1990 年第 1 期,第 5 页。

我们认为这应该是开口"知二庄"发生了向开口"知三章"的归并。徐州丰县常店 ts 类声母和 tʂ 类声母的分化条件与徐州贾汪相同,都是"知二庄"开口读 ts 组,"知三章"开口读 tʂ 组,差异只在个别字音上,例如:"站衬撑"常店读为 ts,贾汪读 tʂ[13]。这些都为"知二庄"部分开口字开始混入 tʂ 组之说提供了依据。

更重要的是在徐州市区方言中"知二庄"开口字声母正在由平舌音向翘舌音演变。苏晓青、佟秋妹认为,从老中青三代人的对比中,可以明显发现这种演变,比如调查"超-吵"二字时,老年组共 1 人,其前字读 ʂ,后字读 s 音;中年组 2 人前字读 ʂ,后字读 s 音,1 人前后二字都读 ʂ;青年组 3 人前后二字均读 ʂ。[14] 详见表 1。表 1 显示出徐州市区方言知庄章组开口呼字中读 ts 组的声母正在向 tʂ 组演变。我们认为徐州话"䊚"读 ʂa 音是上述演变中进展比较快的,与"䊚汤"作为名称,日常生活中使用频率高有很大关系。

表 1 徐州市区知庄章组开口呼字声母读音变化[15]

	老年		中年		青年	
	tʂ 组	tʂ 组—ts 组	tʂ 组	tʂ 组—ts 组	tʂ 组	tʂ 组—ts 组
直曾开三澄—纸止开三章 知三章　　　知二庄		1	3		3	
超效开三彻—吵效开二初 知三章　　　知二庄		1	1	2	3	
迟止开三澄—持止开三澄 知三章　　　知三章	1		3		3	

我们提出的徐州话中"知二庄"开口字"䊚",其读 ʂa^{55},系由 sa^{55} 演变而来,这在河南夏邑话中同样有直接证据。夏邑城关老派与徐州相同,"知二庄"开口读 ts 组,"知三章"开口读 tʂ 组。江西卫视《非遗美食·无汤不成席》之《河南非遗·夏邑臊汤》(2019-7-25)中臊汤夏邑传承人任峰强调"臊"读 sa^{53},后续语流不自觉读 ʂa^{53},这是 sa 向 ʂa 变化的直接证据。朱莉娜对夏邑城关方言"知二庄"开口字声母读音随年龄段变化的调查更是有力支撑了我们的论断。夏邑城关 60 岁以上的人群"知二庄"开口字发音几乎全为 ts 组,60 岁以下读 ts 组依次递减,相应转变为读 tʂ 组,20 岁以下"知二庄"开口字读 tʂ 组的比例接近 100%,详见图 2。[16]

---

[13] 冯青青《苏北方言语音研究》,第 39 页,北京大学博士学位论文,2013 年。
[14] 苏晓青、佟秋妹《徐州市区与周边乡镇语言现状的对比考察——徐州方言向普通话靠拢趋势考察之三》,《徐州工程学院学报》2005 年第 2 期,第 31—32 页。
[15] 表中数量为人数,引自苏晓青、佟秋妹《徐州市区与周边乡镇语言现状的对比考察——徐州方言向普通话靠拢趋势考察之三》。
[16] 朱莉娜《夏邑方言语音变异研究》,第 43 页,河南大学硕士学位论文,2019 年。

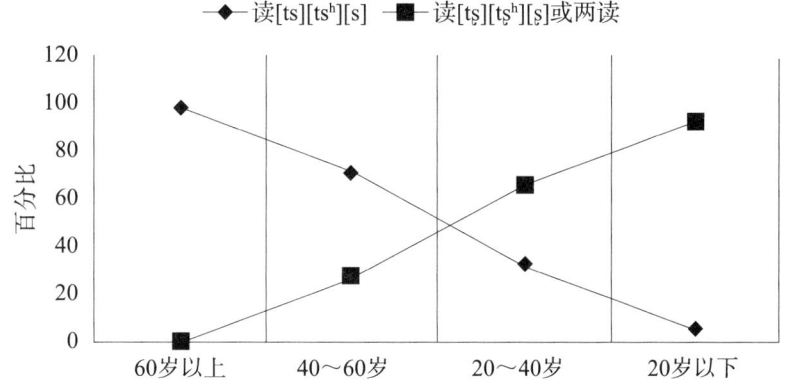

图2 夏邑城关方言"知二庄"开口字年龄段变化情况

（引自朱莉娜《夏邑方言语音变异研究》第43页）

二 "啥汤"传说与"饦"本字是"啥"说的不可靠性

在民间还有诸多把"饦"写成"啥""膳"的，部分学者分析提出"饦"就是"蛇"，以下我们将在第一部分研究的基础上就这些观点进行分析。

"饦"本字为"啥"的观点，出现在传说中，多数版本与乾隆皇帝有关。民间传说乾隆下江南时，在徐州尝得雉羹，鲜美无比，便询问此为啥汤，随从官员当时也不知麦仁鸡汤的名字，但深知皇帝金口玉言，乃随声应和："此为'啥汤'。"至此，民间小吃得到乾隆命名，雉羹乃易名"啥汤"。[17] 山东枣庄[18]、临沂[19]、安徽蒙城[20]也有类似乾隆命名"啥汤"的传说，只是故事的发生地都在各自地界内。据说因"啥"字不雅，临沂文人将其写成了"糁"，徐州人后来又将之书写为"饦"，并沿用至今。

也有传说"啥汤"系津浦铁路修筑至安徽宿州曹村时，曹村一烧饼大馍店为招揽生意做出鸡丝汤，一次杀鸡忘取鸡嗉，嗉中麦仁也煮进汤中，不料此汤却别有风味。有人问："这叫啥汤？"店家不好说出实情，随口应和："就叫啥汤。"[21] 不过这种说法起源较晚。还有一些传说，啥汤的命名人不同于上述二者，但命名方式与上述一致，此处不再缀举。

"啥汤"传说流传很广，不过从语音学角度看，我们不难发现这其中存在问题。今徐

---

[17] 王海龙《来自纽约的中国》，第259页，江苏凤凰文艺出版社，2018年。
[18] 吴元芳、刘洪鹏《枣庄文化旅游》，第355页，山东省地图出版社，2011年。
[19] 李开周《食在宋朝：舌尖上的大宋》，第152页，四川文艺出版社，2019年。
[20] 邢军主编《安徽民俗》，第130页，安徽文艺出版社，2012年。
[21] 马凤琴等《中国名汤500种》，第392—393页，大连出版社，2000年。

州话"飦""啥"同音,读 ʂa⁵⁵,以徐州话为依据我们无法排除"飦"是"啥"的可能性。不过徐州周边也有此类传说的临沂、蒙城,其方言就出现了"飦(糁/膪)""啥"不同音的现象。临沂罗庄话中"飦(糁)"读"θa⁵³(阳平)","啥"读"ʃa⁵³";安徽蒙城话"飦(膪)汤"读"sa⁴⁴(阳平)汤","啥"读 ʂa⁴⁴。临沂、蒙城"飦(糁/膪)"与"啥"的读音区别明显。根据我们第一节对"麨"的考证,"麨"音在徐州、夏邑经历了 sa—ʂa 的变化过程,这能很好解释徐州、临沂"飦"声母发音的不同。而"啥"临沂罗庄读 ʃa⁵³,徐州、蒙城读 ʂa⁴⁴,三地"啥"的声母均为翘舌音,且没有发现其存在 sa—ʂa 的变化。如果"飦"本字为"啥",则无法解释临沂、蒙城"飦"的声母为平舌音的问题。因此"飦"本字不可能是"啥"。由此来看,上述传说都是民间俗词源附会的结果,俗词源是不科学的词源,其对词的来源关系(造词理据)往往作出通俗但不正确的解释,通常表现为用熟悉的语素或词代替不熟悉的语素或词,并不可信[22]。

虽然"飦汤"本字是"啥汤"并不可信,不过我们依然可以从传说中汲取养分,来支持"飦汤"命名理据与"麦仁"相关的论断。上述传说虽然都加入各地元素,但是有两种元素不变——麦仁和鸡肉,这很重要。刘扬生研究认为,早先的雉羹,以野鸡与稷米烹煮而成,后来以母鸡与麦粒入羹;今徐州周边的临沂也有以牛、羊、鸡肉等入羹的,但无论以何种肉类入羹,汤中都必须放入麦仁。[23] 这也与我们第一节考证"飦"系"碎麦"之义相一致。

三 "飦"本字是"膪"说的否定与"膪"的坊间造字传说

安徽蒙城、河南夏邑一带还把"飦汤"写作"膪汤","膪"读作 Sa。据《集韵》记载"膪"仅出现于"胠膪"一词中。[24] "胠膪,肉杂也",系联绵词[25],两字不能分离使用,单独"膪"字没有意义,古籍中我们没有发现"膪"的其他构词使用情况。按照"膪"仅出现在"胠膪"一词中的说法,"膪"放于"汤"前,"膪"应该属于"麨"的同音替代字。实际上"飦汤"在皖北民间还有很多写法,如"撒汤""潵汤""沙汤""杀汤""啥汤"等,"撒""潵""沙""杀""啥"要么系同音字,要么是近音字。

此外,《集韵》中"膪,悉盍切","膪"系咸开一入声盍韵心母字,在 ts 组、tʂ 组两分的

---

[22] 范俊军《语言中的俗词源现象》,《外国语》1992 年第 5 期,第 20 页。
[23] 刘扬生《江苏传统名特食品》,第 120—121 页,南京大学出版社,1990 年。
[24] 据《集韵》,胠,落合切;膪,悉盍切。"胠膪"今普通话读 la⁵⁵ sa⁵¹。
[25] 徐振邦《联绵词大词典》,第 599 页,商务印书馆,2013 年。

方言中，心母字一般读 s，而不会读 ʂ，徐州周边除枣庄等个别地区外大致系 ts 组、tʂ 组两分型方言。如果"䑎"是"饦"的本字，从语音上便照顾不到今徐州读 ʂa、其他地方读 sa 的现象。前文第一节我们已经论述过，只有开口"知二庄"组字能解释今徐州读 ʂa、其他地方读 sa 的现象，而"䑎"系心母字，不能解释上述现象。根据上述因素，我们认为"䑎"并非"饦"的本字。

坊间传说"䑎汤"中"䑎"系后人造出的谐音俗字，与我们上述论断相一致。传说乾隆皇帝微服路过蒙城，到一家客店投宿，店主为其杀鸡待用。不过乾隆和侍从在院中一直等到月上时分，却仍不见送饭来，侍从去催促时只见店主正在磕麦仁。之后店主把鸡肉与麦仁一块炖好的汤端给乾隆。乾隆品尝后，觉得味道鲜美，便问道："这鸡汤炖麦仁叫啥汤？"店家也不知道这汤的名字，嘀咕了一句"啥汤？"乾隆却误以为这汤名字叫"啥汤"，于是就问店家"啥"字怎么写，不过店家并不识字。这时侍从想起皇上在月下久等鸡汤的情景，于是便造了个生字：月光为伴，一边为"月"字，另一边皇上为天子，"天"字为上头，久等的"久"字放在下边，并取其谐音字"韭"代替，这样便造出"啥"的谐音俗字"䑎"。[26]

"䑎"与陕西关中 biangbiang 面的"𰻞"都系民间俗字写法，且二者均有一段造字典故。"䑎"字虽然生僻，但却富有文化气息，用于"䑎汤"中更易引起人们的兴趣，具有招揽生意的作用，因此也有较多使用。

四 "饦"本字是"蛇"说的缘起与误会分析

徐州早餐有两种汤，一种是饦汤，一种是辣汤。苏晓青、吕永卫《徐州方言词典》明确记录了饦汤系用鸡肉、麦仁等调煮而成的汤，而辣汤系用肉骨、鳝鱼、面筋等煮成的有辣味的汤[27]。不过这两种汤有些类似，在徐州有不少人不甚区分。有鉴于此，部分学者认为，饦汤中也放入了鳝鱼，因鳝鱼类似蛇，正好是蛇的替代品，故饦汤本应系蛇汤，徐州老派读音中"蛇"读 ʂa^{55} 音，也正好与"饦"同音。[28] 这种观点实际是经过深入分析的，因为"饦"的写法也显示其与"它"有关，而"它"就是古代"蛇"字的写法，这在《说文》《玉篇》中均有体现。《说文》云："它，虫也。从虫而长，象冤曲垂尾形。上古艸居患它，故相问无它乎。蛇，它或从虫。"《玉篇》也有记录："它，古文佗字。佗，蛇也。"

不过上述观点忽略了徐州方言中的"蛇"老派一般称"长虫"，仅在表生肖时才使用"蛇"的事实。我们设想如果鳝鱼在徐州方言中被称作"蛇鱼"的话，饦汤是蛇汤的说法

---

[26] 高群、胡习之《皖北民俗语言概观》，第 66—67 页，中国科学技术大学出版社，2018 年。
[27] 苏晓青、吕永卫《徐州方言词典》，第 156 页，江苏教育出版社，1996 年。
[28] 江苏师范大学朱存明教授一次在饭间给笔者聊起此观点。

是可行的。可是鳝鱼徐州方言称作"长鱼",因此这个设想不能成立。

再从字音看,若"饳"本字是"蛇",今新派徐州话中"蛇"读音已经由 ʂa⁵⁵ 变读作 ʂə⁵⁵,饳汤读音却没有因此变读 ʂə⁵⁵ 汤。当然可能徐州话"饳"读 ʂa⁵⁵ 是保留了"蛇"的白读音,因为白读音经常保留在方言常用名称中。不过联系徐州周边方言很容易判断"饳"音并非"蛇"音。临沂兰山话中"饳(糁)"读 sa⁴²,"蛇"读 ʂa⁴²,两音区别明显,定不是一回事。另外,根据我们前文对"䬪"的考证,"䬪"音在徐州经历了由 sa—ʂa 的变化过程,而"蛇"系船母字,其读音绝无经历 s—ʂ 的变化过程。因此,"饳"应该与"蛇"无关。

我们认为"饳"读 ʂa⁵⁵,与徐州老派话"蛇"读 ʂa⁵⁵,属语音相同,不过"饳""蛇"意义上并无联系。饳汤中"饳"读 ʂa⁵⁵ 及"饳"字的写法很容易误导学者在认知上将之与"蛇"字联系。另外,辣汤中有鳝鱼丝,而饳汤中没有,不少人没弄清楚,误认为饳汤制作时加入了鳝鱼丝。鳝鱼形体似蛇,这也为"饳"本字是"蛇"观点的形成起到推波助澜的作用。

五 余论

上文我们通过考证,提出徐州"饳汤"中"饳"本字不作"糁",应作"䬪"的观点,并在此基础上对"饳"本字是"啥""臢""蛇"观点的不可靠性进行了分析。还有两个小问题留待探讨:

(一)"䬪"徐州读翘舌音与临沂、蒙城读平舌音之间的关系

"䬪",中古假开二生母字,声母在徐州周边临沂、蒙城话中本应读翘舌音,不过临沂、蒙城实际读平舌音,这是怎么回事呢?上文已经说明"䬪"在徐州、夏邑经历了 sa 到 ʂa 的演变,也就是说 sa 系早期音,而 ʂa 系晚近音。今临沂、蒙城等地方言"知二庄""知三章"开口字已经合并,读 tʂ/tʃ 组,与徐州市区老派、夏邑城关老派有所不同,详见表2。

表2 徐州周边开口"知二庄""知三章"的读音情况(阴影部分为"知二庄""知三章"分立)[29]

	开口知二庄				开口知三章			
	茶	沙	站	时	潮	蛇	缠	震
	假开二澄	假开二生	咸开二知	止开三章	效开三彻	假开三船	山开三澄	臻开三知
徐州市区老派	tsʰɑ	sɑ	tsæ	sɿ	tʂʰɑ	ʂa 老/ʂə 新	tʂʰæ	tʂə

---

[29] 参考李申《徐州方言志》,第55—87页,1985年,语文出版社;朱莉娜《夏邑方言语音变异研究》,第25页,2019年;张全真《临沂方言音系》,《山东大学学报(哲社版)》1998年第3期,第72—75页;于敏《山东枣庄薛城方言调查报告》,第13—30页,黑龙江大学硕士学位论文,2012年;杨思源《蒙城方言新老派语音差异研究》,第18—34页,南京大学硕士学位论文,2013年。部分为作者补充调查。

续表

夏邑城关老派	tsʰa	sa	tsan	sʅ	tsʰɔ	ʂɤ	tʂʰan	tʂən
临沂兰山	tʂʰa	ʂa	tʂan	tʂʅ	tʂʰɔ	ʂa	tʂʰan	tʂən
蒙城	tʂʰa	ʂa	tʂā	tʂʅ	tʂʰɔ	ʂɤ	tʂʰa	tʂən

"𪌉"，临沂兰山话读θa⁵³（阳平），罗庄话读sa⁴²（阳平），知庄章组字合流兰山读tʂ组，罗庄读tʃ组[30]；蒙城话"𪌉"读sa⁴⁴（阳平），而知庄章组今读tʂ组[31]。从临沂、蒙城"𪌉"的读音看，sa/θa声母读音目前与精组读音一致，并不是知庄章组字的读音。我们认为临沂、蒙城"𪌉"读音应系从徐州等地的早期读音sa借入的。

（二）"𪌉"读阳平调的原因

据《集韵》，𪌉，师加切，平麻生，"碎麦也"。按照徐州周边方言声调古今演变规律，"𪌉"今应读阴平调，不过"饣它"在今徐州、临沂、蒙城、夏邑一带都读阳平调。这或许是"𪌉"的声调演变滞后，保留了原有调值所致。当然也有很大可能是"𪌉汤"中"𪌉"在后来由于俗词源传说的缘故借用了"啥"的声调，因为"啥汤"传说在苏鲁豫皖四省交界地带最常见、最通行。具体原因值得今后继续探讨。

（史艳锋：江苏师范大学文学院，221116，江苏徐州）

---

[30] 参见张全真《临沂方言音系》，《山东大学学报（哲社版）》1998年第3期，第72页；孙号龙《临沂（罗庄）方言初探》，第28页，苏州大学硕士学位论文，2008年。

[31] 杨思源《蒙城方言新老派语音差异研究》，第21页。

汉语义位组合理据研究

袁世旭　郑振峰

提要： 本文主要从组合理据角度分析了羡余组合、矛盾组合与强理据组合、弱理据组合四种组合类型，并运用义位组合的同素规则理论研究了羡余组合、矛盾组合。羡余组合是组合力度最强的类型，组合体间含有的共有义素、重合义素数量最多，而矛盾组合是组合力度较弱的类型，组合体间含有的共有义素数量较少，部分义素或多数义素是对立冲突的，仅有个别义素和谐一致。义素之间没有任何连接点的时候，两个义位是不能组合的。

关键词： 义位　组合　理据

一　引　言

"搭配问题确实是一个非常引人瞩目而又十分困难的语言学问题。"（冯志伟 2011）并且，与其他语言相比，"汉语是一种非形态语言，组合法则中没有，或极少词形变化的约束，因而语义搭配问题就显得格外突出，实际上也的确格外复杂"（张志公 1987）。从具体材料出发，例如，有些组合成分间的意义看似本不协调，如"白夜、可燃冰、软钉子、硬水、干洗"等，却为何可以存在？"骨头"含有"硬"的语义特征，"尸"含有"死"的语义特征，为何既可以组合为"硬骨头、死尸"，还可以组合为"软骨头、活尸"？张博（2007）谈到"拇"含有"大"义、"襟"含有"前"义，由"大拇指"类推到"小拇指"，由"前襟"类推到"后襟"，"小拇指"和"后襟"各自的组合语素在语义关系上并不和谐。

这些现象主要体现了义位组合理据的强弱、组合单位间语义的和谐与失协等问题。义位在组合能力、组合单位、组合意义等方面整体表现出系统性的一面，符合组合的规则，具有较强的组合规律性、可推导性。而矛盾组合、组合单位语义失协的问题，既体现了义位组合的系统性特点，也同时体现了与常规组合不同的差异性特点。义位间能否组合及组合好坏的问题，主要涉及到组合体之间组合理据的有无与强弱。我们在《义位

---

* 基金项目：河北省高校人文社科青年拔尖人才项目《汉语词典释义理论史研究》（编号：BJS2022010）。感谢编辑部和匿名审稿专家对本文提出的修改意见，谨致谢忱。

组合的对立异化研究》《义位组合的体点规则研究》的基础上，主要从组合理据角度分析了羡余组合、矛盾组合与强理据组合、弱理据组合四种组合类型，并运用义位组合的同素规则理论研究了羡余组合、矛盾组合的相关问题。

二 义位组合类型

我们首先介绍义位组合的整体类型，在此基础上选择与组合理据关联最为密切的羡余组合等四种类型进行重点研究。

(一)义位组合的整体类型

义位的组合，从不同角度可划分为不同的类型。按照组合单位共性义素的显隐，可分为必需组合(如：空心球)和非必需组合(如：圆球)；按照组合理据的强弱，可分为强理据组合(如：耳闻、目睹)和弱理据组合(如：耳食、目语)；按照组合的频率，可分为中心类组合(如：宠信奸佞、审理案件)和边缘类组合(如：开始宠信、两天后审理)；按照组合的自由度，可分为开放组合(或称为自由组合、非强制组合，如"往东走、去南面")和封闭组合(或称为黏着组合、强制组合，如："福如东海，寿比南山"不可更改为"福如北海，寿比南山"或"福如东海，寿比西山")；按照组合语义是重复、叠加，还是矛盾对立，可分为羡余组合(如：胜利凯旋而归、硬骨头、大拇指)和矛盾组合(大小、软骨头、小拇指)；按照是否有超越现实的修辞方法的介入，可分为通常类型组合(如：特别忙、使劲钻)和超常类型组合(如：忙得脚打后脑勺、削尖了脑袋往里钻)；按照组合单位数量的多寡，可分为简单的二项组合和复杂的多项组合等类型。(张志毅、张庆云 2012:174；袁世旭、郑振峰 2017)

义位组合的类型多为从二元对立的角度进行的典型分类，其实同一组合可以同时兼属多种类型，例如"水洗"为非必需组合、强理据组合、中心组合、开放组合、羡余组合、通常类型组合、二项组合等。而且，羡余组合多为强理据组合，矛盾组合多为弱理据组合，与组合理据关联最为密切的主要是这四种，我们进行重点分析。

(二)羡余组合、矛盾组合与强理据组合、弱理据组合

羡余组合和矛盾组合，可以依据发生重复叠加或矛盾对立的不同层面进一步分为显性羡余组合、隐性羡余组合与显性矛盾组合、隐性矛盾组合。一般来说，组合体均发生在词义、语素义层面的为显性，组合体有一方发生在义素(理性义素、附属义素等)层面的为隐性。例如，"胜利凯旋、凯旋而归"为显性羡余组合，"胜利"的词义与"凯"的语

素义重合,"旋"的语素义与"归"的语素义叠加;"硬骨头、大拇指"为隐性羡余组合,"硬"的词义和"骨头"隐含的附属义素重合,"大"的词义和"拇指"隐含的次要理性义素叠加。"骨头"的形象义素中包括"硬",形象义素属于附属义素的一种。"拇指"下文分析。"大小、高低、进退"等为显性矛盾组合,前后两者的语素义或词义相反相对、矛盾对立;"软钉子、软骨头、硬水、小拇指"等为隐性矛盾组合,"软"与"钉子""骨头"的词义不相反,"硬"与"水"的词义不对立,"小"与"拇指"的词义不矛盾,但"软"与"钉子""骨头"隐含的附属语义特征、事物属性"硬"相反,"硬"与"水"的语义特征、事物属性"软"对立,"小"与"拇指"隐含的次要理性义素"大"矛盾。组合体形成时间的早晚会影响人们对组合体突兀反应的程度,"晨昏、小拇指"等产生时间较早,"硬水、干洗"等产生时间较晚,语言共同体对于后者的突兀反应要更甚一些。

义位间组合的理据存在强弱之分,组合的理据从一端到另一端是渐进的,组合的理据是个连续统。例如从"拍球"到"拍胸脯(表示没有问题,可以担保)、拍脑袋(指没有经过仔细考虑或认真论证,单凭主观想象或一时冲动,就轻率地做决策或出主意)、拍桌子(表示强烈的愤怒、惊异、赞赏等感情)",到"拍砖"(指在网络上发表否定或批评意见)再到"拍马屁"(指谄媚奉承),组合的理据由强到弱。从"打击、打鼓、打苍蝇"到"打雷、打枪、打电话",再到"打毛衣、打渔网、打领带""打饭、打水""打伞、打灯""打腰带、打铺盖",再到"打尖""打道回府""打坐""打情骂俏",组合的理据由强到弱。这种强弱和动词意义在词内的功能强弱相关。强理据的顶端是羡余组合,弱理据的顶端是矛盾组合。

现代语义学从组合理据有无的角度,将组合分为有理据组合和无理据组合。完全的无理据组合非常罕见,或者只是目前未找到组合的理据,因此我们从组合理据强弱的角度分为强理据组合与弱理据组合。弱理据组合在组合伊始会引起人们的惊异反应,在人们大脑中的反应时间比一般组合和强理据组合略长。弱理据组合中的义位在独立时的意义与在组合体中的意义差别较大,强理据组合中的较为一致。很多弱理据组合形成的时间也很早,很早就被语言共同体接受和使用。强理据组合从组合义位的语义特征来看比较和谐,多用本义、常用义,而弱理据组合多用引申义、罕见义。强理据组合词义透明度较高,弱理据组合词义透明度较低。例如,"耳闻"和"目睹"是强理据组合,"耳食"和"目语"是弱理据组合。"耳"是一种听觉器官,它的功能就是用来"闻","耳"这个词中含有"闻"的义素,"闻"这个语素中含有"耳"的义素,两者组合后形成同素(义素)组合、强理据组合。"目"是一种视觉器官,它的功能就是用来"睹","目"这个语素中含有"睹"的义素,"睹"这个语素中含有"目"的义素,两者组合后形成同素(义素)组合、强理据组合。"食"和"语"都是"口"的功能,所以"耳食"和"目语"在组合之初,会引起人们的陌生感。在《现代汉语词典》[1]第7版中,"耳食"的释义为"指听到传闻不加审察就信以为真"(2016:346),"目语"的释义为"用眼睛传达意思"(2016:928)。"耳食"和"目语"的词义透明度较低,从各个组合单位的语素义不太容易直接推导出整体的组合意义。《汉语大词典》将"耳食"释为:"谓不加省察,徒信传闻。《史记·六国年表序》:'(学者)不察其终始,因举而笑之,不敢道,此与以耳食无异。'亦指传闻。如:凡写风景之类,可以凭详细之耳食,再加以想象。"(2012:2095)《辞源》在《汉语大词典》所举《史记·六国年表序》例子的基础上,加上了《索隐》:"言俗学浅识,举而笑秦,此犹耳食不能知味也。"(2015:3338)即本该用"口"去"食",却用了"耳",引申为听信传闻不假思索就以为是真。"目语"是用眼睛传达意思,使用了"语"的引申义。

以上组合类型中,研究难度较大的主要是矛盾组合。矛盾组合表面上相同,实际上发生的层次不同、形成的原因多样、分布的环境有异。具体来看,有的发生在词义或语素义层面,有的发生在个性义素、共性义素等理性义素层面,有的发生在属性义素、形象义素等附属义素层面,这会促使我们进一步思考义位层次和义素类别、功能等问题;形成的原因多样,有的是义位初次组合表意的需要,有的是强制性类推产生的类比造词或同场逆推造词对新词命名形成的;分布的环境有异,有的是在古今、普方、方方、雅俗等不同义位系统中形成的。先分析一下类比造词强制性类推和同场逆推造词对新词命名这两类情况。

第一类,强制性类推产生的类比造词,会产生语义不和谐现象。例如,类比"家庭妇女"造出"家庭妇男",类比"阴谋"造出"阳谋",类比"处女"造出"处男",类比"促进"造出"促退",后者的两个组合成分往往会在意义上相冲突,形成矛盾组合。

第二类,同场逆推造词对新词命名,有的也会产生语义不和谐现象。例如:

"洗"——"干洗""水洗"

在现代汉语中,将洗衣服等的动作行为称为"洗",后出现了用汽油或其他溶剂去掉衣服上污垢的现象,称为"干洗",从区别的角度再将之前的用水洗衣物等的"洗"称为"水洗","洗"上升为上位概念,非对举情况下一般不使用"水洗"。"干洗"为必需组合、矛盾组合,"水洗"为非必需组合、羡余组合。

"唱"——"假唱""真唱"

先将传统意义上的唱歌称为"唱",后出来了播放事先录好的歌曲而现场直接对口型的现象,称为"假唱",从区别的角度再将之前的"唱"称为"真唱","唱"上升为上位概念,非对举情况下一般不使用"真唱"。"假唱"为必需组合、矛盾组合,"真唱"为非必需

---

[1] 以下简称《现汉》,未特别注明版本的均来自于第7版,未特别注明释义来源的均来自《现汉》。

组合、羡余组合。

"武器"——"软武器""硬武器"

先将在战场上使用的直接杀伤敌人或摧毁敌人目标的装备称为"武器",后在电子战中用电子干扰等方式破坏敌人无线电设备的装备称为"软武器",从区别的角度再将之前的"武器"称为"硬武器","武器"上升为上位概念,非对举情况下一般不使用"硬武器"。"软武器"为必需组合、矛盾组合,"硬武器"为非必需组合、羡余组合。

与原词相比,类比造词和逆推造词的理据相对较弱。不仅体现在目前的新词语上,有些产生历史比较长的词语,从初始组合理据角度来看,也比较弱,产生临时语义失谐现象。张博(2007)谈到由"大拇指"到"小拇指",由"前襟"到"后襟"语素间的语义关系和谐度不对应的问题。《说文》:"拇,将指也。"《字汇》:"拇,莫口切,谋上声,足大指也,《说文》'将指也',将指者谓为诸指之帅也。""拇"的本义为手足的大指。清代朱骏声《说文通训定声》:"手足大指皆曰拇。"由"拇"后来产生复合词"拇指",为进一步凸显"大"的特征,组合产生"大拇指",再后来类比"大拇指"产生了"小拇指"。"小"与"拇"中隐含的"大"义互相矛盾。"襟"本指衣服的交领,后指衣的前幅。《释名·释衣服》:"襟,禁也,交于前所以禁御风寒也。"《广韵·侵韵》:"襟,袍襦前袂。"类比"前襟"产生的"后襟","后"与"襟"暗含的"前"义互相矛盾。"相对于类比词来说,不少原词反映了事物的得名理由或根据,理据性较强,因而可以通过语素义(即字面意义)大致推出词义;而有些类比词的理据性则较弱,需经由原词间接地探求词义,如果直接从语素义推求词义,可能会曲解词义,或难以求得词义。例如'征夫'指出征的男子,语素义相加即为词义,但'征妇'不是出征的妻子,也不是出征的妇人。"(张博 2007)而是指出征军人的妻子,明代刘绩《征妇词》:"征妇语征夫,有身当殉国。君为塞下土,妾作山头石。""征夫"中的"夫""在词内的意思是成年男子。后来人们借用'夫'的丈夫义,类比'征夫'造出'征妇',指出征男子之妻,其中的'妇'与征夫之'夫'语义不对应。"(张博 2007)

三　义位组合的同素规则

义素是我们目前认识词义的最底层单位,无论发生在哪一个层面的组合,都可以从义素的角度进行分析。义位组合的同素规则可以对显性与隐性的羡余组合、矛盾组合现象给出较好解释。

组合理据强弱主要是组合体内含有共同的义素数量多寡的问题,组合和谐与失协主要是组合体内义素互相选择或对立的层次与数量问题,我们在前人研究的基础上进一步讨论义位组合的同素规则。同素规则是指"组合成一个义位或义丛的各语义单位常至少含有一个共同的义素"(张志毅、张庆云 2012:172)。同素规则是义位组合诸多规则中最为普遍的一种,适用范围最广。例如:车行道＝车(a.有轮子的,b.陆上,c.运输工具)＋行(a.车、船等,b.运行,c.移动)＋道(a.地面上,b.人或车马,c.通行),"车 c""行 a"和"道 b"都含有义素"车","行 b""行 c"和"道 c"都含有"行走"义素,"车 a"和"车 c"含有可分析得到的"行走"义素,"车 b"和"道 a"都含有"地面上"义素,因此,可以组合成"车行道"表示"专供车辆(多指机动车)行驶的道路"。该组合之所以可以成立,是因为组合体之间含有共同的义素,或相邻的组合体间含有共同的义素。

羡余组合是同素规则中组合力度最强的类型,组合体间含有的共有义素、重合义素数量最多,而矛盾组合是组合力度较弱的类型,组合体间含有的共有义素数量较少,甚至部分义素或多数义素是对立冲突的,仅有个别义素和谐一致,组合体间从义素来看貌似不协调,如"白夜、可燃冰、未婚妻/夫、零增长、负增长、睁眼瞎、软刀子、软钉子、活死人、硬水、小大人儿、白煤"等,但它们的义素并非完全相反对立。

(一)义素的层次性和义素的类型

前人已从词义的多样性角度谈到了义素的层次性和义素的类型问题。义素是有层次性的,"义位并不是义素的简单集合,而是由不同层次的义素组成的义素体系。"(张志毅、张庆云 2012:21)"构成一个义位的诸义素之间不是任意地、无规则地堆积在一起的,义素之间也有层次结构。"(蒋绍愚 2007:47)"义素是目前人类所认识到的最原始、最基层的语义单位,其对语义研究的重要性是可想而知的。"(苏宝荣 2000:187)

义素分析法传入我国后,学者们从汉语自身特点出发,基于不同的视角和研究目的,对义素进行了分类,比较有代表性的观点包括:王宁先生提出"穷尽的一分为二的义素分析法",并"确立了三种不同作用的义素"(王宁 1996:208—211),即类义素、核义素(源义素)和表义素。蒋绍愚先生将理性意义的义素分为中心义素和限定性义素,同时指出词的"隐含意义、感情意义""也可以分析为义素"(蒋绍愚 2007:47—52)。苏宝荣先生分为两层四类,表义素(实义素)包括类义素和旁义素,隐义素(虚义素)分为语源义素和派生义素(2000:209—213)。张志毅、张庆云先生分为六层,第一层级为上位语法义素,第二层级为语义·语法义素,第三层级为上位语义义素,第四层级为下位语义义素中的主要个性义素,第五层级为下位语义义素中的次要个性义素,第六层级为附属义素(张志毅、张庆云 2012:21—23),其中第一到第五层为理性义素。张志毅、张庆云先生将其列为简表:

1	上位语法义素:例如,动作、事物、性质	共性义素	基义义素
2	语义·语法义素:例如,心理、具体、性状		
3	上位语义义素:例如,动物、人、移动等		
4	主要个性义素:例如,"走、跑"的"速度"	个性义素	
5	次要个性义素:例如,"走、跑"的"方式"		
6	附属义素:例如,形象义、语体义		陪义义素

我们在借鉴、使用张志毅、张庆云先生分类研究成果基础上,服务于羡余组合、矛盾组合的研究,进一步将附属义素细分为属性义素、形象义素、褒贬义素、语体义素等类别。

(二)同理性义素规则

1. 主要个性义素和共性义素相同

(1)道路、语言、波浪

(2)美好、鲜艳、善良

(3)关闭、治理、帮助

(4)领袖、辛酸、描写

(1)类由两个相同、相近的名词性语素组合而成,(2)类由两个相同、相近的形容词性语素组合而成,(3)类由两个相同、相近的动词性语素组合而成,(4)类由两个相关、相类的名词性、形容词性或动词性语素组合而成。

主要理性义素相同的类别,大多通过辞书释义可直接获得该义素。(1)(2)(3)类中的两个语素在现代汉语中义素基本完全相同,辞书释义中如果采用同义对释的方式,多为组合的另一方,或者采用两者的组合体进行释义。"道路"中"道"和"路"在第 7 版《现汉》中释义均为"道路","语言"中"语"和"言"在第 7 版《现汉》中释义均为"话","波浪"中"波"和"浪"在第 7 版《现汉》中释义均为"波浪";"美好"中"美"的第一个义项为"美丽;好看(跟'丑'相对)",第三个义项是"令人满意的;好","好"的第一个义项为"优点多的;使人满意的(跟'坏'相对)";"关闭"中"关"释义为"使开着的物体合拢","闭"释义为"关;合";"帮助"中"帮"的释义为"帮助","助"的释义为"帮助;协助"。可以看出,前后两者意义基本重合或大部分重合,形成羡余组合。(4)类中前后两者为相关、相类关系,领袖＝领(a.衣服的部分,b.围绕脖子)＋袖(a.衣服的部分,b.套在胳膊上,c.筒状),"领 a"和"袖 a"都含有主要理性义素"衣服的部分"。可以看出,这一类只有次要个性义素不同,上位语法义素、语义·语法义素、上位语义义素、主要个性义素、附属义素都是相同的。

2.共性义素相同，个性义素对立

(1)敌友、祸福、早晚、始终、横竖、恩怨、东西、南北、前后、朝夕、彼此、本末、春秋、晨昏、昼夜、旦夕、首尾、矛盾、阴阳、功过、因果、乾坤、荣辱、宾主、寒暑等；

(2)大小、多少、软硬、粗细、贵贱、肥瘦、轻重、反正、好歹、悲欢、贫富、高低、安危、公私、是非、是否、曲直、幽明、虚实、优劣、真伪等；

(3)开合、开关、收放、收发、往返、沉浮、来回、分合、攻守、忘记、呼吸、毁誉、奖惩、借贷、进退、劳逸、买卖、起伏、起降、起落、离合、取舍、去就、去留、任免、赏罚、收支、收发、吞吐、作息、消长、消息、兴亡、兴衰、盈亏等。

(1)类由两个相反、相对的名词性语素组合而成，(2)类由两个相反、相对的形容词性语素组合而成，(3)类由两个相反、相对的动词性语素组合而成。

(1)类的语素表示事物或概念相反相对，例如：敌友=敌(a.敌对的，b.人或方面)+友(a.彼此有交情的，b.人)，"敌 b"和"友 b"含有共同的义素"人"；晨昏=晨(a.早晨，b.一段时间)+昏(a.黄昏，b.一段时间)，"晨 b"和"昏 b"含有共同的义素"一段时间"；(2)类的语素表示事物的性质或状态相反相对，例如：高低=高(a.从下向上，b.距离大)+低(a.从下向上，b.距离小)，前后两个语素共有的义素包括"从下向上的距离"。需要指出，组合后整体的语义和功能发生了变化，例如"反正""早晚"等。(3)类的语素表示动作行为的方向、过程或结果是对立的，例如：进退=进(a.向前，b.移动)+退(a.向后，b.移动)，"进 b"和"退 b"含有共同的义素"移动"，起落=起(a.物体+b.由下向上+c.升)+落(a.物体+b.由上向下+c.降)。可以看出，这一类主要个性义素和次要个性义素是对立的，而上位语法义素、语义·语法义素、上位语义义素(类素)是相同的。

(三)同附属义素规则

与居于核心的、主要的理性义素相比，附属义素具有伴随性、附属性特征。它是"由词在我们头脑里习惯而自然地引起的一切伴生的和次要的印象"(倪波、顾柏林 1995：61)。"隐含意义的义素，就是这个词所反映的事物(包括动作、性状)等的非本质特征，包括事物的非自然的，而是社会心理所赋予的特征。"(蒋绍愚 2007：52)"属性陪义是义位基义之外的边缘义素。"(张志毅、张庆云 2012：37)

这里的附属义素包括苏宝荣先生提到的形象义素和体验义素，苏先生对义素进行一般分类的同时，进一步从词义与概念的对立性角度提出理性义素、形象义素和体验义素，并且非常注重形象义素和体验义素在语境中的动态变化和历史演变规律中的作用。

"概念的离析,只能认识词的概念(即理性)义素;而词义所特有的形象义素和体验义素是无法包容的。词的形象义素和体验义素,是非常活跃的,在词义的生成和发展中起重要作用,对于语义研究来说,无疑更为重要。在语义分析中,特别是通过义素分析了解词义在语境中的动态变化和历史演变规律,认识词的形象义素和体验义素,就某种意义上说,比认识词的概念(理性)义素更为重要。"(苏宝荣2000:6—7)关于形象义素和体验义素,苏宝荣先生举例谈到"'柳'本指'柳树',但在'柳眉'(指女子细长秀美的眉毛)、'柳腰'(指女子柔软的细腰)等组合关系中,语素'柳'却有'细长、秀美、轻柔'的意义,这是由于柳树枝叶细长柔软的特征在人们心里引起的形象联想。这是一种'形象义素'。再如'木'本指树木,而在成语'麻木不仁'中,语素'木'却有'无知觉,不灵敏'之义,这是由人们对树木(包括植物)'没有知觉,不能自己移动'的主观感受决定的。这则是一种'体验义素'。"(苏宝荣2000:205—206)蒋绍愚先生也指出:"一个词除了理性意义外,还有隐含意义、感情意义等。这些意义,也可以分析为义素。隐含意义的义素,就是这个词所反映的事物(包括动作、性状)等的非本质特征,包括事物的非自然的,而是社会心理所赋予的特征。"(蒋绍愚2007:52)

  例如,我们可以将"水"组合为"绿水青山、水色天光、水光山色、水光接天、水碧山青、山明水秀、水天一色、湖光山色、碧波荡漾、金波闪烁、掬水闻香、水性无常、水流花谢、水性杨花、水性女子"等等,这里义位"水"用来组合的语义特征包括"水的颜色""水的香味""水的阴柔""水的流动"等方面,无法从水的释义"无色、无味、无臭的液体"[2]中分析得到的理性义素来解释,上述各种组合主要使用了"水"的属性义素。

  "有些矛盾组合是表意的必然组合""在对立中突出意旨,增强个性。"(张志毅、张庆云,2012:191)例如"可燃冰"在《现汉》中的释义为"指天然气水合物结晶,外形像冰。是在海水低温和高压作用下形成的,可以燃烧"(2016:738)。在"可燃冰"这个组合中,取的是像冰一样的外形特点,而不是冰"在0℃或0℃以下""不可燃烧"的理性义素。"白夜"是指"在高纬度地区,有时黄昏还没有过去就呈现黎明"(2016:27),即没有黑天的夜晚。"软骨头"中的"骨头"引申指一种气概、品质,因此既可以组合为"硬骨头",也可以组合为"软骨头、懒骨头"等。在正反对照中,进一步凸显出某方面的特点。"软"与"骨头"组合后,进一步凸显"软"的特征。"活"与"尸"组合后,进一步凸显"尸"中含有的语义特征"死"。以上的组合体之间在主要的理性义素上对立冲突,仅在个别附属义素或者次要理性义素上和谐一致。

---

[2] 释义见《现汉》(第7版),第1224页。

随着新事物、新现象的产生,相关的意义会产生变化。从组合的角度来看,组合前的语素或词的意义会对组合体意义产生影响,反过来,组合体意义也会对语素或词的意义产生作用。以上述的"干洗"为例,"洗"在 1960 年出版的《现汉》(试印本)中的释义为"用水去掉物体上的脏东西"(1960:816),试用本继承了试印本的释义,随着"干洗"组合的出现,到 1979 年印刷的第 1 版《现汉》中已经收录了"干洗",并将"洗"的释义修改为"用水或汽油、煤油等去掉物体上面的脏东西"(1979:1222),"洗"的义域扩大,该释义一直使用到目前的第 7 版。再如,"软骨头、懒骨头"等对"骨头"的气概、品质义的影响也是如此。对辞书释义而言,不仅需要修订相关的释义,还要整体分析语素、词及组合体的意义,统筹语素、词及其与组合体之间释义的对应性。

需要指出,如果两个义位的主要理性义素矛盾,次要及附属义素也没有任何连接点的时候,两个义位是不能够组合的。例如:"上"和"降""落""掉""沉"不能组合,"下"和"升""起""腾""涨"不能组合,在主要理性义素"方向"上相反相对的。有人认为"下浮"组合是个例外,其实"浮"可以同时与"上""下"组合,"浮"本身的方向义素并不是主要义素,"下浮"表示"(价格、利率、工资等)向下浮动"[3],"上浮"表示"(价格、利率、工资等)向上浮动"[4],"浮"表示"停留在液体表面上"[5],如"浮萍、油浮在水面上"等,"浮动"表示"上下变动;不固定"[6],"浮"的方向义素中包括"上下",而且"下浮"仿照"上浮"造词,导致表面上语义间的不和谐。

参考文献

(1)冯志伟《动宾搭配的语义分析和计算·序》,北京:世界图书出版公司,2011 年。
(2)蒋绍愚《古汉语词汇纲要》,北京:商务印书馆,2007 年。
(3)倪波、顾柏林《俄语语义学》,上海:上海外语教育出版社,1995 年。
(4)苏宝荣《词义研究与辞书释义》,北京:商务印书馆,2000 年。
(5)王宁《训诂学原理》,北京:中国国际广播出版社,1996 年。
(6)袁世旭、张志毅《义位组合的体点规则研究》,《汉语学习》2014 年第 3 期。
(7)袁世旭、郑振峰《汉语义位组合和中学语文教学》,《河北师范大学学报(教育科学版)》2017 年第 3 期。
(8)张博《反义类比构词中的语义不对应及其成因》,《语言教学与研究》2007 年第 1 期。
(9)张志公《词义分类的可喜成果——〈简明汉语义类词典〉序》,《汉语学习》1987 年第 5 期。
(10)张志毅、张庆云《词汇语义学》(第三版),北京:商务印书馆,2012 年。
(11)郑振峰、袁世旭《义位组合的对立异化研究》,《语文研究》2015 年第 4 期。

---

[3] 《现汉》(第 7 版),第 1412 页。
[4] 同上书,第 1144 页。
[5] 同上书,第 401 页。
[6] 同上书,第 402 页。

(12) 中国社会科学院语言研究所词典编辑室《现代汉语词典》(试印本),北京:商务印书馆,1960 年。
(13) 中国社会科学院语言研究所词典编辑室《现代汉语词典》(第 1 版),北京:商务印书馆,1979 年。
(14) 中国社会科学院语言研究所词典编辑室《现代汉语词典》(第 7 版),北京:商务印书馆,2016 年。
(15) 罗竹风主编《汉语大词典》(普及本),上海:上海辞书出版社,2012 年。
(16) 何九盈、王宁、董琨主编《辞源》(第三版),北京:商务印书馆,2015 年。

(袁世旭、郑振峰:河北师范大学文学院,050024,石家庄)

卫姒簠的自名修饰语研究*

王英霄

提要： 西周晚期的卫姒簠为豆形簠，其铭文释文为"衛（卫）始（姒）乍（作）▨▨餿（簠）"。研究表明：簠前修饰语有表示特征、饮食、荐献祭祀、媵嫁、出行或随葬、数量等多种类别，卫姒簠中的▨字应隶定为䰱，表荐献义；▨字为"深"的简写，其顶部▨▨形或为倒置器皿的构件的一部分，或为羡符"冖"。"深""覃""寻"三者关系密切，"深"有"温"义，"䰱▨餿（簠）"意思即为"盛放荐献熟食/温食之簠"，青铜器中类似动宾结构的自名修饰语有很多。

关键词： 卫姒簠　荐献　▨　深　温

西周晚期的卫国有铭铜器卫姒簠（豆）共两器，现藏于北京故宫博物院。《商周金文资料通鉴》[1]中收录卫姒簠（豆）信息如下：

	06121 卫姒豆（卫始豆、卫姒簠）	06122 卫姒豆（卫始豆、卫姒簠）
器形		
拓片	盖：	盖：

---

* 本文为北京市哲学社科基地重点项目"北京地区三大博物馆藏商周青铜器自名、定名整理与研究"（批准号：19JDYYA001）；北京语言大学校级重大项目"商周青铜器自名、定名整理与研究"（批准号：18ZDJ01）的阶段性成果。2021年9月30日，拙文被评为"第九届全国中文学科博士生学术论坛"（中山大学中国语言文学系主办）优秀论文。

〔1〕　吴镇烽《商周金文资料通鉴》（4.0版本），陕西省考古研究院，2020年。

拓片	器：	器：
尺度重量	通高 17.4 厘米、宽 18.5 厘米,重 2.3 公斤。	
铭文释文	衛(卫)始(姒)乍(作)饡(饛)厼毁(簋)。	

卫姒簋(豆)体量较小,张懋镕先生认为它是豆形簋[2],今依其自名,我们将其归为簋类器物。

卫姒簋盖与器同铭,各六字。■介于"■"和■之间,作修饰语,■为"毁"字无疑,关于■字,学者们的主要观点有:

陈梦家[3](1964)隶定为饡,论述如下:

> 第四字从食儚声,《说文》曰"儚,不明也","矇,一曰不明也"。梦、蒙同音假借,故饡即饛,《说文》曰"盛器满皃,从食蒙声,《诗(大东)》曰有饛簋飧"。

李孝定[4](1977)隶定为"饡",从食慶(庆)声,右旁所从与金文诸慶(庆)字接近。

容庚[5](1985)隶定为饡,无具体考释。

陈汉平[6](1993)隶定为"饡",从食慶(庆)声,疑为薦(荐)字,薦(荐),献也。具体考释如下:

> 《说文》说慶字从鹿省,而就古代汉字所见,鹿、薦二字形傍多相同,慶字似亦从薦作,如:殷墟卜辞薦字作■,慶字作■……由此可见薦、慶二字形傍相近,慶字古文多有从薦,或从薦省,而汉碑薦、薦字形与慶字更易相混。卫始毁铭■字从食,从慶,故疑为薦食之薦字,或器名之饡字。

刘雨[7](1999)隶定为"饡",无具体考释。

张亚初[8](2001)隶定为"饡(饛)",无具体考释。

---

[2] 张懋镕《关于青铜器定名的几点思考——从伯湄父簋的定名谈起》,《文博》2008 年第 5 期,第 23 页。

[3] 陈梦家《西周铜器断代》,第 254 页,中华书局,2004 年。

[4] 李孝定《金文诂林附录》3229 号,第 1776 页,香港中文大学出版社,1977 年。

[5] 容庚《金文编》466 号,第 1247 页,中华书局,1985 年。

[6] 陈汉平《金文编订补》,第 206—207 页,中国社会科学出版社,1993 年。

[7] 故宫博物院编《故宫青铜器》,第 210 页,紫禁城出版社,1999 年。

[8] 张亚初《殷周金文集成引得·释文》,第 100 页,中华书局,2001 年。

中国社会科学院考古研究所[9](2001)释为"㥂",无具体考释。

中国社会科学院考古研究所[10](2007)隶定为"馕(籐)",无具体考释。

吴镇烽[11](2012)隶定为"馕(籐)",无具体考释。

周宝宏[12](2016)隶定为"馕",认为以上将▨字形右部释为"麐、莺、慝、慝、蔑、愿、愠"等说法皆不足于信,并指出▨形应该释为"莧","馕"字不见于后代字书,未对"馕"义进行考释。

查飞能[13](2019)赞同周宝宏先生所释,并认为该字从食、从▨、从心,▨为声。对该字的含义进行了两种释读:一种是引用了冯胜君先生在《清华简〈说命〉"圞水"解》[14]一文中关于"莧"与"荐、薦(荐)"通的观点,指出馕读为"荐",表荐献义;另一种观点是"莧"与"餇"声音更近,"餇"表饱义,卫姒簠"馕"当读为"餇"。查飞能先生从音理上更认同第二个观点。

按:"莧"与"荐/薦"声组相差较远。"薦"与"荐/薦"古音相近,"薦""薦""存"三者古多通用,"薦"有荐献义。陈汉平先生认为"麐"字古多有从"薦",其将▨右侧形体释为"慝(麐)"的观点可从,且其论述更符合▨字整体构形。▨应隶定为馕,表荐献。"莧"与"餇"声音相近,然缺乏文献材料互用的佐证,故我们对查飞能先生的第二个观点存疑。

关于第五个字"▨",学者们考释的主要观点有:

陈梦家[15](1964)隶定为"粟",具体考释如下:

> 第五字从而从水,疑是濡或洏,《广雅·释诂》二曰"濡,渍也",《说文》曰"洏,洝也,从水而声,一曰煮孰也"[16]。第六字从食从殳,即殷。此三字当释为盛濡(或孰)物之殷。此器形似豆簠而豆为盛濡物菹醢之器。

李孝定[17](1977)认为"字为益之倒文,未知另是一字否?金文▨字从此"。

刘雨[18](1999)隶定为"霝",将整个铭文解释为记卫始自做霝(灵)簠,对于"霝"字

---

[9] 中国社会科学院考古研究所编《殷周金文集成释文》第三卷,第597页,香港中文大学中国文化研究所,2001年。

[10] 中国社会科学院考古研究所编《殷周金文集成》(修订增补本)第4册,第3031页,中华书局,2007年。

[11] 吴镇烽《商周青铜器铭文暨图像集成》,第370—371页,上海古籍出版社,2012年。

[12] 周宝宏《金文考释六则》,《古文字研究》2016第31辑,第120—121页。

[13] 查飞能《商周青铜器自名疏证》,第337—339页,西南大学博士学位论文,2019年。

[14] 冯胜君《清华简〈说命〉"圞水"解》,《古文字研究》2016第31辑,第337—340页。

[15] 陈梦家《西周铜器断代》,第254页。

[16] 《说文解字·水部》:"洏,洝也。一曰煮孰也。从水而声。"陈梦家先生的引文顺序有误。

[17] 李孝定《金文诂林附录》3406号,第2213页。

[18] 故宫博物院编《故宫青铜器》,第210页。

无具体考释。

中国社会科学院考古研究所[19](2001)释为"靈(灵)",无具体考释。6字铭文隶定为:卫始作㦰靈毁。

付强[20](2017)将杞伯每刃簠、卫姒簠、姜林母簠、伯䚄父簠这四个豆形簠放在一起讨论,认为卫姒簠的▨为伯䚄父簠铭文中▨字的省简字形,对于字形▨未做详细考释。具体论述如下:

> 这种豆形簠的铭文中,簠前都有一个修饰的字,我们认为卫姒簠铭文中的▨字和姜林母簠铭文中的▨字当为伯䚄父簠铭文中▨字的省简字形……伯䚄父簠铭文中▨字,王辉先生考释为雪字,疑读为䥝。《说文》:䥝,从金,彗声。读若彗。《淮南子·说山》:鼎䥝日用而不足贵。王念孙《读书杂志》引其子王引之曰:错当为䥝。䥝字本在鼎字上。䥝鼎小鼎也。䥝,小貌也。小鼎谓之䥝,小棺谓之槥,小星貌谓之嘒,其义一也。雪簠读为䥝簠当为小簠[21]。商周青铜器自名前的修饰词最常见的为尊、宝、宗等,除此之外还有一类反映的是该器的通途和功能如:旅鼎、食簠、祼同、醴壶、馨簠、沐缶、郁彝等,也有表示器物大小的如小鼎、小禺。由上表可知这类豆形簠多集中出现于西周晚期和春秋早期,在形制较小的簠前面,圆和雪我们认为可能说的是一个意思[22],就是为了表示这种小簠而称呼的。

按:"濡"为晚出字形,最早见于战国文字,作:▨(睡虎地秦简·日甲2)、▨(清华简·赵简子09),小篆字形为▨。"湏"见于《说文解字》,作▨,未发现于先秦古文字中。▨为西周晚期形体,▨与"濡""湏"在字形发展上缺乏时间的连贯性,且"早期文字和小篆有不少是属于形近而互不相干的字,如甲骨文▨(《合集》4214 师尹)、▨(《合集》33006 三师)和小篆的▨(自),甲骨文的▨(比,《合集》6484 正,王比望乘伐下危)和小篆的▨(从),甲骨文的▨(昷,《合集》2137)和小篆的▨(因),甲骨文的▨(启,《合集》16419)和小篆的▨(问),甲骨文的▨(盾,《合集》16347)和小篆的▨(冊)"[23]等,又如西周铭文▨(文王专字,

---

[19] 中国社会科学院考古研究所编《殷周金文集成释文》第三卷,第597页。

[20] 付强《谈谈青铜豆形簠的几种别称》,武汉大学,2017年1月29日(http://www.bsm.org.cn/?guwenzi/7462.html)。

[21] 王辉《读扶风县五郡村窖藏铜器铭文小记》,《考古与文物》2007年第4期,第13—14页。

[22] 田率先生认为"圆"可读为"飧","圆"与"飧"声音相近,飧簠表示此簠用来盛放蒸熟后的黍稷饭食(田率《中国国家博物馆新入藏两周青铜器咀华》,《中国古代文明研究论文集》2018年3月,第137页)。而在早些时候,田率先生认为"圆"可读为"员",即表示方圆之圆的本字,圆、员、圆古音相近可通假,圆簠描述的是以杞伯每刃簠为代表的这类矮体豆形簠簠身的形状(田率《中国国家博物馆新入藏两周青铜器咀华》,《首届中国古代文明研究前沿论坛论文集》2016年12月,第162页)。按:"圆"不表示"小"义,其意义应与饮食有关,具体有待进一步探究。

[23] 董莲池《释麦器铭文中的"鄩、嚊"》,《古文字研究》2020年第33辑,第186页。

玟王玉璧)和小篆的 ⿰(玟,石之美者,表玉石),所以释⬚为"濡"或"洒"还缺乏字形上的关联。

付强先生认为"⬚"为⬚(雪)的省简字形,也就是"雨"字。"雨",甲骨文作⿰(铁三二·三)、⿰(前三·一六·二)或作⿰(后一·三二一〇)、⿰(燕一四三)、⿰(续四·八·四),金文作⿰(子雨卣)、⿰(⿰壶),《汗简》作⿰,与⬚形类同。卫姒簋(豆)体量较小,⬚字或表示小的概念,可能为伯遅父簋⬚(雪)字的省去声符"彗"并添加羡符"一"后的形体,即"雨"字。但是古文字中的形声字虽然存在省略声符的现象,却是以有辞例限制而不至于与其他形体混淆为前提,"形声字的音符一般不能省,'省声存形'就不能成其为形声字。然而在西周金文中确已出现这类特殊现象……当然这类省简至为罕见。因有明确辞例限约,尚不至于把这类字与形符混为一谈。战国文字中也有类似的简化字,而以货币文字中最为习见……'客'省'各'作'宀'"[24]。

卫姒簋全文为"衛(卫)始(姒)乍(作)饎⬚殷(簋)",因缺乏明确的辞例,所以⬚会与"⬚、霝、霝(灵)"等多种带"雨"部件字的形体的省形混淆,所以我们对⬚为"濡""霝(灵)""⬚"的简省字形的观点存疑。"益"与"⬚"在卫姒簋中作为修饰语意义不通,且与⬚在形体的关联性上有一定的距离。

"簋"的用途主要为祭祀礼器、盛放黍稷稻粱或肉骨等熟食、温煮加热食物等。"簋"前的自名修饰语有表示特征("尊""宝""保""好旅""好宝""大宝""宝用""宝用尊""宝尊""善尊""宝旅""宝皇""宝尊旅""宗尊""宝山""宝匚""大宗""小障膝""少馂""霝""亟""鬴""函")、饮食("饎""飤""念""孰""尊諆")、荐献祭祀("⿰""宝⿰""荐""馈""尝""祭""登用飤""鼄尊""尋")、媵嫁("媵""献媵")、出行或随葬("旅""旅用""从""行")[25]以及表示数量等多种类别[26]。簋和豆都可以用来盛放黍稷、肉类等饭食,豆形簋体量较小,其自名修饰语除了"宝"(諫簋)、"旅"(伯㽙簋)之外,还有表示形制大小的⬚(伯遅父簋)、⬚(姜林母簋),表示饮食的"函"(杞伯每刃簋)等。

簋前连用的自名修饰语有很多,除了前面的例子之外,又如康伯簋"康白(伯)乍(作)⿰(登)用飤⬚"中的"⿰(登)用飤"。"⬚"应是与"饎"连用作"簋"的修饰语,我们认为⬚是"深"字的简写,隶定为"罙"。

甲骨文"深"作⿰(合 5362)⿰(合 18765),"罙"作⿰(甲骨文字编 04540(A7))、⿰(甲骨文字编 13747(AB))。蔡哲茂先生认为"罙"字表示"用手在水中探其深浅,而水是装在

---

[24] 何琳仪《战国文字通论》,第 256—257 页,上海古籍出版社,2017 年。
[25] 有些修饰语兼有多种意义,如"饎"也有进享义。
[26] 本段的簋前修饰语类别参考了夏宸溥博士、李森师弟提供的簋前修饰语整理数据,特此致谢。

器皿之中……卜辞中罙字的'丶、'𧵥是表示皿中有水,后代深字加水旁,正是由此重复而来,也就是增加了意符"[27],战国时期"深"写作🅐(郭店老甲 8)、🅑(上海博物馆藏战国楚竹书·举 33.2)、🅒(中山方壶),或省写作🅓[28](郭店·五行 46)、🅔(玺印集粹),或受特殊的"趋同讹变"的影响,下部讹作"火"形作🅕[29](上海博物馆藏战国楚竹书一·孔 2)。卫姒簋(豆)中的🅖字为"深"的简写,其顶部🅗形或为倒置器皿的构件的一部分,或为羡符"⌒",古文字中在文字顶部添加羡符"⌒"的例子有很多,如:"丙"作🅘(甲一一六七),或加羡符"一"作🅙(《说文》古文);"商"作🅚(甲七二七),或加羡符"口"和"一"作🅛(商丘弔匿)。

赵平安先生在《释"罙"》一文中指出了"罙"与"燅、㷣、燖、燂"的密切关系[30]。"深""覃""寻"三者关系密切,"深、覃"同源[31],"燂、燅(㷣㷣寻燖)"同源[32]。"深""燂""燅""寻"皆有"温"义。如《说文·火部》:"燂,火热也。""深"从"罙"声,甲骨文"寻"字或从丙声作🅜(一〇八一二甲),《说文解字注》中对"罙"与"丙"均释为:"读若礼三年导服之导。""深"书纽侵部,"寻"邪纽侵部,古书纽与邪纽常可通,如:"诗""邿"均从寺声,"诗"与"邿"书之部,"寺"邪纽之部。《左传·哀公十二年》"'若可寻也,亦可寒也'……正义曰:《少牢·有司彻》云:'乃寻尸俎',郑玄云:'寻,温也。'"[33]今本《仪礼·有司彻》:"乃燅尸俎,卒燅。"[34]郑玄注:"燅,温也。古文燅皆作寻,记或作㷣。"而武威汉简本《仪礼·甲本有司》作"乃🅝(深)尸俎,卒🅞(深)"[35],"深"字的"温"义明显[36]。"深"由动词义"加温"引申为名词义"熟食/温食",先秦汉语常见名动相因现象,如"孰"既有动词制作熟食义,又有名词义表熟食;"饗"既有动词义表示烹煮,又有名词义表熟食;"饋"既

---

[27] 转引自于省吾《甲骨文字诂林》,第 2671 页,中华书局,1996 年。

[28] 郭店楚墓竹简《五行》46"🅓(深),莫敢不🅓(深)",马王堆汉墓帛书《五行》324 作:"(莫)敢不🅟(深)","🅟"为"深"省去"罙"下构件并移换成"水"的字形,"🅟"为"深"的异体。

[29] 黄德宽《古汉字发展论》,第 348 页,中华书局,2014 年。(书中也提到了其他类似的趋同讹变,如"尽":🅠[侯马 3.1]——🅡[侯马 3.2],"穆":🅢[包山 49]——🅣[包山牍 1]等)。

[30] 赵平安《释"罙"》,《考古》1992 年第 10 期,第 953 页。

[31] 王力《同源字典》,第 613—614 页,商务印书馆,1982 年。

[32] 同上书,第 619—620 页。

[33] 阮元校刻,蒋鹏翔主编《阮刻春秋左传注疏》,第 4039 页,浙江大学出版社,2015 年。

[34] 《十三经注疏》整理委员会编《仪礼注疏》,第 1080 页,北京大学出版社,2000 年。

[35] 中国社科院考古研究所、甘肃省博物馆编《武威汉简》甲本有司 1 号简,第 245 页,文物出版社,1964 年。

[36] 赵平安先生在《释"罙"》一文中对比了简本《仪礼》与今本《仪礼》中的"深"与"燅",通过"罙"与"燅㷣燖燂"音义关系的分析,指出"罙由微火引申为用微火温煮食物……'罙鼎'就是温煮食物的鼎。"赵平安先生在文中将弭伯鼎中的"🅤"字释为"罙",并指出"罙字从火在穴中会意"。按:"罙"的甲骨文形为🅥,字形本不从火,《说文解字·穴部》:"罙,深也。一曰灶突。从穴从火,从求省"乃是根据形变之后的形体所做的分析。张亚初先生认为🅥为"灶"字的会意初文,"穴即考古学上所讲的火塘……战国时期灶字加告为声符写成🅦"(张亚初《古文字分类考释论稿》,《古文字研究》1989 年第 17 辑,第 240 页)。

有动词义表蒸饭的蒸,放于烹饪器前,又有名词义表所蒸的饭,作盛食器的修饰语。卫姒簋为豆形簋,体量较小,是盛食之器。此三字"饎⬛䬸(簋)"意思即为"盛放荐献熟食/温食之簋"。青铜器中类似动宾结构的自名修饰语有很多,如湋公宜脂鼎"用铸其煤(爨)宜鼎","煤(爨)宜鼎"即煮肉的鼎[37];智鼎"智用兹金作朕文考宄伯䰜牛鼎","䰜牛"即煮牛[38]。

附记:本文在罗卫东老师的悉心指导下完成,也曾得到兰州大学陈晓强老师、故宫博物院陈鹏宇博士审阅指正。2021年9月18日,笔者在中山大学主办的"第九届全国中文学科博士生学术论坛"报告此文,得到陈伟武老师、吴吉煌老师、马坤老师的指正,谨致谢忱!小文如有错误,概由作者自负。

(王英霄:北京语言大学,100083,北京)

---

[37] 谢明文《商周文字论集》,第237—238页,上海古籍出版社,2017年。
[38] 张世超、孙凌安、金国泰、马如森《金文形义通解》,第1764页,[日]中文出版社,1996年。

《左传》"齐侯疥,遂痁"疑义辨证

王克松

提要: 对于《左传》"齐侯疥,遂痁"的"疥"字,存在据《说文》本义解释和改作"痎"字两种观点,从古至今争论不休。本文考察了《左传》《晏子春秋》和上博简《竞公疟》的相关材料,从语理的无文献依据、字形不相混、古音不相通等角度和病理的时间关系、病情关系等角度论证,认为改"疥"为"痎"的观点是错误的,"疥""痁"的本义与文本语境相契合。本文还分析了梁元帝改字的动因,认为与中古音的语音状况、时代的学术风气有关。

关键词: 齐侯疥 改字 痎 语理 病理

一 "疥"的解释公案

《左传·昭公二十年》:"齐侯疥,遂痁,期而不瘳,诸侯之宾问疾者多在。"杜预注"痁,疟疾",未注"疥"。在《说文》中,"疥"和"痁"是两种不同的疾病。《说文》:"疥,搔也。从疒介声。""痁,有热疟。从疒占声。《春秋传》曰:'齐侯疥,遂痁。'"《说文》释"疥"的"搔"为名词,和"疥"同义,所指为疥疮。[1]

由于杜预未注"疥",对"疥"的释义在南北朝时期就已经有了明显的分歧:一种观点认为"疥"当改作"痎",另一种观点则认为当以《说文》本义释"疥"。据《颜氏家训·书证》和《春秋左传正义》的引证,东晋经学家徐邈(字仙民)以本字解释"疥"。南朝梁元帝主张改"疥"为"痎",《说文》释"痎"为"二日一发疟"。《经典释文》"齐侯疥"下注云:"旧音戒,梁元帝音该。依字则当作'痎',《说文》云:两日一发之疟也。痎又音皆。后学之

---

* 本文系国家社科基金冷门绝学专项学术团队项目"中国训诂学的理论总结与现代转型"(批准号:20VJXT015)的阶段性成果。本文蒙匿名审稿专家及孟琢老师、董婧宸老师、李聪、张祎昀、刘昕曜等学长提出宝贵修改意见,谨致谢忱。

[1] 《说文》大徐本释"疥"为"搔",小徐本作"瘙"。段玉裁认为:"疥急于搔,因谓之搔。俗作瘙,或作癞。"详见段玉裁《说文解字注》,第350页,上海古籍出版社,1988年。孙玉文也认为,《说文》释"疥"的"搔"是"瘙"的古字,后起字作"癞";当"搔"取得了原词资格后,又滋生出"瘙",义为疥疮。详见孙玉文《汉语变调构词考辨》,第185—186页,商务印书馆,2015年。本文所引《说文》对"疥"的说解从大徐本。

徒金以'疥'字为误。"[2]孔颖达《春秋左传正义》记载：

> 后魏之世，尝使李绘聘梁。梁人袁狎与绘言及《春秋》，说此事云，疥当为痎，痎是小疟，痁是大疟。痎患积久，以小致大，非疥也。狎之所言，梁王之说也。

《北齐书》中有对李绘的记载，"武定初，兼常侍，为聘梁使主"。作为东魏的臣子，他担任了出使梁的主使，见到了梁的官员袁狎，袁狎在谈话中表示应当改"疥"为"痎"。从二人的交往中能够看出，"齐侯疥，遂痁"的释义问题已经成为当时南北往来的重要学术话题。

《颜氏家训·书证》也赞同改字：

> 齐侯之病，本是间日一发，渐加重乎故，为诸侯忧也。今北方犹呼痎疟，音皆。而世间传本多以痎为疥，杜征南亦无解释，徐仙民音介，俗儒就为通云："病疥，令人恶寒，变而成疟。"此臆说也。疥癣小疾，何足可论，宁有患疥转作疟乎？[3]

颜之推认为在病情上"疥"无法发展为"疟"，齐景公所患之病是从两日一发之疟变得更加严重。与之不同的是，陆德明反对改字，赞同徐邈之说："案《传》例因事曰遂，若痎已是疟疾，何为复言遂痁乎"。"痁，失廉反，疟疾也。"[4]他主张以本义释"疥"，认为"痁"是疟疾而"疥"不是疟疾。孔颖达《春秋左传正义》云：

> 案《说文》："疥，搔也。""疟，热寒休作。""痁，有热疟。""痎，二日一发疟。"今人疟有二日一发，亦有频日发者，俗人仍呼二日一发、久不差者为痎疟，则梁王之言信而有征也。是齐侯之疟，初二日一发，后遂频日热发，故曰疥遂痁。以此久不差，故诸侯之宾问疾者多在齐也。若其不然，疥搔小患，与疟不类，何云疥遂痁乎？徐仙民音作疥，是先儒旧说皆为疥遂痁，初疥后疟耳。今定本亦作疥。

他从病情发展的角度论证，认同梁元帝的改字之说。

这一争论延续到了清代朴学，伴随着小学的兴盛，清人对"疥"的解释进行了多角度的重新讨论。承袭梁元帝、颜之推、孔颖达"痎"字之说，有洪亮吉《春秋左传诂》[5]；承袭徐邈、陆德明"疥"字之说，有段玉裁[6]、王念孙、焦循[7]、沈钦韩[8]、孙经世[9]等人的观点。王念孙认为：

---

[2] 陆德明《经典释文》，第1120页，上海古籍出版社，2013年。
[3] 王利器《颜氏家训集解》（增补本），第515页，中华书局，2013年。
[4] 陆德明《经典释文》，第1120页。
[5] 洪亮吉撰，李解民点校《春秋左传诂》，第743页，中华书局，1987年。
[6] 段玉裁《说文解字注》，第350页。
[7] 焦循著，刘建臻整理《春秋左传补疏》，《焦循全集》，第2464页，广陵书社，2016年。
[8] 沈钦韩撰，郝兆宽、陈岘点校《春秋左氏传补注》，第341页，上海古籍出版社，2016年。
[9] 孙经世著，孙怀伟点校《惕斋经说》，《孙经世集》，第45—46页，商务印书馆，2018年。

《晏子春秋·谏篇》曰："景公疥且疟。"疥之与疟不同病，故加"且"字以别之，若读"疥"为"痎"，则"痎"即是"疟"，岂有重复其义而言"疟且疟"者乎？况"疥"字古音在祭部，"痎"字古音在之部，二部之字绝不相通，若果是"痎"字，无由误为"疥"也。颜之推、孔颖达以读痎为是，皆由昧于古音，故为曲说所惑耳。[10]

《左传》所记此事又见于《晏子春秋》。《晏子春秋·内篇》："景公疥且疟，期年不已。"[11]《晏子春秋·外篇》："景公疥遂痁，期而不瘳。诸侯之宾，问疾者多在。"[12]王氏认为，《左传》之"遂"对应《晏子春秋》的"且"，"且"的前后不能是相同的事物，所以不能将前后都解释成疟疾。同时，在古音关系上"疥""痎"的古音韵部不可相通。

随着出土文献的出现，对"疥"的释义的争论更加被今人关注。上博简六有《竞公疟》篇，其首简简文有："齐竞公螽虞瘧，俞散不已"，可释作"齐景公疥且疟，逾岁不已"[13]，与《左传》《晏子春秋》相对应[14]。赞同改"疥"为"痎"的，有濮茅左[15]、林圣峰[16]、高荣鸿[17]、雷黎明[18]等；认为应当以《说文》本义解释"疥"的，有陈惠玲[19]、倪薇淳[20]、罗实珍[21]、黄蓓[22]等。综览诸家之说，今人对这个问题的研究尚有不足之处。其一，部分学者在没有深入分析的情况下就轻言假借，盲信了前人改字的说法；其二，部分学者对不改字的论证不够充分，没有综合考察文献、字形、字音和病理等多个角度，也没有穷尽性地分析相关材料。从古至今，两派学者各执一词，"疥"的释义问题始终没有论定。王宁先生指出，准确的训诂考据要做到字安、音义安、句安、文安、事安。[23]本文的目的就是要通过文献、用字、音韵、词义和病理等全方位的讨论，对"疥"

---

[10] 王引之撰，虞思征、马涛、徐炜君校点《经义述闻》，第1127页，上海古籍出版社，2018年。
[11] 张纯一撰，梁运华点校《晏子春秋校注》，第30—31页，中华书局，2014年。
[12] 同上书，第332页。
[13] 马承源主编《上海博物馆藏战国楚竹书（六）》，第159页，上海古籍出版社，2007年。
[14] 曹建国认为，与《左传·昭公二十年》"齐侯疥"、《晏子春秋》的《景公病》《景公有疾》相比较，上博简《景公疟》更像是一个综合性文本。详见曹建国《从上博六〈景公疟〉看〈晏子〉早期文本形态》，《北京社会科学》2020年第5期，第37—47页。
[15] 马承源主编《上海博物馆藏战国楚竹书（六）》，第159—160页。
[16] 俞绍宏、张青松编著《上海博物馆藏战国楚简集释》第六册，第10页，社会科学文献出版社，2019年。
[17] 高荣鸿《上博楚简齐国史料研究》，第184页，花木兰文化出版社，2010年。
[18] 雷黎明《战国楚简字义通释》，第429页，上海古籍出版社，2020年。
[19] 俞绍宏、张青松编著《上海博物馆藏战国楚简集释》第六册，第10页。
[20] 同上。
[21] 同上。
[22] 黄蓓《〈上海博物馆藏战国楚竹书〉（六、七）文字集释评述》，第13页，华东师范大学硕士学位论文，2010年。
[23] 王宁《谈训诂考据的结构和立论的规则》，《上古汉语研究》第一辑，第1—4页，商务印书馆，2016年。

的释义问题进行深入辨析和论证。

二 "齐侯疥,遂痁"的语理辨析

我们认为,改"疥"为"痎"的说法是不成立的,应当以本义释"疥"。对于改字问题,可以从语理和病理两个方面进行辨析。语理辨析主要从无文献依据、字形不相混、古音不相通等三个角度展开,可证改字说不成立。

(一)无文献依据

"齐侯疥,遂痁"的"疥"字没有异文,改字说没有文献依据,不能成立。在传世文献中,改字说缺乏文献依据是显而易见的。颜之推、孔颖达主张改字,但他们都没有见到原文为"齐侯痎,遂痁"的《春秋左传》的版本。孔颖达既认可作"痎",又言"今定本亦作疥"。他的含糊其辞与缺乏文献依据是直接相关的。

伴随着出土文献的出现,文字释读过程中又出现了改字的意见。针对上博简《竞公疟》,濮茅左认为:"本书题为《竞公疟》,而不题为《竞公疥且疟》,这一重要的结论使千年的谜团化为冰释,书题告诉我们齐竞(景)公并不是患'疥',也不是'疥''疟'同患,而是'疟',由小疟而致大疟。"〔24〕我们认为,不能轻率地根据标题改文章。此外,疟病比疥病严重,且时间在后,篇名如果概括地指病情发展后的结果,亦无不可。所以,濮氏以标题作为文章改字的文献依据,这个观点是不能成立的。

总之,在传世和出土文献中都没有写作"齐侯(景公)痎"的版本,没有任何文献证据支持改字。相反,《说文》引经与《左传》相合,传世文献和出土文献的文本一致,强化的都是释"疥"为本字的合理性。

(二)字形不相混

在没有异文等文献证据的情况下,有学者认为"疥"和"痎"的楚文字字形相近,存在讹混的可能。例如,林圣峰认为:"景公之疾本当作'痎且疟'。楚文字'疥'与'痎'字形比较接近,如'疥'包山114简作'𤵸','痎'包山13简作'𤶅',二字可能混同,导致简文与传世文献误写作'疥且疟'。"〔25〕高荣鸿征引林圣峰的观点,认为:"就'疥''痎'二字而言,楚文字写法相近,省去'疒'旁之后,'介'与'亥'形近讹混的机率非常高。"〔26〕同时,

---

〔24〕 马承源主编《上海博物馆藏战国楚竹书(六)》,第160页。
〔25〕 俞绍宏、张青松编著《上海博物馆藏战国楚简集释》第六册,第10页。
〔26〕 高荣鸿《上博楚简齐国史料研究》,第184页。

也有学者认为"疥"和"痎"的楚文字字形有明显的区别[27]。

在综合考察了"疥"和"痎"相关的楚文字字形后,我们认为,"疥"和"痎"的字形并不相混。我们以《楚系简帛文字编》[28]为材料来源,列出"介""亥""疥""疨""痎"等五个字的全部楚文字字形。

	楚系简帛文字
介	介
亥	亥亥
疥	疥
疨	疨疨疨
痎	痎痎痎痎

对比可知,"介"和"亥"的楚文字字形存在显著差别。首先,就字形上部而言,"亥"的上端写作两横,"介"字没有这样的写法。其次,从字形下部来看,"亥"字的"分"形的三撇有交叉连接点,"介"字的"勿"形则没有这样的交叉[29]。所以,在楚文字中,"介"和"亥"、"疥"和"痎"的字形区别是清晰的,"介"和"亥"、"疥"和"痎"形近相混的说法是不成立的。传世的《左传》《晏子春秋》与出土文献的用字一致,文本一致。如果主观认为"疥"和"痎"在楚文字中相混,因而假设存在一种比《竞公疟》更早的写作"齐侯痎"的文本,是完全没有现实依据的。

(三)古音不相通

除了文献、字形方面的辨析,王念孙指出的"疥"和"痎"古音韵部不相通也是重要的语理证据。现在的古音学家一般认为[30],"疥""痎"均为见纽;"疥"为月部,"痎"为之部,两个字的韵部关系确实很远。遗憾的是,王念孙的观点并没有得到应有的重视,许多讨论都没有结合古音规律,没有辨析字词的古音关系。

利用出土文献等丰富的材料,我们能够对之部、月部不相通假有更深入的认识。在

---

[27] 参见黄蓓《〈上海博物馆藏战国楚竹书〉(六、七)文字集释评述》,第13页。
[28] 滕壬生《楚系简帛文字编》(增订本),第87、1259—1260、708页,湖北教育出版社,2008年。
[29] 参见黄蓓《〈上海博物馆藏战国楚竹书〉(六、七)文字集释评述》,第13页。
[30] 参见郭锡良《汉字古音手册》(增订本),第62、59页,商务印书馆,2010年;唐作藩《上古音手册》(增订本),第73、72页,中华书局,2013年。

上古出土文献中,从未见有月部、之部通假的情况[31]。根据《简帛古书通假字大系》中通假字的韵部关系[32],之部和月部在简帛文献中从不通假。虽然《汉字通用声素研究》之部、月部通用下收录了"亥""介"相通、"才""带"相通两种情况,但两处都存在问题。其一,"古痎、疥通用。《说文》:'痎,二日一发疟。''疥,搔也。'高翔麟《说文字通》:'疥,按与痎同,两日一发疟也。'《左传·昭公二十年》:'齐侯疥。'孔颖达疏:'疥,当为痎。'疥从介声。"[33]"亥""介"相通的唯一例证是据孔疏将"疥"改作"痎",其本身是有争议的。而且这个例子是本文考证的对象,考证对象不能作为其自身的证据,所以它在本文更不能算作"亥""介"相通的例证。其二,"古带、戴通用。《淮南子·兵略训》:'含牙带角。''带',《孙膑兵法·势备篇》作'戴'。戴从戈声。戈从才声。"[34]在"含牙带角"的语境中,"戴"和"带"意义相近,二者可能是同义词换用。而且,《淮南子》的文本本身也不一定是"带"。何宁认为"带"是"戴"的讹字,并列举了诸多文献例证:"《原道篇》'牛岐蹄而戴角',《地形篇》'戴角者无上齿',《本经篇》'句爪居牙戴角出距之兽于是鷔矣',《修务篇》'血气之精,含牙戴角',皆其证。古残卷正作'戴角',《太平御览》二百七十一、九百四十四引同。"[35]因而这个例子无法直接证明"戴"和"带"通假。结合现有的材料来看,王念孙提出的之部、月部不相通假的观点依然是成立的,"疥"和"痎"不存在通假的可能性。这可以在音理上得到印证:因为之部古音属收喉,月部古音属收舌,二者的韵尾不同类,所以通转之例较少。

综上所述,在全面考察了文献、字形和古音等角度的内容后,能够得到结论:"疥"字没有异文,"疥"和"痎"字形不相混、古音不相通。因此,从文献语言的角度看,改"疥"作"痎"的观点不能成立。同时,因为有学者把患病过程当作改字的依据,我们也必须进一步展开对"齐侯疥,遂痁"的病理论证。

三 "齐侯疥,遂痁"的病理论证

在病症原理上,面临着两个重要问题。首先,在时间上,要确定齐景公是同时患"疥"和"痁"还是先患"疥"后患"痁"。其次,如果是先患"疥"后患"痁",要辨析疥疮能否发展为疟疾。改字派认为"疥"和"痁"是时间先后关系,但是疥疮不能发展为疟疾,二者

---

[31] 参见王兆鹏《上古出土文献韵部亲疏关系》,第1—22、212—235页,中华书局,2021年。
[32] 白于蓝《简帛古书通假字大系》,福建人民出版社,2017年。
[33] 张儒、刘毓庆《汉字通用声素研究》,第47页,山西古籍出版社,2002年。
[34] 同上书,第606页。
[35] 何宁《淮南子集释》,第1043页,中华书局,1998年。

无法在病情发展过程中建立联系,所以改"疥"为"痎"。在以本义解释"疥"时,因为对虚词"遂"的理解不同,大部分学者认为"疥"和"痁"是时间先后关系,少数学者则认为二者是并列关系。因此,为了正确解释"疥"的意义,必须理顺"疥"和"痁"的时间关系和病情关系。

(一)"疥"和"痁"的时间关系

为了正确理解"疥"和"痁"的时间关系,需要先解释虚词的意义。《左传》作"疥遂痁",《晏子春秋·内篇》和上博简作"疥且疟"。通过对虚词"遂""且"的考察,我们认为"疥"和"痁"在时间上是先后关系,齐景公先患疥疮后患疟疾。

张纯一在《晏子春秋》"景公疥且疟"下注云:"《释文》引《传》例'因事曰遂',非。疥,皮肤病,疟,内脏病,实不类。故梁元帝、袁狎、颜之推均以疥当为痎,盖为一'遂'字所误耳。窃以'遂'字浮夸,当从本书作'且'。'且'犹'复'也,言病疥复病疟,久不愈也。"[36]张氏以"复"解释"且"和"遂",认为疥症和疟症是并列关系。杨伯峻认为"疥"当释为本字,齐景公同时患有"疥"和"痁":"《晏子春秋·内谏上》作'疥且疟',明疥是疥,痁是痁,两病同时有,非因此疾转彼疾。"[37]他们直接用"且"可能表达的并列关系等同于"遂"的意义,有失偏颇。

为了正确理解虚词"遂""且"的作用,必须参考《左传》和《晏子春秋》整体的语法特点。对于《左传》语法,何乐士指出:"'遂''只出现在动词谓语前,且常在复句的后面分句中,表示在前一事之后,接着又做了下面的事。'遂'既有承接上文之意,又表示下面的事已成事实,也是连词性的副词。"[38]"连词'且'……可以连接词、短语和句,连接的前后两项可以是递进关系,也可以是并列关系,但它的主要作用是配合上下文表示递进关系。"[39]对于《晏子春秋》,姚振武认为:"连接句子成分时,'且'往往既可以理解为'而且',也可以理解为'并且'。前者前后两项递进意思比较浓,后者则接近于并列关系。"[40]我们认为,"遂"连接的两件事在时间顺序上具有前后接续的特点。陆德明言及"《传》例因事曰遂",正是对"遂"的意义的明确。在这种情况下,"且"可以成为确认"遂"在时间上的前后接续的意义特点的辅证,而不能简单地用"且"可能体现的并列关系来等同于"遂"的意义。从虚词的角度切入,"疥"和"痁"应当是前后的时间关系。同时,这

---

[36] 张纯一撰,梁运华点校《晏子春秋校注》,第30—31页。
[37] 杨伯峻《春秋左传注》,第1233页,中华书局,2018年。
[38] 何乐士《〈左传〉语法研究》,第199页,河南大学出版社,2012年。
[39] 同上书,第331页。
[40] 姚振武《〈晏子春秋〉词类研究》,第215页,河南大学出版社,2005年。

也可以得到病情上的印证。

(二)"疥"和"痁"的病情关系

明确了"疥"和"痁"的时间先后关系,进而综合分析词义和语境,我们能够对齐景公的病情、"疥"和"痁"的病情关系得到三点明确的认识。

第一,齐景公的病情随着时间推移而不断加重。对于齐景公的病情,《左传·昭公二十年》和《晏子春秋·内篇》分别有论述:

> 齐侯疥,遂痁,期而不瘳,诸侯之宾问疾者多在。梁丘据与裔款言于公曰:"吾事鬼神丰,于先君有加矣。今君疾病,为诸侯忧,是祝、史之罪也。"(《左传·昭公二十年》)

> 景公疥且疟,期年不已。召会谴、梁丘据、晏子而问焉。曰:"寡人之病病矣,使史固与祝佗巡山川、宗庙,牺牲珪璧莫不备具,其数常多于先君桓公,桓公一则寡人再。病不已,滋甚。"(《晏子春秋·内篇》)[41]

《左传》中臣子说"今君疾病",《晏子春秋》中齐景公自言"寡人之病病""病不已,滋甚"。对于《晏子春秋》,张纯一引孙星衍注云:"《说文》:'病,疾加也。'高诱注《吕氏春秋》:'病,困也。'"[42]无论是《左传》还是《晏子春秋》,体现的都是齐景公病情加重的事实,这可与从"疥"到"痁"的时间先后关系互相印证。

第二,孔颖达从病理出发,认为"疥"和"痁"不相关,如果改"疥"为"痎",则可以将从"痎"到"痁"理解为由"二日一发"到"频日发"的疟疾发展、病情加重的过程。孔颖达所分析的病情过程在病理上存在较大争议。

臧琳《经义杂记》反对改"疥"为"痎",认为从"疥"到"痁"是从疥疮逐渐发展为疟疾。臧琳认为"疟有频日发者为轻,间日一发稍重,二日一发难愈为最重"[43],"频日发"的疟疾比"二日一发"的病情更轻,孔颖达的改字于事理不通。郝懿行、孙经世[44]均同意臧氏的观点,王利器《颜氏家训集解》亦取臧琳说[45]。余云岫《古代疾病名候疏义》完全反对梁元帝改"疥"为"痎"的观点,部分同意臧琳的观点。他认为,频日发的疟疾才是最危险的,从"痎"到"痁"并不是疟疾病情的减轻;"频日发""间一日发""间二日发"等不同类型的疟疾的病原虫不同,不同种类的疟疾在个体的人身上无法互相转变,从"痎"转化为

---

[41] 张纯一撰,梁运华点校《晏子春秋校注》,第30—31页。
[42] 同上书,第31页。
[43] 吴平、徐德明主编《清代学术笔记丛刊》第七册,第138页,学苑出版社,2016年。
[44] 孙经世著,孙怀伟点校《惕斋经说》,《孙经世集》,第46页。
[45] 郝懿行和王利器的观点,参见王利器《颜氏家训集解》(增补本),第516—518页。

"疷"在疟疾的病理上是不成立的。[46] 余氏所论，更接近现代医学对疟疾的认识。无论臧琳、余云岫的观点有何具体差异，我们都能看到：孔颖达等通过改字构拟的小疟转大疟的病情发展关系，在病理上不一定成立，改字说的前提依据并不坚实。

第三，从"疥"到"疷"在病理上是可以成立的，"疷"在此处语境中未必指真正的疟疾。对于从"疥"到"疷"的病情过程，余云岫指出，疥疮可以造成皮肤溃破，化脓菌侵入则可引发化脓热，古人可能误把化脓热当成疟疾。[47] 余氏的论证，形成了一个从疥疮到类似疟疾的病情过程。倪薇淳认为，"疥"是疥虫感染的皮肤病，"疷"不同于疟原虫带来的疟疾，指寒热休作的疟症；"疥"治疗不当会继续感染，化脓成为"脓窝疥"，进而引起"疷"。[48] 古人对疾病的认识未必有像现代医学一样的清晰辨分。所以，在当时的人看来，齐景公先患疥疮，后患疟疾，病情加重，长期不愈。这在事理上不存在任何问题。

综上所述，"疥"和"疷"是时间先后关系，从"疥"到"疷"是病情加重的过程。这个过程在病理上可以成立，表示从疥疮（或类似疥疮）疾病发展到疟疾（或类似疟疾）疾病的患病经历。与之相反，颜之推、孔颖达等人改字的起因是认为"疥"无法发展为"疷"，这种认识本身就是错误的；他们把"疥"改为"痎"，用小疟转化为大疟来解释病情发展，这一过程本身就未必成立。所以，病理论证的结论也是应该以本义释"疥"、改字说不成立，与语理辨析的结论一致。

四　余　论

目前所见最早的主张改"疥"为"痎"的是梁元帝。对于他的观点，此前的研究未关注其改字的动因。实际上，梁元帝改字的背后有独特的时代背景。

首先，"疥"和"痎"的上古韵部关系较远，语音并不相近；到了中古音，情况发生了变化，"疥"和"痎"的字音相近。《经典释文》："旧音戒，梁元帝音该。依字则当作'痎'，《说文》云：两日一发之疟也。痎又音皆。"[49] 相关字的中古音地位分别为[50]：

	反切	音韵地位
痎、皆	古谐切	见皆开二平
该	古哀切	见咍开一平

---

[46] 余云岫编著，张苇航、王育林点校《古代疾病名候疏义》，第143页，学苑出版社，2012年。
[47] 同上书，第144页。
[48] 俞绍宏、张青松编著《上海博物馆藏战国楚简集释》第六册，第10页。
[49] 陆德明《经典释文》，第1120页。
[50] 参见郭锡良《汉字古音手册》（增订本），第59、195、61—62页。

| 疥、介、戒 | 古拜切 | 见怪开二去 |

"痎"与"该"同为见母、平声,前者是皆韵,后者是咍韵。张建坤统计了齐梁陈隋时期的押韵材料,认为皆韵字基本上"既和齐押韵又和咍灰押韵",皆韵的读音介于齐和咍灰之间,并且和咍灰的关系更为密切[51]。"痎"与"疥"均为见母,分别属于皆韵、怪韵。皆韵与怪韵属于四声相承中的平去相转,语音关系也十分密切。这足以证明上面列出的这些字中古音相近。

其次,《颜氏家训·音辞》云:"江南学士读《左传》,口相传述,自为凡例,军自败曰败,打破人军曰败。诸记传未见补败反,徐仙民读《左传》,唯一处有此音,又不言自败、败人之别,此为穿凿耳。"[52]这段材料反映了江南地区的学者读《左传》的状况:用口互相传述,自订章法。

梁元帝改"疥"为"痎"的主张,应当与中古音的语音状况、江南地区的学术风气有关。一方面,"疥"和"痎"的字音确实相近,这可以成为梁元帝改字的语音条件。另一方面,江南学士读《左传》已经是自订凡例,梁元帝以国主之尊变更《左传》读音和文字,就更不足为怪了。

(王克松:北京师范大学民俗典籍文字研究中心、
中国文字整理与规范研究中心,100875,北京)

---

[51] 张建坤《齐梁陈隋押韵材料的数理分析》,第82页,黑龙江大学出版社,2008年。
[52] 王利器《颜氏家训集解》(增补本),第680页。

中古医籍中"淋沥"词义考[*]

朱圣洁

提要： "淋沥"是医药文献中的一个常用词，其用法灵活，词义复杂，故一直以来众说纷纭，莫衷一是。本文对中古医籍中"淋沥"的词义进行考察，归纳出与淋证及消耗性疾病相关的两个义项。并根据"淋沥"的语义特征梳理其词义演变的轨迹：即基于"持续而不畅通"这一语义，自然状态中的水流滴落可引申出因淋证而产生的水流不畅，滴沥不绝；"持续而不畅通"义又可引申出"迟缓而绵延"义，进而可指消耗性疾病长久连绵，迁延难愈。此外，通过"淋沥"亦可系联出一些具有同源关系的异写词，如"连历""廉沥""淋露""淋洛"等。

关键词： 淋沥　词义　同源词　中古医籍

〇　引言

"淋沥"一词在中古医籍中多见，盖因其为中医领域常用词，故古代注家多略而不论。该词用法灵活，词义复杂，不少学者对其作过探讨，但意见颇有分歧。陈增岳在探讨"淋露"词义时指出，"淋露"就是"淋沥"，用在不同的句子中具体含义也有区别，但不外乎"小便淋沥""脓血淋沥""汗出淋沥"这三者。[1] 日本学者多纪元简、森立之将"淋沥"释作连绵不断、迁延难愈。郭秀梅在此基础上作了进一步分析，并指出"淋沥"与"淋露"实为同一联绵词。[2] 张纲则认为"淋沥"有"羸瘦"之义，最初为百病瘦症之凡称，后转为专名指传尸之疾，"淋沥""淋露"与"癃""露"之缓读不无关系。[3] 本文认为医书中的"淋沥"有专科特指性，其含义主要有二：其一指因淋证而产生的水流不畅，滴沥不绝。

---

* 本文写作过程中蒙王立军、董志翘、赵家栋、朱乐川、谭勤、宁静、白如、张祎昀、刘昕曜等师友指正，匿名审稿专家和《民俗典籍文字研究》编辑部也提出了宝贵的修改意见，在此一并致谢！

〔1〕陈增岳《隋唐医用古籍语言研究》，第302—303页，广东科技出版社，2006年。

〔2〕郭秀梅《联绵词淋沥与淋露》，《浙江中医杂志》1999年第11期，第498—500页。

〔3〕张纲《中医百病名源考》将"淋沥"的词义由来归结为语音的缓读，此说例证不足，且分析颇为曲折复杂，有诸多窒碍难通之处。故本文只作介绍，不进行讨论。张纲《中医百病名源考》，第110—114页，人民卫生出版社，1997年。

为病名或症名。其二指消耗性疾病的长久连绵,迁延难愈。亦可作专名,指传尸之疾。二义之间存在逻辑上的关联,能够梳理出词义演变的轨迹。另"淋露"与"淋沥"表义相近,为同源关系。

一 "淋沥"在中古医籍里的含义

查检中医文献,发现"淋沥"所指与中医专科知识颇为相关,其词义大致可以归纳为两类。下面结合具体例子分项论说。

(一) 与淋证相关之义

淋证是以小便频急、淋沥不尽、小腹拘急为主要表现的疾病的统称。根据症情特点,淋证可细分为石淋、气淋、血淋、膏淋等。淋证古代多称"淋",在医书中与"癃"有着密切的关系。

1."淋""癃"之形音义

"淋"表淋证之名,后起本字当作"痳"。历代字书对"痳"的解释大同小异,均指小便不利之疾。《释名·释疾病》:"痳,懔也。小便难,懔懔然也。"《慧琳音义》卷四十三"痳"注引《说文》曰:"小便病也。"唐玄应《一切经音义》卷二:"《声类》:'小便数也。'经文作淋。"《玉篇·疒部》:"痳,小便难也。""癃"也与小便异常有关:

> 《素问·宣明五气篇》:"膀胱不利为癃,不约为遗溺。"[4]隋·杨上善注:"癃,淋也。"

> 《素问·奇病论篇》:"有癃者,一日数十溲。"[5]

> 《灵枢·五味论》:"膀胱之胞薄以懦,得酸则缩绻,约而不通,水道不行,故癃。"[6]

但"淋""癃"并非一词,所指各有不同。"隆"有"丰大、高起"之义。《说文·生部》:"隆,丰大也。"《尔雅·释山》:"宛中,隆。"郝懿行义疏:"宛中隆者,谓中央下而四边高,因其高处名之为隆。""癃"从"隆"得声,故有"隆起肿大"之义[7],具体到泌尿系统疾病方面,指的是膀胱膨起肿胀。而从"林"得声的字,词义特点是"连续",如"霖"指的是持续三日以上的雨。"淋"是指水流的连续不绝,涉及淋证这类疾病时多表示小便的淋沥不尽。

---

[4] 崔为《黄帝内经素问译注》,第140页,黑龙江人民出版社,2004年。
[5] 同上书,第251页。
[6] 苏颖《黄帝内经灵枢译注》,第351页,黑龙江人民出版社,2004年。
[7] "癃"的本义为"罢"(疲病)。《说文·疒部》:"癃,罢病也。"在词源上"疲病"义无法与"肿胀"义产生联系,就共用一个字形来说,是同形字关系;就词来说,是异义同音词的关系。

可见，"癃"与"淋"虽然都与淋证有关，但着眼点却略有不同。在命名上，前者主要突出膀胱肿胀闭塞、壅积不通的内在状态，是排尿前的现象；后者则重在强调小便滴沥不畅、持续不断的外在结果，是排尿过程中的现象。也就是说，"癃""淋"本身的词义有差别，不能等同。但在医理上二者却有相因关系，属于同一个上位概念，"癃"的状态会引起"淋"的结果。

"癃""淋"的医学关联性较强，在文献中共现的情况不少，且由于语音接近（"癃"古音来母冬部，"淋"古音来母侵部，冬侵通转可通），二者在一些语境里不加区别，用法存在交叉。例如：

《素问·刺疟论》："足厥阴之疟，令人腰痛，少腹满，小便不利，如癃状，非癃也。"[8]

《武威医简》第9号简："治诸癃[9]，石癃出石，血癃出血，膏癃出膏，泔癃出泔，此五癃皆同药治之。"[10]

《武威医简》第85乙简："湿而养（痒），黄汁出，辛恿（痛），五日小便有余，六日茎中痛，如林（淋）状。"[11]

但到了东汉时期，张仲景医书中却只见用"淋"而不见用"癃"：

《金匮要略·五藏风寒积聚病脉证并治》："热在下焦者，则尿血，亦令淋秘不通。"[12]

《金匮要略·消渴小便利淋病脉证并治》："淋之为病，小便如粟状，小腹弦急，痛引脐中。……淋家不可发汗，发汗则必便血。"[13]

这或许与东汉避殇帝刘隆名讳有关。魏晋南北朝以后，"癃""淋"又开始混用：

晋·皇甫谧《针灸甲乙经》卷十一"阳厥大惊发狂痫"："癫疾发如狂走者，面皮厚敦敦，不治；虚则头重，洞泄，淋癃，大小便难，腰尻重，难起居，长强主之。"[14]

隋·巢元方《诸病源候论》卷四十九"气淋候"："气淋者，肾虚，膀胱受肺之热气……小腹气满，水不宣利，故小便涩成淋也。其状膀胱小腹皆满，尿涩，常有余沥是也，亦曰气癃。"[15]

---

[8] 崔为《黄帝内经素问译注》，第199页。
[9] 早期出土文献中，"癃"多写作"瘙"，二者为异体字。
[10] 张延昌《武威汉代医简注解》，第7页，中医古籍出版社，2006年。
[11] 同上书，第37页。
[12] 何任《金匮要略校注》，第118页，人民卫生出版社，1990年。
[13] 同上书，第139页。
[14] 张灿玾、徐国仟《针灸甲乙经校注》，第1732页，人民卫生出版社，1996年。
[15] 丁光迪《诸病源候论校注》，第1393页，人民卫生出版社，1991年。

宋元以后,特别是明清时期,医书中便开始有意识地区别"癃""淋""闭"三者:

  元·朱震亨《丹溪心法》卷三"淋":"淋闭,古方为癃。癃者,罢也。不通为癃,不约为遗。小便滴沥涩痛者谓之淋,小便急满不通者谓之闭。"[16]

  明·楼英《医学纲目》卷十四"闭癃分二病":"闭癃,合而言之,一病也。分而言之,有暴久之殊。盖闭者暴病,为溺闭,点滴不出,俗名小便不通是也。癃者久病,为溺癃,淋沥点滴而出,一日数十次或百次,名淋病是也。"[17]

  清·吴谦《医宗金鉴》卷四十三"小便闭癃遗尿不禁总括"注云:"膀胱热结,轻者为癃,重者为闭。"[18]

这说明随着医疗卫生的进步,医学概念逐渐细化,"癃""淋"从早期习惯于统言小便不利之疾发展到后来析言以明各自特点。

2."淋沥"之义

中古医籍在描绘与淋证相关的疾病特征时,常用双音词"淋沥"来形容。从文献用例来看,"淋"多用作病名,一般就是指称淋证;而"淋沥"更多的时候是作为症状词出现,形容淋证发生时水流不畅、滴沥不绝的样子。例如:

  《伤寒论·辨不可下病脉证并治》:"医反下之,故令脉数发热,狂走见鬼,心下为痞,小便淋沥,小腹甚硬,小便则尿血也。"[19]

  《诸病源候论》卷十四"诸淋候":"诸淋者,由肾虚膀胱热故也。……肾虚则小便数,膀胱热则水下涩,数而且涩,则淋沥不宣,故谓之为淋。"[20]

  《外台秘要》卷二"伤寒百合病方七首":"其状小便淋沥难者,病在下焦也,四十三日当愈。"[21]

"淋沥"又可写作"淋淋沥沥"。

  《金匮翼》卷八"闭癃遗尿":"癃者,罢弱而气不充,淋淋沥沥,点滴而出,或涩而疼,一日数十次,俗名淋病者是也。"[22]

由于淋证最具代表性的症状是尿道涩痛,滴沥不尽,故文献中"淋沥"与"小便"搭配的情况最为常见。不过造成淋证的病因有很多种,呈现的症状也存在差异,因此"淋沥"所形容的对象并非只有小便。凡是具有液体性质的分泌物(如经血、脓液、恶露、大便

---

[16] 高新彦等《丹溪心法评注》,第133页,三秦出版社,2005年。
[17] 楼英《医学纲目》,第477页,人民卫生出版社,1987年。
[18] 吴谦《医宗金鉴》,第416页,辽宁科学技术出版社,1997年。
[19] 刘渡舟《伤寒论校注》,第262页,人民卫生出版社,1991年。
[20] 丁光迪《诸病源候论校注》,第439页。
[21] 王焘撰、高文铸校注《外台秘要方校注》,第38页,华夏出版社,1993年。
[22] 尤怡《中国医学大成·金匮翼》,第18页,上海科学技术出版社,1990年。

等)都可以用"淋沥"形容,强调的是液体持续不断的一种普遍状态。如:

《诸病源候论》卷三十八"崩中漏下候":"崩而内有瘀血,故时崩时止,淋沥不断,名曰崩中漏下。"[23]

《医心方》卷六"治卒腰痛方"引《小品方》:"妇人女子月崩去血,乍止乍发,及滞下淋沥,长去赤白杂汁,皆灸此。"[24]

由于中医对病、症的区分并不是很明确,所以在一些语境中"淋沥"的词义比较灵活,用法上与"淋"接近。比如:

《神农本草经》卷三:"贝母:味辛,平,无毒。治伤寒烦热,淋沥邪气,疝瘕,喉痹,乳难,金疮,风痉。"[25]

《备急千金要方》卷六十四"淋闭":"治膏淋方:捣葎草汁二升、醋二合和,空腹顿服之,当尿小豆汁也。又浓煮汁饮,亦治淋沥。"[26]

中医思维注重取象比类,语言中善于化用自然界的事物来反映医学知识。古代医书为了形象地表现淋证发生时多伴有液体渗出,并呈现持续不断、连绵不绝的特点,常使用"淋沥点滴出""淋沥不断"一类描述,让人直观上觉得淋证的显著特征就像淅淅沥沥的小雨一样:

宋·陈自明《妇人大全良方》卷二十三"产后诸淋方论":"淋者,如雨之淋也。"[27]

(二)与消耗性疾病相关之义

"淋沥"除了用来形容由淋证引起的水流不畅,滴沥不绝之外,还与消耗性疾病相关。通常所说的消耗性疾病以恶疮、慢性病、传染病为主,但宽泛地说,任何疾病只要持续时间长久都会损耗人体,因此都能归入消耗性疾病的范畴。中古医书中"淋沥"与"寒热(病)"相连使用的情况非常普遍:

《金匮要略·果实菜谷禁忌并治》:"桃子多食,令人热,仍不得入水浴,令人病,淋沥,寒热病。"[28]

《肘后备急方》卷一"治尸注鬼注方":"其病变动,乃有三十六种至九十九种,大略使人寒热淋沥,恍恍默默,不的知其所苦,而无处不恶。"[29]

---

[23] 丁光迪《诸病源候论校注》,第1106页。
[24] [日]丹波康赖编撰,沈澍农等校注《医心方校释》,第522页,学苑出版社,2001年。
[25] 马继兴《神农本草经辑注》,第211页,人民卫生出版社,1995年。
[26] 李景荣等《备急千金要方校释》,第458页,人民卫生出版社,1998年。
[27] 陈自明《妇人大全良方》,第686页,上海人民出版社,2005年。
[28] 何任《金匮要略校注》,第256页。
[29] 葛洪《肘后备急方》,第23页,上海人民出版社,2005年。

《外台秘要》卷四"温病劳复方四首"："小儿淋沥寒热，胪胀大腹，不欲食，食不生肌。"[30]

"寒热"是消耗性疾病最典型的症状，持续恶寒发热会严重损耗人体机能并且加重病情，最终发展成反复难愈的恶疾。淋证在广义上也属于消耗性疾病：

《本草纲目·草部》："人参：治男妇一切虚证，发热自汗，眩晕头痛，反胃吐食，痎疟，滑泻久痢，小便频数淋沥，劳倦内伤。"[31]

因此"淋沥"含有"绵延难愈"这层意思。正如森立之《本草经考注》所说："淋沥者，即淋淋沥沥，延日月不愈之义。"[32]多纪元简《金匮玉函要略辑义》也指出："淋沥，寒热连绵不已之谓。"[33]

中古医书中最具代表性的消耗性疾病为"传尸之疾"，也就是痨病。从现代医学角度看，这种疾病类似于今天的肺结核，以持续时间久、机能耗损大、传染性强为主要特征。例如：

《外台秘要》卷十三"传尸方四首"："又论曰：'传尸之疾，本起于无端。莫问老少男女，皆有斯疾。大都此病相克而生，先内传毒气，周遍五脏，渐就羸瘦，以至于死。死讫复易家亲一人，故曰传尸，亦名转注。以其初得半卧半起，号为殗殜。气急咳者，名曰肺痿。骨髓中热，称为骨蒸。内传五脏，名之伏连。不解疗者，乃至灭门。假如男子因虚损得之，名为劳极，吴楚云淋沥，巴蜀云极劳。'"[34]

《医心方》卷十三"治传尸病方"引《玄感传尸方》云："传尸之疾，本起作无端，莫问老少男女皆有斯疾。大都此病相克而生，先内传毒气，周遍五藏，渐就羸瘦至于死，死讫复易亲一人，故曰传尸，亦名转注；以其初得半卧半起，号殗殜；内传五藏名之伏连。不解疗者，乃至灭门。假如男子因虚损得之，名为劳极，吴楚云淋沥也，巴蜀云劳瘵也。"[35]

上述二例列出了传尸之疾的众多异名：转注、殗殜、肺痿、骨蒸、伏连（复连）、劳极、淋沥、极劳、劳瘵等。除此之外，还有尸注、劳疰、毒疰、鬼疰、寒热病等别称。这些异名是古人根据发病缘由、发病症状、地域方言等因素而创造的。由于时代的限制，古人对于疾病的认知往往缺乏理性，尤其对疾病的发病缘由认识不足，但对疾病的症状和特性却善于留心观察，能够从具体的医疗实践中总结经验，发现规律，因此他们更多的是站

---

[30] 王焘撰，高文铸校注《外台秘要方校注》，第66页。
[31] 中华中医药学会《本草纲目》（新校注本·第三版），第491页，华夏出版社，2008年。
[32] [日]森立之《本草经考注》，第351页，上海科技出版社，2005年。
[33] [日]多纪元简《金匮玉函要略辑义》，第550页，学苑出版社，2011年。
[34] 王焘撰，高文铸校注《外台秘要方校注》，第236页。
[35] [日]丹波康赖编撰，沈澍农等校注《医心方校释》，第886页。

在疾病症状和特性的角度对疾病进行命名。在吴楚方言中,男子因虚损而得的传尸之疾称作"淋沥",可能正是源于人们观察到这一疾病具有绵延不已、断断续续、反复难愈的特点。

根据以上分析,可以大致归纳出中古医籍中"淋沥"的两个义项:其一指因淋证而产生的水流不畅,滴沥不绝。为病名或症名。其二指消耗性疾病的长久连绵,迁延难愈。亦可作专名,指传尸之疾。陈增岳对"淋沥"的解释与第一个义项相关,而郭秀梅的看法则与第二个义项接近。这两种观点都是基于有限的材料,在某些特定语境中去解释"淋沥"的词义,虽然有一定合理之处,但由于没有对医书中的用例进行系统的分析和总结,所以得出的结论不够全面和准确。而《汉语大词典》将"淋沥"统释为"滴落貌",没有考虑到"淋沥"作为中医专科词语所具备的特殊内涵,应当据此补充上述两个义项。

二 "淋沥"的词义演变与专科特指性

"淋沥"在中古医籍中为何有上述二义?这两个义项之间是什么关系?值得进一步分析。张永言先生曾指出:"了解词义的引申关系,理清其发展线索,对于训释语辞是极其重要的;只有这样,才能做到执简驭繁,有条不紊。"又说:"探讨词义的发展,最重要的是掌握词的本义和中心义这一环。"[36]下面试作分析。

"淋沥"的本义与水流滴落有关,它的词义特点是"持续而不畅通"。一般文献中"淋沥"多用来形容自然界或人体(汗水、泪水等)在自然状态下产生的水流滴落之貌。但在医学文献中"淋沥"却有特殊的专科内涵,与普通义之间既有联系又有区别。淋证是与"淋沥"直接相关的病证,在形容这一疾病时,中医借用普通词语"淋沥"的外在形式,并赋予其特定的医学内涵,从而使其由表示一切自然状态下产生的液体滴落,转而专门用来形容因淋证而导致的水流不畅,滴沥不绝。水流不畅,滴沥不绝所呈现的状态是迟缓而绵延,因此"淋沥"可以引申出"迁延持久、反复不断"之义,而绵延难愈的特点又正是消耗性疾病所具备的。从"淋沥"的词义引申路径来看,两个义项之间存在逻辑上的关联。例如:

> 《诸病源候论》卷四十"发乳余核不消候":"此谓发乳之后,余热未尽,而有冷气乘之,故余核不消。复遇热,蕴积为脓。亦有淋沥不瘥,而变为瘘也。"[37]

结合上下文可知,"淋沥不瘥,而变为瘘也"是说疮疡溃烂后孔中流出的脓水如果一

---

[36] 张永言《语文学论集》(增订本),第66—68页,复旦大学出版社,2015年。
[37] 丁光迪《诸病源候论校注》,第1176页。

直滴沥不止,时间久了会变为"瘘"这种恶疮。

《诸病源候论》卷四十七"尸注候":"尸注者,是五尸之中一尸注也。人无问小大,腹内皆有尸虫,尸虫为性忌恶,多接引外邪,共为患害。小儿血气衰弱者,精神亦羸,故尸注因而为病。其状沉默,不的知病处,或寒热淋沥,涉引岁月,遂至于死。"[38]

此例指出"尸注"的表现为沉静不言,不知病在何处,且会出现持续寒热淋沥的症状,拖延时日长久便会死亡。《诸病源候论》"蛊注候"条也有相似的描述,并提到"缓者涉历岁月"。"涉引岁月""涉历岁月"等均可从侧面反映出疾病迁延长久。

综合来看,"淋沥"在中古医籍里的二义均有专科特指性,根据具体语境可以表达不同的医学意义。虽然"淋沥"在全民通用词语的基础上产生,但当其进入中医语域后,受学科内容和特点的影响会引申出具有专科内涵的语义。相较于普通用语,中医用语的弹性和生动性都更强,行文中习惯使用一些形象的词语来描绘疾病。中医在长期的医疗观察中发现,淋证最突出的表现是人体因泌尿系统异常而产生液体,并呈现水流不畅、连绵不绝之态。这恰好与自然状态中水流滴落之貌非常相似。词义引申始终以词义特点作为内部依据,"淋沥"在"水流不畅,滴沥不绝"义的基础上进一步引申出"迟缓而绵延"义,从而演变出与消耗性疾病相关的义项。

三 与"淋沥"相关的同源词

从来源看,"淋沥"属于义合式联绵词。王宁先生认为这类联绵词原本是两个同源词,本可以分开来单用或单解,凝固后保持了词源意义所带来的词义特点。[39]"淋"与"沥"为同源词,在文献中单用的情况非常普遍,均可表"液体滴落"之义,合成凝固为联绵词后保持了"滴沥不绝"之义。翻检医书可系联出几组与"淋沥"语义相关的成员,如下:

(一)"连历""廉沥"

《诸病源候论》卷十"瘴气候":"尸疸疾者,岭南中瘴气,土人连历不瘥,变成此病,不须治也。"[40]

---

[38] 丁光迪《诸病源候论校注》,第1329页。
[39] 王宁《古代汉语》,第109页,高等教育出版社,2012年。
[40] 丁光迪《诸病源候论校注》,第337页。

宋·张杲《医说》卷八"反治法":"《经》云:寒积内凝,久痢泻溏,愈而复发,连历岁时。"[41]

唐·张彦远《法书要录》卷二"陶隐居又启":"'治廉沥'一纸(凡二篇,并是谢安、卫军参军任靖书),后又'治廉沥狸骨方'一纸(是子敬书,亦似摹迹)。"[42]

"连历"与"廉沥"均不见于辞书,就具体语境来看,前两例中的"连历"与淋证相关,指水流不畅,滴沥不绝。其中《诸病源候论》"瘴气候"的"连历不瘥",正可与前引同书卷四十"发乳余核不消候"条"淋沥不瘥"比证。而《书法要录》中的"廉沥"则为病名,指传尸之疾,因为"狸骨"是治疗传尸的良药。由此可见,"连历""廉沥"在语义上与"淋沥"基本相同。在语音方面,二词与"淋沥"接近,且均为双声。"连"古属来母元部,"廉"古属来母谈部,"淋"古属来母侵部,三字声母相同,侵元、侵谈皆旁转可通;"沥"与"历"则为谐声,同为来母锡部字。

(二)"淋露""淋洛""淋路""淋潞"

《神农本草经》卷一:"木香:味辛,温,无毒。主邪气,辟毒疫,温鬼,强志,主淋露。"[43]

《备急千金要方》卷二十六"鸟兽":"凡猪肉,味苦微寒……又主中风,绝伤,头中风眩,及诸淋露,奔豚暴气。"[44]

《千金翼方》卷二"本草上":"黄芩:味苦,平,大寒,无毒。主诸热,黄疸……利小肠,女子血闭,淋露下血。"[45]

《诸病源候论》卷三十八"八瘕候":"令人苦四肢寒热,身重淋露,不欲食。"[46]

以上四例中的"淋露"都与淋证相关,前三例用法常见且词义明显,为病名或症名。最后一例中的"身重淋露"在医书中有接近的说法,如:

《素问·气交变大论篇》:"民病腹满,身重濡泄,寒疡流水,腰股痛发。"[47]

《备急千金要方》卷二"妊娠诸病":"上二味末之,以水服方寸匕,日三,小便利则止。仲景云:'妊娠有水气,身重,小便不利,洒淅恶寒,起即头眩。'"[48]

---

[41] 张杲《医说》,第362页,上海人民出版社,2005年。
[42] 张彦远《法书要录》,第15页,上海人民出版社,2005年。
[43] 马继兴《神农本草经辑注》,第66页。
[44] 李景荣等《备急千金要方校释》,第568页。
[45] 李景荣等《千金翼方校释》,第39页,人民卫生出版社,1998年。
[46] 丁光迪《诸病源候论校注》,第1112页。
[47] 崔为《黄帝内经素问译注》,第371页。
[48] 李景荣等《备急千金要方校释》,第36页。

从语境上看,"淋露""濡泄""小便不利"都可以用"淋沥"来替换,它们所表之义接近,都指因淋证引起的水流不畅、滴落不绝。

《灵枢·九宫八风》:"三虚相搏,则为暴病卒死。两实一虚,病则为淋露寒热。"[49]

《灵枢·官能》:"知补虚泻实,上下气门,明通于四海。审其所在,寒热淋露。"[50]

《医心方》卷十八"辟蛊毒方"引《葛氏方》:"令人腹内坚痛,面目青黄,淋露骨立,色变无常方。"[51]

"淋露寒热""寒热淋露"与前文所举"淋沥寒热"词义类似,当解作消耗性疾病长久连绵、迁延难愈。古代有些注家不明二者关系而望文生义,认为"淋露寒热"的意思是淋雨或露风而引起发热。如:

明·马莳《黄帝内经灵枢注证发微》:"淋露寒热,盖人为露所淋,必发为寒热也。"[52]

明·张介宾《类经》:"其病则或因淋雨,或因露风,而为寒热。"[53]

第一例中的"淋露"在《黄帝内经太素》中写作"淋洛"。"洛"古音来母铎部,"沥"古音来母锡部,锡铎旁转可通。"露"以"路"为声符,"路"从"各"得声;"洛"亦从"各"得声,故露、洛古音可通。《医心方》中"淋露骨立"的类似说法较多,除了在同书卷二十五"治小儿淋病方"中写作"淋沥形羸"之外,中古医书中还有其他形式,如:

《备急千金要方》卷十二"万病丸散":"若淋沥瘦瘠,百节酸疼,服一丸,日三。"[54]

这些例子都能够证明"淋露骨立""淋沥形羸""淋沥瘦瘠"意思接近,均指消耗性疾病由于迁延难愈而使人羸弱消瘦。"面目青黄""骨立""形羸""瘦瘠"正是人体长期受损而产生的直观结果。由此可见,"淋露""淋洛"与"淋沥"是词义相通、语音接近的同源词。

"淋露"又可写作"淋路""淋潞"等不同形体,如:

《医心方》卷三十"五谷部":"《本草》云:生大豆,味甘,平。涂痈肿,煮饮汁,煞鬼毒,止痛,逐水胀,除胃中热痹,伤中,淋潞,下淤血。"[55]

《医心方》卷十四"治注病方"引《僧深方》:"病苦淋路痟瘦,百节酸疼,服一丸,日三。"[56]

综上,"连历""廉沥""淋露""淋洛""淋路""淋潞"等是由"淋沥"系联出的一组异写

---

[49] 苏颖《黄帝内经灵枢译注》,第 446 页。
[50] 同上书,第 408 页。
[51] [日]丹波康赖编撰,沈澍农等校注《医心方校释》,第 1189 页。
[52] 马莳《黄帝内经灵枢注证发微》,第 272 页,科学技术文献出版社,1998 年。
[53] 张介宾《类经》,第 984 页,人民卫生出版社,1985 年。
[54] 李景荣等《备急千金要方校释》,第 278 页。
[55] [日]丹波康赖编撰,沈澍农等校注《医心方校释》,第 1834 页。
[56] 同上书,第 923 页。

同源词。它们语音接近且词义相关,在固定搭配上没有太大的差别,可能只是在个别语境中某个搭配形式用得多一些而已。因此,陈增岳、郭秀梅认为"淋沥"与"淋露"等就是同一个词的说法不太妥当。

四 余 论

中医文献里有相当一部分使用频繁且具有医学特指意义的词语,它们通常是全民语域里的常用词。这些在中医语域里具有特指性的常用词因外部形式与普通用语无别,所以往往不被重视。但正是这部分词语在具体语境中表达了特殊的医学含义,与日常用语中的意义有很大区别。在阅读古代医书时,若不关注这些医学常用词,则很有可能导致对文本的误解,进而影响临床医学。因此对中医文献中那些具有特殊医学内涵的常用词进行全面的整理和研究是一项非常有意义且必要的工作。本文仅以中古医籍中的"淋沥"作为研究个案,一方面考察该词的医学内涵,归纳其医学语义,希望为医学文本的解读以及辞典的编纂提供一些有价值的参考;另一方面,也尝试探索其特殊义与常用义之间的关系,以期为全民通用词汇与中医专科词汇意义之间的关系提供材料上的支持。

参考文献

(1) 郭秀梅、崔为等《"癃""淋"音义考》,医古文知识,2000年,第1期。

(朱圣洁:北京师范大学民俗典籍文字研究中心,100875,北京)

清代官韵书《佩文诗韵》源流与流变考(上)*

张民权　许文静

提要： 按照清人说法,历史上流传下来的诗韵著作以元代阴时夫《韵府群玉》为典型,其"以事系韵,以韵摘事"的著述体例,即为既有韵字音义注释又广收词藻的韵书,对后来诗韵著作影响深远。其后明代诗韵著作则舍弃其事类词藻,摘录其韵字编成"韵字音义"性音韵学著作。所以诗韵著作实际上包含两类,一类是所谓"韵府类"音韵学著述,一类为"韵字音义"型诗韵著作。清代诗韵著作是以《佩文韵府》为基础而衍生的,《佩文诗韵》为官韵书,也就是清朝的"礼部韵略",而后由此产生了许多民间改编本,林林总总,稂莠不齐,其中最有代表性的著作是嘉庆间周兆基的《佩文诗韵释要》及清末汤文潞《诗韵合璧》等,流传甚广,不断翻刻校订。本文从《佩文韵府》编撰出发,详细研究了《佩文诗韵》的性质及其私家改编本的版本内容等,并对周氏《佩文诗韵释要》内容编排及其在清代的版刻情况作了比较详细的介绍。文章尽量做到以点带面,点面结合。

关键词： 清代官韵　著述源流　民间改编　诗韵流变　形式多样

引　言

清代音韵学研究虽说琳琅满目,著作如林,但概括起来不外乎四类:一是《诗经》古音源流研究,顾炎武《音学五书》、江永《古音标准》是也;二是《广韵》音系的今音研究,李光地、王兰生奉命编写的《音韵阐微》、陈澧《切韵考》之类是也;三是等韵学研究,江永《四声切韵表》和庞大堃《等韵辑略》等皆是;四是以《佩文韵府》和《佩文诗韵》为主体的诗韵著作及后来各种私家改编本,它们着眼于实用,著作详见文中介绍。本文要研究的是最后一类,清代诗韵著作及其源流发展,而学界对此关注甚少。

研究清代诗韵著作的意义在于,可以从韵书史的角度,完整地反映自《切韵》以来中国传统韵书的传承、发展及其流变过程,同时,也可以揭示清代科举制度及其考试科目内容等文化史问题,在韵书史和清代科举制度史的研究均有一定的意义。

---

* 本文为国家社科基金冷门绝学专项《元代〈礼部韵略〉系韵书文献整理与研究》阶段性成果,项目编号 19VJX110。

所谓"诗韵"著作有广义、狭义之分,广义上凡是研究诗歌押韵、帮助读者提高作诗技巧的著作,皆是诗韵著作,尤其是历史上具有科场性质的应试诗赋用韵。狭义上是指元阴时夫《韵府》以来[1],以所谓"平水韵"106韵为基础的诗韵研究著作或普及性著作。清代《四库全书总目提要》(简称《提要》)曾辨析曰:"然则其始以《韵府》之类便于作诗押用,遂谓之诗韵。其后但收韵字,不载词藻者,亦遂沿用其名耳。"[2]所以,诗韵著作包括收录历史典故"词藻"和不载词藻的两类。后一种韵书一般以官方修撰的《礼部韵略》为研究对象,或改编或修订。

历史上所谓"平水诗韵",是从金代《礼部韵略》开始的,此书为金朝礼部所编,其韵字和反切注音多依《广韵》,并以《广韵》同用独用为基础,参照《集韵》和宋《礼部韵略》同用独用之新规定,再合并为106个韵部,以后元朝《礼部韵略》亦沿用之。它是元明清以来近体诗押韵的基本准绳,《韵府群玉》编写以金元《礼部韵略》为基准,成为"平水韵"之典型。如果将《韵府群玉》中的词藻等删除,仅保留韵字注释,就是一部比较完整的元代礼部韵略系韵书了。所以,近代诗韵著作是从金代《礼部韵略》开始的,《韵府群玉》为其典型。因黄公绍、熊忠《古今韵会举要》凡例中提及"江北平水刘渊"韵书,又在韵书中言韵字"据平水韵增",所以后人便直接称刘渊韵为"平水韵",其实,这是一个自元明清以来误解了几个世纪的传说。[3] 自清代以来,学者们对此就做了很多的辩证工作,如钱大昕、王国维等,现代学者宁继福(忌浮)先生最为用功,著作《古今韵会举要及相关韵书》(1997)和《汉语韵书史金元卷》(2016),都有相当篇幅的文字研究。笔者2014年发表的《金代〈礼部韵略〉及相关韵书研究》也做了深入的考察,近年来,又发表了系列相关研究论文(参见注释部分)。

金《礼部韵略》不存,具体表现在王文郁《新刊韵略》中,其他历史文献也有间接反映。[4]所谓"刘渊韵"即历代相传的"平水韵",实际上就是王文郁的《新刊韵略》。[5]以后元朝

---

[1] 所谓"平水韵"即《新刊韵略》106韵为阴氏《韵府》之源,但元以后鲜有见者,故本文言自阴氏《韵府》以来诗韵著作发展云云,文中有辨析文字。

[2] 参见《四库全书总目提要》卷四十四吴国缙《诗韵更定》提要。

[3] 参见田迪、张民权《〈韵会〉引述刘渊〈壬子新刊礼部韵略〉性质考——兼论〈韵会〉所引"平水韵"韵字问题》,《山西大学学报(哲学社会科学版)》2018年第5期。

[4] 除此之外,金末张天锡编写的《草书韵会》,也可反映金代《礼部韵略》一些问题,其韵部分合及韵字与《新刊韵略》同(韵字少于《新刊》)。上世纪初,俄国人在西夏故地黑水城探寻发现的韵书残卷《韵略》,根据我们的研究,就是金代早期《礼部韵略》。残卷收录于1996年上海古籍出版社出版的《俄藏黑水城文献》一书中。以上内容参见拙文《王文郁〈新刊韵略〉源流及其历史嬗变》,《励耘语言学刊》第34辑,2021年。

[5] 据《韵会》,刘渊韵107部,比《新刊韵略》多出上声二十四迥韵。其卷首韵目叶注曰:"近平水刘氏《壬子新刊》始并通用之类以省重复。上平声十五韵,下平声十五韵,上声三十韵,去声三十韵,入声一十七韵,今因之。"这是一个颇有疑问的说法。首先"始并通用之类以省重复"者,应为金代《礼部韵略》;其次,熊忠故意将金朝礼部韵归之"刘渊韵",是混淆视听,以避嫌元人怀疑。对此,我们在《金代〈礼部韵略〉及相关韵书研究》一文中有详细的研究,文载《中国语言学报》2014年第16期。

人科举,使用的也是《新刊韵略》并略有增补修订。[6] 阴时夫《韵府群玉》依据的就是修订后的元《礼部韵略》,其韵部和韵字皆依此而编写。明朝科举取消诗赋考试科目,因此,明代没有编修《礼部韵略》,《洪武正韵》只是一般的韵书而已。但文人们写诗还是遵用"平水韵",同时民间有很多研究诗韵的著作,这些著作以阴时夫《韵府群玉》106韵部及其韵字为基础编写,如潘恩的《诗韵辑略》和余象斗的《诗韵正宗》(或曰《韵林正宗》),以及徐尔铉《诗韵考裁》和张琳《诗韵捷径》等,皆本于阴氏《韵府》。[7] 因为"渊书"不存,王文郁《新刊韵略》鲜见于世,故清人论诗韵之作,实肇于阴氏《韵府》,"是《韵府》《诗韵》,皆以为大辂之椎轮"(《提要·韵府群玉》)。

清代实行科举制度,其诗赋考试之官韵书是《佩文诗韵》,《佩文诗韵》是依据《佩文韵府》编撰的。可以说,《佩文韵府》是其编写基础和前身。[8] 其编撰时间应在康熙五十年《韵府》编成之后,其主要编修人员也应当是《韵府》的原班人马。《佩文韵府》编撰始于康熙四十三年(1704年),成书于康熙五十年(1711年)。此书袭取元阴时夫《韵府群玉》和明凌以栋《五车韵瑞》诸书,继承"事系于字,字统于韵"的编写原则,广收词藻,阴氏、凌氏有者取之,无者补之,故篇幅巨大。虽曰只有106卷(一个韵部一卷),后《四库全书》录入时以篇页繁重,编为四百四十四卷,譬如一个东韵就分为五卷。如此巨大篇幅,一般士人很难购置,不适于科场实用。于是《佩文诗韵》应运而出。

《佩文诗韵》的编撰,是将该书所分的106部管辖的韵字及其释义等摘举出来,其分韵及辖字与《佩文韵府》相同,只有少数韵字的去留差异,不足20字[9],只是没有《韵府》中那些韵藻、对语或摘句,但韵字的训诂解释还基本保留着。此书实际上是一部新的"平水诗韵"改编本,所以清人一般称为"诗韵"或"官韵",它是清朝政府规定的场屋用书。然而是书以今日学术研究观点视之,其缺点还是很多:首先是小韵编排混乱,同音字不能编排在一起,且字字注音,没有小韵概念;其次是注释繁复,虽然删去了原有的词藻、对语等,但释义还是比较繁复,不符合场屋科举韵书"简略"性要求,因为官韵书要发给场屋考生备用,宋元以来科举制度均如此。[10] 历朝"礼部韵略"有个共同特点,就是简

---

[6] 今传世的韵书有元统吕氏会文书堂刊刻的《文场备用排字礼部韵略》等元刊本。

[7] 明代诗韵著作情况,宁忌浮《汉语韵书史·明代卷》部分略有研究,第三章"诗韵"韵书部分,列写了十一种韵书着重介绍。可参阅。

[8] 也有人认为,《佩文诗韵》编撰在前,《佩文韵府》编撰在后。如清道光间李元祺《佩文广韵汇编》凡例言曰:"我朝圣祖仁皇帝病其简略(按:指阴氏《韵府群玉》),命儒臣重增益之,得万二百三十五字,名曰《佩文诗韵》。继又加以训释典故,名曰《佩文韵府》,颁学官而用以取士。同文之盛,此其一端矣!"按:李氏看法与当时多数人不一致,故本文不取。笔者颇疑李氏所言《韵府》《诗韵》关系有误。

[9] 其中《诗韵》有而《韵府》无者5,《诗韵》无而《韵府》有者8。情况比较复杂,容今后另文研究。

[10] 官韵书是可以带入考场的,历史文献都有记载。如宋·李焘《续资治通鉴长编》卷六十记载,真宗景德二年,礼部贡院言:"旧敕止许以《篇》《韵》入试,今请除官《韵略》外,不得怀挟他书策。"《宋史全文》:"上又曰:自来士人许带《韵略》,多缘此杂以他书。乃诏今后《韵略》及刑统律文等,并从官给。"

略便用,韵字以诗文常用字为主,一般万字以内,注释简略,以方便士子科场临时查检。

我们知道,宋朝有官韵书《礼部韵略》,金人也有礼部韵书,它们编撰都很简略。[11]或因为简略,所以清朝官方没有向社会正式颁布过一本具有"监本"性质的《礼部韵略》,虽然场屋给考生一本"官韵书",但往往是没有注释的简本"韵字表"。[12] 一些比较全的官韵书只存于内府或少数官员手中。正因为如此,《四库全书》没有收录,于是,才有后来民间很多改编本,诸如嘉庆间朱奎《诗韵音义注》、李元祺《佩文广韵汇编》和周兆基《佩文诗韵释要》等。据清人官方文件,《佩文诗韵》原书共收韵字 10252 个,与《佩文韵府》(10257 字)上下。[13] 后来人们在刊刻周兆基《佩文诗韵释要》时,字数略有增加,以光绪十二年陆润庠序刻本计算,为 10305 字。这些数字都超过了宋金时期《礼部韵略》。[14]

清人为了与前代韵书争雄,往往在一些官修韵书上增修韵字,以夸其多。如《钦定音韵述微》凡例记载的几部韵书:

> (宋)《礼部韵略》止九千五百九十字。后有续降补遗诸字,毛晃刘渊各有增加,元黄公绍《韵会举要》所收合一万二千六百余字(今按《韵会》应为 12797 字),尚不及《广韵》之半。阴时夫《韵府群玉》删减仅存八千八百余字,学者病其简略。本朝《佩文诗韵》共一万二百五十二(10252)字,《音韵阐微》增至一万七千三百三十九(17339)字,

---

(接上页)(卷二十二下宋高宗绍兴二十六年)又《元史·选举志》:"乡试、会试,许将《礼部韵略》外,余并不许怀挟文字。差搜检怀挟官一员。"

[11] 《新刊韵略》为金《礼部韵略》修订本,注释仍比较繁富,近年出土的俄藏黑水城《韵略》残卷即属于金代早期《礼部韵略》,注释非常简略。参见拙文《王文郁〈新刊韵略〉源流及其历史嬗变》。

[12] 徐琪(清光绪时人)《佩文诗韵释要》序云:"国家令申,凡殿廷考试举人、覆试及新进士朝考,皆发有简明《佩文诗韵》一册。"有时候也是繁本,但必须收回。上海图书馆收藏一本同治九年(1870 年)监修繁本《佩文诗韵》(书号 453786),封面有跋语曰:

> 廷试例给《佩文诗韵》韵本,随卷并缴。此余辛未年应考所给也。缴卷时监试大臣有笑而付之者曰:"汝欲此乎?"遂以携归。癸酉七月二十五日陈豪记。

按跋记所言辛未年者即同治十年(1871 年),癸酉年者即同治十二年(1873 年)。陈豪(1839—1910),晚清书画家,原名钟琦,字蓝州,号迈庵,杭州人。清同治九年优贡,光绪三年(1878 年)后历任房县、应城、随州知县。工诗善画,有《冬暄草堂诗集》。以上内容参见汪辟疆《汪辟疆文集·近代诗人小传稿》,第 421 页,上海古籍出版社,1988 年。

[13] 《四库全书》之《音韵阐微》提要:"《佩文诗韵》所收一万二百五十二字。"今以台北故宫博物院所藏清内府本《佩文诗韵》统计为 10254 字。周兆基《佩文诗韵释要》光绪刊本 10305 字,《佩文韵府》以《四库全书》本统计,为 10257 字。朱骏声《传经室文集》卷十《文字声音源流》:"又按今《佩文诗韵》收一万有二百四十四。"李元祺《佩文广韵汇编》以为"万二百三十五字"(见上注释)。此或版本差异,或个人统计问题。这些数字都非常接近,计算中难免会有差错出入。

[14] 根据《韵会》凡例,宋《礼部韵略》原收九千五百九十字,加上后来《礼韵续降》《礼韵补遗》三百四十四字,凡 9934 字。金《礼部韵略》早期 6000 余字,后期以《新刊韵略》统计为 9311 字,元《礼部韵略》字数有所增加,以《文场韵略》统计为 10553 字。清《佩文诗韵》初编 10252 字。这些就是宋金元清以来科场官韵书的韵字数量。按:元以后由于《韵会》的错误,人们往往将宋《礼部韵略》与金元《礼部韵略》混为一谈,殊不知,在韵部分合和编撰方式上,两书均不相同。

尤为该博;兹书(即《音韵述微》)所收计一万五千二百七十九(15279)字。

《佩文诗韵》之前,清代也有一些诗韵著作,如吴国缙《诗韵更定》、李渔《笠翁诗韵》(康熙十三年,1674年)、邵长蘅《古今韵略》(康熙三十五年,1696年),以及张梅《椿荫堂诗韵》(康熙四十五年,1706年)和潘江《诗韵尤雅》(康熙间)等,这些著作以阴时夫《韵府群玉》为韵字底本编辑,暂不列入讨论中,将另文研究。

清代诗韵著作很多,前期以《韵府群玉》为基础,其后则以《佩文韵府》《佩文诗韵》韵字而衍生,而以《诗韵合璧》为终结,林林总总,内容方方面面,本文只能选取其中一些韵书介绍,并就其中几个主要方面的问题作些纲要性阐述,为我们今后相关研究做个铺垫。全面细致的研究,有待今后专书梳理。抛砖引玉,企望于博雅君子;挂一漏万,晋豕成群,贻笑谈于大方之家。若蒙雅正,幸甚幸甚!

在此,我们先从清代《佩文韵府》编撰谈起。

一 康熙《佩文韵府》的编撰[15]

《佩文韵府》编撰于康熙四十三年(1704年),在康熙皇帝亲自主持下,朝廷翰林诸臣经过前后八年的努力,终于在康熙五十年(1711年)编成付梓,并于五十二年刻成。该书有武英殿本和扬州书局本两种,书前载康熙皇帝序言一篇,叙述了编撰缘由及其过程。其序曰:"尝谓《韵府群玉》《五车韵瑞》诸书,事系于字,字统于韵,稽古者近而取之,约而能博,是书之作,诚不为无所见也。然其为书,简而不详,略而不备,且引据多误,朕每致意焉。"此编撰原由。其叙编撰过程曰:"爰于康熙四十三年夏六月,朕与内直翰林诸臣亲加考订,证其讹舛,增其脱漏。或有某经某史所载某字某事未备者,朕复时时面谕,一一增录,渐次成帙。""随于十二月开局武英殿,集翰林诸臣,合并详勘,逐日进览。旋授梓人,于五十年十月,全书告成,共一百零六卷,一万八千余页。囊括古今,网罗巨细。韵学之盛,未有过于此书者也。"因康熙皇帝的书斋名"佩文",故名曰《佩文韵府》。

是知此书乃据阴时夫《韵府群玉》和凌以栋《五车韵瑞》编修而成,在韵字收录上亦依从之,但增加了一些《韵府群玉》缺失的韵字。[16]《韵府群玉》一共8864字,而《佩文韵府》10257字,多出1393字。这些增加字大都从《广韵》以外的韵书如《集韵》和宋《礼部韵略》中考察而来,因此与《广韵》相关韵部有所出入,如东韵收录"馘詷"二字,却分别见于《广韵》上声徒揔切和去声徒弄切;又如东韵"艟"字,《佩文韵府》东韵绛韵兼收,而《广韵》却在钟韵衝小韵尺容切,去声绛韵戇小韵直降切。又如二冬韵收录"榕"余封切,

---

[15] 本章节内容,拙文《阴时夫〈韵府群玉〉版本源流与流变考》(下篇)曾有所叙述,但侧重点不一样,两者可以相互补充完善。因为是叙述清代诗韵源流,所以有必要在此做些背景和内容上的叙述。

[16] 如平声冬韵"脯(丑凶切)蝥彤榕瞳橦(职容切)"等字,皆阴氏《韵府》未收。

此字《广韵》未收录,只见于《集韵》(按《韵府群玉》收录此字)。又如"䑲""𩪊"二字,宋《礼部韵略》即收在东韵徒红切。清代人为了建立自己的"诗韵"体系,故兼收并蓄,韵字又音很多。

然而,由于是集体编撰,众人合作,难免编撰上义例不精,错误遗漏甚多。虽曰词藻上"囊括古今,网罗巨细",但细核之下,漏误仍然很多。因此,康熙五十五年(1716年),大学士王掞等恭制《韵府拾遗》简称《拾遗》一书,全书达一百十二卷之多,可见《佩文韵府》遗漏不周之情况。因为二书皆为朝廷命官奉敕撰作,故全称为《御定佩文韵府》和《御定韵府拾遗》。《四库全书》皆收录之,《提要》叙《韵府》编排体例曰:

> 圣祖仁皇帝特诏儒臣搜罗典籍,辑为是编。每字皆先标音训,所隶之事,凡阴氏、凌氏书所已采者,谓之韵藻,列于前;两家所未采者,别标增字,列于后。皆以两字三字四字相从,而又各以经史子集为次。其一语而诸书互见者,则先引最初之书,而其余以次注于下,又别以事对、摘句附于其末。原本不标卷第,但依韵厘为一百六卷,而中分子卷二十有四,今以篇页繁重,编为四百四十四卷。自有《韵府》以来,无更浩博于是者。俯视阴氏、凌氏之书,如沧海之于蠡勺矣。

其实阴氏《韵府群玉》、凌氏《五车韵瑞》可取者很多,非馆臣《提要》文字所言,笔者已撰文研究,曰《阴时夫〈韵府群玉〉版本源流与流变考》(上下篇),该文发表于北京师范大学《民俗典籍文字研究》2021年第二十七、二十八辑,读者可以参阅。

关于《拾遗》,《提要》曰:

> 其分韵悉准前编,其所补则为例有四:凡前编所有之字,则惟增韵书之音切,如一东之东字,注《唐韵》《正韵》德红切,《集韵》《韵会》都笼切是也;凡前编未收之字,从他韵增入者,则兼注音义,如二冬之䑲字,注《广韵》丑凶切,《集韵》痴凶切,并音瞳,与䑲同,《集韵》均也直也,又注"照《广韵》增入"是也;其文句典故为前编所未载者,谓之"补藻",东字下引《禹贡》"北东"诸条是也;前编已载而所注未备者,谓之"补注",东字下引《周易折中·集说》"居东"诸条是也。搜罗赅备,体例详明,大学士王掞等恭制序文,所谓举大而及其细,则《拾遗》为《韵府》之支流;附少以成其多,则《拾遗》为《韵府》之全璧也。

是知"拾遗"者,其例有四:补音、补字、补词藻和补注。

《韵府》编撰,编撰者既要有广博而又扎实的历史文献知识,又要有功底深厚的音韵学修养,以及著作义例的通贯考虑,而在后两者方面,无论是《佩文韵府》抑或《拾遗》均有不足。如在韵字"补音"上,《拾遗》东字,《唐韵》《正韵》德红切、《集韵》《韵会》都笼切,毫无必要,这是《康熙字典》的注音方式,既然是"韵府"型书籍,就应该重心在词藻、对句方面下功夫,而不是罗列历史上不同韵书的反切异同。可见著述目的不明确,写作过程就会产生纰漏。具体不足详见下文讨论。

《拾遗》在《韵府》基础上增加一些韵字,大致四十多个(据我们统计46个)。如江韵增加"栙矼"二字,灰韵增加"磓獤鮠欬"四字,真韵增入"氤䘏"二字,先韵增入"鲢橼鲵"三字,删韵增入"齂贇"二字,等等。这些韵字绝大部分依据《广韵》增入。后来光绪年间人们校刊《佩文诗韵释要》时,也以此为本增加了五十余字。

毋庸置疑,《韵府》《拾遗》二书的编撰是很有成绩且意义很大,但缺点很多,因为任何一部好书都会有缺点,更何况它们皆为"集体"编写,没有一个学术大师级的学者主导之,其错误在所难免。在增补词藻方面,虽说"浩博",但其中可议之处甚多,主要缺点是内容芜杂,注释繁琐,小韵未按同音类聚的原则而显得编排混乱等。略作梳理如下。

(一)注释文字繁杂,音义误用

如卷七十四去声队韵"溉"字所增韵藻"灌溉"一词注释文字达二百三十之多,引述《汉书》《后汉书》《晋书》《旧唐书》《宋史》和陆游诗等七种文献,繁杂榛芜,没有必要。与此相关的是音义误用。"溉"字读音,魏晋多读代韵,而《韵府》卷六十四未韵溉之居毅切者,其注释文字也是"灌溉"。该音收有濯溉、沆溉、灌溉、四溉、洗溉、江溉、悬溉、盐溉、园溉、裂溉、常溉、粪溉……等34个词藻,令人怀疑。

以"濯溉"一词为例分析之,其书证是《大雅·泂酌》三章:"泂酌彼行潦,挹彼注兹,可以濯溉。岂弟君子,民之攸塈。"按:陆德明《释文》古爱反,朱熹《诗集传》叶古气反,与"攸塈"协韵,此编者误取朱熹叶音。又《周礼·天官·世妇》:"帅女宫而濯摡为齍盛。"郑玄:"摡,拭也。"陆德明音义:"摡,古爱反。"而《佩文》古代切下引之为"濯溉",文字错误。[17]《拾遗》音义错误类似,其居毅切"补藻"濯溉,注曰:"诗挹彼注兹可以∣∣。"同一"濯溉"却有不同读音。

比如东韵"东"字,《拾遗》【补藻】北东:《书》导沇水,又∣∣入于海。《汉书·地理志》:师古曰:∣折而∣也。《辽史·地理志》:淶流河自西北南流,绕京三面,东入于曲江,其∣∣流为安春河。

今按:《拾遗》所补"北东"一词很普通,完全没有必要,且句读理解有误,所引《辽史·地理志》"其北东流为安春河",应为"其北,东流为安春河。"

又【补】居东:《周易折中》:万物出乎震。《集说》:震动也,物生之初也,故∣∣。

"居东"为《韵府》原有词藻,而《拾遗》再引《周易折中·集说》补充注释,也是多余。

---

[17] 以上内容并参见张民权《阴时夫〈韵府群玉〉版本源流与流变考》(下),《民俗典籍文字研究》第二十八辑,2021年。

按:《周易折中》为康熙五十四年(1715年)所谓圣祖仁皇帝御纂,本之朱熹《周易本义》,其疏体例有"本义""集说"两项。《集说》引用的是朱熹再传弟子徐几(蔡渊门人)的言论。[18]

(二)同一小韵字错置混乱,每字反切,其同纽字切语用字或不统一。

如东韵"空"字与"倥崆"同一小韵,却各在一方,相隔遥远。后有人曲解回护为"先易后难"之排列,殊不可取。又如东韵定母二十五个韵字拆分在七个小韵中,而且音切累赘,同音字一一注音,或注释徒红切或徒东切。《佩文诗韵》编撰错误亦如此沿袭无改。

(三)注音错误和韵字收录遗漏

注音错误如"芃",以戎切,此字实为房戎切。《说文》:"艸盛也。从艸凡声。《诗》曰:芃芃黍苗。"《释文》:"芃,蒲东反",《唐韵》房戎切。[19] 这种音切错误很多,以平声为例,如支韵楼字文佳切,应为儒佳切;灰韵鲐上来切,应为土来切;尤韵裯以由切,应为直由切;等等。还有一些是古今音变以今音描写古韵的,如冬韵蹱(人行貌)虚空切,应为虚荣切,"空"在东韵,不应做冬韵字的音切;支韵蜊立依切,"依"在微韵,应为立脂切;齐韵錍字匹支切,应为匹迷切。如此错误不胜枚举。凡此皆古今音韵变化,《广韵》东韵冬韵混淆,支脂之三韵与微韵齐韵混读,故如此。或据误本韵书取韵而以讹转讹,如齐韵跻䬹赍挤诸字相稽切,此承袭《广韵》通行本讹误,应为祖稽切。《佩文诗韵》沿此错误无改。

韵字缺失方面,《佩文韵府》于一些没有事料和诗句的韵字,很多没有列写,如东韵戎小韵,《韵府群玉》有"戎茙駥绒狨挍"六字,而《佩文韵府》只有"戎茙駥绒狨"五字。蒙小韵,《韵府群玉》有"蒙冡濛朦曚、蒙䝉嚆雺䑃、䴢髳曹梦懵、懵"十六字,而《佩文韵府》只有十三字。笼小韵《韵府群玉》有"笼胧聋䒁咙、珑䏊栊穬襱、䰍庞巢"十三字,而《佩文韵府》只有十字,等等。

(四)韵藻注释文字讹误

清人编修《四库全书》时,对所录书籍皆有校勘,对其中讹误多有勘正,后附有《四库全书考证》一书,其中《御定佩文韵府考证》三卷(卷六十八至七十),考正其中注释讹误、

---

[18] 李清馥《闽中理学渊源考》卷三十三《教授徐进斋先生几》载:"徐几字子与,号进斋,崇安人,尝与詹琦筑静可书堂于武夷。博通经史,尤精于《易》。自晦翁之后,理学之传能臻其奥。景定间廷臣交荐,与何基同以布衣召对,授崇政说书。"

[19] 这种音切错误,《佩文诗韵》及后来一些民间修订本亦沿袭不改,后来刘家镇《佩文韵溯原》和李元祺的《佩文广韵汇编》等,改正为唇音蒲红切。

脱文和衍文等 1400 多条，含《韵府拾遗》两条。其中讹误 1150 多条，脱文 240 多条，衍文 40 多条。其校勘条目如：

平声一东韵：

1. 童韵奇童[20]，方若行义，圆若用智。刊本行讹用。据《唐书》改。

2. 穹韵清穹，轻霞冠秋日，迅商薄清穹。刊本冠讹贯，日讹月，商讹霜，并据《文选》改。

3. 中韵瓠中，今扶风池阳县瓠中是也。刊本脱县字，据《毛诗疏》增。

4. 崇韵李崇，拜左仆射。刊本脱拜字，据《北史》增。

5. 丛韵宜丛，辨五地之物生。刊本脱生字，据《周礼》增。

去声八霁韵：

6. 岁韵半岁，开府仪同三司。刊本开下衍封字，据《宋史》删。

十七霰韵：

7. 殿韵彩殿，沈佺期《嵩山石淙侍宴》诗。刊本嵩山讹山高，又石下衍深字，并据《全唐诗》改删。

二十号韵：

8. 漕韵毋漕，朕虚仓廪，使使者振困乏。刊本虚下衍食字，据《汉书》删。

从以上"改""增""删"之校勘中，可窥见《佩文韵府》疏漏之一斑。当然，作为一部几百卷的大型韵书，这些讹误疏漏在所难免。加之康熙皇帝敕命甚急，匆匆之下焉然无误！

二 清代科举制度与诗赋考试

下面有必要先对清代科举制度与诗赋考试等进行观察，然后叙述《佩文诗韵》的编撰问题。

据清《皇朝通志》等文献资料，顺治元年（1644 年），恩诏开科，二年八月乡试，三年二月会试。二年二月，"又定乡会试三场试题。初场四书三题，五经各四题，士子各占一经。二场论一道，判五道，表一道。三场经史时务策五道。乡会试同。六月定乡会试期。"[21]可见在当时三场试题科目中尚未有诗赋考试。此制后来沿袭到康熙、雍正及乾隆初三朝。因为清初还没有自己的文化大臣，主持科举工作的都是前明降清官员，所以科举制度或受明朝影响，没有诗赋考试科目。

---

[20] 童韵，即东韵"童"字；"奇童"即"童"字韵藻。下引文格式同。
[21] 见《皇朝通志》卷七十二《选举略》，《四库全书》本。

故曰，清代自顺治初实行科举制度以来，至光绪三十年（1904年）甲辰科为止，凡二百六十年，其中从顺治、康熙、雍正至乾隆初百余年中，科举考试中没有诗赋一科。诗赋考试科目自乾隆二十二年（1757年）以后才有，此时上距顺治初（1644年）有百余年了。当时礼部明确规定，三场考试中举人考五言八韵唐律一首，并"限用官韵"（见下）。所以，尽管《佩文诗韵》在康熙年间就已编撰，但作为"官韵书"的正式使用是在乾隆二十二年之后。

清代科举制度可考察者有几部重要文献，(1)《钦定大清会典》，(2)《钦定大清会典则例》，此二书皆为乾隆二十九年（1764年）敕撰，清修《四库全书》收录。此外还有(3)《钦定科场条例》，(4)《皇朝通志》，(5)《皇朝文献通考》等。这些文献所记清朝科举制度条例等，虽有详略参差，但可互相参阅。《科场条例》从顺治二年开始修撰，后历代有所增修，今所见者为光绪十三年（1887年）修订本，由清人杜受田等辑录编成，《续修四库全书》收录。这些文件，对科举制度的方方面面都有非常详尽的记载。本文研究即依据这些文献。

前面说过，《佩文韵府》篇幅巨大，难以在场屋中直接使用，因此，康熙年间在编撰《韵府》的基础上，编写了《佩文诗韵》，用于今后科举考试。但这本"官韵书"在社会上流传绝寡[22]，盖当时朝廷未动议科场诗赋考试事。考清代科举史，清代科举考试自乾隆二十二年（1757年）后有诗赋一科，《钦定科场条例》所记三场试题为："乡会试题：第一场四书制义题三，五言八韵诗题一；第二场五经制义题各一；第三场策问五。"[23]又曰："乾隆二十二年，覆准直省乡试所出诗题，限用官韵，应于场内将本韵刊刻一纸给发。"（卷十四）又规定："覆试贡士，每名给官韵一本，并知会茶膳房，届期预备矮桌。"（卷四十八）所言"官韵"即为《佩文诗韵》，而清代"官韵"一词自此而来。于此可知《佩文诗韵》直接使用于科场。但这种使用于科场的"官韵"本，或只有韵字而无注释的简本韵谱。

或许，《钦定大清会典则例》更能解释这项考试规定。其记载曰：乾隆二十二年谕："会试第二场表文，可易以五言八韵唐律一首。"并对试题用韵也有指示。

谕：会试人数众多，如三江九佳等字数窄少之韵，自不宜用，以避雷同。所应限者，不过在东冬支虞阳庚等十数韵之内。场中自有刻字人役，可令将此限本韵删去小注，刊刻一纸，随题按号散给，以便拈用。钦此。○是年覆准乡试自乾隆己卯科（二十四年，1759）为始，于第二场经文外，一体试以五言八韵唐律一首，其所出诗题，限用官韵，即照会试之例，于场中将本韵别刻一纸给发。[24]

---

[22] 张之洞《书目答问》经部载《佩文诗韵》五卷，下注曰"礼部官本"。

[23] 杜受田等修《钦定科场条例》卷十三《三场试题》。下引文同。按：《钦定大清会典》卷三十一《礼部贡举》所记稍有差异，曰："凡试以文艺，乡会试均第一场书艺三，论一；第二场经艺四，五言八韵诗一；第三场时务策五。"又按：三场试题科目内容，清朝政府时有不同，如乾隆四十七年改诗于第一场。

[24] 《钦定大清会典则例》卷六十六《礼部贡举》，《四库全书》本。下引文同。

以上文字均可看出，乡试会试所行诗赋考试，科场配发的是"删去小注"的《佩文诗韵》韵谱。有可能还不是全本，而是"别刻一纸"的有关韵叶，如所限"官韵"在东韵，则刻东韵字韵叶。

该书卷六十九又言曰：

〇二十三年覆准各省岁试书艺一，经艺一，科试书艺一策一，均增五言八韵诗一。考试时学政官豫备韵本，以便士子检阅。

关于清代科举科场中使用《佩文诗韵》问题，一些方志文献也见记载。如清乾隆间李莳纂修的《乾隆祁阳县志》卷二《学校》："乾隆二十二年，御史范棫士奏请颁发《诗韵》，奉旨将所限本韵删去小注，刊刻一纸，随题每号散给。"又赵文在纂修的《嘉庆长沙县志》卷十一《典礼》记载：

乾隆二十二年，议准御史袁芳松奏，自乾隆己卯科乡试为始，于第二场经文之外，一体试以五言八韵唐律一首。其乡试所出诗题限用官韵，即于场中将本韵另刻一纸给发，均照会试之例一体办理。

之所以要"限用官韵"，因为考题要求是一首五言唐律诗，必须要用近体诗韵之"平水韵"，必须严格遵守 106 部"同用""独用"之限制。而《佩文诗韵》就是 106 韵的框架，所以必须严格遵守之。考生诗歌不能轶出"官韵"规定范围，否则就算"出韵"，出韵就要被黜，文献记载此类故事甚多，无需赘述。此外，因为是律诗，还必须注意平仄黏对，避免"四声八病"等。

另外，清朝科举考试有"磨勘"制度，就是复查中式试卷，顺治初设科取士就已建立。[25] 尽管其复查范围很广，但后来诗文押韵肯定是在复查中。如果考生诗歌出韵，当时主考官未能判出，一旦磨勘发现，也要取消录取资格，同时主考官员也要受到处分。据《钦定科场条例》所载，因考试中式后复查出有"出韵""失黏"的生员和主考官员阅卷不察而受处分的很多，如卷五十一《磨勘处分》记载：

嘉庆二十二年（1817 年），题结磨勘，各省科考前列试卷，浙江增生朱以泰诗内岩字出韵，又廪生曹宗载诗内岩字出韵，又廪生沈镰诗内岩字出韵，亦罚停廪饩一年。任浙江学政汪廷珍未经抹出，应照大省例，每卷各罚俸三个月。

道光十八年（1838 年），又广东大埔县一等第五名兰凤池诗内喧字出韵，又广西桂林府学一等第九名唐肇勋诗内晴字复韵，该生均考列四名以后，系廪生，均罚停廪饩一年。学政均未抹出，广东广西均应照小省例，各罚俸两个月。

又如《大清会典事例》记载，嘉庆五年（1800 年）规定：

---

［25］《皇朝通志》卷七十二《选举略一》："顺治二年九月，定磨勘试卷，礼部会同科道磨勘。首严弊幸，次简瑕疵。"又言曰，乾隆三十年十一月，"遵旨议定磨勘条例。文体不正者或系显违格式，或系引用怪僻，或系书理全讹自属，易见其疵。"

试卷内字句疵谬,无关通体之义者,主考官未经抹出,每卷罚俸六月,同考官未经抹出,罚俸一年。诗内平仄失黏,亦照此例议处。[26]

以上可以看到,若考生诗歌存在"出韵"或"失黏"等现象,而主考官又没有发现(未抹出),就要受到处罚:如是廪生,罚停廪饩一年;如是学政官员,则罚禄数月。处罚是很严重的。按:上述材料中"岩"字在诗韵下平十五咸韵(五衔切),很容易与十三覃韵混押;"喧"字(况袁切)在上平十三元,很容易与下平一先韵混押。故考生容易"出韵"。考生误用,考官误记不察,故讹误相承。

三 《佩文诗韵》的编撰

《佩文诗韵》具体编撰时间及其过程,文献没有明确记载,其笼统的说法是"康熙中圣祖仁皇帝钦定",如刘树堂为周兆基《诗韵释要》作序曰:"康熙中仁庙命儒臣纂定《佩文诗韵》,全书巨制鸿裁,或苦其繁重,未能家有藏编,惟周莲塘尚书所定《佩文诗韵释要》五卷,简括明通,最为善本。"[27]按照我们的看法,其编写时间应是在康熙五十年完成《佩文韵府》后,编成在王掞《韵府拾遗》之前[28];其编写人员应为《韵府》的原班人马,主修大臣为张玉书、陈廷敬、李光地等,因为他们对《韵府》比较熟悉。所以从编写内容上看,其韵字及其训释与《韵府》绝大部分相同,其性质相当于《韵府》韵字训释的摘录本。同时对《韵府》收字不当有所规正。[29]

当时流行的《佩文诗韵》有注释繁简两种本子,如清《皇朝文献通考》卷二百十八《经籍考八》:"《钦定佩文诗韵》五卷,臣等谨按:是书部分一百有六,每字下系以切音并诂释一二语。刊本有二,其一广注较详。"繁本可作为文献底本,简本则便于科场使用。

繁本注释与《佩文韵府》一样,简本则是保留了音切和基本词义,适应科场"刻字人役"刊刻使用(参见下图)。如"东""同"等韵字注释("丨"者为韵字标记)。

《佩文韵府》:

东,德红切,春方也。《汉书》少阳在丨方。丨动也,从日在木中,会意也。《礼记》大明生于丨。又姓,陶潜《圣贤群辅录》舜友丨不訾。

---

[26] 《钦定大清会典事例》卷一百十五《吏部处分例》,光绪十二年(1886年)刻本。
[27] 刘树堂《佩文诗韵释要序》,光绪十八年(1892年)刊刻本。
[28] 《拾遗》编撰于康熙五十五年至五十九年(1716年—1720年),在《韵府》原有基础上增加了四十六个韵字,如江韵增加"栙豇"二字,但这些增加的韵字不见于《诗韵》中。因此,可以断定,《诗韵》编撰在《拾遗》前。
[29] 例如《韵府》在支韵韵字表末收录齐韵"赍提觿梨犁"五字,注曰:"以上五字详齐韵。"故正文中没有此五字的韵藻等注释,《诗韵》支韵删此五字。又《韵府》齐韵正文注释:"梨,郎奚切,果名。又力脂切,支韵通用。""觿,户圭切,角锥,童子所佩。又支韵。"而《诗韵》中却没有此类又音的注释。

同,徒红切,《说文》|,合也。又齐也,共也。《汉刑法志》成十为终,终十为|,|方百里。又州名,汉冯翊地。一曰爵名,祭以酌酒。亦作仝。

《佩文诗韵》繁本与此同,不录,参见图片。简本删去那些冗长的注释文字,有可取之处,如:

东,德红切,春方也。又姓。

同,徒红切,合也。亦作仝。

铜,徒红切,赤金。

桐,徒红切,木名。

……

简则简矣,但《韵府》的缺点仍沿袭着。一是同音的小韵字没有类聚连续排列;二是每个韵字都注上反切,累赘! 如"同""铜""桐""筒""童"等字完全同音,却都要注徒红切,其实只要第一个韵字注音后加小韵标记〇就行了。即:〇同(徒红切)、铜、桐……。

《佩文诗韵》收录韵字 10252 个,不仅文献记载如此,我们对繁简两种韵本的韵字都进行了统计,另外,《钦定音韵述微》《佩文韵溯原》和《佩文诗韵释要》等[30],于每个韵部下都记录了韵字数量,与我们统计《佩文诗韵》的数字基本一致,可以旁证。

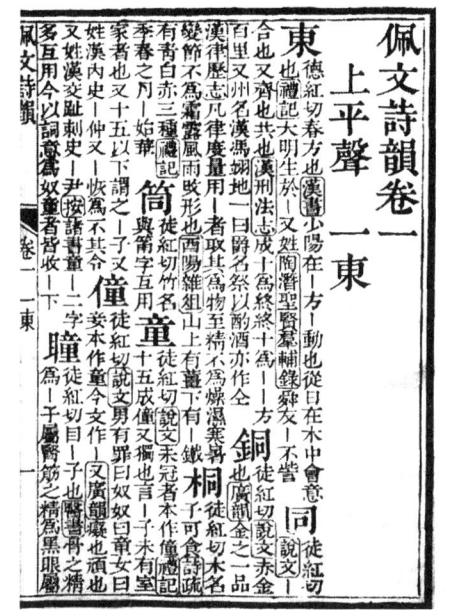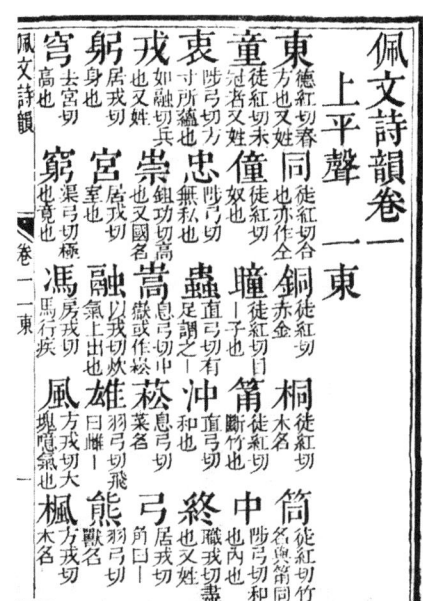

图 1 繁简两种《佩文诗韵》,清内府巾箱本,台北故宫博物院藏。

(注意:韵中每个韵字都标注了反切,这种注音现象唯《佩文韵府》和《佩文诗韵》特有。)

---

[30] 比较早的韵本记录的字数与《佩文诗韵》一致,如道光十六年(1836 年)朱兰序刻本,后来刊刻本韵字有所增加而超出《佩文诗韵》原字数。

北京图书馆和上海图书馆等藏有多种《佩文诗韵》，台北故宫博物院藏有内府本《佩文诗韵》繁简本两种，印刷精美，繁本注释中一些书名等专有名词套红印刷。

这里需要议论的是，作为官韵书《佩文诗韵》，为适应场屋的需要，韵字注释不宜太多，如宋代《礼部韵略》，根据日本真福寺藏本和最近发现的北宋抚州南城本《礼部韵略》，它们注释都很简略，一些常见字甚至没有注释文字；其次，在小韵反切注音方式上明显不同于《佩文诗韵》（参见下图）。如真福寺本"东""同"二字以及"瞳""曈""矘"等字注释，南城本灰韵肧小韵等，或只有小韵反切而没有其他文字，后来私家修订本注释文字才比较丰富。因此，清官韵书韵字注释冗杂及其注音之方式是不可取的。也由此可以理解，当时清朝科场配给考生使用的"官韵"，大多是删去注释的韵字简谱。

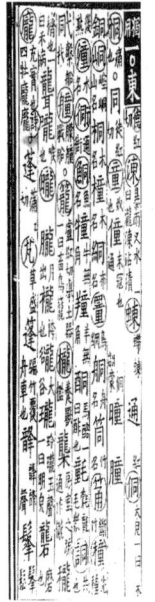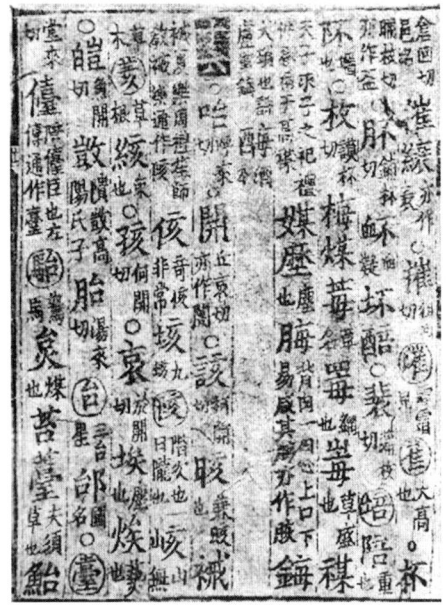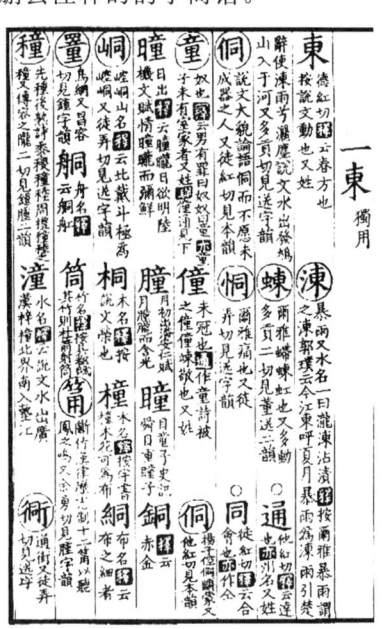

图 2　北宋刊本《礼部韵略》，左为真福寺本，中为南城本（东韵缺，其注释文字非常简略），右为南宋无名氏《附释文互注礼部韵略》（私家修订本，故注释文字丰富）。

《佩文诗韵》沿袭《韵府》的错误是：同一小韵字错置混乱排列，反切累赘，用字不统一。如"东涷蝀"三字同小韵，而《佩文韵府》却散插在其他小韵中，"空"与"倥崆"二字隔开，《佩文诗韵》同此。每个韵字均注音反切，违背小韵统一注音的节省原则。如"同铜桐筒童僮瞳箌"等字皆注音徒红切，累赘！因为这不是韵书的编排，而是字书的编纂，如《康熙字典》。

这种错误也一直沿袭到后来的私家改编修订本中。

与前代官修韵书不同的是，清代官韵书仍保留本朝君主名讳字。以宋代《礼部韵略》言之，凡本朝帝王庙讳字及其小韵字，韵书不收，譬如宋太祖赵匡胤、宋真宗赵恒，宋仁宗赵祯等名讳字是绝不收录的，除非是祧庙不讳，且小韵字也不能收录（嫌名同音）。

如阳韵匡小韵去王切"邼筐䵳框悾劻"等字,去声震韵胤小韵羊晋切"酳靷引胤鈏"等字,绝不能出现在礼部韵中。而清修《佩文韵府》《佩文诗韵》则于帝王名讳字及其嫌名字皆收录之,只是本字缺末笔表示敬讳,如"玄烨"之玄,缺末点成玄。后来私家改编的《佩文诗韵》注释本亦如此行文。如嘉庆帝名顒琰,于是"顒"作顒,"琰"作琰(改笔)[31],光绪间刊刻的《佩文诗韵释要》即如此。此清人避讳制度,这种避讳方式自《康熙字典》始。

《佩文诗韵》刊行后,乾隆中一些官修韵书的编写,基本上依照之,如《钦定叶韵汇辑》,其小韵字序和反切一依《诗韵》(同小韵字分散,字字切音)。如《提要》云:"《钦定叶韵汇辑》五十八卷,乾隆十五年(1750年)奉敕撰,字数、部分皆仍《佩文诗韵》。"此外尚有《钦定音韵述微》,乾隆三十年(1765年)编成。其凡例言:"我圣祖仁皇帝钦定《佩文诗韵》,颁行海内,习用已久,今悉依《佩文韵》目次,仍于各韵中先后自为区别。……凡同纽之字汇于一处,以《佩文韵》原有者列于前,自《佩文韵》外有字义古雅可备引用者,据诸书酌量增载。"(《四库全书》本)

前书研究叶韵可取性不大,可以不论。《音韵述微》三十卷,其编写稍有可取之处,该书共收一万五千二百七十九字(15279),每个韵部后标注《佩文诗韵》字数,然后注明据《音韵阐微》《广韵》《集韵》等而添加的字数及其总数韵字。所标注《佩文诗韵》字数与今存《诗韵》略有出入(可能是误写),但凡例所言《诗韵》韵字总数 10252 个不误。另一可取之处是"凡同纽之字汇于一处",即同一小韵的同音字排列在一起,用一个切音统率。如同小韵徒红切 37 字皆类聚在一起:

同(徒红切)童僮瞳曈,膧铜桐峒筒,筩潼稠置犝,犝艟絧鲖衕,峂詷酮氃橦,鹟挏洞硐眮,烔蕫懂獞疃,挏桐。

其中前面二十五个韵字,皆为《佩文韵府》和《诗韵》中韵字,却被分割在七个小韵中,反切或徒红切或徒东切(膧),所以说,在韵书小韵编排上,《韵府》《诗韵》是失败的,而《音韵述微》可以看成是对《韵府》《诗韵》编排上的规正。

附论《音韵阐微》之编排。

在清朝官修韵书中,编写较好的首先是《钦定音韵阐微》十八卷,康熙五十四年(1715年)李光地等奉敕撰作,雍正四年(1726年)告成。此书虽不能说与《佩文韵府》《佩文诗韵》有直接的渊源关系,但它是与清代《诗韵》并行的一种韵书,其地位也是非常崇高。主编者李光地和王兰生,采用当时最先进的音韵学理念编成,韵书主体为普通音韵学,而以等韵学贯穿其中。所谓等韵学者,以三十六字母声纽顺序排列,并采用新的反切形式,切上字尽量照顾开合洪细,下字尽量用无辅音字母字,如姑翁切公字,姑威切归字,

---

[31]《钦定科场条例》卷四十二《违式》载,嘉庆四年(1799年)上谕:"朕名自应敬避,如遇上一字著将页字偏旁缺写一撇一点,书作顒字;下一字将右旁第二火字改写又字,书作琰字。"

姑弯切关字,姑汪切光字,此四字皆见母合口呼;又如基因切巾字,基烟切坚字,基腰切骄字,基优切鸠字,等等。这是韵书编撰史上反切注音的重大革新改良。后来《音韵述微》也借用了这种形式,所谓"兹书翻切悉遵《音韵阐微》,而于字义异同则加详核"(凡例)。此时正是《佩文韵府》和《佩文诗韵》编完以后,李光地还是当时《佩文韵府》的主要纂修官员,或许正是如此,有鉴于二书编排之不足,该书在小韵编写上才完全贯穿了旧时韵书诸如《广韵》《集韵》等编写方式,以小韵及其反切统率韵字,然而整部韵书中没有一字提及"佩文韵"者,是一个值得深思的问题。

此书虽然与《佩文诗韵》没有直接的编撰关系,但对《诗韵》有直接的辅助作用,作为清代官修韵书系列,故列于《佩文诗韵》后附带讨论之,因为后期一些诗韵著作,在编写上多有参照者,并受其影响。如道光间刘家镇《佩文韵溯原》著述,就有取于此,详见下篇介绍。

四 历代科举官韵书之是非辩证

文章写到此,有必要对历代礼部科举官韵书的编写做个小结,以进一步认识"清代官韵书的历史源流"问题。下面仅为概要性叙述,省去一些详细的论证材料。

所谓官韵书,是旧时朝廷科举诗赋考试用的官修韵书,一般称作"礼部韵略"。科举考试从隋唐开始,其官韵书是什么,文献阙焉,难以索考,当然,我们可以推测为《切韵》。因为封演《封氏闻见记》曾记载唐初许敬宗议论科场诗韵宽窄事,其中有言:陆法言撰为《切韵》,"以为文楷式,而先仙、删山之类,分为别韵;属文之士,共苦其苛细。"[32]唐·李涪亦言:"然有司以一诗一赋而定否臧……于此考核,以定去留。以是法言之为,行于当代。"[33]于此可推论,唐人科举韵书用的是陆法言《切韵》,或后来增字增训之类的修订本。李涪,唐五代人,由李涪言论推知,从唐至五代乃至宋初三百余年,科举考试诗赋用韵都是以《切韵》韵部为范围基准。

真正的科场官韵书编撰是从宋代开始的,因为不仅见于文献记载,还有纸本韵书问世,例如近年(2012年)在江西抚州发现的北宋英宗治平年间《礼部韵略》,以及日本真福寺藏北宋哲宗时期的《礼部韵略》,皆为韵本,此外还有南宋时期诸多私家注释修订本,等等。宋代《礼部韵略》始修于真宗景德年间[34],主修者有陈彭年、晁迥、丘雍、戚纶等,景

---

[32] 参见封演《封氏闻见记》卷二《声韵》条,《四库全书》本。
[33] 参见李涪《刊误》卷下《切韵》条,《四库全书》本。
[34] 景德二年(1005年)七月,礼部官员奏曰:"旧敕止许以《篇》《韵》入试,今请除官《韵略》外不得怀挟书策,令监门巡铺官潜加觉察,犯者画时扶出。"(李焘《续资治通鉴长编》卷六十"真宗"条)可见《礼部韵略》已在编撰试用中。

德四年(1007)正式颁行[35],《宋史·艺文志》载丘雍《校定韵略五卷》。此次《韵略》修订是与《广韵》修撰同时进行的,《广韵》以《切韵》为本(初名《校定切韵》),并参考当时所存唐韵书等,重新划定了206个韵部及其畛域,以及从功令出发而规定的韵部同用独用的范围(主修者丘雍),《韵略》韵部畛域即以此而定。仁宗景祐年间,鉴于汉语语音的变化,而导致科举诗赋用韵与官韵之间的龃龉,礼部对旧时《韵略》又有修订,主修者为丁度、宋祁、郑戬和国子直讲王洙等,主要工作是"刊定窄韵十三,许附近通用,疑混声重字具为解注"。[36] 也就是调整了一些韵部的同用独用关系,但基本的韵字和反切范式没有什么改动。[37] 这就是丁度主编的所谓景祐《礼部韵略》[38],《集韵》编写即照此进行。

在科举诗赋考试中,最紧要的是押韵符合出题要求之韵部范围,不要"出韵"或"失韵",否则被黜;其次是韵字的音义关系及多音多义,所谓"疑混声",它是造成诗赋"出韵"或"失韵"一个重要因素。所以考生必须谨慎对待,熟记韵字音义与韵部范围。

在宋金以来的《礼部韵略》中,宋修《礼部韵略》自成一系,当时虽有《切韵》《唐韵》诸韵书,以及景德年间编修而成的《大宋重修广韵》等,但宋人编写时没有完全依从之,而是在编写体例及反切系统上走的是一条革新路线。它在继承传统时,还要体现大宋王朝"文治武功"宏伟气象,因为《广韵》仅仅是《切韵》《唐韵》之修订本,而《礼部韵略》才真正是宋人之作,《广韵》体现的是历史传承,而《韵略》表现的是宋人创新精神。

这种创新精神表现在:

首先,在韵字取舍上不是简单地摘取《切韵》韵字,而是参考诸多字书,"取《字林》《韵集》《韵略》《字统》及《三苍》《尔雅》为《礼部韵》"[39];其次,在小韵编排上,基本上采用了韵图以七音声类相从的编排原则,每个韵部内按照声类关系聚合小韵,小韵按照开合等呼分开,若一三等韵混合或二三等韵同在一韵部,必一等在前三等在后,或二等在前三等在后。这样编排,有利于举人在科场考试时临时检阅。第三,其反切也有自己的系统,一等字必用一等字作切下字,三等韵必用三等韵字作切;反切上字尽量照顾开合关系。如一东韵含一三等韵,则一等字基本上用"红",三等韵切下字用"弓"字。如下列

---

[35] 张淏《云谷杂纪》卷二:"本朝真宗时陈彭年与晁迥、戚纶,条贡举事,取《字林》《韵集》《韵略》《字统》及《三苍》《尔雅》为《礼部韵》。凡科场仪范悉著为格。"又王应麟《玉海》卷四十五《景德新定韵略》条:"景德四年十一月戊寅,诏颁行《新定韵略》,送胄监镂板。"

[36] 参见王应麟《玉海》卷四十五《景德新定韵略》等文献。原文引用时脱一"疑"字,此文句来自丁度奏章语。

[37] 一些学者(如宁忌浮和一些青年学者)认为,景德《韵略》与景祐《韵略》是前后两种不同性质的韵书,景德《韵略》是《广韵》的简缩本,景祐《韵略》是《集韵》未定稿之简缩本,云云。笔者不同意这种观点,坚持认为,景祐《韵略》是景德《韵略》的修订和延伸,其不同之处,仅仅是并合了十三处"窄韵"而已。

[38] 《宋史·艺文志》和《玉海》卷四十五均有丁度《礼部韵略》五卷之目。

[39] 参见释文莹《玉壶野史》卷五《陈彭年传》和张淏《云谷杂纪》等。

一东一等韵小韵排列顺序：

  1.东德红切,2.通他红切,3.同徒红切,4.笼卢红切;5.蓬蒲红切,6.蒙莫红切;7.怱仓红切,8.㚇祖红切,9.丛徂红切;10.洪胡公切,11.烘呼红切,12.空苦红切,13.公古红切,14.翁乌红切;……

  仔细观察上述小韵反切,不难看出,其小韵基本上以声类聚合。其反切下字非常整齐,烘,《广韵》呼东切,《韵略》呼红切[40];㚇小韵,《广韵》子红切,《韵略》祖红切,照顾开合口关系;一些一三等混切的小韵得到改正,如丰小韵,《广韵》敷空切,《韵略》敷中切。不仅如此,《广韵》中一些开合混切和类隔切等也得到纠正。如支韵"为"薳支切/于嬀切（斜线前为《广韵》),皮小韵符羁切/蒲縻切;同时其他声纽错误切语字也得到规正,如真韵真小韵侧邻切/之人切。侧邻切为庄纽（二等),《韵略》之人切是对的（照纽三等）。

  顺带补充一下,景祐间丁度等编撰的《集韵》,就是按照《礼部韵略》编排格局编撰的,包括韵部同用独用关系、小韵编排和反切等,而绝非如一般人所说的《礼部韵略》是《集韵》的简缩本,云云。恰好相反,是《韵略》在前而不是《集韵》在前。对此,笔者早在十年前就曾撰文讨论过。[41]

  关于宋代《礼部韵略》编撰及其相关历史问题,学术界还有很多分歧,还存在许多似是而非的看法。笔者研究多与他人不同,除从善之外,始终坚持自己的独立见解,而不愿苟同,非惟"真知灼见",实为愚者千虑之一得。在此特别说明之,企望学界朋友理解。

  以下金元《礼部韵略》介绍从略,文章开头已有论述。

  金代《礼部韵略》不存,现存《新刊韵略》为其修订本。从其编撰看,其韵字注释及其小韵顺序主要以《广韵》为本;另外,为方便诗文写作,韵字下收录了一些词藻。黑水城出土的韵书残卷《韵略》,可能是金代早期《礼部韵略》,编成于金世宗大定初,故它与后来《礼部韵略》编排上稍有不同。其特点是韵字不多（6000余),训释简略,也有少量词藻。[42]与宋并跱的辽国、西夏国也实行了科举制度[43],是否编写了科举韵书,文献缺载,难以知晓,有可能沿用的是唐五代以来韵书功令。

  元代编写了《礼部韵略》,不过据我们的研究,它采用了《新刊韵略》并做了适当的修

---

[40]　洪胡公切,之所以没有用"红"字,是因为"洪"与"红"与洪胡公切同一小韵。
[41]　参阅张民权《〈礼部韵略〉与〈集韵〉关系之辨证》,《汉语史研究集刊》第11辑,2008年。张民权《宋代韵书史及相关历史问题考论》,《中国语言学报》2012年第15期。
[42]　参见张民权《王文郁〈新刊韵略〉源流及其历史嬗变》,《励耘语言学刊》第34辑,2021年。
[43]　《辽史·文学传》:"至景圣间则科目聿兴。"《金史·选举志》:"金设科皆因辽宋制。有词赋、经义、策试、律科、经童之制。"关于西夏科举,《金史·西夏传》:"大安三年（1211)安全薨,族子遵顼王,遵顼先以状元及第充大都督府主,立在安全薨前。"《元史·高智耀传》:"（智耀)世仕夏国……登本国进士第,夏亡,隐贺兰山。"所以辽夏都曾实行过科举取士。

订,调整了原续添的韵字所在小韵的位置,并增添了韵字。其官修本不传,但从一些韵书中可以反映出来,韵书有元刊本《文场备用排字礼部韵略》,日本和台湾都有藏本;另外诗韵著作《韵府群玉》和《诗学集成押韵渊海》(严毅著)也都有反映。而科场中使用的可能是简本《韵略》或者是没有注释的韵字谱。因此,《新刊韵略》和《文场韵略》成为金元《礼部韵略》的韵书载体,而《押韵渊海》和《韵府群玉》则为近代诗韵著作之基本形制(韵书与类书结合)。可以说,金元《韵略》一脉相承。其特点是韵部一百六部,韵字及其小韵反切多依从《广韵》,韵字下广收词藻。这些,本文绪论有说,不赘述。

可以推论,使用于科场的官韵书,无论是宋韵还是金元《礼部韵略》,其编撰都很简略,尤其是在韵字训诂上,唯有清《佩文诗韵》稍有例外。后来这些韵书逐渐脱离实用功能,故流传下来甚少。[44]

明代虽实行科举取士,但考试科目中没有诗赋考试,故没有编撰《礼部韵略》。

清朝康熙年间,诏修《佩文韵府》,后又修撰《佩文诗韵》,成为清代科举考试的官韵书。因为《佩文韵府》参照元《韵府群玉》编撰,韵分106,其韵字和反切等也多依从之,故清代《佩文诗韵》性质与金元《礼部韵略》为一系。如下图所示。

$$\begin{cases}宋《礼部韵略》\to\bigcirc^{[45]}\\金《礼部韵略》\to元《礼部韵略》\to清《佩文诗韵》\end{cases}$$

由此看来,宋代《礼部韵略》自成一系,金元及清《礼部韵略》为一系属,它们在韵部分合以及在小韵和反切上多有所不同。宋韵部目一东二冬三锺四江五支六脂七之,虽有同用独用之限,但二百六韵部目韵次不改;金元诗韵一东二冬三江四支,直接并合同用之韵以省重复。因此,凡韵书只要观看其韵目编排次序,就可知是否为诗韵著作。所以,旧时学者将金元《礼部韵略》与宋《礼部韵略》混为一谈,是非常错误的。

混淆两种不同性质之宋金《韵略》始作俑者,应为黄公绍、熊忠《古今韵会举要》,其错误根源是将"平水刘渊韵"视为宋《礼部韵略》修订本。而根据清钱大昕以来学者考究,所谓"刘渊韵"实际上就是王文郁《新刊韵略》的翻版。为混淆视听,或故意将去声梗摄迥韵与曾摄拯韵、等韵分开,遂成107部模式。[46]

此录《韵会》凡例相关言论如下。

---

[44] 宋韵能流传下来的,只有近年抚州南城和日本真福寺发现的《礼部韵略》,其他都是南宋私家注释本。一般情况下,历史上凡字书韵书等脱离实用功能,其流传下来就甚少,除非收藏机构或其他原因"封存"起来的古籍。

[45] 《古今韵会举要》编写以宋代《礼部韵略》为基础,另外增加了毛晃增加字和"平水韵"四百多字,但其韵部划分参照"平水韵"为107韵。另外,明《洪武正韵》韵字编写多取自宋《礼部韵略》(毛晃增修本),而韵部划分却为76韵。它们都没有成为场屋韵书,故标记为○。

[46] 拙文《金代〈礼部韵略〉及相关韵书研究》曾有所讨论。

1.《礼部韵略》元收九千五百九十字。有因申明续降及诸家补遗续添之字。旧于本韵后别作一类,今逐韵随音附入,注云"礼韵续降""礼韵补遗",凡三百四十四字。

2. 江南监本免解进士毛氏晃《增修礼部韵略》,江北平水刘氏渊《壬子新刊礼部韵略》,互有增字,今逐韵随音附入。注云"毛氏韵增""平水韵增",凡二千一百四十二字。(毛氏增一千七百二十字,平水韵增四百三十六字)

3. 旧韵上平下平上去入五声,凡二百六韵。今依《平水韵》并通用之韵为一百七韵。

4. 韵目后注曰:近平水刘氏《壬子新刊韵》始并通用之类,以省重复:上平声十五韵,下平声十五韵,上声三十韵,去声三十韵,入声十七韵。今因之。

第一条所言《礼部韵略》为宋韵,第二条完全搅合了两种《韵略》,将毛晃《增韵》与刘渊《平水韵》直接视为宋《礼部韵略》的增补本,第三条、第四条将宋韵部分改装在平水韵一百七部里,而在《韵会》中融为一体。于是,千古大错由此铸成,难以改变矣!

此录几条旧时韵书史观言论如下:

《洪武正韵·凡例》:"旧韵上平声二十八韵,下平声二十九韵,<u>平水刘渊始并通用者以省重复</u>。上平声十五韵,下平声十五韵,今通作二十二韵。"

《音韵阐微·凡例》:"绍兴末衢州进士毛晃取《礼部韵略》增修之为《增修互注韵略》,淳祐间平水刘渊有《壬子新刻韵略》,<u>乃并《礼部韵》之同用者为一百七韵</u>。"

朱彝尊《曝书亭集》卷三十一《与魏善伯书》:"景祐以还行《礼部韵略》,绍兴间毛晃之《增韵》出……淳祐中平水<u>刘渊始并为一百七韵</u>,曰《壬子新刊礼部韵略》。"

以上皆为明清时期几种权威性的看法,颇有代表性。按:所谓"壬子"岁为宋理宗淳祐十二年(1252年),人们直接将"刘渊"视为宋人,也是一个极大的错误。"刘渊"实际上是熊忠虚拟的一个韵书作者,历史上刘渊为"五胡乱华"之首,熊忠用他来借代当时灭亡的金朝(非正朔),以躲避当时元朝当局的猜疑。[47] 对此,我们在《〈韵会〉引述刘渊〈壬子新刊礼部韵略〉性质考》中做了详细的论述。[48] 而误传了好几百年的"刘渊"及其"平水韵"问题,于此可以休矣!

宋《礼部韵略》自宋祚绝祀而命脉亦绝矣,从其初创至宋亡使用了270余年(1007年—

---

[47] 此书初由黄公绍编成,时在元世祖至元末(刘辰翁壬辰序)。其后熊忠改编"举要",完成于成宗大德初(熊忠丁酉年序)。熊忠曰:"仆辱馆公门,独先快覩,且日窃承绪论,惜其编帙浩瀚,四方学士不能徧览,隐屏以来,因取《礼部韵略》,增以毛刘二韵及经传当收未载之字,别为《韵会举要》一编。"可见,"增以毛(晃)刘(渊)二韵",混淆宋韵与金韵之人,实乃熊忠也。

[48] 文载《山西大学学报(哲学社会科学版)》2018年第5期。

1279年),而平水诗韵却从金兴延续至清而不衰,前后至少七百年[49],其兴衰皆有定数乎? 然而,无论是宋韵还是金元清之平水诗韵,它们都是《切韵》系韵书,而作为科举韵书,在中国历史文化发展中产生了积极的作用,在汉语的规范化包括语音文字等诸多方面都有着巨大的历史作用,尤其是在中华民族的融合与发展过程中,其历史功绩不可磨灭![50] 伟哉乎!《礼部韵略》之善也!

附:宋金元《礼部韵略》图

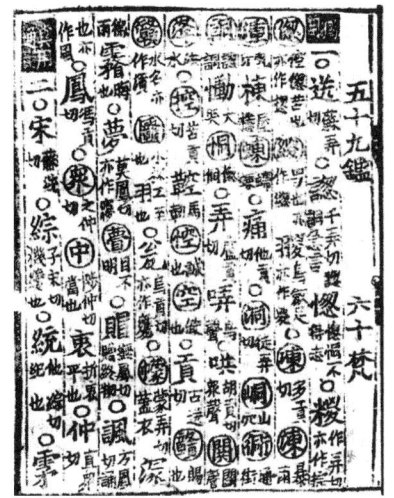 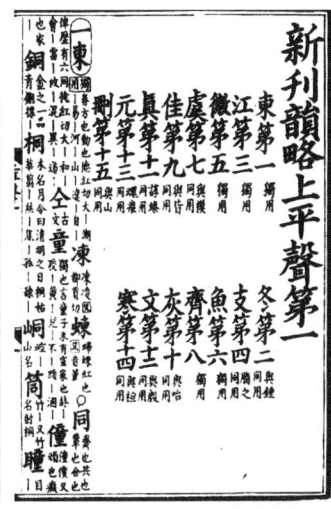 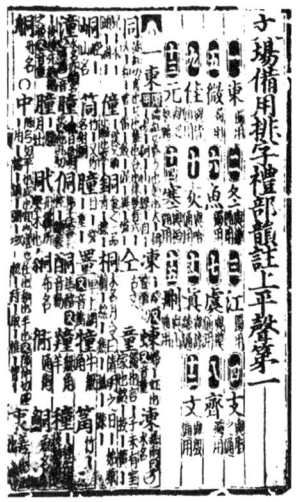

自左至右:1.北宋南城本《礼部韵略》(平声东韵等残缺);2.金王文郁《新刊韵略》;3.元无名氏《文场备用排字礼部韵略》。

(张民权:南昌大学人文学院,330031,江西南昌;
许文静:中国传媒大学人文学院,100021,北京)

---

[49] 明朝虽没有编写施行于科场的官韵书,但社会上文人诗赋写作使用的仍是"平水韵"106 韵体系。

[50] 因为,无论你是哪个民族,汉人、契丹人、女真人抑或蒙古人等,要获取功名就必须参加科举考试,按规定考校儒家经典四书五经等,按照礼部规定的官韵写作诗赋,使用《韵略》所载"规范"汉字答卷,否则被黜。这就是文化认同,中华各民族也因此得到融合与发展。

《合并字学集韵》所引《词韵》索解

李子君 高 博

提要： 《合并字学集韵》"是普通话语音史的一座里程碑"。《词韵》与《改并五音集韵》《改并五音类聚四声篇》《合并字学集篇》并为《合并字学集韵》韵字四大来源。《合并字学集韵》征引《词韵》109次，《词韵》何书？学者茫然。笔者稽诸文献，并将四部曲韵韵书与《合并字学集韵》所引《词韵》条目相比勘，断定《合并字学集韵》所引《词韵》实明代陈铎《词林韵释》。

关键词： 《合并字学集韵》 《词林韵释》 《词韵》 索解

明代徐孝、张元善《合并字学集韵》（学者或简称《合韵》，本文则径称《字学集韵》）十卷，初刊于万历卅四年(1606年)，是汉语韵书史上收字最多的韵书。它与《合并字学集篇》十卷、《重订司马温公等韵图经》一卷，韵书、字书、韵图"三位一体"，总称《合并字学篇韵便览》。由传世本题名可知，《四库全书总目》总称其为"《合并字学集篇集韵》"[1]，显误。

《字学集韵》在汉语语音史、韵书史上之重要学术价值，现代学者给予了充分肯定。如曹正义称"继《中原音韵》之后，沿着革新的路子做得彻底而又实际的音学著述，当推徐孝的《合韵》"[2]。宁忌浮先生指出"在汉语韵书史上，新与旧的矛盾无处不在。徐孝'不避疑论'，而添通用时俗之音'，执着于'移平换入，以收世音'"，"《合韵》是普通话语音史的一座里程碑"[3]。

四库馆臣囿于偏狭音韵观，讥徐孝、张元善"不究陆法言、孙愐旧法，如并'肩''登'等字于东韵，合'箴''簪'与'真''臻'同入根韵之类，皆乖舛殊甚。又删十六摄为十四摄[4]，

---

* 本文系2019年度国家社会科学基金重大招标项目"宋代'广韵—集韵'系统韵书韵字大成、数据库建设及宋代韵书史建构"（批准号：19ZDA255）阶段性成果。匿名审稿专家所提中肯意见，嘉惠本文良多，谨致谢忱！

[1] 永瑢等《四库全书总目·经部·小学类存目一》，第376页下，中华书局，1995年。
[2] 曹正义《革新韵书〈合并字学集韵〉述要》，《文史哲》1987年第5期，第63页。
[3] 宁忌浮《汉语韵书史·明代卷》，第259页、第260页，上海人民出版社，2009年。
[4] 张元善云："余暇时涉猎诸书，日与通晓字义者相互阐发，稍知'篇韵'。于时博访韵轩徐子暨诸名士之工于'篇韵'者……删昔十六摄为十三摄，改三十六母为二十二母……又删昔之四百四十部，改为二百一部。"（张元善《合并字学篇韵便览序》，《合并字学集韵》卷首，李子君《近代汉语官话方言韵书韵图文献集成》卷七，第2325页上右至左，商务印书馆，2019年）案《改并字学集韵》全书共分"通、宕、臻、山、祝、止、垒、蟹、效、果、假、拙、流"十三摄，四库馆臣称"十四摄"，误。

改三十六母为二十二母,且改浊平、浊入为如声,事事皆出创造,较《篇海》《正韵》等书,变乱又加甚焉"[5],实难信从。

《字学集韵》与今北京话读音相同或相近的中古入声字异读,一直是学者们关注的重要焦点。"(《等韵图经》)的声、韵、调系统都与今北京音差别很小,有些不同的字音还可以在《合韵》或《合篇》中找到与今音相同的异读。"[6]"《合韵》(即《字学集韵》)里读平声(阴平)的古入声字数量不多,但它们却是现代汉语古清入声字读阴平的开始。"[7]

据笔者考察,《字学集韵》与今北京音相同或相近的一定数量的中古入声字异读,直接来源于"词韵"。试举数例:

1. 止摄平声开口二等照母支小韵中的"隻"字注:"一也,出词韵。""织"字注:"织造,出词韵。"

2. 祝摄上声一等见母古小韵"骨"字注:"骨头,出词韵。"

3. 蟹摄上声合口一等帮母摆小韵中的"栢"字注:"松柏,出词韵。""百"字注:"俗呼,出词韵。"

4. 蟹摄上声开口二等审母汛小韵"色"字注:"颜色,出词韵。"

《字学集韵》征引典籍40余种,除《合并字学集篇》外,"词韵"被引次数最多,共109次。走笔至此,有一问题必须首先澄清——《字学集韵》注中"词韵"二字,系实指某部韵书,抑系元明曲韵类韵书之泛称?

考《字学集韵》凡言出处注"出××"者,率皆书名全称或简称(径录《改并五音集韵》《改并五音类聚四声篇》者因循旧例除外)。当举例说明:

1. 效摄去声合口一等帮母报小韵"讣"字注:"俗,出《鳌头海篇》。"《鳌头海篇》是明代萧良有编纂的大型字书《翰林笔削字义韵律鳌头海篇心镜》的简称。

2. 祝摄上声一等影母午小韵"𩜁"字注:"𩜁,酱黄,出《古今医统》。"《古今医统》是明代徐春甫《古今医统大全》的简称。又简称《古今医》,如祝摄上声一等影母午小韵"焀"字注"焀物,出《古今医》。"

3. 果摄去声合口一等溪母课小韵"錁"字注:"金银錁子,俗,出《雍熙乐府》。"又简称《乐府》,如臻摄上声合口一等溪母捆小韵"啃"字注"啃骨头,出《乐府》。"检《雍熙乐府》卷五《点绛唇·每日家品竹调弦》:"啃羊骨,不嫌膻。"

4. 假摄平声合口一等帮母巴小韵"肥"字注:"出《云南志书》,即贝子也。"《云南图经志书》"云南府·风俗·交易用贝"条注:"俗呼贝为'肥子'。"《云南志书》是《云

---

[5] 永瑢等《四库全书总目·经部·小学类存目一》,第376页下。
[6] 郭力《古汉语研究论稿》,第105页,北京语言大学出版社,2003年。
[7] 宁忌浮《汉语韵书史·明代卷》,第252页。

南图经志书》的简称。

依此条例,《字学集韵》注"出词韵"者,"词韵"二字显系某部著作之书名,而非元明曲韵类韵书之泛称。

然《字学集韵》卷首"引用诸书"却未明确交代《词韵》作者及版本,长期以来,学者对此茫无所知。宁忌浮先生说:"关于《词韵》。从《合韵》查出'出《词韵》'的韵字49个,它们集中在阴声韵,而且多读上声,大半数是古入声字。《词韵》一书,不知所出。从读音上看,很像《中原雅音》,即查章黼所引《雅音》,未发现相同的条目。但可以肯定,此《词韵》不是天启间抄本《辨音纂要》所引用的《词韵》,那个《词韵》是王文璧的《中州音韵》。"[8]

《词韵》与《改并五音集韵》《改并五音类聚四声篇》《合并字学集篇》并为《字学集韵》韵字四大来源[9],事关《字学集韵》体例、成书及传承诸问题,《词韵》究为何书,亟待详考。

一 《合并字学集韵》所引《词韵》条目

为方便考察,先将《字学集韵》所引《词韵》109条在各韵摄分布,表列如下(表中文字悉用繁体):

表1 《合并字学集韵》所引《词韵》条目在各韵摄分布表

序號	韻字	聲調	韻攝	聲母	韻部	卷次	序號	韻字	聲調	韻攝	聲母	韻部	卷次
1	儱	平聲	通	影	二東	1	56	撤	上聲	拙	穿	十六者	4
2	隻		止	照	三資		57	屑			心		
3	炙						58	瓶		山	見	二十敢	
4	織						59	藺			曉		
5	嚓		假	清	十四他		60	驗			來		
6	弇		山	溪	二十干	2	61	梛		宕	來	二十二党	
7	膌			精			62	舫			非	二十三廣	
8	赸			審			63	瞇		流	穿	二十四吼	
9	籤			清	二十一湍		64	拓			溪		

---

[8] 宁忌浮《汉语韵书史·明代卷》,第256页。
[9] 同上书,第255页。

续表

10	帮	平聲	宕	幫	二十三光	2	65	圊	通	精	一贈
11	謗		流	照	二十四甃		66	袿	止	照	三次	5
12	嘲						67	楔		溪		
13	飼		通	見	一等		68	嚏		透		
14	噥			泥			69	媳		幫		
15	咮			曉	二董		70	搦	蟹	泥	六亥	
16	欏			來			71	搎		影		
17	炪			審			72	蘁		照		
18	舐			端			73	退	壘	心	九會	6
19	擘		止	滂	三子		74	穑		曉		
20	挈			心			75	遙		溪		
21	烏			曉			76	悄	效	清	十皓	
22	志			精	四舉		77	瘖		影		
23	熹			曉			78	藥				
24	足						79	鄭		明	十一泡	
25	所						80	搭	去聲	泥	十二賀	
26	數						81	麼		明	十三惰	
27	穀		祝	見	五覬		82	僿		來		
28	骨						83	褥	假	穿	十四納	7
29	桔			幫			84	凹		影	十五罵	
30	卜	上聲		非		3	85	趆		審		
31	否						86	柅	拙	幫	十六哲	
32	側			照			87	爐	臻	精	十八恨	
33	冊			穿	六海		88	悝		影	十九混	
34	色		蟹	審			89	搯				
35	客			溪			90	櫚		透		
36	栢			幫	七枛		91	健	山	來	二十炭	
37	百						92	嵌		見		8
38	德			端			93	湴		溪		
39	倭		壘	泥	八壘		94	桥		影		
40	國			見			95	甆		滂	二十一象	
41	悾			端	九悔		96	六		清	二十四厚	
42	髑			心			97	盨	流	來		
43	閣						98	危	如聲	影	三慈	
44	各			見			99	俚		止		
45	撓		效	溪	十好		100	魸		來	四局	9
46	殍			滂			101	歆		影	六孩	
47	剖			滂	十一保		102	霉	蟹	影		
48	缶			非			103	鶴	壘	明	八雷	
									效	曉	十豪	10

49	撮	上聲	果	精曉	十三朵		104	貉	如聲	效流	曉審	十豪	10
50	霍						105	芍			審	十豪	
51	詫		假	穿審	十四打	4	106	學			曉	十豪	
52	㝡						107	窨			臻溪	十九渾	
53	傁						108	柚			照影	二十四侯	
54	挈		拙	穿幫	十六者		109	遒					
55	挴												

二 《合并字学集韵》所引《词韵》证佐

明清之际,"词""曲"指称混乱。沈宠绥《度曲须知》云:"凡南北词韵脚,当共押《周韵》;若句中字面,则南曲以《正韵》为宗。"[10]语中"南北词"即"南北曲"。李渔《闲情偶寄》将"恪守词韵"作为"词曲部"标题[11],李渔倡导"恪守"的"词韵"是曲韵韵书《中原音韵》。成书于明天启间的《辨音纂要》所引《词韵》,经宁忌浮先生比勘,确认是曲韵韵书——王文璧《中州音韵》。[12]

《字学集韵》所引《词韵》是词韵书,曲韵书,抑或曲谱?宜予详辨。

宋元明专门为"词"编撰的"词韵书"甚尠。毛先舒云:"去矜(沈谦之字——引者)……谓近古无词韵,周德清所编,曲韵也。"[13]宛敏灏亦说:"现存早期词韵之较著者,要算明末清初钱塘沈谦(字去矜)所著之《词韵》。"[14]赵诚则认为"现存最早的词韵专书"是明代后期胡文焕所辑的《文会堂词韵》。[15]《文会堂词韵》成书大约在万历二十一年(1593年)前后,初刊时间应在同年孟夏。若赵说不谬,从时间上推测,《文会堂词韵》是现存唯一一部产生在《字学集韵》之前的"词韵韵书"。

然《文会堂词韵》兼收曲韵、诗韵,甫一问世,多遭诟病。明末戏曲理论家沈际飞《镌古香岑批点草堂诗余四集·发凡》云:"钱塘胡文焕有《文会堂词韵》,似乎开眼,乃平、上、去三声用'曲韵',入声用'诗韵',居然大盲。世不复考,将'词韵'不亡于无,而亡于有。"[16]清初戈载《词林正韵·发凡》亦指斥曰:"至前此胡文焕《文会堂词韵》,平、上、去

---

[10] 沈宠绥《度曲须知》,《四库全书存目丛书·集部》第 426 册,第 678 页,齐鲁书社,1997 年。
[11] 李渔《闲情偶寄》,第 48 页,上海古籍出版社,2000 年。
[12] 宁忌浮《汉语韵书史·明代卷》,第 99 页。
[13] 冯金伯编《词苑萃编·音韵》,《续修四库全书》第 1733 册,第 606 页,上海古籍出版社,1995 年。
[14] 宛敏灏《谈词韵——词学讲话之四》,《安徽师范大学学报(哲学社会科学版)》1980 年第 4 期,第 84 页。
[15] 赵诚《中国古代韵书》,第 106 页,中华书局,1978 年。
[16] 沈际飞批点《镌古香岑批点草堂诗余四集》,天津图书馆藏明末南城翁少麓刊印本。

三声用'曲韵',入声用'诗韵',骑墙之见,亦无根据。"[17]尤其《文会堂词韵》保留入声,与《字学集韵》所引《词韵》"入派四声"绝不相伴。

现存时间早于《字学集韵》的"曲谱"如朱权《太和正音谱》、蒋孝《旧编南九宫谱》等,基本按"宫调"编排,韵字较少且无注释。沈璟《南词韵选》依"曲韵"编纂,"由于沈璟是从'韵'的角度来编选例曲,还加了批点,所以沈氏两部韵选[18]表面上看是曲选,但实际上是选本型的曲韵韵书"[19]。但沈氏"以《中原音韵》为主,虽有佳词,弗韵弗选"[20]的编纂原则,使得此书收字、归韵难以溢出《中原音韵》之外。

《字学集韵》所引《词韵》既非"词韵韵书",亦非"曲谱",很可能是一部"曲韵韵书"。

由《字学集韵》所引《词韵》相关条目的"字形""字义"观之,《词韵》收录了许多产生时代较晚,主要在元曲中使用的"新词"或"新义",如:

1."䚿"字,收入《字学集韵》山摄平声开口一等精母鐟小韵,注:"腌䚿,出《词韵》。"考"䚿"字《广韵》《集韵》无收。焦竑《俗书刊误》卷十一"俗用杂字"云:"不净曰媕䚿。"[21]张自烈《正字通》"臜"字注:"俗呼物不洁曰腌臜。"[22]《字汇补》"䚿"字注:"兹三切,音臧。元人填词'腌䚿'。"[23]其实"腌䚿"一词非元曲始用,宋南戏中已见之。如宋佚名《张协状元》十〔五方鬼・同前〕白:"纸炉里又腌䚿,它来供床下睡。"金董解元《西厢记诸宫调》卷七〔中吕调・牧羊关〕:"鬓边虮虱浑如糁,你寻思大小大腌䚿!"元高文秀《黑旋风》一〔滚绣球〕:"他见我风吹的齷齪是这鼻凹里黑,他见我血渍的腌䚿是这衲袄腥,审问个叮咛。"此词亦用诸小说,如《醒世恒言・卖油郎独占花魁》:"秦重脱下道袍,将吐下一袖的腌䚿,重重裹着,放于床侧。"《老残游记》第十五回:"送了一副铺盖来,是散上自己用的,腌䚿点,请大老爷不要嫌弃。"

2."嗏"字,收入《字学集韵》假摄平声开口一等清母攃小韵,注:"《词韵》。""嗏"字《广韵》《集韵》无收,《字汇》注:"初加切,音差,语辞。"[24]《正字通》注:"旧注'初加切',音差,语辞。按经、史、文、赋语辞不作'嗏',独今曲调有之,六书无

---

[17] 戈载《词林正韵・发凡》,第39页,上海古籍出版社,1981年。
[18] 除《南词韵选》,沈璟亦著有《北词韵选》,据石艺考证,该书并未刊行。
[19] 石艺《沈璟曲学研究》,南京大学博士学位论文,第77页,2011年。
[20] 郑骞校点《南词韵选・凡例》(与《红蕖记》合刊),第1页,北海出版公司,1971年。
[21] 焦竑《俗书刊误》,《影印文渊阁四库全书》第228册,第578页上左,台湾商务印书馆,1986年。
[22] 张自烈《正字通》,第886页上左,中国工人出版社,1996年。
[23] 吴任臣《字汇补》未集,第173页下右,上海古籍出版社,1991年。
[24] 梅膺祚《字汇》丑集,第80页上左,上海古籍出版社,1991年。

'嗏'。"[25]金院本、元散曲或杂剧多用作语助词,用于句中或句末。如董解元《西厢记诸宫调》卷一:"见人不住偷睛抹,被你风魔了人也嗏!"郑光祖《刍梅香》第二折:"梅香嗏省闹,小姐哎你休焦。"王晔《折桂令·问冯魁》:"冯魁嗏你自寻思。"亦用作叹词,表提醒或应答等。如吴弘道《金字经》曲:"燕子堂深竹映纱,嗏!路人休问他。"邵璨《香囊记·讲学》:"嗏,卢骆与王杨,岂为吾党,便遇韩、柳、欧、苏,未必多谦让。"李渔《蜃中楼·抗姻》:"现有家中淡菜香,何须又买新鲜鳖。两味同看嘴一张,嗏,只愁惹起油盐酱。"

3."袿"字,收入《字学集韵》止摄去声开口二等照母至小韵,注:"褶袿,出《词韵》。"考"袿"字《广韵》《集韵》无收,《字汇补》:"支义切,音至。元曲'罗衫上前襟褶袿',《弦索辨讹》读。又照衣切,音支,见《韵学集成》。"[26]金元以降用例如金董解元《西厢记诸宫调》卷七:"白罗素裆袴,折动的袿儿也无。"元佚名《隔江斗智》第一折:"每日家枉费神思,怎言心事,则我这裙儿袿,掩过腰肢。"明李日华《南西厢记·情传锦字》:"见他和衣初睡起,前襟有折袿。"

以上诸例仅可从侧面为认定《字学集韵》所引《词韵》为"曲韵韵书"提供启示,但要坐实其推论,尚需寻绎更加充足的内证。

三 《合并字学集韵》所引《词韵》证实

元、明两代流传至今的代表性"曲韵韵书"有:周德清《中原音韵》(1324)、朱权《琼林雅韵》(1398)、陈铎《词林韵释》(1483)、王文璧《中州音韵》(1499)和范善溱《中州全韵》(1631)。除《中州全韵》晚于《字学集韵》,余者皆可成为《字学集韵》引用对象。

为进一步证实《字学集韵》所引《词韵》究为何书,我们按韵部、声调的对应关系,将《中原音韵》《琼林雅韵》《词林韵释》《中州音韵》与《字学集韵》所引《词韵》条目详加比勘。

1.收字

将《字学集韵》引《词韵》109条与《中原音韵》《琼林雅韵》《词林韵释》《中州音韵》比照,相同比率分别为:《中原音韵》59.63%、《琼林雅韵》63.46%、《词林韵释》95.41%、《中州音韵》56.73%,与《词林韵释》相同比率最高。其中104字与《词林韵释》音、形完全对应,未见《词林韵释》者仅5字。详见下表(表中文字悉用繁体):

---

[25] 张自烈《正字通》,第162页上左。
[26] 吴任臣《字汇补》未集,第198页下左至199页上右。

表 2 四部曲韵韵书与《字学集韵》引《词韵》韵字比较表[27]

序號	字學集韻			中原音韻 (65/59.63%)	瓊林雅韻 (66/63.46%)	詞林韻釋 (104/95.41%)	中州音韻 (59/56.73%)
1	通₆	開₂	上₁[28]			清明 上1：銅	
			去₁	庚青 去1：圃	清寧 去1：圃	清明 去1：圃	庚青 去1：圃
		合₄	平₁				
			上₃	東鐘 上1：儱	蒼隆 上2：攏、儱	東紅 上3：攏、儱、㺒	東鐘 上1：攏
2	止₂₀	開₁₆	平₃			齊微 入作平3：隻、炙、織	
			上₇	齊微 入作上1：劈	丕基 上1：舐 入作上2：劈、烏	齊微 上3：舐、忌、熹 入作上3：劈、擘、烏 支時 上1：炪	齊微 入作上2：劈、烏
			去₄	齊微 去2：楔、嚏	丕基 去2：楔、嚏	齊微 去3：楔、嚏、媤 支時 去1：秷	齊微 去1：楔
			如₂	齊微 陽平1：危	丕基 平1：危	齊微 平1：俚	齊微 平1：危
		合₄	上₃	魚模 上2：所、數 入作上1：足	車書 上2：所、數 入作上1：足	車夫 上2：所、數 入作上1：足	魚模 上2：所、數 入作上1：足
			如₁	魚模 陽平1：魼	車書 平1：魼	車夫 平1：魼	魚模 平1：魼
3	祝₅		上₅	魚模 上1：否 入作上3：穀、骨、卜	車書 上1：否 入作上3：穀、骨、卜	車夫 上1：否 入作上4：穀、骨、卜、梏	魚模 上1：否 入作上4：穀、骨、卜、梏
4	蟹₁₀		上₆	皆來 入作上6：側、冊、色、客、栢、百	泰階 入作上6：側、冊、色、客、栢、百	皆來 入作上6：側、冊、色、客、栢、百	皆來 入作上6：側、冊、色、客、栢、百
			去₃	皆來 去2：捱、蠆 入作去1：搦	泰階 去2：捱、蠆 入作去1：搦	皆來 去3：捱、蠆、搦	皆來 去2：捱、蠆 入作去1：搦
			如₁			皆來 平1：欸	
5	曡₈		上₅	齊微 入作上2：德、國	丕基 入作上2：德、國	齊微 上3：倭、怩、髓 入作上2：德、國	齊微 入作上2：德、國
			去₂	齊微 去1：退	丕基 去1：退	齊微 去2：退、稛	齊微 去1：退
			如₁			齊微 平1：霉	
6	效₁₅		上₆	蕭豪 上4：撓、殍、勽、缶 入作上2：閣、各	簫韶 上3：撓、閣、各	簫韶 上4：撓、殍、勽、缶 入作上2：閣、各	蕭豪 上3：撓、殍、剖 入作上2：閣、各
			去₅	蕭豪 入作去2：瘧、藥	簫韶 入作去2：瘧、藥	簫韶 去2：遙、捎 入作去3：瘧、藥、鄝	蕭豪 入作去2：瘧、藥
			如₄	蕭豪 入作平4：鶴、貉、芍、學	簫韶 入作平4：鶴、貉、芍、學	簫韶 入作平4：鶴、貉、芍、學	蕭豪 入作平3：鶴、貉、學

---

[27] 四部曲韵韵书与《字学集韵》韵摄间对应关系主要参考郭力《古汉语研究论稿》、宁忌浮《汉语韵书史》（明代卷）。根据曲韵韵书的结构特点，《字学集韵》"移平换入"已不适用。本文将《字学集韵》所引《词韵》与四部曲韵韵书声调间对应关系暂定为"平、如（字学集韵）——阴平、阳平、平、入作平（曲韵韵书）""上（字学集韵）——上、入作上（曲韵韵书）""去（字学集韵）——去、入作去（曲韵韵书）"。表中各韵摄、韵部、声调后数字为相应位置《字学集韵》引《词韵》条目数。

[28] 此列声调右下标阿拉伯数字，表示《字学集韵》在此声调下出《词韵》之字数。

			第一列	第二列	第三列	第四列
7	果$_5$	上$_2$	歌戈$_{入作上1}$：撮	珂和$_{入作上2}$：撮、霍	何和$_{入作上2}$：撮、霍	歌戈$_{入作上2}$：撮、霍
		去$_3$	歌戈$_{去1}$：麽 入作去$_1$：搭	珂和$_{去1}$：麽 入作去$_1$：搭	何和$_{去2}$：麽、儸 入作去$_1$：搭	歌戈$_{入作去1}$：搭
8	假$_7$	平$_1$				家麻$_{平1}$：喀
		上$_3$	家麻$_{上1}$：詫 入作上$_1$：嚢	嘉華$_{上1}$：詫 入作上$_1$：嚢	嘉華$_{上2}$：儍、詫 入作上$_1$：嚢	家麻$_{入作上1}$：嚢
		去$_3$	家麻$_{去1}$：凹	嘉華$_{去1}$：凹	嘉華$_{去2}$：凹、徸	家麻$_{去2}$：凹、徸
9	拙$_5$	上$_4$	車遮$_{入作上3}$：掣、撤、屑	硨琊$_{入作上3}$：掣、撤、屑	車邪$_{入作上4}$：掣、撤、屑、搵	車遮$_{入作上3}$：掣、撤、屑
		去$_1$				
10	臻$_3$	去$_2$	眞文$_{去2}$：燼、惲	仁恩$_{去2}$：燼、惲	眞文$_{去2}$：燼、惲	眞文$_{去2}$：燼、惲
		如$_1$			眞文$_{平1}$：窨	
11	山$_{13}$ 開$_{11}$	平$_3$	監咸$_{陰平1}$：弇 寒山$_{陰平1}$：赳	潭嚴$_{平1}$：弇 安閑$_{平1}$：赳	南三$_{平2}$：弇、臢 寒間$_{平1}$：赳	監咸$_{平1}$：弇 寒山$_{平1}$：赳
		上$_3$	廉纖$_{上1}$：瞼		南三$_{上2}$：瓶、菡 占炎$_{上1}$：瞼	
		去$_5$	監咸$_{去3}$：揩、嵌、漐 先天$_{去1}$：健	潭嚴$_{去3}$：揩、嵌、漐 乾元$_{去1}$：健	南三$_{去3}$：揩、嵌、漐 先元$_{去2}$：健、欄	監咸$_{去1}$：揩 先天$_{去1}$：健
	合$_2$	平$_1$	廉纖$_{陰平1}$：籤	恬謙$_{平1}$：籤	占炎$_{平1}$：籤	廉纖$_{平1}$：籤
		去$_1$	桓歡$_{去1}$：拵	觵鸞$_{去1}$：拵	鸞端$_{去1}$：拵	
12	宕$_3$	平$_1$	江陽$_{平1}$：幫		邦陽$_{平1}$：幫	江陽$_{平1}$：幫
		上$_2$	江陽$_{上1}$：舫	邦昌$_{上1}$：舫	邦陽$_{上2}$：舫、榔	江陽$_{上1}$：舫
13	流$_9$	平$_2$	尤侯$_{陰平1}$：諏	周流$_{平1}$：諏	幽游$_{平2}$：諏、嘅	
		上$_2$	尤侯$_{上1}$：扺	周流$_{上2}$：聰、扺	幽游$_{上2}$：聰、扺	
		去$_3$	尤侯$_{去1}$：瞀 入作去$_1$：六	周流$_{去2}$：瞀、六	幽游$_{去2}$：瞀、瞈 入作去$_1$：六	尤侯$_{去1}$：瞀 入作去$_1$：六
		如$_2$	尤侯$_{陽平1}$：遒	周流$_{平1}$：遒 入作平$_1$：柚	幽游$_{平1}$：遒 入作平$_1$：柚	尤侯$_{平1}$：遒

需要注意的是，上表"㰍""揩"二字，《词林韵释》《字学集韵》字形同误。

"㰍"字收于《字学集韵》通摄上声合口三等来母陇小韵，注："篝也，出《词韵》。"此音韵地位之"㰍"字，《中原音韵》未收，《琼林雅韵》《中州音韵》均作"拢"，《词林韵释》《字学集韵》则作"㰍"。今考《广韵》上平声东韵笼小韵"㰍"字注："槛也，养兽所也。"[29]《广韵》上声董韵晓小韵"拢"字注："拢掠，又拗拢，篝也，出《酒律》。"[30] 故《词林韵释》《字学集韵》"㰍"字宜作"拢"。

"揩"字收于《字学集韵》山摄去声开口一等透母炭小韵，注："手撼物，出《词韵》。"此音韵地位之"揩"字，《琼林雅韵》《中州音韵》均作"揩"，《中原音韵》《词林韵释》《字学集

---

[29] 陈彭年、丘雍等撰，余廼永校注《新校互注宋本广韵》（定稿本），第 30 页，里仁书局，2021 年。
[30] 同上书，第 237 页。

韵》皆作"揩"。考"揩""揩"二字《说文》《广韵》未收,《集韵》上声感韵寁小韵"揩"字注:"毛动也,或从昝"[31],《类篇》"揩"字注:"子感切,手动也。"[32]故《词林韵释》《字学集韵》"揩"字宜作"揩"。

"枙""揩"二字,《词林韵释》《字学集韵》字形同误,亦暗示了《词林韵释》《字学集韵》的传承关系。

2. 仅见于《词林韵释》的韵字

在《字学集韵》引《词韵》条目中,仅《词林韵释》一书收入,其余三部"曲韵韵书"皆不收的韵字 31 个(表中文字悉用繁体):

表 3 《字学集韵》所引《词韵》仅见于《词林韵释》之韵字

序號	韻字	字學集韻			詞林韻釋	序號	韻字	字學集韻		詞林韻釋
1	隻	平	止	入作平	齊微	17	瓶	上	山	南三
2	炙					18	蕳			
3	織					19	袿		止 蟹	支時 齊微
4	賸		山	平聲	南三	20	媳			
5	嘞		流		幽游	21	稽	去		
6	銅	上	通	上聲	清明 東紅 支時 齊微	22	遙		效	入作去	簫韶
7	哖					23	捎			
8	炖					24	鄭			
9	忐		止 蟹			25	僫		果	去聲	何和
10	熹					26	欗		山		先元
11	擘					27	瞤		流		幽游
12	倭					28	俚	如	止 蟹	平聲	齊微 皆來
13	嵔					29	霉			
14	髓					30	歃			
15	椰		宕 假		邦陽 嘉華	31	篸		臻		眞文
16	傄									

3. 不见于《词林韵释》的韵字

《字学集韵》引《词韵》109 条中,仅有 5 条不见于传世本《词林韵释》:

(1)"雝"字,收于《字学集韵》通摄平声合口三等影母雝小韵,注:"出《词韵》。"此音韵地位之"雝"字,四部曲韵韵书及《宋本玉篇》《广韵》《集韵》《改并五音集韵》《洪武正韵》《四声篇海》等书皆未收。

(2)"嗟"字,收于《字学集韵》假摄平声开口一等清母撍小韵,注:"《词韵》。"此音韵地位之"嗟"字,《宋本玉篇》《广韵》《集韵》《改并五音集韵》《洪武正韵》《四声篇海》等书

---

[31] 丁度等《集韵》,第 128 页上右,中华书局,2015 年。
[32] 司马光等《类篇》,第 443 页下右,上海古籍出版社,1988 年。

皆未收，《正字通》注："经、史、文、赋语辞不作'嗏'，独今曲调有之，六书无'嗏'"[33]。四部曲韵韵书唯《中州音韵》收入此音韵地位之"嗏"字。[34]

（3）"趖"字，收于《字学集韵》假摄去声合口二等审母刷小韵，注："出《词韵》。"此音韵地位之"趖"字，四部曲韵韵书及《宋本玉篇》《广韵》《集韵》《改并五音集韵》《洪武正韵》《四声篇海》等书皆未收。《广韵》将"趖"字收在戈韵莎小韵下，注"趖疾。"[35]《集韵》收在戈韵衰小韵下，注"《说文》：走意。"[36]"趖"字又见于《字学集韵》果摄平声合口一等心母梭小韵和果摄去声合口一等心母挼小韵内。根据《字学集韵》与《改并五音集韵》小韵及韵字间的对应关系，"趖"字在"梭""挼"两小韵内的音义，分别出自《改并五音集韵》果摄十六戈韵平声合口一等心母莎小韵和果摄十六过韵去声合口一等心母膹小韵。

（4）"危"字，《字学集韵》凡二见，一在止摄如声开口三等影母宜小韵，注："出《词韵》。"此音韵地位之"危"字，元曲习见，但《宋本玉篇》《广韵》《集韵》《改并五音集韵》《洪武正韵》《四声篇海》等书皆未收，四部曲韵韵书唯《词林韵释》未收。一在垒摄如声合口一等影母桅小韵，根据《字学集韵》与《改并五音集韵》小韵及韵字间的对应关系，"危"字在桅小韵内的音义出自《改并五音集韵》止摄五脂韵平声合口三等疑母危小韵。

（5）"柲"字，《字学集韵》凡六见，一在拙摄去声开口三等帮母鳖小韵，注："繋仆，出《词韵》。"此音韵地位之"柲"字，四部曲韵韵书及《宋本玉篇》《广韵》《集韵》《改并五音集韵》《洪武正韵》《四声篇海》等书皆未收。除鳖小韵外，"柲"字又见于《字学集韵》止摄去声开口三等帮母必小韵、止摄去声开口三等滂母譬小韵、止摄如声开口三等帮母鼻小韵、拙摄如声开口三等帮母别小韵和拙摄上声开口三等帮母唎小韵内。根据《字学集韵》与《改并五音集韵》小韵及韵字间的对应关系，"柲"字在"必""譬""鼻""别"四个小韵内的音义分别出自《改并五音集韵》止摄五至韵去声开口四等并母鼻小韵、臻摄一质韵入声开口四等滂母匹小韵、臻摄一质韵入声开口四等并母邲小韵和山摄十薛韵入声开口三等并母蹩小韵。此外，"柲"字在《字学集韵》拙摄上声开口三等帮母唎小韵内注："击仆，出《词韵》"，乃"搷"之异体，《词林韵释》"车邪"韵"入声作上声""柲"字[37]注："击仆，搷同"，音义正与此音韵地位之"柲"字若合符契。

4. 注释

欲藉《字学集韵》引文考察《词韵》注释，须先明了《字学集韵》注释之例。《字学集韵》与《改并五音集韵》有直接的传承关系。[38] 抄录、节录、增易《改并五音集韵》释文，

---

[33] 张自烈《正字通》，第 162 页上左。
[34] 《字学集韵》又将"嗏"字作为"出篇字"，收于假摄如声开口二等穿母茶小韵内，无注。
[35] 陈彭年、丘雍等撰，余迺永校注《新校互注宋本广韵》（定稿本），第 162 页。
[36] 丁度等《集韵》，第 59 页。
[37] 《词林韵释》原作"柲"，按注文，当"柲"字之讹。
[38] 宁忌浮《汉语韵书史·明代卷》，第 244—246 页。

构成《字学集韵》注释的主体。试举一例明之（表中文字悉用繁体）：

表 4　《字学集韵》《改并五音集韵》注释比较表

（以《字学集韵》庚小韵为例，韵字异体以括号标识）

改併字學集韻			改併五音集韻					
庚小韻			庚小韻			搄小韻[39]		
韻字次序	韻字	注釋	韻字次序	韻字	注釋	韻字次序	韻字	注釋
1	庚	西方干名，又更也	1	庚	更也。償也。《爾雅》云："太歲在庚曰上章。"又姓，唐有太常博士庚季良。又漢復姓，《莊子》有庚桑楚也			
2	鶊（䳰）	鶬鶊，鳥名	2	鶊（䳰）	鶬鶊			
3	更	改也	3	更	歷也，代也，償也，改也			
4	粳（秔秔）	粳稻	5	秔（粳秔）	秔稻			
5	賡	續也	6	賡	續也，經也，又常也			
6	羹（䰷䰞臛鬻）	肉謂之羹	7	羹（䰷䰞臛鬻）	羹臛，《爾雅》曰："肉謂之羹"			
7	耕（畊）	犂也	15	耕（畊）	犂也，《周書》曰："神農之時天雨粟，神農耕田而種之矣。"			
8	絚（緪）	大索				3	絚（緪）	大索
9	䢩（跰）	兔徑	4	䢩（跰）	兔徑			
10	埂	秦人謂坑	8	埂	秦人謂坑也			
11	浭	水名	9	浭	水名，出北平			
12	䒌	草名	10	䒌	艸名			
13	鄩	邑名	11	鄩	邑名，在琅邪			
14	亢	闕人名	12	亢	闕人名，老聃弟子有亢桑子			
15	㹴	犬名	13	㹴	㹴㹴，犬名			
16	邧	縣名	14	邧	縣名，在頴川			
17	䵛	神名	16	䵛	神名			
18	搄（挋）	急也，大弦搄則小弦絕也				1	搄（挋）	急也，《淮南子》云："大弦搄則小弦絕也。"
19	刵	剖也				4	刵	剖也

---

[39]《改并五音集韵》搄小韵共收 7 个韵字，除第 2 字"桓"（注："木名，又音亘"）《字学集韵》未收外，余皆收录。

20	恒	弦名		6	恒	弦也,《詩》"如月之恒"沈重讀
21	鮰(鯢)	魚名		5	鮰	魚名,《說文》:"鮧也。"
				7	鯢	魚名

《字学集韵》庚小韵韵字主要来自《改并五音集韵》梗摄三庚韵平声开口二等见母庚小韵和曾摄七登韵平声开口一等见母捆小韵。有 21 个韵字有注释(不计异体字),注释大多抄录或节录《改并五音集韵》注文。删节的部分主要包括韵字的出处(如表中"捆"字)、书证(如表中"亢"字)、虚词(如表中"埂"字)、部分义项(如表中"赓"字)、某某说和某某读(如表中"恒"字)等。

由此可见,节录或删并引书原注,是《字学集韵》的常例。明乎此,则对《字学集韵》引文与《词韵》注释不尽相同之处便容易理解,比勘时亦大可不必锱铢必较。

《字学集韵》引《词韵》注释 89 条,大部分与《词林韵释》相同或相近。兹将《琼林雅韵》《中州音韵》《词林韵释》亦有注文的 45 条比照于下(表中文字悉用繁体):

表 5　三部曲韵韵书与《字学集韵》引《词韵》条目注释比较表

| 序號 | 字學集韻 | | | | 瓊林雅韻 | 詞林韻釋 | 中州音韻 |
	韻字	聲調	韻攝	注釋			
1	弇	平	山	蓋也,出《詞韻》	同也,蓋也,覆也	同也,蓋也	蓋覆也
2	赸	平	山	徐步,出《詞韻》	走貌	徐步也	之山切,或曰走貌
3	欚	上	通	箸也,出《詞韻》	掠也	欚略,箸也。	攏略
4	劈	上	止	俗,刀劈,出《詞韻》	砍斫也	剖,裂破	剖也
5	舄	上	止	複履,出《詞韻》	履也	複履	複履
6	足	上	止	食不厭多,出《詞韻》	手足也	趾也,止也,滿無欠也	臧酷切,趾也
7	所	上	止	語詞,出《詞韻》	行在	攸也,方所也,處所也,指物之辭,又姓韻	處也
8	數	上	止	計也,出《詞韻》	計也	責也,計也	叶疏,上声,計也
9	穀	上	祝	穀子,又五穀,出《詞韻》	百穀總名	實善,續生祿館舍,又百穀總名	百穀總名
10	骨	上	祝	骨頭,出《詞韻》	骨肉	肉之覆也	肉之覆也
11	卜	上	祝	問卜,出《詞韻》	占卜	灼剝龜也	叶補,卜灼
12	側	上	蟹	偏側,出《詞韻》	旁也	旁傾偏卑	旁也

续表

13	冊	上	蟹	文冊,出《詞韻》	簡冊,又符命也	同上[40],符命	簡冊
14	色	上	蟹	顔色,出《詞韻》	顔色也	色慾,顔色	叶篩,上聲,顔色
15	客	上	蟹	人客,出《詞韻》	寄也,賓也	賓客	叶鍇,上聲,賓客
16	栢	上	蟹	松柏,出《詞韻》	木名	木名,柏同	木名
17	百	上	蟹	俗呼,出《詞韻》	一十爲百	十十爲百,伯同	數名
18	德	上	壘	道德,出《詞韻》	行也	行道有德於心之謂德,恩也,惠澤也,四時旺氣	道德
19	國	上	壘	邦國,出《詞韻》	邦名	大曰邦,小曰國,五服内曰中國,海内曰天下	邦國
20	閣	上	效	樓閣,出《詞韻》	堂閣	樓閣,歷也,又迫隘不行	樓閣
21	各	上	效	異辭,出《詞韻》	各從其類	異辭	叶杲,異辭
22	撓	上	效	擾亂,出《詞韻》	擾也	擾亂	曩島切,擾亂
23	撮	上	果	蘑聚捏,出《詞韻》	匹圭也	捝也,蘑聚而撍取也	叶槎,上聲,匹圭爲撮
24	藿	上	果	姓也,出《詞韻》	姓也	國名,豆葉	姓也
25	詫	上	假	誑也,出《詞韻》	誇也	誇也,誑也	誇也
26	霎	上	假	霎時,出《詞韻》	小雨也	小雨	小雨
27	榔	上	宕	木名,出《詞韻》	木名	木名	檳榔
28	舫	上	宕	方船,出《詞韻》	方舟也	併舡,方船	併兩舡
29	圊	去	通	厮也,出《詞韻》	厠溷也	厮也	或曰厠溷也
30	禊	去	止	潔也,出《詞韻》	修禊	潔也	祓禊除惡,祭名
31	搨	去	蟹	搨戰,出《詞韻》	持也	持也,濟也	持也
32	蠆	去	蟹	毒名,出《詞韻》	毒螫蟲也	毒蟲	蜂蠆
33	退	去	壘	卻也,出《詞韻》	進退也	卻也	他累切,卻也
34	瘧	去	效	瘧疾,出《詞韻》	寒熱病也	痁病	病也
35	藥	去	效	藥材,出《詞韻》	治病也	療也,療病	治病草
36	麽	去	果	細也,又怎麽,出《詞韻》	細也	細也,語辭	叶磨,上聲。麽,細小也
37	燼	去	臻	火餘,出《詞韻》	火餘也	火餘,燭餘	火餘,燭餘
38	搚[41]	去	山	手撼物,出《詞韻》	手撼也	手撼物也	動也
39	健	去	山	強健,出《詞韻》	強也	強也,不倦	其現切,強也
40	甕	去	流	甕也,出《詞韻》	砌井也	甕也	瓦甕

[40] 其上"冊"字注:"简也,谋筹。"
[41] 此字原从木,《中原音韵》《词林韵释》亦然。《琼林雅韵》《中州音韵》从手作"搚",覆按注文,宜以作"搚"为是。

续表

41	𣰦	如	止	氍𣰦,出《詞韻》	毛席	氍𣰦,毛席	氍𣰦,毛席,亦音書
42	鶴	如	效	仙鶴,出《詞韻》	朱頂鳥也	禽名,鶴同	叶豪,似鵠長喙
43	貈	如	效	宿名,出《詞韻》	善睡獸	狐屬	似狐
44	學	如	效	學效,出《詞韻》	校也	效也,法也	奚交切,效也
45	遒	如	流	迫急,出《詞韻》	迫也,盡也	迫急,健,固,斂,勁,逸,尽,酋同	盡也

上表《词韵》释文与《琼林雅韵》完全相同者 6 例(表中 1、8、14、24、27、37),与《词林韵释》完全相同者 20 例(表中 1、2、3、5、8、14、20、21、22、25、27、28、29、30、33、37、38、40、41、45),与《中州音韵》完全相同者 12 例(表中 5、8、14、18、19、20、21、22、24、33、37、41)。其中与《琼林雅韵》《中州音韵》完全相同而与《词林韵释》异者 1 例(表中 24);仅与《琼林雅韵》完全相同者 0 例,仅与《词林韵释》完全相同者 9 例(表中 2、3、25、28、29、30、38、40、45),仅与《中州音韵》完全相同者 2 例(表中 18、19)。

张元善称《字学集韵》:"注文亦简便明白,未必非初学者之一助云。若曰文理深奥,则有前人之作。"[42]是以知《字学集韵》注释有以当时"简便明白"之通语转释所引文献注文之处,如表中 4、6、7、9、10、11、12、13、15、17、18、19、23、34、36、39、42、44 之释文皆然。若将此 18 例一并计入,则《词韵》与《词林韵释》相同者可高达 38 例。

四部曲韵韵书中,《字学集韵》引《词韵》释义与《词林韵释》一致性最高。

四 结论

"出《词韵》"一语,笔者认为应理解为徐孝、张元善在着意强调所收韵字之音韵地位一遵《词韵》。至如释义微殊、改易等之异,须知古人引用典籍,或直引、或间引、或节引、或同义替代、或以俗语易雅言,条例不一而足,未必尽录原文,此古人引文之常则,徐孝、张元善亦难或免。

综合以上四项比勘结果,四部"曲韵韵书"中,《词林韵释》与《字学集韵》所引《词韵》最具一致性。故此,我们推断《字学集韵》所引《词韵》即《词林韵释》。

《词林韵释》又名《菉斐轩词林韵释》《菉斐轩词林要韵》或《词林要韵》,作者为明代陈铎。[43]

---

[42]《合并篇韵字学便览引证》,《原国立北平图书馆甲库善本丛书》第 42 册,第 998 页上右,国家图书馆出版社,2013 年。

[43] 赵荫棠《菉斐轩〈词林要韵〉的作者》,原载《北平晨报·学园》1931 年 4 月 1 日;收入《陇上学人文存·赵荫棠卷》,第 9—12 页,甘肃人民出版社,2015 年。

前揭《字学集韵》凡言出处注"出××"者,喜用简称,所谓"词韵"即《词林韵释》或《词林要韵》之简称。

　　据李子君考察,"陈曲十九部与《韵释》十九部基本一致,说明《韵释》的编纂基本上是以实际用韵为依据的。"[44]《字学集韵》引用《词韵》音义,看重的恰是其实际语音。至此,本文之首所揭《字学集韵》与今北京音相同或相近的一定数量的中古入声字异读,何以源自《词韵》之疑问,便可涣然冰释。

　　传世本《词林韵释》相应音韵地位处未收之5字,疑为版本差异所致,并不足以对我们的推断构成冲击。

(李子君、高博:吉林大学文学院,130012,吉林长春)

---

[44] 李子君《陈铎曲韵与〈词林韵释〉》,《音韵论丛》,第403页,齐鲁书社,2004年。

《诗经》重言词隔章双声现象研究*

赵团员

提要：《诗经》相邻章节对应的句末重言词，存在双声、准双声以及非双声三种情况，其中双声或准双声所占的比例达到57.5%，可证《诗经》中存在隔章双声或准双声的语音技巧。《诗经》中重言词双声现象还包括间章双声、"有字式"等隔章双声、隔句双声、与AABB式相关的双声等情况，它们与隔章双声现象有密切联系。在这些情况下，双声或准双声的重言词所修饰的对象一般相同，语义往往相近，其中有些近义词毛传采用"AA犹BB也"的形式训释，有的用不同的词训释。通过调查《尔雅·释训》，可发现当时近义重言词不少双声或准双声，在这样的语言基础上，从句内到不同句子间以至相邻章节，形成了相应的语音技巧。

关键词：《诗经》 重言词 隔章双声 语音技巧

《诗经》中对应重言词有隔章双声的现象，钱大昕最早指出这一点。他指出："至诗三百篇兴，而斯秘[1]大启……'啴啴哼哼''禺禺卬卬'，叠字而成双声；'与与''翼翼'，隔句而成双声；'居居''究究'，隔章而成双声……四声昉于六朝，不可言古人不知叠韵；字母出于唐季，不可言古人不识双声。"[2]"居居""究究"例见《唐风·羔裘》，该诗共两章，每章第二句分别为"自我人居居""自我人究究"。两章叠咏，"居居""究究"都在韵脚字位置，两者所处的句子只有重言词有差别，其他都完全相同。这是重言词隔章双声的典型例证。郭绍虞《中国诗歌中之双声叠韵》把这类现象归到"隔章连用例"中的"双声例"，该文所举三例都是对应重言词双声，除《唐风·羔裘》外，还有《齐风·甫田》《郑风·清人》例[3]，这

---

* 本论文的部分内容在2020年11月14日北京大学中文系"跨学科视野下的汉语音韵学、诗律学研究工作坊"中以《〈诗经〉分章中的语音技巧》的题目宣读；在2021年8月25日举办的天趣斋沙龙中以及10月29日在西南交通大学举办的第54届国际汉藏语言暨语言学会议中以本题目宣读。感谢孙玉文、邵永海、李建强、郑妞、程悦、陈绪平、万群、严旭、李林芳以及匿名评审的先生提出的宝贵意见。感谢王丽雯同学帮忙整理部分材料。

[1] 指双声叠韵的秘密。

[2] 钱大昕《潜研堂文集》卷十五，据陈文和主编《嘉定钱大昕全集》（增订本）第九册，第235页，江苏古籍出版社，2016年。个别标点有调整。

[3] 原文载于《文学》1934年2卷5号。收入郭绍虞《照隅室语言文字论集》，第41页，上海古籍出版社，1985年。

两例的详细讨论见后文。另外,前两种"叠字双声""隔句双声"内在机制与隔章双声类似,我们后文也有讨论。

　　叠咏章节中对应重言词双声很常见,但有时同等情况下重言词不是双声,如《周南·螽斯》各章第二句"诜诜兮""薨薨兮""揖揖兮",对应的重言词并无双声关系。可见重言词隔章双声并非格律,是在一定条件下出现几率比较大的语音技巧。"技巧"与"格律"是相对而言的,王力先生对于两者的区别,有很好的界定:"我觉得有必要把技巧和格律区别开来。诗人可以在语言形式上,特别是在声音配合上运用种种技巧,而不必告诉读者他已经用了这种技巧,更不必作为一种格律来提倡。"[4]黄侃《声韵略说·论据诗经以考音之正变》指出:"就对字以考声类相通之常者,举例如次……'鸡鸣喈喈''鸡鸣胶胶',喈、胶双声,古皆在见母。"[5]这里他把《郑风·风雨》的隔章双声看作"对字"的一种,以之求古声母。并指出:"就《诗》文求声,较之求韵,其用尤大。"孙玉文在《上古汉语特殊谐声中声母出现特殊变化的大致时代的一些例证》中进一步使用这种技巧否定错误的复辅音构拟。他指出,《郑风·风雨》第一章"风雨凄凄,鸡鸣喈喈",第二章"风雨潇潇,鸡鸣胶胶",两章对应重言词有密切的语音联系,"这里'凄凄、潇潇'都是齿头音;'喈喈、胶胶'都是见母,都是模拟鸡叫声。所以毛传说:'胶胶,犹喈喈。'"[6]此处前者声母相近;后者不但声母相同,而且语义相近,毛传采用了"BB 犹 AA"的形式训释。郑妞《上古文献中的语音技巧及其应用》中对前人关于《诗经》语音技巧的研究有很全面的综述,并专门探讨了《诗》中的语音技巧及其对古音研究的启发,证明了双声语音技巧在《诗》中的存在,很有说服力。[7] 程悦《〈诗经〉句中韵的性质与类型》[8]专题讨论了《诗经》单句中叠韵的语音技巧,把"句中叠韵"看作对偶的修辞在语音上的表现,对该技巧出现的环境有很好的界定。这些研究为我们专题探讨重言词隔章双声问题提供了很好的基础。

　　重言词隔章双声与换章换韵的规律有密切关系。除了少数例外,《诗经》中"换章绝大多数换韵",特别是在叠咏的情况下几无例外。[9] 叠咏时不同章节之间对应的字要构成语音联系的话,最常见的是同音同字;而对应的韵脚字一般不能同音,也不能叠韵,

---

[4] 王力《中国格律诗的传统和现代格律诗的问题》,《文学评论》1959 年第 3 期,第 5 页。
[5] 黄侃《新辑黄侃学术文集》,第 90—91 页,南京大学出版社,2008 年。下同。
[6] 孙玉文《上古音丛论》,第 296 页,北京大学出版社,2015 年。
[7] 郑妞《上古文献中的语音技巧及其应用》,2020 年 1 月 11 日在北京大学中文系"音义-语法互动与古汉语联绵词研究论坛"宣读。
[8] 程悦《〈诗经〉句中韵的性质与类型》,2021 年 8 月 21 日在西南交通大学主办"中国音韵学第 21 届学术研讨会暨汉语音韵学第 16 届国际学术研讨会"(线上)宣读。
[9] 赵团员《〈广韵〉离析的若干问题——兼谈〈汉字古音表稿〉的学术价值》,华学诚主编《文献语言学》第七辑,第 134—138 页,中华书局,2019 年。

理论上很可能用双声的形式构成语音联系。本文全面考察《诗经》隔章对应重言词的语音关系，首先证明《诗经》重言词隔章双声现象为语音技巧，并指出这种语音技巧出现的限制条件，并联系间章双声现象，"有字式"等与重言词相当的格式的双声，以及隔句双声，与AABB式相关的双声（包含"叠字双声"）等现象进一步证明这一点。最后联系重言词的音义关系，去探究这种技巧形成的深层原因。

一　重言词隔章双声现象为语音技巧

本节我们全面调查《诗经》中邻章对应重言词的语音关系。只有对应句子除了重言词外其他用字完全相同时，才出现隔章双声的技巧；最后简单讨论对应句子除重言词外其他成分不同的情况。诗篇章节及句数我们以毛传为基础，重言词的中古读音主要参考《广韵》和《经典释文》（简称《释文》），两者不一致时，考虑到《释文》首音照顾到了音义配合关系，应该更能反映《诗经》读音的原貌，原则上取《释文》读音，个别情况下取《广韵》音，以此为基础上推上古音。目前诸家上古汉语语音系统不同，郭锡良《汉字古音表稿》（简称《表稿》）[10]是"迄今以图表的方法描写上古汉语声韵调系统最全面、细致的著作"[11]，我们的古音构拟以《表稿》音系为基础，根据《表稿·例言》，上古汉语共32个声母，分为6大类，分别是喉音（包括"见、溪、群、疑、影、晓、匣"七个声母）、舌头音（包括"端、透、余、定、泥、来"六个声母）、舌上音（包括"章、昌、船、书、禅、日"六个声母）、齿头音（包括"精、清、从、心、邪"五个声母）、正齿音（包括"庄、初、崇、山"四个声母）和唇音（包括"帮、滂、並、明"四个声母）。对应重言词的语音关系可以分为三种：双声、准双声和非双声。双声，是指上古汉语中声母相同。准双声，是指上古汉语中声母属于同一大类；或者舌头与舌上音，齿头音与正齿音对应的发音方式相同的声母，如端母与章母，精母与庄母；或者某字另有异读，如果采用异读则双声的。[12] 不属于双声或准双声的为非双声。

王力《诗经韵读》（简称《韵读》）[13]为每个韵脚字注音，这也是确定韵脚字及其读音的重要参考。《表稿》的古音系统继承了王力《汉语史稿》而有所发展，与《韵读》拟音不完全一致但有对应关系。《韵读》和《表稿》依据的中古音主要是《广韵》注音，我们据《释

---

[10]　郭锡良《汉字古音表稿》，中华书局，2020年。
[11]　孙玉文《理想的声韵调配合表和汉语语音史研究》，华学诚主编《文献语言学》第七辑，第98页。
[12]　准双声很难有统一的定义，我们这里的定义一是考虑到可操作性，二是考虑到便于对比不同上古音构拟系统的优劣。不过本文尚未集中探讨语音技巧对认识上古音的帮助。
[13]　王力《诗经韵读 楚辞韵读》，《王力全集》第十二卷，中华书局，2014年。

文》推出的上古拟音与之不一致时,将在注释中加以说明。下文我们列表把重言词隔章对应的诗句都列举出来,按语音关系分为这三类。通过三者的数量比例,我们可以初步证明《诗经》中存在重言词隔章双声的语音技巧。

(一)隔章双声

我们首先列出各章重言词双声的例子,制成表1.1。

表 1.1　隔章重言词双声表

序号	诗篇	位置	诗句	语音(《释文》)	语音(构拟)
1	《邶风·新台》	前两章第二句	"河水瀰瀰(弥弥)"[14] "河水浼浼"	瀰瀰,莫尔反,徐又莫启反。[15] 浼浼,每罪反。《韩诗》作浘浘,音尾。	瀰(弥),mĭei2[16] 浼,mĭan2[17]
2	《王风·君子阳阳》	前两章首句	"君子阳阳""君子陶陶"	陶陶,音遥。	阳 ʎĭaŋ 陶 ʎĭəu[18]
3	《郑风·清人》	前两章第二句	"驷介旁旁""驷介麃麃"	旁旁,补彭反。麃麃,表骄反。	旁 peaŋ 麃 pĭau
4	《郑风·风雨》	前两章第二句	"鸡鸣喈喈""鸡鸣胶胶"	喈喈,音皆。胶胶,音交。	喈 kei 胶 keəu
5	《齐风·甫田》	前两章第二句	"维莠骄骄""维莠桀桀"	桀桀,居竭反,徐又居竭反。	桀 kĭăt[19] 骄 kĭau
6	《齐风·甫田》	前两章末句	"劳心忉忉""劳心怛怛"	切切,音刀。怛怛,旦末反。	怛 tăt 忉 tau
7	《齐风·载驱》	第三、四章第二句	"行人彭彭""行人儦儦"	彭彭,必旁反。儦,表骄反。	彭 paŋ[20] 儦 pĭau
8	《唐风·蟋蟀》	前两章末句	"良士瞿瞿""良士蹶蹶"	瞿瞿,俱具反。蹶蹶,俱卫反。	瞿 kĭwa3[21] 蹶 kĭwăt

---

[14] 瀰,简体字作"弥",为了便于读者通过谐声了解古音系统,此处保存旧字形,简体字形放在括号里,下同。

[15] 《释文》原文作:"瀰瀰,莫尔反,徐又莫启反,水盛也。《说文》云:'水满也。'"此处只取读音和字形资料,为节省篇幅,省略部分不再标省略号,下表格中皆采用此种方法。此外,如果有异读,如无特殊说明一般取首音。

[16] 《表稿》的上古音声调为平声、上声、去声、长入、短入五个声调,平声我们不作标识,上声、去声标注为2、3,长入、短入在主要元音上标长短符号,如"蹶"kĭwāt 为长入,"烈"lĭăt 为短入。

[17] 浼,此处取《表稿》拟音,源自《集韵》"美辨反",而《韵读》归入文部,拟作 miən。两者都考虑到了声符,与"每罪反"的阴声读法不同,不过声母都是明母。

[18] 据《释文》读音拟定。《韵读》取定母读音,拟为 du,对应《广韵》"徒刀切"。

[19] 《韵读》拟为 giat,这是取《广韵》"渠列切"。

[20] 《表稿》收《集韵》"逋旁切",与《释文》一致。《韵读》拟为 beang,取《广韵》"薄庚切"。

[21] 《表稿》取"九遇切",与《释文》一致。《韵读》拟为 giua,取《广韵》"其俱切"。

续表

9	《唐风·羔裘》	前两章第二句	"自我人居居""自我人究究"	居居,如字,又音据。究究,九又反。	居 kiɑ 究 kiəu3
10	《秦风·蒹葭》	三章首句	"蒹葭苍苍""蒹葭萋萋""蒹葭采采"	萋萋,本亦作凄,七奚反。	苍 tsʻɑŋ 萋 tsʻiei 采 tsʻə2
11	《小雅·蓼萧》	第三、四章第二句	"零露泥泥""零露浓浓"	泥泥,乃礼反,沾濡也。浓浓,奴同反,又女龙反。	泥 niei2 浓 nuəm
12	《小雅·蓼莪》	第五、六章首句	"南山烈烈""南山律律"		烈 liăt 律 liwət
13	《小雅·蓼莪》	第五、六章第二句	"飘风发发""飘风弗弗"		发 pǐwăt 弗 pǐwət
14	《小雅·宾之初筵》	第三、四章第八句	"屡舞僊僊""屡舞傞傞"	僊僊,音仙。傞傞,素多反,一音仓柯反。	僊 sǐan 傞 sa
15	《小雅·角弓》	第七、八章首句	"雨雪瀌瀌""雨雪浮浮"	瀌瀌,符娇反,徐符彪反,又方苗反。	瀌 bǐau [22] 浮 bǐəu

根据调查,隔章重言词双声现象涉及 13 首诗,例 10 一组有 3 个重言词,可以看作两对重言词,"苍苍""萋萋"一对,"萋萋""采采"一对,则共 16 对重言词双声。其中"浼""陶""桀""彭""瞿""瀌"等 6 个字的读音与《韵读》不同,按照《韵读》读音,则只是准双声,而按照《释文》,则是严格同声。从语音上看,除例 3、7、10、11、12、14 中的 7 对重言词外,其他 9 对介音都相同,介音相同的比例为 56.3%,介音相同的 9 对中,例 8、例 13 同为三等合口,其他都是开口。介音不同的 7 对中,例 12 同为三等,仅有开合之不同。

声母完全相同,多数介音相同,我们很难说是偶然形成的,这应该是语音技巧。其中《秦风·蒹葭》一组有 3 个重言词双声,《齐风·甫田》和《小雅·蓼莪》中有两对重言词双声,偶然形成的可能性很小。

(二)隔章准双声

另外有一些重言词为准双声,列表如下:

表 1.2 隔章重言词准双声表

序号	诗篇	位置	诗句	语音(《释文》)	语音(构拟)
1	《周南·螽斯》	各章末句	"振振兮""绳绳兮""蛰蛰兮"	振振,音真。蛰蛰,尺十反,徐又直立反。	振 tǐen 绳 dǐəŋ 蛰 tǐəp

---

[22] 《韵谱》拟为 piô,取《广韵》"甫娇切"。

续表

2	《召南·草虫》	前两章第四句	"忧心忡忡""忧心惙惙"	忡忡，敕中反。惙惙，张劣反。	忡 tʻiwəm 惙 tiwăt
3	《郑风·风雨》	前两章首句	"风雨凄凄""风雨潇潇"	凄凄，七西反。潇潇，音萧。	凄 tsʻiei 潇 siəu
4	《齐风·载驱》	第三、四章首句	"汶水汤汤""汶水滔滔"	汤汤，失章反。滔滔，吐刀反。	汤 ɕiaŋ[23] 滔 tʻəu
5	《唐风·蟋蟀》	第二、三章末句	"良士蹶蹶""良士休休"	蹶蹶，俱卫反。休休，许虬反。	蹶 kiwăt 休 xiəu[24]
6	《唐风·杕杜》	各章第二句	"其叶湑湑""其叶菁菁"	湑湑，私叙反。菁菁，本又作青，同子零反。	湑 sia2 菁 tsǐeŋ
7	《唐风·杕杜》	各章第三句	"独行踽踽""独行睘睘"	踽踽，俱禹反。睘睘，本亦作茕，又作惸，求营反。	踽 kǐwa2 睘 gǐweŋ
8	《陈风·防有鹊巢》	各章末句	"心焉忉忉""心焉惕惕"	忉忉，都劳反。惕惕，吐历反。	忉 tau 惕 tʻiĕk
9	《小雅·蓼萧》	第二、三章第二句	"零露瀼瀼""零露泥泥"	瀼瀼，如羊反，徐又乃刚反。泥泥，乃礼反。	瀼 ńiaŋ 泥 niei2
10	《鲁颂·駉》	前两章第六句	"以车彭彭""以车伓伓"	伾伾，敷悲反，《说文》同。《字林》作駓，父之反，音丕。	彭 paŋ[25] 伾 pʻiə

以上共涉及 9 首诗，其中例 1 一组有 3 个重言词，构成两对，共 11 对重言词准双声。其中例 1、2、3、6、7 中共 6 对重言词介音相同，占比为 54.5%，其中例 2、例 7 同为三等合口。准双声与双声相比，偶然性稍强，但就整体数量以及介音相同的比例而言，很难说是完全偶然的，可看作双声标准放宽之后的安排，也属于语音技巧。

（三）隔章非双声

最后，对应重言词非双声也具有一定的数量。根据相应诗歌是否在前出现，可以制成两个表格，一是诗在前两表中出现过的；二是诗未出现过的。诗在前文出现过的制成下表：

---

[23] "汤"《广韵》有异读"吐郎切"，对应 tʻɑŋ，则与"滔"双声，但音义不合。
[24] 据《释文》，"休"为幽韵字，我们据之构拟上古音。《表稿》未收此音，《韵读》作 xiu，也是看作三等韵。
[25] 此处根据音义关系取《韵表》所收《集韵》音"逋旁切"。《韵读》拟为 beang，这是取《广韵》"薄庚切"，不取。

表 1.3　隔章重言词非双声表(一)

序号	诗篇	位置	诗句	语音(《释文》)	语音(构拟)
1	《周南·螽斯》	各章第二句	"诜诜兮""薨薨兮""揖揖兮"	诜诜,所巾反。揖揖,子入、侧立二反。	诜 ʃiən 薨 xuəŋ 揖 tsĭəp
2	《郑风·清人》	第二、三章第二句	"驷介麃麃""驷介陶陶"	麃麃,表骄反。陶陶,徒报反。	麃 pĭau 陶 dəu3
3	《鲁颂·駉》	第二、三四章第六句	"以车伾伾""以车绎绎""以车祛祛"	伾伾,敷悲反。《说文》同。《字林》作駓,父之反,音丕。绎绎,音亦,崔本作驿。祛祛,起居反。	伾 pʻĭə 绎 ʎĭak 祛 kʻĭa

以上三首诗有隔章双声或准双声,也有隔章非双声。下表为诗中对应重言词全部非双声的例子:

表 1.4　隔章重言词非双声表(二)

序号	诗篇	位置	诗句	语音(《释文》)	语音(构拟)
1	《周南·葛覃》	前两章第三句	"维叶萋萋""维叶莫莫"	萋萋,切奚反。莫莫,美博反。	萋 tsʻiei 莫 mǎk
2	《卫风·淇奥》	前两章第二句	"绿竹猗猗""绿竹青青"	猗猗,於宜反。青青,子丁反,本或作菁,音同。	猗 ĭa 菁 tsĭeŋ
3	《王风·大车》	前两章首句	"大车槛槛""大车啍啍"	大车槛槛,胡览反。啍啍,他敦反,徐又徒孙反。	槛 ɣeam2 啍 tuən
4	《魏风·十亩之间》	各章第二句	"桑者閒閒(闲闲)兮""桑者泄泄兮"	閒閒,音闲,本亦作闲。泄泄,以世反。	閒(闲) ɣean 泄 ĭaɪ
5	《唐风·扬之水》	各章第二句	"白石凿凿""白石皓皓""白石粼粼"	凿凿,子洛反。皓皓,古老反。粼粼,利新反,本又作磷,同。	凿 tsăuk 皓 kəu2 [26] 粼 lĭen
6	《陈风·东门之杨》	各章第二句	"其叶牂牂""其叶肺肺"	牂牂,子桑反。肺肺,普贝反,又蒲贝反。	牂 tsaŋ 肺 pʻāt
7	《陈风·东门之杨》	各章末句	"明星煌煌""明星晢晢"	煌煌,音皇。晢晢,之世反。	煌 ɣuaŋ 晢 tĭat
8	《小雅·南有嘉鱼》	各章第二句	"烝然罩罩""烝然汕汕"	罩罩,张教反,徐又都学反,《字林》竹卓反。汕汕,所谏反。	罩 teāuk 汕 ʃean3
9	《小雅·庭燎》	前两章末句	"鸾声将将""鸾声哕哕"	将将,七羊反,本或作锵,注同。哕哕,呼会反,徐又呼惠反。	将 tsʻĭaŋ 哕 xuāt
10	《小雅·鼓钟》	前两章首句	"鼓钟将将""鼓钟喈喈"	将将,七羊反。喈喈,音皆。	将 tsʻĭaŋ 喈 kei

---

[26]　《韵读》拟为 huk,大概对应《广韵》"胡老切",又由声符"告"定为入声。

续表

11	《小雅·鼓钟》	前两章第二句	"淮水汤汤""淮水湝湝"	汤汤,音伤。湝湝,户皆反。	汤 ɕiaŋ 湝 ɣei[27]
12	《小雅·頍弁》	前两章第十句	"忧心弈弈""忧心怲怲"	弈弈,音亦。怲怲,兵命反。	弈 ʎiɐk 怲 piaŋɜ
13	《大雅·江汉》	前两章首句	"江汉浮浮""江汉汤汤"	汤汤,书羊反。	浮 bĭəu 汤 ɕiaŋ
14	《大雅·江汉》	前两章第二句	"武夫滔滔""武夫洸洸"[28]	滔滔,吐刀反。洸洸,音光,又音汪。	滔 tʻəu 洸 kuaŋ

以上两表共14首诗,表1.3中例1和例3,表1.4中的例5一组对应中都有3个重言词,构成6对,所以共20对重言词非双声。以上只有6对重言词介音相同,分别为表1.4的例2、例5(其中的"凿""皓")、例6、例8、例12、例13,占总数的30%。这些我们可以看作是偶然形成的,对重言词的声母没有刻意的安排。

(四)总数据

以上重言词数量的主要数据可以合并为下表。

表1.5 三类重言词数量对比表

	对应对(对)	比例(%)
双声	16	34.1
准双声	11	23.4
非双声	20	42.5
总量	47	100

隔章重言词双声、准双声的比例达到57.5%,超过非双声的比例,可见重言词隔章双声或准双声的语音技巧确实存在,隔章准双声可以看作隔章双声语音上放宽标准所形成的技巧。从理论上来说,准双声的概率应该大于双声,而实际上双声的比例则大于准双声,从这一点也可以证明隔章双声的技巧要比准双声更为突出。另外,双声和准双声的27例中,15例介音相同,占总数的55.6%,非双声的重言词中介音相同的只占总数的30%,这个差别也是很显著的,可以进一步证明隔章双声语音技巧的存在。

以上隔章对应的重言词数量达到3个的有《周南·螽斯》2组,《郑风·清人》《唐风·蟋蟀》《唐风·扬之水》《秦风·蒹葭》《小雅·蓼萧》各1组,共7组,另外《鲁颂·駉》隔章对应的重言词数量为4个。在这8组中,《周南·螽斯》中的"振振兮"组,《唐风·蟋蟀》《秦风·蒹葭》《小雅·蓼萧》这四组构成双声或准双声的关系。《郑风·清

---

[27] 《韵读》拟为 kei,取《广韵》"古谐切"。
[28] 王引之《经义述闻》:"《经》当作'江汉滔滔,武夫浮浮。'《传》当作'滔滔,广大貌;浮浮,众强貌。'"陈奂《诗毛氏传疏》同之。如按此说,则"滔滔""汤汤"对应,构成准双声。

人》《鲁颂·駉》的前两章重言词构成双声或准双声。只有《周南·螽斯》的"诜诜兮"组、《唐风·扬之水》中的重言词都是非双声。值得注意的是,当双声与准双声、双声与非双声同在一组时,双声所在的两章总是相邻的,《郑风·清人》《唐风·蟋蟀》《小雅·蓼萧》三篇如此;准双声和非双声同在一组时,准双声所在的两章也总是相邻的,《鲁颂·駉》篇是这样。这也是隔章重言词语音安排中的技巧。

除了以上一组多对的情况,同一首诗中有两对重言词对应的诗有《郑风·风雨》《齐风·甫田》《齐风·载驱》《唐风·杕杜》《陈风·东门之杨》《小雅·蓼莪》《小雅·鼓钟》《大雅·江汉》共8首,除《齐风·甫田》重言词所在的句子中间隔一句外,其他句子都是相邻的。其中只有《陈风·东门之杨》《小雅·鼓钟》《大雅·江汉》3首的对应重言词都属非双声,其他5首则都属于双声或准双声。从这两类重言词密度比较高的诗可以进一步看出,重言词声母安排的技巧是存在的。

以上相邻章节绝大多数是叠咏的。[29] 叠咏的标准,我们可参考向熹的《诗经译注》[30]题解中的说明。其中有未标叠咏的,仅有《小雅·蓼莪》《小雅·宾之初筵》《小雅·角弓》《大雅·江汉》四首,其中《小雅·蓼莪》五、六章完全符合叠咏的要求,可以不看作例外。其他几首都不属于叠咏。《小雅·宾之初筵》第四章第四句"屡舞傞傞"与三、四章第八句"屡舞僛僛""屡舞傞傞"句法相同,但声母与之不同,可进一步证明隔章对应与语音双声有一定联系。《小雅·角弓》《大雅·江汉》重言词所在的前两句除韵脚字外全部相同,其他对应各句则完全不同。此外,《唐风·扬之水》《郑风·清人》的二、三章也属于这一类。[31] 这一类共5首诗6对重言词,只有《小雅·宾之初筵》《小雅·角弓》2对双声,其他4对重言词[32]都属非双声。其中《郑风·清人》前两章叠咏,对应重言词双声,而后两章不叠咏,重言词不双声[33]。如果把非叠咏的例子去掉,则对应重言词共41对,双声14对,准双声11对,共25对,双声或准双声的比例达到61%。这个比例较上文的数据要更大些。可见重言词隔章双声技巧与叠咏的关系是很密切的。

---

[29] 黄侃《声韵略说》把"隔章双声"归在"对文"的名义下。郑妞《上古文献中的语音技巧及其应用》指出,《诗经》的语音技巧"以句中相应位置汉字音节中声母或韵部的重复出现为主要特征,其中对偶句中此种现象较为多见"。程悦《〈诗经〉句中韵的性质与类型》指出:"典型的句中语音技巧,多出现在押韵句中,且所出现的诗句往往结构或句式相同、意义相关,可以视为对偶的修辞在语音上的表现形式。"叠咏本质上也是一种对文、对偶或排比,隔章双声现象与其他语音技巧出现的环境有相似之处。

[30] 向熹《诗经译注》,商务印书馆,2016年。

[31] 只有一、二章叠咏。

[32] 《大雅·江汉》有两对重言词对应。

[33] 《唐风·扬之水》前两章对应重言词声母虽不相近,但"凿"药部,"皓"幽部,韵部相近,与第三章则声韵皆远,前两章重言词也算有一定的语音联系。

(五)特别的隔章对应

如果对应重言词在句末,而所搭配的词句不同,即修饰对象不同,不管是不是在叠咏的章节中,一般不构成双声。如《齐风·载驱》前两章首句"载驱薄薄""四骊济济",《释文》:"薄薄,普各反,徐扶各反,疾驱声也。济济,子礼反,注同,美貌。"薄 pǎk 济 tsiei2 非双声。类似的还有:《卫风·硕人》第三、四章首句"硕人敖敖""河水洋洋";《齐风·载驱》第二、三章首句"四骊济济""汶水汤汤",第二句"垂辔沵沵""行人彭彭";《小雅·出车》第五、六章第四句"忧心忡忡""采蘩祁祁";《小雅·采芑》前两章第九句"四骐翼翼""八鸾玱玱";《小雅·车攻》第三、四章第二句"选徒嚣嚣""四牡奕奕";《小雅·四月》第二、三章首句"秋日凄凄""冬日烈烈";《小雅·信南山》第二、三章第二句"雨雪雰雰""黍稷彧彧";《鲁颂·泮水》第一、二章第四五句"其旗茷茷,鸾声哕哕""其马蹻蹻,其音昭昭"。共11对,其中《齐风·载驱》《小雅·采芑》《鲁颂·泮水》中的5对重言词处在叠咏章节中。

这类情况在《诗经》中只有4处为双声或准双声,分别如下:

(1)《卫风·硕人》第三、四章第四句"朱幩镳镳""鳣鲔发发"。《释文》:"发发,补末反,盛貌。马云:鱼著网尾发发然。《韩诗》作鲅。"

(2)《小雅·小弁》第四、五章第二句"鸣蜩嘒嘒""维足伎伎"。《释文》:"嘒嘒,呼惠反,蝉声也。伎伎,本亦作跂,其宜反,舒貌。"

(3)《小雅·巷伯》第三、四章首句:"缉缉翩翩""捷捷幡幡"。《释文》:"缉缉,七立反。《说文》作'咠',云:'聶[34]语也'。又子立反。翩翩,音篇,往来貌,字又作扁。捷捷,如字,又音妾。幡幡,芳烦反。"

(4)《小雅·楚茨》第二、三章首句"济济跄跄""执爨踖踖"。《释文》:"跄跄,七羊反,士之容也。踖踖,七夕反,又七略反,爨灶有容也。"

例1 镳 pǐau 发 puat 双声,例2 嘒 xiwēt 跂 gǐe 准双声。例3 缉 ts'ǐəp 捷 dzǐăp 准双声,幡 p'ǐwan 翩 p'ǐen 双声,例4 跄跄 ts'ǐaŋ、踖 ts'ǐɑk[35] 双声。例3、例4 的双声与 AABB 式重叠式相关,可以算作另外一类,在下节专门讨论。如此只有前2对属于双声或准双声,这类共13对,双声或准双声的比例只有15.4%。可见与重言词组合的成分不同时,非双声才是正常状态,双声或非双声可看作偶然形成。如果对应的重言词不在

---

[34] 据黄焯《经典释文汇校》,第188页,中华书局,2011年,"鬲"为"聶"字之误。
[35] 《表稿》对应"秦昔切",上古音 dzǐɑk,而《韵谱》上古音 tzyak,则对应《广韵》"资昔切"。《尔雅·释训》:"跄跄,动也。踖踖,敏也。"《释文》:"跄跄,七羊反。踖踖,音夕,又音藉。"据此则"跄"清母,"踖"邪母,为准双声。

句末,比如《周南·兔罝》各章的第一句和第三句"肃肃兔罝"和"赳赳武夫"构成对仗,肃 sĭəuk 赳 kiəu 准叠韵。这一类对仗重言词所搭配的成分一般也不相同,重言词叠韵、准叠韵的有,但双声或准双声的例证很罕见。这两种类型可从反面证明隔章双声语音技巧是有条件限制的。

二 其他类型的重言词双声现象

重言词双声现象不限于以上诸例。有的重言词中间相隔一章,也存在双声的现象,这类可称为间章双声。"有字式"等虽非重言词,但与重言词语义和功能相当,也有隔章双声的现象,也纳入讨论范围。另外,上文钱大昕提到的"隔句双声""叠字双声"现象与隔章双声有类似的机制,我们也纳入讨论。"叠字双声"不限于钱大昕所指的类型,本文称为与 AABB 式相关的双声现象。这几类数量都不大,我们把双声和准双声放在一起统计。下面依次讨论。

(一) 间章双声现象

当两章中间相隔一章时,隔开的两章有重言词对应,且句子其他成分相同,中间一章对应处无重言词,我们可称为间章对应。该类共有 3 例,准双声和双声各 1 例,占比达 66.7%,如下:

(1)《小雅·鼓钟》第二、四章第一句"鼓钟喈喈""鼓钟钦钦"。《释文》:"喈喈,音皆。"

(2)《大雅·板》第二、四章第二句"无然宪宪""无然谑谑"。《释文》:"宪宪,许建反,犹欣欣也。""谑谑,虚虐反,喜乐也。"

例 1 喈 kei 钦 k'ĭəm 准双声,例 2 宪 xĭan3 谑 xĭăuk 双声。

另外,非双声的 1 例,如下:

(1)《小雅·伐木》第一、三章首句"伐木丁丁""伐木许许"。[36]《释文》:"丁丁,陟耕反,伐木声也。""许许,沉呼古反,柿貌。"

按,丁 teŋ 许 xɑ2 非双声。

这一类相应章节都只有部分句子相似,不属于叠咏。这三首诗都在《雅》中。

---

[36] 毛传"六章,章六句",朱熹《诗集传》改为"三章,章十二句",如按《诗集传》分章,则为第一、二章第一句。

(二)"有字式"等隔章双声现象

本小节讨论"有字式"等隔章双声现象。王显指出,有字式、其字式、思字式和斯字式功能上与重言词相当。[37] 这些格式在叠咏章句中也存在双声的现象。我们把这些词的隔章双声和非双声现象制成下表。

表 3.1 "有字式"等隔章双声表

序号	诗篇	位置	诗句	语音(《释文》)	语音(构拟)
1	《邶风·北风》	前两章第二句	"雨雪其雱""雨雪其霏"	雱,普康反。霏,芳非反。	雱 p'aŋ 霏 p'iwəi
2	《邶风·新台》	前两章首句	"新台有泚""新台有洒"	泚,音此,徐又七礼反。有洒,七罪反,《韩诗》作漼,音同。	泚 tsʻie2 洒 tsʻuəi2 [38]
3	《小雅·隰桑》	第二、三章第二句	"其叶有沃""其叶有幽"	有沃,乌酷反。有幽,於纠反。	沃 āuk 幽 iəu

表 3.2 "有字式"等隔章非双声表

序号	诗篇	位置	诗句	语音(《释文》)	语音(构拟)
1	《邶风·北风》	前两章首句	"北风其凉""北风其喈"	其凉,音良。其喈,音皆。	凉 liaŋ 喈 kei
2	《邶风·静女》	前两章首句	"静女其姝""静女其娈"	姝,赤朱反。	姝 tʻiwo [39] 娈 liwan2
3	《小雅·隰桑》	前两章第二句	"其叶有难""其叶有沃"	有难,乃多反。有沃,乌酷反。	难 na 沃 āuk

这两类各有3例,虽然整体数量不大,但双声的占总数的50%,且没有准双声的情况。值得注意的是《邶风·新台》前两章前两句,分别为有字式和重言,两章对应处都构成双声。《邶风·北风》两组对应词,一组构成双声,一组不双声。《小雅·隰桑》前三章第二句都对应,后两章构成双声。可见这类格式也倾向于构成隔章双声的语音技巧。

中间相隔一章时,"有"字式也有一个准双声的例子。

(1)《小雅·伐木》第三五章第二句"酾酒有藇""酾酒有衍"。[40]《释文》:"有藇,音叙,又羊汝反,美也。"

藇 zǐa2/ʎǐa2,衍 ʎnai2,"藇"又音与"衍"双声,所以两者是准双声关系。

---

[37] 王显《〈诗经〉中跟重言作用相当的有字式、其字式、斯字式和思字式》,《语言研究》1959年第4期,第9—43页。

[38] 按,洒《表稿》取"苏典切",上古音构拟为 *siən2,《韵读》同,据此则为准双声。此处由《释文》读音上推古音。

[39] 《表稿》同。《韵读》作 sjio,书母,不知所据。

[40] 如按《诗集传》分章,则为第二、三章第二句。

这两类数量不大,但与重言式对应,而且双声、准双声现象很突出,可以看出重言词隔章双声现象的变体。

(三)隔句双声现象

当同一章内相邻几句的重言词都处在句末时,一般来说都入韵。入韵则很少双声,因为如果双声且叠韵,语音太相近以至同音,则反而妨碍语义的表达。只有小部分重言词不入韵,这些重言词与相邻的重言词构成一个语法句[41],不押韵的一般为语法句的前半部分。这就是绪论提到的"隔句而成双声",我们简称为隔句双声。下面根据双声与否制成两个表格:

表 3.3 重言词隔句双声或准双声表

序号	诗篇及章节	诗句	语音(《释文》)	语音(构拟)	说明
1	《小雅·采芑》第五章	"戎车啴啴,啴啴焞焞"	啴啴,吐丹反,徐音他。焞焞,吐雷反,又他屯反,本又作啍。	啴 tʻan 焞 tʻuən[42]	"啴"不入韵。
2	《小雅·楚茨》首章	"我黍与与,我稷翼翼"[43]	与与,音余。	与 ʎiɑ 翼 ʎi ək	"与"不入韵。
3	《大雅·公刘》第三章	"于时言言,于时语语"		言 ŋian 语 ŋiɑ	"言"不入韵。
4	《大雅·板》第四章	"老夫灌灌,小子蹻蹻"	灌灌,古乱反。蹻蹻,其略反。	灌 kuan3 蹻 giǎuk[44]	"灌"不入韵。
5	《周颂·有客》	"有客宿宿,有客信信"[45]		宿 sǐəuk、信 sǐen3	"宿""信"都不入韵。

表 3.4 重言词隔句非双声表

序号	诗篇	诗句	语音(《释文》)	语音(构拟)	说明
1	《卫风·硕人》第四章	"河水洋洋,北流活活"	洋洋,音羊,徐又音祥。活活,古阔反,又如字。	洋 ʎiaŋ 活 kuāt	"洋"不入韵。
2	《小雅·白华》第五章	"念子懆懆,视我迈迈"	懆懆,七感反。《说文》七倒反。迈迈,如字。《韩诗》及《说文》并作怖怖,孚吠反,又孚葛反,又匹代反。	懆 tsʻau2[46] 迈 moāt[47]	"懆"不入韵。

---

[41] "语法句"的概念,来自王力《诗经韵读 楚辞韵读》,第 52 页。

[42] 《韵读》焞 thu ən,《表稿》同,就谐声系统而言,应为阳声韵,故从之。

[43] 该例即上文《潜研堂文集》提到的例子。

[44] 《表稿》无此音,《韵读》kiǒk,取《广韵》"居勺切","走蹻蹻貌",音义组合也没问题,取此音则为双声。

[45] 郑妞《上古文献中的语音技巧及其应用》对该例的语音技巧有详细探讨。

[46] 此处拟音取《说文》"七倒反"。

[47] 据《韩诗》音,声母也不相近。

续表

| 3 | 《大雅·抑》第十一章 | "视尔梦梦,我心惨惨" | 梦梦,莫空反,沈莫登反。惨惨,七感反。 | 梦 muəŋ 懆 ts'au2[48] | "梦"不入韵。 |
| 4 | 《大雅·抑》第十一章 | "诲尔谆谆,听我藐藐" | 谆谆,字又作訰,之纯反,又之闰反。藐藐,美角反。 | 谆 tiwən 藐 meǎ uk | "谆"不入韵。 |

《诗经》中隔句对应的重言词共 9 例,其中双声或准双声有 5 例,比例达 55.6%。这 5 例分布在《雅》《颂》的 5 首诗中,其中《大雅·板》一例为准双声,其他 4 例严格双声。而隔句非双声的则只有 4 例,见于 3 首诗,《风》《小雅》各一例,另外两例出自《大雅》。前一类中《采芑》《公刘》《有客》3 例重言词修饰的对象相同,《楚茨》《板》修饰的对象有所不同。而表 3.4 的 4 例重言词修饰的对象则都不相同,如例 1 "洋洋"修饰的是"河水","活活"修饰的是"北流"的动作。

(四)与 AABB 式相关的双声现象

《诗经》中 AABB 式重叠式,是重言词的叠加。[49] 双声现象,可分为两类,一类是 AA、BB 双声,钱大昕所举的例子为"啴啴啍啍""禺禺卬卬",即属此类;一类是 AABB 式重言词与相邻章节或同章对应的 AABB 式或单个重言词,往往有语音联系,可称为 AABB 式对应型双声。第一类重言词叠用在《诗经》中共有 24 例[50],多数 AABB 式的句末字都入韵。其中"兢兢业业""战战兢兢"各出现 2 次,共算作 4 例。其中叠字双声或准双声共 9 例,分别如下:

表 3.5 叠字双声或准双声表

序号	诗篇	诗句	语音(《释文》)	语音(构拟)
1	《小雅·采芑》第四章	"啴啴啍啍"	见上	啴 t'an 啍 t'uən
2	《小雅·无羊》第三章	"矜矜兢兢"	兢兢,其冰反。	矜 kǐen 兢 gǐəŋ[51]
3	《小雅·楚茨》第二章	"济济跄跄"	济济,子礼反。跄跄,七羊反。	济 tsiei2 跄 ts'ǐaŋ
4	《小雅·信南山》第六章	"苾苾芬芬"		苾 bǐet 芬 p'ǐwən
5	《大雅·卷阿》第六章	"颙颙卬卬"	颙颙,鱼恭反。卬卬,五刚反。	颙 ŋiwoŋ 卬 ŋaŋ

---

[48] 据《韵读》,"惨"为"懆"之误。
[49] 参看石锓《汉语形容词重叠形式的历史发展》,第 128 页,商务印书馆,2010 年。
[50] 《小雅·楚茨》第六章"子子孙孙"为名词叠加,不在我们统计范围内。
[51] 郭锡良据《广韵》"居陵切",拟作 kiəŋ。据此,则双声。

续表

6	《大雅·云汉》第三章	"兢兢业业"	兢兢,本又作矜,居陵反。业业,如字,郭五答反。	兢 kǐəŋ 业 ŋǐăp
7	《大雅·云汉》第四章	"赫赫炎炎"	炎炎,于廉反。本或作惔,音同。	赫 xeɑk 炎 yǐam
8	《大雅·常武》第三章	"赫赫业业"		赫 xeɑk 业 ŋǐăp
9	《大雅·召旻》第三章	"兢兢业业"	业业,如字,一音五答反。	兢 kǐəŋ 业 ŋǐăp

在 24 例 AABB 式中,双声或非双声共 9 例,占比 37.5%,其中严格双声只有 2 例,占比 8.3%,比例不算很高。严格双声有 2 例正是钱大昕所提到的两例,其他 7 例为准双声。

非双声共 15 例。分别是:"委委佗佗"(《墉风·君子偕老》首章),"儦儦俟俟"(《小雅·吉日》第三章),"潝潝訿訿"(《小旻》第二章),"战战兢兢"(《小旻》与《小宛》第六章各出现一次),"缉缉翩翩""捷捷幡幡"(《巷伯》第三四章),"穆穆皇皇"(《大雅·假乐》第二章),"菶菶萋萋""雝雝喈喈"(《卷阿》第九章),"赫赫明明""绵绵翼翼"(《常武》首章、第五章),"皋皋訿訿"(《召旻》第三章),"烝烝皇皇"(《鲁颂·泮水》),"实实枚枚"(《閟宫》第一章)。这 15 例中只有委 ǐwa 佗 da 叠韵,其他韵部皆不相同。

根据是否在同一章里,AABB 式对应型双声可分为隔章对应型和章内对应型。隔章对应型涉及 3 首诗,共 5 对。上文《小雅·巷伯》《楚茨》例属此类,《大雅·云汉》第三、四章第三句"兢兢业业""赫赫炎炎",各自属于准双声,而且对应处也是准双声,与上两首诗不同的是,"业""炎"都不入韵。

另外,章内对应型也有 3 首诗,共 5 对。《大雅·卷阿》第九章"菶菶萋萋,雝雝喈喈"连用,菶 poŋ2 雝 ǐwoŋ 叠韵,萋 ts'iei 喈 kei 押韵,该例只有叠韵而无双声现象,这是比较特别的。《小雅·小宛》第六章第四句为"惴惴小心",对应的第六句为"战战兢兢",惴 tǐwa3 战 tǐan3 章母双声,同为去声,韵部对转。[52]《大雅·召旻》第三章第一、三句分别为"皋皋訿訿""兢兢业业",皋 kəu 兢 kǐəŋ 双声。"訿"不入韵,"业"入韵,两者非双声。

这两类共涉及 6 首诗,其中 5 首诗中的重言词有双声或准双声关系。对应重言词共 10 对,其中 4 对双声:"翩翩""幡幡","跄跄""踏踏","惴惴""战战","皋皋""兢兢";3 对准双声,分别是"缉缉""捷捷","兢兢""赫赫","业业""炎炎",3 对非双声,分别是"菶菶""雝雝","萋萋""喈喈","訿訿""业业"。双声或准双声共 7 对,比例达 70%。非双

---

[52] 郑妞《上古文献中的语音技巧及其应用》中对该例有详细分析,可参看。

声的 3 对中,前 2 对叠韵。

以上两种小类相加,重言词共 34 对,双声或准双声的共 16 对(双声 6 对,准双声 10 对),比例为 47.1%。这两小类相比,第二小类都是重言词的对应,与隔章双声的一致性更强,严格双声的情况也要比第一小类突出。这两类重言词修饰的对象稍微复杂些,前一类原则上来说,修饰的对象是一致的,但根据注释,非双声的重言词中有个别修饰对象不同,如《大雅·假乐》:"穆穆皇皇",郑《笺》:"天子穆穆,诸侯皇皇。"第二类对应的重言词修饰对象一致的,只有《小雅·巷伯》《小宛》,共 3 对重言词,2 个双声,1 个准双声。其他对应重言词修饰的对象均不相同。

(五) 小结

以上四种类型,前三种类型为隔章重言词的变体,共 19 对重言词[53],其中双声或准双声共 11 对(8 对双声,3 对准双声),占比 57.9%。AABB 式重叠式中重言词对双声或非双声占比 47.1%。这些现象与隔章双声现象有相似的内在机制,它们的修饰对象一般是相同的[54]。这几种情况下双声或准双声占比均比较突出,可进一步证明重言词隔章双声语音技巧的存在。

三 双声或准双声重言词的语义问题

在相应句子中,重言词修饰相同的名物或动作[55],或者是近义词,或者语义稍远,从不同的角度修饰对象。其中前者为主流。重言词的释义,诸家不尽相同,我们以最早的毛传注解为基础[56],分别考察隔章双声和其他类型的重言词的语义情况。毛传对重言词的训释有两种基本形式,一是采用"BB 犹 AA 也"的形式训释,相应重言词为近义词;二是分别用一般词汇训释,只有部分近义。隔章双声类例子最多,我们按训释形式,分成两类分别讨论。最后我们考察了《尔雅·释训》中近义重言词的双声情况,作为参照,以进一步说明双声或准双声现象与语义相近的关系。

(一) 隔章双声与"BB 犹 AA 也"的训释形式

根据 AA 是否出现在正文中,"BB 犹 AA 也"注释形式可分为两类,第一类是在同

---

[53] 这里把"有字式"等格式也看作重言词。
[54] 在隔句双声中有 2 处例外;另外,与 AABB 式相关的重言词中也有例外。
[55] 多数修饰名物。
[56] 为了保证研究对象的一致性,我们只讨论时代最早的毛传,这样更有利于提取《诗经》中的上古音信息。在个别情况下,郑玄《毛诗笺》、陆德明《经典释文》、孔颖达《诗经正义》等可作参考。

一首诗中;第二类不在同一首诗中。第一类的重言词多数隔章对应,少数在同一章节中。下面我们先讨论第一类,然后再简单讨论一下第二类。

在隔章双声的 16 对重言词中,有 6 首诗,共 9 对重言词,毛传采用"BB 犹 AA 也"的形式训释[57],占总数 56.3%。

(1)《郑风·风雨》之毛传:"胶胶,犹喈喈也。"

(2)《小雅·甫田》之毛传:"切切,忧劳也。""桀桀,犹骄骄也。怛怛,犹切切也。"

(3)《唐风·羔裘》之毛传:"居居,怀恶不相亲比之貌。""究究,犹居居也。"

(4)《秦风·蒹葭》之毛传:"苍苍,盛也。""萋萋,犹苍苍也。""采采,犹萋萋也。"

(5)《小雅·蓼莪》之毛传:"烈烈然,至难也。发发,疾貌。""律律,犹烈烈也。弗弗,犹发发也。"

(6)《小雅·角弓》之毛传:"浮浮,犹瀌瀌也。"

第二类准双声例,11 对中仅有 1 对,占总数的 9.1%。

(1)《陈风·防有鹊巢》之毛传:"惕惕,犹忉忉也。"

第三类 20 对中有 4 例,仅占总数的 20%。分布在两首诗之中。

(1)《陈风·东门之杨》之毛传:"牂牂然,盛貌。""肺肺,犹牂牂也。晢晢,犹煌煌也。"

(2)《小雅·鼓钟》之毛传:"喈喈,犹将将。湝湝,犹汤汤。"

此外,《小雅·巷伯》例也采用了该形式。

(1)《小雅·巷伯》"缉缉翩翩""捷捷幡幡"。毛传:"缉缉,口舌声。翩翩,往来貌。捷捷,犹缉缉也。幡幡,犹翩翩也。"[58]

另外还有释词、被释词都出现在正文,所修饰的词语相同,但重言词没有隔章对应的关系,也采取了该形式训释。

(1)《大雅·烝民》第七章五、六句:"四牡彭彭,八鸾锵锵",第八章一、二句"四牡骙骙,八鸾喈喈。"郑《笺》:"彭彭,行貌。锵锵,鸣声。"毛传:"骙骙,犹彭彭也。喈喈,犹锵锵也。"《释文》:"将将,七羊反,本亦作锵。骙骙,求龟反。喈喈,音皆。"

(2)《大雅·皇矣》第八章共十二句,第一、二句"临冲闲闲,崇墉言言",第八、九句"临冲茀茀,崇墉仡仡"。毛传:"闲闲,动摇也。言言,高大也。""茀茀,强盛也。仡仡,犹言言也。"《释文》:"孽孽,鱼列反,又五葛反。仡仡,鱼乙反,《韩诗》云:'摇也。'《说文》作'忔'。"

---

[57] 上节已指出,我们把《秦风·蒹葭》例看作 2 对重言词。
[58] 上节已经指出,相对应的词构成双声或准双声。

这两首诗的重言词都不是隔章对应。例 1 重言词分处两章，不过不直接对应，彭 beaŋ 骙 giwei，锵 tsʻiaŋ 喈 kei 非双声；例 2 有两对重言词同在一章之内，句式相同，忾 ŋiət 言 ŋian 双声，采用了"BB 犹 AA 也"的形式。与此不同，闲 ɣean 甫 piwət 5 声韵皆远，语义不近，未采用该形式。

上文中的"BB 犹 AA 也"解释的重言词共 19 对，其中 AA、BB 双声的 11 对，占比 57.9%；准双声 2 例，占比 10.5%；非双声 6 例，占比 31.6%。训诂术语"犹"本质上是一种近义词的训释方式，而双声的例子占明显优势地位，说明语义相近的重言词更容易有双声关系。[59] 所以这种解释格式也可以作为重言词双声技巧存在的一个证据。

"BB 犹 AA 也"第二类是 AA 不出现在同一诗篇中。段玉裁在《说文解字注》"佳淮"字下解释了"犹"的体例，一种是"通古今之语示人"。他所举《毛诗》例为"《魏风》传'纠纠犹缭缭、掺掺犹纤纤'之例也"。该例见《魏风·葛屦》，"缭缭""纤纤"不见于正文，为后来产生的同源词。段注两例即属于本类。上一类"BB 犹 AA 也"被释词和训释词都出现在正文中，则不容易确定古今关系，这是两类的区别。我们此处仅考察声母，通过调查，发现这一类在毛传中共 16 例，其中 AB 双声的共 6 例，比例为 37.5%，准双声和非双声各 5 例，比例各为 31.25%。[60] 两类相比，这一类双声的比例较低而准双声的比例提高，很可能是因为前一类注释受到了隔章双声技巧的叠加影响。[61]

（二）隔章双声与其他训释形式

除了上文"BB 犹 AA 也"的训释形式中，相应重言词是近义词外，其他隔章对应的重言词中，有一些毛传的释词或相同，或虽有所不同，但综合考虑毛传释词以及郑《笺》、陆德明《经典释文》、孔颖达《正义》对毛传的阐释，则在毛传系统中对应重言词仍然可看

---

[59] 郑妞《论特殊谐声字语音判定中的若干问题》（《国学学刊》2015 年第 3 期，第 129 页）中指出，"A 犹 B 也"本质上是一种义训方式，"大多数情况释词和被释词都没有语音的联系。只因汉字音义结合的特殊性，有些同义词和近义词又正好是同源词，所以也偶然可以看到'犹'连接的前后两个词是音同或音近的关系"，我们原则上赞同这一点，只不过"AA 犹 BB 也"的形式语音联系比"A 犹 B 也"更密切。

[60] 双声 6 例，分别是：《邶风·柏舟》"耿耿不寐"，《传》"耿耿，犹儆儆也"；《陈风·泽陂》"中心悁悁"，《传》"悁悁，犹悒悒也"；《小雅·皇皇者华》"皇皇者华"，《传》"皇皇，犹煌煌也"；《大雅·板》"无然宪宪"，《传》"宪宪，犹欣欣也"；"听我嚣嚣"，《传》"嚣嚣，犹謷謷也"；《周颂·良耜》"畟畟良耜"，《传》"畟畟，犹测测也"。准双声 5 例，分别是：《召南·草虫》"忧心忡忡"，《传》"忡忡，犹衝衝（冲冲）也"；《魏风·葛屦》"掺掺女手"，《传》"掺掺，犹纤纤也"；《小雅·正月》"执我仇仇"，《传》"仇仇，犹謷謷也"；《大雅·板》"无然泄泄"，《传》"泄泄，犹沓沓也"；"老夫灌灌"，《传》"灌灌，犹款款也"。非双声 5 例，分别是：《王风·黍离》"行迈靡靡"，《传》"靡靡，犹迟迟也"；《魏风·葛屦》"纠纠葛屦"，《传》"纠纠，犹缭缭也"；《小雅·斯干》"约之阁阁"，《传》"阁阁，犹历历也"；"裳裳者华"，《传》"裳裳，犹堂堂也"；《大雅·卷阿》"蔼蔼王多吉士"，《传》"蔼蔼，犹济济也"。

[61] 很有可能《传》的作者或多或少注意到了这类技巧，所以倾向用"AA 犹 BB 也"的形式注释。

作近义词。其中隔章双声类还可以找到3例近义词。

(1)《王风·君子阳阳》之毛传:"阳阳,无所用其心也。陶陶,和乐貌。"郑《笺》:"陶陶,犹阳阳也。"《正义》:"言无所用心者,《史记》称晏子御拥大盖,策四马,意气阳阳,甚自得。则阳阳是得志之貌。贤者在贱职而亦意气阳阳,是其无所用心,故不忧。下传云'陶陶,和乐',亦是无所用心,故和乐也。"

按,毛传用词不同,据郑玄和孔颖达,则二者实同义。

(2)《郑风·清人》"驷介旁旁""驷介麃麃""驷介陶陶"。毛传:"麃麃,武貌。陶陶,驱驰之貌。"《释文》:"旁旁,补彭反,王云:'强也'。"

按:"旁旁""麃麃"双声,毛传"旁旁"无释义,按照王肃"强也"[62],则与"武貌"近义。"陶陶",与之非双声,而且语义不同。

(3)《齐风·载驱》"行人彭彭""行人儦儦"。毛传:"彭彭,多貌。儦儦,众貌。"

按:就释词而言,两者近义。

隔章准双声的情况也有两例,如下:

《唐风·杕杜》"其叶湑湑,独行踽踽""其叶菁菁,独行睘睘"。

毛传:"湑湑,枝叶不相比也。踽踽,无所亲也。""菁菁,叶盛也。睘睘,无所依也。"《正义》:"《裳裳者华》亦云'其叶湑兮',则'湑湑'与'菁菁'皆茂盛之貌。传于此云'湑湑枝叶不相比',下章言'菁菁叶盛',互相明耳。言叶虽茂盛而枝条稀疏,以喻宗族虽强不相亲昵也。""'睘睘''踽踽'皆与'独行'共文,故知是无所依、无所亲昵之貌,上言亲,此言依,义亦同,变其文耳。"

按,据《正义》,则"湑湑""菁菁","踽踽""睘睘"为两组近义词。

非双声的只有一例:

(1)《周南·螽斯》之毛传:"诜诜,众多也。薨薨,众多也。揖揖,会聚也。"

按:"诜诜""薨薨"释词完全相同,为近义词。

在这一种训释情况下,判断是否近义词容易有主观性,以上诸例我们采取比较严格的标准。[63] 综合两种训释形式,隔章双声的重言词中毛传释为近义的达12对,占总量16对的75%;准双声中重言词近义的为3例,占总量11例的27.3%;非双声的重言词中近义的只有5例,占总量19例的26.3%。由此可以看出对应重言词语义上近义与语音上双声明显正相关,而准双声和非双声与近义的关系远没有那么明显。

相应的重言词位置相邻时,如果有的双声,有的准双声或非双声,双声的例子往往

---

[62] 王肃的阐释一般属于毛传系统。

[63] 《螽斯》训释词相同,而不用"BB犹AA也"的形式;其他诸例训释词稍有不同,而语义相近。因为毛《诗》中有前代训诂材料,所以近义的重言词训释形式会有不同。

语义更近。如上文《大雅·皇矣》例"仡仡""言言"双声义近,"闲闲""茀茀"声义皆远,这是同在一章。隔章对应的重言词更是如此,如《郑风·风雨》第一、二章前两句"凄凄""潇潇"准双声,"喈喈""胶胶"双声,只有后者用"BB 犹 AA 也"的格式训释。毛传:"潇潇,暴疾也。"《正义》:"《四月》云'秋日凄凄',寒凉之意,言雨气寒也。二章潇潇,谓雨下急疾,潇潇然,与凄凄意异,故下传云'潇潇,暴疾'。喈喈、胶胶,则俱是鸣辞,故云犹喈喈也。"《齐风·载驱》"汶水汤汤,行人彭彭""汶水滔滔,行人儦儦","彭彭""儦儦"双声且近义,上文已证;毛传:"汤汤,大貌""滔滔,流貌",两者一强调静态,一强调动态,语义相对较远,声母准双声。上文《郑风·清人》一组两对重言词,"旁旁""麃麃"双声且语义相近,"麃麃""陶陶"非双声语义较远。第一节末重言词隔章双声而修饰对象不同的为《卫风·硕人》,毛传:"镳镳,盛貌。""发发,盛貌。"两者为近义词。与之相比,《小弁》例准双声而语义不同。这些典型例证能进一步证明重言词近义与双声的密切关系。

(三)其他类型中重言词的语义问题

近义与双声的密切关系也适合其他类型。第二节前三种类型,双声的 8 例,有 6 例释词语义相近,占总数的 75%。分别如下:

(1)《邶风·北风》之毛传:"雱,盛貌。""霏,甚貌。"

(2)《小雅·采芑》之毛传:"啴啴,众也。焞焞,盛也。"

(3)《小雅·楚茨》之郑《笺》:"黍与与,稷翼翼,蕃廡貌。"[64]

(4)《大雅·公刘》毛传:"直言曰言,论难曰语。"

(5)《大雅·板》之毛传:"宪宪,犹欣欣也。""谑谑然,喜乐。"《正义》:"此言'谑谑',犹上'宪宪',见王为恶如喜乐之,故为喜乐也。"

(6)《周颂·有客》"有客宿宿,有客信信。"毛传:"一宿曰宿,再宿曰信。"

以上除了第 3 例释义相同,其他 5 例都是释词相近。

准双声的 3 例,释义相同的 1 例,比例为 33.3%,如下:

《小雅·伐木》第三、五章之"有薁""有衎"[65]。毛传:"薁,美貌。""衎,美貌。"

非双声的共 8 例,只有 2 例释义相近的,比例为 25%。

(1)《邶风·静女》之毛传:"姝,美色。"

按,"娈"字注解可上承《邶风·泉水》"娈彼诸姬"之毛传:"娈,好貌"。则"其姝""其娈"语义相近。

---

[64] 该例毛传无释义,我们假设毛、郑一致。

[65] 该例为准双声。

(2)《小雅·白华》"慓慓""迈迈",毛传:"迈迈,不说也。"《释文》:"慓慓……《说文》亡倒反,云:'愁不申也'。"

这两例释词语义相近。这三种类型相应重言词的语音和语义关系可以进一步证明重言词近义与双声之间的密切关联。

AABB式第一小类双声或非双声的9例中,共4例近义,比例为44.4%。其中1例双声,《小雅·采芑》"啴啴焞焞"(语义见上)。3例准双声。分别是:《小雅·无羊》"矜矜兢兢",毛传:"矜矜兢兢,以言坚强也。"《小雅·楚茨》"济济跄跄",毛传:"济济跄跄,言有容也。"《释文》:"济济……大夫之容也。跄跄……士之容也。"《小雅·信南山》"苾苾芬芬",郑《笺》:"既有牲物而进献之,苾苾芬芬然香。"

非双声15例中,只有2例语义相近,比例13.3%。见于《大雅·卷阿》第九章:"菶菶萋萋,雝雝喈喈",毛传:"梧桐盛也,凤皇鸣也。臣竭其力,则地极其化;天下和洽,则凤皇乐德。"朱熹《诗集传》:"菶菶萋萋,梧桐生之盛也。雝雝喈喈,凤凰鸣之和也。"得毛传意。

AABB式第二小类双声或准双声的重言词共7对(4对双声,3对准双声),语义相近的有4对(3对双声,1对准双声),比例为57.1%。其中《小雅·巷伯》2对采取"BB犹AA"的形式训释,见上文,其他两例训释为:

(1)《小雅·楚茨》之毛传:"济济跄跄,言有容也。""蹌蹌,言爨灶有容也。"

(2)《小雅·小宛》第六章"惴惴小心,如临于谷",毛传:"恐陨也。""战战"注解承上篇《小旻》末章"战战兢兢"而省,彼处毛传:"惴惴,恐也。"

最后,非双声的3例语义则都不相近。

(四)《尔雅·释训》中近义重言词的双声情况

另外,我们可以联系《尔雅·释训》来证明近义的重言词多双声或准双声。《诗经》中很多重言词收录在《释训》中。[66]《释训》自"明明、斤斤,察也"至"瘖瘖、瘯瘯,病也"共44对,都是两个重言词一组,构成一对近义词,这些近义词语音上为双声或准双声的有15对,占总量34.1%。具体例子见下表:

表 4.1 《尔雅·释训》重言词双声、准双声表

序号	《释训》条目	读音(《释文》)	读音(拟音)
1	条条、秩秩,智也。	条条[67],舍人本作攸攸,沈亦音条。秩秩,直栗反。	條 ʎieu/dieu 秩 diĕt

---

[66] 有时用字不同。

[67] 今本《毛诗》正文无该词,如果据舍人本作"攸攸",则与"悠悠"通,《诗经》中常见。

续表

2	雝雝、优优,和也。	雝雝,於容反。优优,音忧。	雝 ĭwoŋ 优 ĭəu
3	晏晏、温温,柔也。		晏 ean3 温 uən
4	洸洸、赳赳,武也。	洸洸,古[68]皇反,舍人本作僙,音同。	洸 kuɑŋ 赳 kĭəu
5	业业、翘翘,危也。	业业,鱼法反,郭五答反。翘翘,巨遥反。	业 ŋĭwɐp 翘 gĭau
6	悠悠、洋洋,思也。	悠悠,音由。洋洋,音羊。	悠 ʎĭəu 洋 ʎĭɑŋ
7	恀恀[69]、惕惕,爱也。	恀恀,郭徒启反,与恺悌音同。顾舍人渠支反。李余支反。惕惕,他狄反。	恀 diei2[70] 惕 tʻĭek
8	懋懋、慔慔,勉也。	懋懋,古茂字。慔慔,音暮,亦作慕。	懋 mo3 慔 mɑk
9	瞿瞿、休休,俭也。	瞿瞿,居具反。休休,虚求反,又虚虬反。	瞿 kĭwɑ3 休 xĭəu
10	旭旭、蹻蹻,憍也。	旭旭,谢许玉反,郭呼老反。蹻蹻,郭居夭反。案《诗·小雅》:"小子蹻蹻。"音巨虐反。今依诗读。	旭 xĭəuk5 蹻 kĭau
11	懪懪、邈邈,闷也。	懪懪,本又作"暴",蒲卓反,又布卓反。邈邈,亡角反。	懪 beăuk 邈 meăuk
12	居居、究究,恶也。	究究,九又反。	居 kĭa 究 kĭəu3
13	仇仇、敖敖,傲也。	仇仇,音求。敖敖,本又作"謷",又作"嗸",同五高反。	仇 gĭəu 敖 ŋau
14	佌佌、琐琐,小也。	佌佌,顾音此,郭音徙,谢音紫。琐琐,星果反,亦作"璅"。	佌 tsʻĭe2 琐 sua2
15	悄悄、惨惨,愠也。	悄悄,七小反。惨惨,七感反。	悄 tsʻĭau2 惨 tsʻəm2

其中例 2、3、4、6、8、12、15 等 7 例为双声,其他 8 例为准双声。例 9、例 12 都出现在同一首诗中,例 9、12 分别是《唐风·蟋蟀》《羔裘》,见上文,这两例分别属隔章重言词准双声和双声。

《释训》第 45 条:"殷殷、惸惸、忉忉、博博、钦钦、京京、忡忡、慅慅、怲怲、弈弈,忧也。"《释文》:"慇慇,於斤反,樊光於謹反,本今作殷殷。惸惸,本或作嫈,巨营反。忉忉,都劳反。博博,徒端反,施逋莫反,郭徂兖、徂沇二反。忡忡,耻忠反。慅慅,丁劣反。怲

---

[68] 原作"女",误。黄焯《经典释文汇校》:"周春曰:女应作古……案周改作古是也。"(859 页)可从。

[69] 今本《毛诗》正文无该词。

[70] 此处参考《表稿》"悌"的读音。

恛,彼病反。奕奕,音亦。"共十个被释词,也可以分为两两一组,"慇慇"iən、"惸惸"gǐwen、"忉忉"tau、"博博"duan、"钦钦"kʰǐəm、"京京"kian、"忡忡"tʰǐwəm、"惙惙"tǐwăt 四组为准双声;"忡忡""惙惙"同时出现在《召南·草虫》中,属隔章准双声;"恛恛"piaŋ、"弈弈"ʎiak,同时出现在《小雅·颉弁》中,属隔章非双声。

如果把这一条看作5对重言词统计在内,则共有49对重言词,双声的7对,占比14.3%,准双声12对,占比24.5%,双声或准双声占比达38.8%;非双声30例,占比61.2%。双声或准双声的19例中10个介音相同,介音相同的比例为52.6%。这个数据为近义重言词双声或准双声的一般状况。

(五) 小结

综合上文前三小节,我们可以得出结论,重言词双声和近义虽然不是必然联系,但有很强的相关性;准双声与近义的关联要弱一些,非双声和近义的关联最弱。"BB犹AA也"的格式最能证明这一点,其他类型的解释形式也有近义的情况,可作为辅助证据。当然,双声或准双声的重言词有少部分不是近义词,也有一小部分的重言词近义而非双声,这是因为归根结底,音义的结合有任意性。

第四小节我们引入《尔雅·释训》的近义重言词,进一步证明了近义重言词多双声或准双声。不过隔章重言词双声、准双声的比例达到57.5%,比《释训》38.8%大很多。《诗经》中隔章双声的比例大于准双声的比例,而《释训》则相反。可见隔章双声或准双声虽然受到近义的影响,但在《诗经》中的高比例与语音技巧的存在是密不可分的。隔章双声或准双声的介音相同的比例52.6%,与《释训》相近,说明双声或准双声的近义重言词多数介音相同,两者有一定的关联性。

重言词是否近义,毛传与三家诗不完全相同,《尔雅》与《广雅》也有不同。我们这里主要采用毛传和《尔雅》,因为两者对近义词的限定相对比较严格,如果采用三家诗与《广雅》的标准,则近义词会变多,这是需要注意的。

四 余论

我们通过全面统计《诗经》重言词隔章双声现象,发现其多数出现在叠咏章节中。在重言词修饰对象相同的情况下,双声或准双声所占的比例达到57.5%;而重言词修饰对象不同时,则双声或准双声现象很少见。由此证明在一定条件下,《诗经》中存在重言词隔章双声或准双声语音技巧。其中双声是最典型的技巧,准双声则可看作放宽语音标准后的表现,非双声则可看作是偶然形成的。在准双声的一组声母中有相对远近的关系,比如"见溪群疑影晓匣"中,"见溪群"更近一些,"晓匣"更近一些,"见"和"晓"则更远一些,[71]声母越近则为技巧的可能性越大;声母较远时不排除偶然的可能;有些有不别义的异读和另外一个重言词双声,有可能上古本来就双声;这些还需要进一步研究。我们暂时不作区分,都看作语音技巧。

时代最早的《大雅》和《周颂》都没有隔章双声或准双声例,仅《大雅·江汉》中有两组非双声的对应重言词。而其他类型的双声现象除了"有字式"类的格式外,绝大多数出现在时代较早的《雅》《颂》中,其中的机制与隔章双声类似,范围从一个句子内部到两个对应的句子之间。我们可假定这些类型为重言词隔章双声现象的滥觞,隔章双声现象可看作隔句双声现象的进一步发展。与 AABB 式相关的双声现象则可以在一句之内,也可在相邻的两句之间,更可以隔章对应,清楚地展示出隔章双声发展的过程。间章双声则比隔章双声距离要远些,可看作早期的一种探索。而"有字式"等与重言词功能相似,隔章双声出现在叠咏章节中,可视为隔章双声现象的变体。

各种类型双声或准双声,相应的重言词所修饰的对象绝大多数是相同的,重言词不少是近义词,毛传中"BB 犹 AA 也"的训释最能说明这一点。而《尔雅·释训》可证明,当时语言中有不少近义重言词双声或准双声,这是该技巧形成的语言基础。这些重言词有的韵母也相近,那很可能是同源词;有的韵母差别较大,不太好说有同源关系,比如《召南·草虫》的"忡忡""惙惙",冬月两部相差较大,不太可能是同源词;而"忡忡"毛传:"忡忡,犹衝衝(冲冲)也。"忡 t'ĭwəm 衝 t‚'ĭwoŋ 声韵相近,则很可能是同源词。可见,诗人在运用该技巧时,不限于同源词,同时运用近义词以至语义相差较远的词,所以构成双声或准双声的比例很高。

这种语音技巧的形成,与《诗经》叠咏的结构密切相关。从语音上看,不同章节叠咏时,对应句子往往只在韵脚处换个字,其他不变;隔章重言词都不同韵,而双声或准双声,则能进一步增强两章语音上的联系。隔章双声现象并不限于重言词,单音节词中也有类似的现象。这些语音技巧的确定,对理解《诗经》的韵律以及反过来研究上古音,都有一定的帮助,这些问题我们另作探讨。

重言词双声的现象在其他韵文中也能看到,比如在《左传》开头就有一例。《隐公元年》:"公入而赋:'大隧之中,其乐也融融。'姜出而赋:'大隧之外,其乐也泄泄。'"杜预注:"融融,和乐也。泄泄,舒散也。"《释文》:"融融,羊弓反,和乐也。泄泄,羊世反,舒散也。"疏:"盖所赋之诗有此辞,传略而言之也。融融,和乐。泄泄,舒散,皆是乐之状,以

---

[71] 古音学不同构拟中对声母相同相近的认定会有所不同,比如按照李方桂《上古音研究》,上古匣母归属群母,则群匣为双声关系,与晓母相距较远。这类问题我们暂不涉及。

意言之耳。""融融"ʎǐwəm"泄泄"ʎǐat 双声而且近义。这与《诗经》中的例子是一致的。该例应也是两章之间的对应,可以作为隔章双声语音技巧的另一个证据,说明春秋时期这种语音技巧应该是很活跃的。

(赵团员:大连理工大学中文系,116024,辽宁大连)

"重音说"与《仪礼音义》之"重音"

储丽敏

提要： 今本《经典释文》的同一词条中,存在两个或两个以上的音注同时为该词头出相同音的"重音"现象,自上世纪 80 年代以来,这个问题就广受学界关注,提出了"录存""存疑"等解释。本文主要以邵荣芬先生指出的《仪礼音义》中的 31 条"重音"为考察对象,从校勘、音韵、训诂及语音发展史等角度,结合《经典释文》内部出音体例,全面梳理这些"重音",指出绝大部分"重音"不可靠,并复原出其引音前、后的特殊情况。

关键词： 《经典释文》 重音 《仪礼音义》

一 《释文》[1]"重音说"的产生及其发展

20 世纪 80 年代,不少学者皆指出《释文》中同条存在相同音切的事实[2],但看法不一。其中,"录存说"[3]的代表人物邵荣芬认为这种情况是《释文》特有的体例,且首次将这一现象定义为"重音",解释道:"《释文》的注音……但有相当一部分字所注的两个或多个音切,从《广韵》的角度看却是同音的……这就是所谓重音音切。"[4]"存疑说"的代表王力指出,"甚至各家异读也只是字面不同,切出来的读音并没有什么两样",但"到底是读成两音还是读成一音,需要我们进行判断"[5]。罗常培提出异议:"陆书体制,凡一字两音者,除偶有疏舛,其音必异。"[6]

进入 21 世纪,虽然万献初[7]、沈建民等继承"录存说"来解释重音,但借助更丰富的材料和方法,学界对《释文》的研究日益深入,对"重音说"提出质疑的声音不断增多,

---

* 基金项目:安徽省哲学社会科学规划项目研究成果(批准号:AHSKQ2020D195)。本文得到储泰松、杨军两位先生及匿名审稿专家的宝贵修改建议和意见,谨致谢忱。

[1] 即《经典释文》,文中简称《释文》。

[2] 以上的音切同时为该词头出音,且音切的结果均相同,那么这些音切就称作这个字的重音。

[3] 陆德明为录入读音相同而用字不同的反切材料而保存重音。

[4] 邵荣芬《〈经典释文〉音系》,第 19—20 页,学海出版社,1995 年。

[5] 王力《王力文集·第十八卷·中古音等韵及其他》,第 95 页,山东教育出版社,1991 年。

[6] 罗常培文集编委会编《罗常培文集》第八卷,第 49 页,山东教育出版社,2001 年。

[7] 万献初《"二音、三音"与"二反、三反"》,《古汉语研究》2004 年第 3 期,第 10 页。

并从不同角度予以论证。杨军及其团队指出,《释文》注音体例无重音,造成今本《释文》"重音"现象的原因包括:唐宋人增改[8]、唐人批量增改[9]、宋人增添,以及传抄所致的错讹[10]等,明确《释文》注音体例无重音。陈静毅通过版本比勘[11]、总结清人的校勘结果,结合古、今音的演变和诗歌用韵特点等,认为今本《释文》部分重音或是传抄刊刻中的错及改,或是《释文》音系不同于古音、《切韵》音系的表现[12]。

二 《仪礼音义》之"重音"分析

我们亦以为《释文》"重音""录存说"不成立,实际上,条目中只"录存"两条重音亦不可操作。因为一个字的同音反切从理论上讲不计其数,要与一对反切上下字切出相同的音,可以由声韵调相当的其他反切上下字排列组合出无数多个注音,陆德明为何绝大多数仅选列两两对立的重音?同时,"重音""录存说"与陆德明在《释文·序录·条例》中所述注音体例相矛盾。陆氏明确指出:

> 若典籍常用,会理合时,便即遵承,标之于首。其音堪互用,义可并行,或字存多音,众家别读,苟有所取,靡不毕书,各题姓氏,以相甄识。义乖于经,亦不悉记。其或音、一音者,盖出于浅近,示传闻见,览者察其衷焉。

本文选取学界暂未给予系统研究的《仪礼音义》中的所有"重音"为考察对象。为了称述方便,继续使用"重音"来简称今本《释文》同一词条中对同一字头所注的两个或两个以上的相同音注,以《广韵》为参照系,反切、直音、如字等各种音注方式构成同条"重音"的情况都涵括在讨论范围内。

(一)"可以从例子本身得到某种解释"的重音

邵荣芬《〈经典释文〉音系》中提到《释文》中有4种"重音"可以从例子本身得到某种解释:情况1.重音或重音中的一个反切是后人羼入的;情况2.重音中后一个反切是解释前面直音或如字的;情况3.重音中的后出音切是在引述它书异文、异音或释义时连带及之的;情况4.重音中的后出音切是在引述不同的字音学说、论证字音是非或辨别

---

[8] 杨军、储泰松《从兴福寺本〈礼记音义〉残卷论今本〈释文〉的"首音"》,《汉语史学报》2016年第1期,第1页。

[9] 杨军、黄笑山、储泰松《〈经典释文〉反切结构的类型、层次及音韵性质》,《历史语言学研究》2017年第1期,第113页。

[10] 罗常培文集编委会编《罗常培文集》第八卷,第49页。

[11] 陈静毅《〈经典释文〉重音音切校读札记四则》,《宜春学院学报》2015年第8期,第94页。

[12] 陈静毅《〈经典释文〉"重音说"商榷》,《古汉语研究》2018年第4期,第34页。

字音异同等情况下,为了对比或论述的需要而出现的。邵氏并没有列出全部"可以从例子本身得到某种解释的"重音,只是举例说明。这里,我们找出《仪礼音义》中所有满足以上四点之一的重音如下[13]:

情况 2.

(1) 缺:依注音颊,去蕊反,又音跬,刘屈绢反,下皆同此【560.45】[14]

(2) 罍水:音雷,又力回反【580.32】

(3) 谓辟:音壁,博历反,下皆同【605.04】

(4) 幎:依注音萦,於营反,刘宛名反,又武遍反,又音绵后同【607.07】

第(1)(4)条,首音直接引旧注之直音,若遇直音为繁难字(陆德明不用作反切上、下字),其后再出简易反切,即作"依注音某,某某反"是《释文》三礼音义常有的体例,共计101例。又如《周礼音义》:"小祝弥栽:依注音牧,亡尔反,下注同。"【485.07】故第(1)(4)条非重音音切。

第(2)条,依《释文》出音体例,首音与"又音"是"音堪互用,义可并行"的关系,首音必异于"又音"[15],但其中的"音雷"与"力回反"同属来母灰韵,则二音有一条有误,法伟堂:"力回与音雷同,回当为追之讹。《周礼·春宫·鬯人》释文:音雷,或郎追反,是其证。"[16]此条无重音。

第(3)条,对应经注原文《仪礼·丧服》:"裳内削幅,幅三袧。"郑玄注:"袧者,谓辟两侧空中央也。"此"辟"通"襞",即"襞襀,衣服上的褶裥",此处名词用作动词,意思是"使衣服两侧出现褶裥"。"襞"在中古韵书中皆作"必益切(反)",为帮母昔韵。此处由名词活用作动词,韵母由"昔"变作"锡",属变韵构词。为凸显此种变化,在直音"音壁"后用反切"博历反"强调说明。这种直接注音变构词后的直音作首音,紧接着用反切为直音出音的情况,是《释文》体例之一。又如《礼记音义》:"康圭,音抗,苦浪反。"【751.38】为字头"康"的本字"亢"出直音"音抗",属音变构词中的变声构词。此条无重音。

情况 3.

(5) 姆:莫候反。《字林》亡又反。刘音母,又音茂【566.27】

此条首音"莫候反"同"音茂",但"音茂"属于引述刘音时连带及之的情况,非陆氏直接为字头出音,陆音及《字林》皆一个音,刘昌宗则有两音。

---

[13] 说明:《仪礼音义》中未见情况 1,以下仅列出其中后 3 种情况的重音。

[14] 本文所引《经典释文》的页码、条目均指 2013 年上海古籍出版社影印宋元递修本。条目560.45,即第 560 页的第 45 条,后同。

[15] 储丽敏、杨军《〈仪礼音义〉中的有效"又音"音切》,《汉语史研究集刊》2019 年第 2 期,第176 页。

[16] 法伟堂《法伟堂经典释文校记遗稿》,第 289 页,华东师范大学出版社,2010 年。

情况 4.

(6) 长三:<u>直亮反</u>。凡度长短曰长,<u>直亮反</u>;度广狭曰广,古旷反,他皆放此【559.13】

本词条的两个"直亮反"属于"同切复出",不仅音同,用字亦同,这是在辨别字音异同等情况下,为了对比或论述的需要而出的。

(二)"从例子本身不易做出解释"的重音

在"《经典释文》重音音切表[17]"中,邵荣芬列出了《释文》中所有"从例子本身不易作出解释的重音",《仪礼音义》中有 31 条,我们按照其在表中出现的先后,编号"邵 1"至"邵 31",分类进行分析。

1."假性"重音

(1)涉上而讹

邵 14 而敝:<u>婢世反</u>,刘斋毙反【564.09】

邵 25 以璗:<u>音虬</u>,刘巨虬反【607.34】

邵 27 欠:<u>起剑反</u>,刘欺剑反【570.27】

邵 14"婢世反""斋毙反"不构成重音,其他可见版本均同此。邵直接校作"婢世反,刘音毙",[18]构成重音(并母祭 A)。黄焯出校曰:"'斋''反'后人妄加耳。"[19]法伟堂云:"'斋'疑'府'或'补'之讹。"赵少咸引诸家校语,认为"'婢世,音毙'为用字异,一为直音,一为反切,此陆反切与直音并出"。均认识到"斋"在此并不能与"毙"切出"敝"的音。

《仪礼·士冠礼》:"始冠,缁布之冠也。大古冠布,齐则缁之。其緌也,孔子曰:'吾未之闻也。'冠<u>而敝</u>之可也。"邵 14 即为经文"而敝"出音。"敝"之并母祭 A 音有二义,《说文》:"敝,帗也",段注:"帗者,一幅巾也。"又"一曰败衣",段注:"引申为凡败之称。"大徐毗祭切。一为头巾,一为败衣。此处当是"头巾"义,作动词则为掩盖之义,字又作"蔽",音必世反(帮祭开 A)。《礼记音义》:"其敝,郑婢世反,败也;庾必世反,隐蔽也。"【835.03】又《庄子音义》:"敝精神,郭婢世反。一音必世反。"【1577.08】皆帮母,作遮掩、隐蔽之义。以此而言,法伟堂疑"斋"为"府"之误[20]近是,盖因上《释文》有"本亦作斋"语,手民涉上[21]而误。

---

[17] 邵荣芬《〈经典释文〉音系》,第 30 页,学海出版社,1995 年。
[18] 同上书,第 37 页。
[19] 黄焯《经典释文汇校》,第 315 页,中华书局,1980 年。
[20] 法伟堂《法伟堂经典释文校记遗稿》,第 281 页,华东师范大学出版社,2010 年。
[21] 邵 14"而敝,婢世反,刘斋毙反敝"与"齐则,侧皆反,注同本亦作斋"【564.07】,这两个词条仅隔一个词条而纵向排列。

邵 25"刘巨虬反",法伟堂曰"'巨''虬'同纽,不能为音,盖'巨''休'之讹"[22],又音切下字"虬"恐是涉首音"音虬"之讹。邵 27 中"起剑反""欺剑反"(溪母酽韵),构成"重音"音切。法校曰,"'起''欺'同纽,疑'欺'为'其'之误"[23],刘或有浊音"群"原应读"其",受字头"欠"影响,讹作"欺"。

这种涉上而讹的例子,在竖排古籍的抄录过程中,往往有之。如宋元递修本《周易音义》的条目"木绞,交卯反"【89.12】的下一条是"械,户戒反"【89.13】,而与之对应的敦煌残卷本却无此条,即与残卷本"绞,交戒反"相紧邻的下一条为"不行也,本或作止不行"【同 89.14】。残卷本将"木绞,交卯反"同"械,户戒反"合抄为一条"绞,交戒反"。

(2)字形错讹

  邵 4 筥:息嗣反,《字林》先字反【561.20】
  邵 5 以筥:息嗣反,《字林》先字反,刘音司【587.22】
  邵 12 挂于:俱卖反,一音卦注同【626.34】
  邵 13 挂于:俱卖反,又音卦【631.30】
  邵 16 矢干:古但反,又古旱反【576.28】
  邵 21 骹:胡饱反,又下巧反,李又苦教反【580.05】

邵 4、邵 5 首音"息嗣反"同"先字反"(心母志韵),构成"重音"。"筥"除有去声志韵音,又有平声之韵、上声止韵两音,且"筥"皆作"竹器"义。邵 5"刘音司"为平声,则此引《字林》音原为上声的可能性最大,因疑"先字反"乃"先李反"之讹,《礼记音义》"沈息里反"【646.18】[24]可为旁证,至于该条中"先自反"一音,则可能是平声某字之讹。

邵 12、邵 13"俱卖反,又音卦"二音重,法曰"'卖'乃'买'之讹,见《易释文》"[25],查《周易音义》仅有"掛一,卦买反,别也,王肃音卦【125.03】",词头"挂""掛"为异文,"俱卖反"是为字头"挂"的异文"掛"出音,应作"卦买反",邵 12、邵 13 非重音。《仪礼音义》中存在数条首音为字头异文出音,又音给字头出音的情况。例如"为蜗:力禾反,又工华反"【630.22】,首音"力禾反"是为注文中的字头异文"蠃"出的反切,又音"工华反"才是为字头"蜗"所出之音[26]。法说正确,邵 12、邵 13 无重音。

邵 16"古但反,又古旱反",首音、又音构成重音(见母旱韵),法校曰"'古但'当作'古旦',见《考工记·总目》"[27]。我们考察字头"干"在《释文》中的所有被注情况,发现

---

[22]　法伟堂《法伟堂经典释文校记遗稿》,第 303 页。
[23]　同上书,第 284 页。
[24]　条目【646.18】完整词条为:"筥,思嗣反,《字林》先自反,沈息里反。箪筥,竹器也,圆曰箪,方曰筥。"
[25]　法伟堂《法伟堂经典释文校记遗稿》,第 312 页。
[26]　储丽敏、杨军《〈仪礼音义〉中的有效"又音"音切》,《汉语史研究集刊》2019 第 2 期,第 178 页。
[27]　法伟堂《法伟堂经典释文校记遗稿》,第 287 页。

仅此一条作"古但反",余下 13 条中有 10 条均作"古旦反",疑是"旦""但"字形相近之讹,邵 16 非重音。此条陈静毅(2015)[28]也曾论及。

邵 21 中"胡饱反,又下巧反"构成重音(匣母巧韵)。法曰"'下巧'与'胡饱'音同,依《考工记·轮人》音,则'巧'乃'教'之讹也"。[29] 另,《周礼音义》有条目"为㲒,胡饱反,又下教反,李又苦教反"【537.14】,或亦可证法说,邵 21 无重音。

(3)切下字开合口、重纽不同

邵 3 与跬:丘蘂反,刘阙彼反,一举足曰跬【579.19】

邵 3 中,首音"丘蘂反"、又音"阙彼反"的反切上下字的开合口均不同,被切字"跬"属支 A 合口,"丘蘂反"的下字是日纽 C1 合口,被切字 A 类;"阙彼反"的上字是月韵,下字唇音 B 类,与被切字类不一致。二者并不构成重音音切。另,《仪礼音义》中其他同一词条中出现首音和又音存在切下字开合口或者重纽不同的情况时,并没有被列入"重音音切表"。切下字开合口异的假性重音词条还有:

以庪:居委反,刘居绮反【566.05】

犹庪:九委反,刘居绮反,下以庪同【614.23】

牲臃:火各反,《字林》火郭反【593.09】

【566.05】【614.23】切下字"委"合口、"绮"开口,被切字"庪"合口;【593.09】切下字"各"开口、"郭"合口,被切字"臃"开口,这 3 条内无"重音"。

切下字有重纽韵之异的假性重音词条有:

于岐:其宜反,一音祇【573.17】

于阗:鱼列反,刘鱼子反【594.16】

繘:均必反,刘俱笔反,绠也【608.13】

【573.17】中,首音切下字"宜"是支 B,直音"祇"是"支 A",据《颜氏家训·音辞》:"岐山当音为奇,江南皆呼为神祇之祇,江陵陷没,此音被于关中。"("奇,支 B""祇,支 A"),《释文》与颜音同,"岐"在当时本就有 A、B 二读。【594.16】中,被切字"阗"薛 B 开,首音切下字"列"是薛 C 开;刘音切下字"子"属薛 A 开,与被切字类不一致。【608.13】中,(被切字"繘"质 A 合)首音切下字"必"属真 A 唇,刘音切下字"笔"属真 B 唇。前后两条音注的出音字能作重纽上的区分,不是"重音"。

2.唐人增改之重音

(1)音和、类隔之重音

邵 15 摈者:必刃反,刘方刃反【560.18】

---

[28] 陈静毅《〈经典释文〉重音音切校读札记四则》,《宜春学院学报》2015 第 8 期,第 96 页。

[29] 法伟堂《法伟堂经典释文校记遗稿》,第 289 页。

邵 7 敷席：音孚，又普吴反，刘丰吴反【571.21】

邵 6 敷之：如字，又普吴反，刘芳蒲反【598.46】

邵 2 设披：彼义反，刘方寄反，下同【614.09】

邵 22 藨：皮表反，刘扶表反【602.36】

邵 17 若编：必绵反，刘方绵反【596.39】

表 1 音和、类隔之重音

字头	重音音切				
	前反切，上下字音韵地位	性质	后反切，上下字音韵地位	性质
摈	必（开三入帮真 A）刃（开三去日真 A）	准直音	方（开三平非阳）刃（开三去日真 A）	类隔
敷	普（开一上滂模）吴（开一平疑模）		丰（开三平非东）吴（开一平疑模）	
敷	普（开一上滂模）吴（开一平疑模）		芳（合三平敷阳）蒲（开一平并模）	
披	彼（开三上帮支 B）义（开三去疑支 B）		方（开三平非阳）寄（开三去见支 B）	
藨	皮（开三平并支 B）表（开三上帮宵 B）	音和切	扶（合三平奉虞）表（开三上帮宵 B）	
编	必（开三入帮真 A）緜（开三平明仙 A）		方（开三平非阳）緜（开三平明仙 A）	

以上 6 例均属于前面无主名的是一个"音和切"，其后有主名的反切为"类隔（切）"的情况，这一点法氏在校语中也提到〔30〕。同时，杨军及其团队在考订唐朝官定标准音后，确认此种情况中的"音和切"属后人添加，有主名的"类隔切"才是《释文》原出〔31〕。杨军、储泰松更是从唐兴福寺本、宋元递修本两个版本的比勘中，揭示了后人易改类隔切为音和切的事实。例如，"豕，吐乱反"【829.04】兴福寺本作"豕，敕乱反"；度壶，徒洛反【845.02】兴福寺本作"度壶，直洛反"；"其滑，乎八反"【846.16】兴福寺本作"其滑，于八反"等，均是今本为了适应语音拼切和谐，将原来的类隔切上字改为音和切上字〔32〕。

计丽（2018）统计了代表唐朝官方音的《慧琳音义》中的全部反切情况，发现其中"准直音"式（切上字可以管到被切字的声母、等、开合口和韵部，同切下字仅声调有异）占比高达 61.20％，例如"神，庇弥反"【1074】〔33〕；"等第开合一致"（被切字的等、开合口由切上字确定）式达 33.80％，例如"蒙，漠蓬反"【2124】，而传统的旧反切仅占 5％。上表 1 中字头"摈""敷""敷""披"的前一个无主名的反切是"准直音"式新反切，后一个有主名的反切是"类隔切"；字头"藨""编"的前一个无主名的反切是"等第开合一致"式新反切，后面有主名的属"类隔切"。"前反切"属唐人增添之嫌很明显。

---

〔30〕 法伟堂《法伟堂经典释文校记遗稿》，第 306 页。

〔31〕 杨军、黄笑山、储泰松《〈经典释文〉反切结构的类型、层次及音韵性质》，《历史语言学研究》2017 年第 11 辑，第 96 页。

〔32〕 杨军、储泰松《从兴福寺本〈礼记音义〉残卷论今本〈释文〉的"首音"》，《汉语史学报》2016 年第 1 期，第 1 页。

〔33〕 慧琳音的"支""脂"已完成混并。方括号中为《慧琳音义》页码，后"2124"同。

故以上6条音注中无"重音"。

(2)韵类/声类混切之重音

邵28 螔:音移,刘音夷【563.12】(支韵/脂韵)

邵29 垒:劣委反,又力水反【602.08】(支韵/脂韵)

邵30 更是:音庚,又古鹦反【572.37】(庚韵/耕韵)

邵31 缯也:似陵反,又才陵反【590.14】(邪母/从母)

邵荣芬认为存在"陆氏合并《广韵》音类所形成的重音音切"[34],《仪礼音义》中包含以上4条。邵28、邵29是在支、脂相混的前提下有重音;邵30是在庚、耕相混切情况下有重音。但杨军、储泰松在兴福寺本《礼记音义》残卷同今本《释文》的"首音"比勘中,揭露了《周礼音义》中支、脂、之不混的事实,例如"放恣,咨嗣反"【825.21】兴福寺本作"放恣,咨自反";同时,罗毅(2018)、陈挚(2018)分别发现《周礼音义》《左传音义》中的支、脂不混,庚、耕不混。邵31是认为陆音从、邪相混,故"似陵反"与"才陵反"重音。

表2 "缯"在《释文》中的所有出音情况

序号	《释文》条目	首音	声韵	音义	页码条目
1	缯:则能反[35]	则能反	精/登	周易音义	98.32
2	缯:似陵反	似陵反	邪/蒸	尚书音义	155.28
3	练缯人:似陵反	似陵反	邪/蒸	周礼音义	544.20
4	黑缯:似陵反	似陵反	邪/蒸	仪礼音义	559.11
5	缯也:似陵反,又才陵反	似陵反	邪/蒸	仪礼音义	590.14
6	缯:本又作增[36],同,似仍反,又则登反,又似登反	似仍反	邪/蒸	礼记音义	717.38
7	缯:似陵反	似陵反	邪/蒸	礼记音义	724.26
8	缯染:似绫反	似绫反	邪/蒸	礼记音义	745.06
9	厚缯:疾陵反	疾陵反	从/蒸	左传音义	907.43
10	莒人灭缯:似陵反;立其甥为后,异姓,故言灭也	似陵反	邪/蒸	榖梁音义	1315.18
11	缯矣:茨陵反	茨陵反	从/蒸	礼记音义	780.35
12	缯县:才陵反	才陵反	从/蒸	左传音义	894.14
13	传十八年盟于缯:才陵反	才陵反	从/蒸	左传音义	978.20
14	缯关:才陵反	才陵反	从/蒸	左传音义	1171.23
15	于缯:才陵反。一本作"鄫"	才陵反	从/蒸	左传音义	1174.22
16	其缯:在陵反,《尔雅》"豕所寝曰缯",《方言》作"榗",从木,音同	在陵反	从/蒸	毛诗音义	345.16

---

[34] 邵荣芬《〈经典释文〉音系》,第30页。

[35] 词条中"缯"为"矰"之异文,作"弋射矢也",据经注原文,属对"缯"字形的假借,与此处"缯"字音义的演变无关,暂不讨论。

[36] 情况同上。

续表

17	及缯:在陵反	在陵反	从/蒸	穀梁音义	1297.11
18	缯子:本或作鄫,在陵反	在陵反	从/蒸	穀梁音义	1310.13
19	于缯:在陵反	在陵反	从/蒸	穀梁音义	1330.30

如上表 2,《释文》中表"帛"义时的首音情况(序号 1 至 9)包括"似陵反"(邪/蒸)6次和"疾陵反"(从/蒸)1 次;表地名、人名时(序号 10 至 19)"缯"的首音有"茨陵反、才陵反、在陵反"(从/蒸),共 9 次,除了 1 次"似陵反"(邪/蒸)。此处唯独《左传音义》中,"缯"的这两类义项下,都被注了从母蒸韵,包括唯一作"帛"义的"厚缯,疾陵反";唯独《穀梁音义》中作人名、地名时,被注了 1 次"似陵反"和 3 次"在陵反"。《唐写本王仁昫刊谬补缺切韵》(后文简称《王三》)仅收录"缯"为"疾陵反,帛"(从/蒸),表地名的"鄫""檜"也被出此音;《广韵》也仅收"缯"作"疾陵切",包括"缯帛""姓氏"二义,"鄫""檜"情况同《王三》。由《释文》为"缯"出又音和异文看,"缯"作地名时用到了异文或假借字形"鄫""檜",《切韵》系韵书中为"鄫""檜"也出了"疾陵切",专作地名;《集韵》也只保留了"缯"字形的"帛"义,但包括四个音"慈陵切(从/蒸)""咨腾切(精/登)""徂棱切(从/登)""昨亘切(从/嶝)",为专作地名的"鄫""檜""䝶"也出了"慈陵切"。《玉篇》"缯"有"似陵、似登"二反,引《说文》作"帛总名也"。《篆隶万象名义》"似登反,帛总",邪母登韵。《慧琳音义》也只出"帛"义。"缯"之地名义自春秋时期出现,在其后出的文献中也未断绝,后代逐渐由专门的字形来分担其地名、人名之义,字书、韵书中就只收录了"缯"的本义"帛",其音却未同步固定。

《释文》记录了"缯"的形、义、音全面分化、组合的特殊时期。字形从单一的"缯"分化为"缯"和两个已有异文、假借字形"鄫""檜";字义开始从多义固定成单义,从指"帛"和"人名、地名"到专指"帛",而"人名、地名"义转给字形"鄫""檜";同时,字音也做了分工。随着"缯"表示的"人名、地名"义逐渐转移给字形"鄫""檜",此时的音开始固定为从母蒸韵,《释文》仅见一条邪母蒸韵;"缯"字形逐渐固定只表"帛"义,音固定作邪母蒸韵,《释文》仅见一条从母蒸韵。显然,《释文》中的"缯"处于一个形、义、音重新分化的过渡期。邵 31 对应的经注原文为"帛,今之璧色缯也","缯"指"缯帛",其首音"邪母蒸韵"、又音"从母蒸韵"正体现"缯"固定为"缯帛"义的过程中,其对应音读的两种情况,而不能仅据声母一邪一从来断定此条音注中存在从、邪相混状况下的重音。

邵 28 至邵 31 非重音。

(3)校语误入之重音

邵 26 渷:刘云范<u>去急反</u>,他皆音泣,《字林》云羹汁也,口恰、口劫二反【565.46】

邵 23 为拚:<u>之石反</u>,刘音与撼同【633.41】

邵 26 直接引刘之引(范)音"去急反",对于其后的"他皆音某",法曰"'音泣'与'去急'同……"[37]，我们怀疑此非陆氏音注术语，《释文》中仅见此一次，陆多用"他皆放此"（14 次），"他皆音某"或引范音，或是校语。同样，邵 23 中的"刘音与撼同"所用术语"某音与某字同"在《释文》中也是孤例，不当为陆氏原出，应是校语误入。在今本同兴福寺本《周礼音义》的对勘中，也发现"今本增又音而破坏《释文》体例"的情况："禀，彼锦反，一本又力锦反。既禀，谓稍食也"【821.34】在兴福寺本中未见"一本又力锦反"[38]，很显然属后人之校语。

邵 23、26 无重音。

3. 也"可以从例子本身得到某种解释的重音"

　　邵 24 囿中：音又，一音于救反【579.46】（情况 2）
　　邵 19 甑甗：子孕反，下鱼展反，又音言，刘音彦，又鱼变反【629.10】（情况 2）
　　邵 8 加臕：火吴反，依注音胯，况羽反，刘呼孤反，后同【632.41】（情况 4）
　　邵 9 柎：方于反，刘音铁【564.01】

邵 24"音又"即"于救反"。考察《释文》出音体例"音某，一音某某反"的一百余条音注情况，除邵 24 外，另有其他条目的直音与紧接其后的"一音"反切相同，如《周易音义》："以祉：音耻，一音敕子反，又音止。"【83.08】《左传音义》"所底，徐音旨，一音之履反。"【996.06】但《释文》共为字头"囿"出音 22 次，首音皆为"音又"，字头"囿"的音注中仅此一条"于救反"，法云"'于救反'即'音又'也，不得为异读。依《诗·灵台》释文，则'救'乃'目'之讹也"[39]。"救""目"字形差异较大。综上，此处的"于救反"或是出音体例"音某，一音某某反"的特殊情况，或者直接同邵的情况 2，解释前面的直音"音又"，"一音"二字是误添，在无版本比对的情况下，或是存疑。

邵 19"音彦"即"鱼变反"，同为疑母线韵。这种在词条末尾引经师之直音，其后加"又"字列出反切（引音前还有他音），即"……某人音某，又某某反"的音注格式，在《释文》中并非孤例。如此音注条目在各经音义中还见如：

　　《毛诗音义》："菀结，於粉反，屈也，积也。徐音郁，又於阮反。"【340.23】
　　《周礼音义》："作俌，刘音崩，徐音朋，又补邓反。"【517.40】
　　《左传音义》："湫，子小反，徐音秋，又在酒反，下同。"【1075.19】
　　《庄子音义》："蹲，七旬反。郭音存，又趣允反。"【1502.19】
　　《尔雅音义》："跋，蒲末反，郭音贝，又补葛反。"【1613.51】

---

[37] 法伟堂《法伟堂经典释文校记遗稿》，第 289 页。
[38] 杨军、储泰松《从兴福寺本〈礼记音义〉残卷论今本〈释文〉的"首音"》，《汉语史学报》2016 年第 1 期，第 11 页。
[39] 法伟堂《法伟堂经典释文校记遗稿》，第 289 页。

《仪礼音义》:"为铉:玄犬反,范古颜反,刘音关,又玄犬反。"【563.10】

《庄子音义》:"蛎:敕迈反,又音例。本亦作厉。郭音赖,又敕界反。"【1492.03】

但这些条目中的"音某"和"又某某反"互异,二者至少在声、韵、调的某一项上有异,仅邵19中二者音同。另,《释文》为字头"甄"的出音中,仅此一条引刘"音彦"和又音"鱼变反"。《释文》存在"……某人音某,某某反"的音注格式,此时"某某反"为"音某"出反切,如《尔雅音义》"氐:都黎反,郭音觝,丁礼反……"【1644.07】等。同时,在比勘宋本同兴福寺本《周礼音义》中发现前者在此种情况下有被添"又"的情况。综上,邵19"又鱼变反"是误增"又"字的可能性较大。

邵8中"刘呼孤反"为"注音膴"注的反切,非为字头"膴"出音,当属邵的情况4,为论述或辨别的需要所注引之反切。

邵9"方于反""刘音柎"皆为"柎"注帮母虞韵。《释文》为十四部经典经注原文中所有的"柎"都出了音注,包括帮母平虞韵(5次,方符/方于/方夫/方胡反,名词)、帮母上麌韵(4次,音斧/音甫,动词),此处所引的刘昌宗的直音字"柎"是个非常用生僻字,陆德明在刘音前加上更简明易识的"方于反"作首音,以示"童蒙"。

邵19、24、8、9无重音。

4. 直音同其前的反切、譬况、如字构成重音

邵1 牧有:牧养之牧,刘音目【581.33】

邵10 甒:亡甫反,又音武【561.21】

邵11 以朻:九于反,又音俱,把也【561.28】

邵18 免绖:如字,又音勉,注同,下放此【612.21】

邵20 为铉:玄犬反,范古颜反,刘音关,又玄犬反【563.10】

以上不是反切对反切式的重音,但皆被列于"重音音切表"中。邵1,譬况式音注"牧养之牧"[40]侧重为字头"牧"释义,而"音目"引刘之直音,表音兼释义,该条目中的两音虽同,但实则有异,非严格意义上的重音。

邵10"亡甫反,又音武",皆为明母麌韵。《释文》为"甒"出音12次,皆见于三礼音义,但仅《仪礼音义》的所有6条首音位置出了"亡(罔)甫反",其中1条有"又音武",《周礼音义》1条和《礼记音义》5条都只出了单独的注"音武",又"甒,亡(罔)甫反"属于"等第开合一致"式新反切(三等合口),其为后添之嫌较大。

邵18"如字,又音勉",《释文》为"免"出音26次,其中24次的首音都作明母问韵

---

[40] 万献初(2002)称"某某之某"为"语境限定式音切术语",认为这种"尤其适合学童读经时辨析音义使用",也符合《释文·条例》"音书之用,本示童蒙"的初衷。

("音问"23次,"音汶"1次),显然这是"免"的异读音;另两条分别是邵18(经注原文:"免绖者,求吉不敢纯凶")和《礼记音义》"无免绖,音勉,去也……"【840.08】(经注原文:"凡见人无免绖"),这两条"免"都作"如字",音明母狝韵,义"脱、去",因"免""绖"连用时,"免"既可以被当作"统"的异文,作名词,也可以理解为"免除"义,故《释文》出"如字"或与如字相应的音注以示说明。"免"的如字音就是"音勉","又音勉"是"读为勉"的意思,不仅注其音,且改其字。此"又音"之"又"恐为后人羼入。兴福寺本的"服膺,徐音应,于陵反",在今本中就被添了"又"字。

邵11"九于反""又音俱",皆为见母虞韵。考察《释文》所有"某某反,又音某,某也"的音注格式,得如此格式中的反切和直音二音互异,但义同,皆作"某也"。诸如:

《毛诗音义》:"辀车,<u>由九反</u>,又音<u>由</u>,轻也。"【267.29】

《仪礼音义》:"何瑟,<u>户可反</u>,又音<u>河</u>,担也。"【572.20】

《礼记音义》:"曰降,<u>户江反</u>,又音<u>绛</u>,落也。注同。"【654.44】

《左传音义》:"之圃,<u>必古反</u>,又音<u>布</u>,园也。"【899.25】

邵11中的反切与直音皆为见母虞韵,义作"挹",不符合《释文》出音体例。法校曰"'又'字疑衍"[41]。按"斛"为非常用异读字,《释文》见其字即出音,但仅此一条首音反切、又音直音的重音。直音字"俱"在《释文》中常作直音字、切上字、切下字,共280次,没作过被音字。另,反切中的出音字"九""于"也是常用出音字,故二者皆能"示童蒙",此条"九于反""音俱"有一条有误。

邵20,各版此处皆作"范古颜反",法校曰"'古颜'盖'古顽'之误"[42],导致"古顽反""音关"皆为合口二等见母删韵。但"铉"在其他音义中被音的"古顽反"引用的是"刘音",而邵6的"古颜反"是引"范音",非引同一经师的音切,即使是给同一个字出音,反切不必强作相同,此处的"范古颜反"(开口二等疑母删韵)同"刘音关"开口异,不构成重音。

三 小结

本文在简要梳理近四十年来学界对《释文》"重音"问题所形成的各项认识和取得的各种成果的基础上,着眼于其注音体例,综合内部其他音注情况,参考杨军、陈静毅等探求的科研方法和成果,穷尽考察了《仪礼音义》中的"重音"。文章重点在于:第一,从文

---

[41] 法伟堂《法伟堂经典释文校记遗稿》,第280页。

[42] 同上书,第281页。

献本身出发,通过比勘及参考已有校勘文献,指出其中的"假性"重音——或是涉上而讹,或是字形错讹,或是切下字开合口、重纽异;第二,按照"重音"自身的声韵特点,及《释文》成书前后的汉语语音的实际情况,找出了"唐人增改之重音"——出现音和/类隔,韵类/声类混切,校语误入等情况;第三,单独考察了直音同其前的反切、譬况、如字构成重音的情况。

创新点在于:结合《释文》出音条目,发现了三种出音体例中的真"重音":第一,首音直接注音变构词后的直音,紧接着用反切为直音出音,如条目【605.04】。第二,首音直接引旧注之直音,若遇直音为繁难字(陆德明不用作反切上、下字),其后出简易反切为直音出音,如条目【560.45】。第三,为了"示童蒙"之需,陆德明在较生僻的引音前添更简而易识的反切,如条目【564.01】。综上,文章基本说明《仪礼音义》中的反切"重音""录存说"不可靠,但存在特殊情况下同条音注中的"直音"与"反切"同音。这一推论既是时修前贤不断努力探索的结果,也是我们尊重文献自身体例得到的答案。

参考文献

(1)陈挚《〈经典释文·左传音义〉语音研究》,安徽大学博士学位论文,2018年。
(2)丁度《集韵》,上海:上海古籍出版社,2017年。
(3)顾野王《大广益会玉篇》,北京:中华书局,1987年。
(4)计丽《慧琳〈一切经音义〉反切层次研究》,安徽大学硕士学位论文,2018年。
(5)罗毅《〈周礼音义〉语音研究》,安徽大学博士学位论文,2018年。
(6)沈建民《〈经典释文〉音切研究》,北京:中华书局,2007年。
(7)孙玉文《汉语变调构词研究》,北京:商务印书馆,2007年。
(8)万献初《〈经典释文〉音切类目研究》,武汉大学博士学位论文,2002年。
(9)王力《〈经典释文〉反切考》,《王力文集》第18卷,济南:山东教育出版社,1991年。
(10)徐时仪校注《一切经音义三种校本合刊》,上海:上海古籍出版社,2008年。
(11)杨军《安徽大学汉语言文字研究丛书》(杨军卷),合肥:安徽大学出版社,2013年。
(12)杨军《唐写本王仁昫刊谬补缺切韵》,南京:江苏凤凰教育出版社,2017年。
(13)赵少咸《〈经典释文〉集说附笺残卷》,北京:中华书局,2016年。
(14)周祖谟《广韵校本》,北京:中华书局,1960年。
(15)[日]释空海编《篆隶万象名义》,中华书局,1995年。

(储丽敏:安徽师范大学文学院,241002,安徽芜湖)

以晋方言证解古今文献相对应的词*

刘雨荷　乔全生

提要： 本文选取"圐圙、得脑、阁落、小厮、不差什么"五个晋方言常用词，分别与古今文献中相对应的词进行证解、诠释，从语音、词源上考证出其本字，揭示其特殊用法。前三个方言词"圐圙、得脑、阁落"是晋方言中使用频率颇高的分音词记音形式，其本字分别是：圈、首、角。特别指出"圐圙、得脑"二词非借用词，而是晋方言分音词。"阁落"一词虽在晋方言及北方官话中大面积存在，但尚未见到从语音角度对该词本字的稽考。从"厮"在晋方言中完整的语音演变链条看，其本字当是"孩"，特指男孩。晋方言作副词时的"不差什么"在古文献中的断句和释义上多有舛误。此外，上述五个词在现行词典中有的词条漏收，有的义项未收，有的释义欠妥或有误。

关键词： 晋方言词　古文献　分音词

晋方言是汉语十大方言之一，晋方言的核心区域在山西。山西由于封闭的地理环境和独特的人文历史，山西方言口语保留了大量的古词语，这些古语词与古今文献多有对应。"古文献"是指晚唐五代以来口语色彩鲜明的文献，"今文献"主要指现行词典。晚唐五代以来文献所使用的词语大多是当时官话通用的词语，发展至今，有的仍在普通话中使用，有的已经消失。然而，这些在普通话中消失的古语词却在方言中不同程度地保留下来，成为地地道道的方言词。多年来，一些学者立足于本方言与古文献中的词语进行互证，多有创获，为我们正确解读古文献、准确把握古文献词义提供了诸多可借鉴的经验。本文立足晋方言，对古今文献中的相关词语进行诠释，对释义欠妥者提出质疑，有误者给予匡正。

一　圐圙

圐圙 kū lüè 一词，《现代汉语词典》（第5版，以下简称《现汉》）解释为："蒙语指围

---

* 本文为2021年山西省"1331工程"提质增效建设计划骨干创新团队资助成果。国家语委专项项目"山西方言口传文化典藏综合调查研究及音像摄录"（批准号：YB1924C002A）阶段性成果。陕西师范大学中国语言文学"世界一流学科建设"成果。

起来的草场,现多用于村镇名称:马家~(在内蒙古)。也译作库伦。"第 6 版、第 7 版增补为:"蒙古语指围起来的草场,也泛指圈起来的一块地方(现多用于村镇名称):马家~(在内蒙古)。也译作库伦。"这部影响最大的词典一直认为"圐圙"一词借自于蒙语、蒙古语,举例也是内蒙古的马家圐圙。

现行多部汉语及汉语方言词典也认为"圐圙"(有的写作"库伦")是借自蒙古语。如:

1.许宝华、宫田一郎主编《汉语方言大词典》(第四卷)有"圐圙"和"圐囵"两个词条。前者释为:"〈名〉四周有墙而无房屋的空场,多用于地名,借自蒙语。冀鲁官话。河北井陉。晋语。内蒙。山西。山阴:薛家~。"后者释为:"〈名〉护宅地。晋语。山西临县。《临县志》(1917):'护宅地曰~。'〈名〉围起来的草场,多用于村镇名,借自蒙语。晋语。内蒙:马家~。"该辞典虽举出山西山阴方言的薛家圐圙,举出河北井陉方言(现多数学者已将该方言点归入晋语张呼片而非冀鲁官话)用例,但终归还是认为借自蒙语。今临县碛口古镇还有原用于圈喂骆驼的"骆驼圐圙"。

2.《汉语大词典》(第 3 卷、缩影版):"圐圙,蒙古语,指围起来的草场,多用于村镇名。如:马家~(在内蒙古),今多译做'库伦'。"

3.《大辞典》:"库伦,蒙古语。城圈也。其地有木栅如城,谓之喇嘛圈。"

4.《忻州方言词典》:"圐圙儿 $k^h uə?^2 lyɚ^{53}$,蒙古语指围起来的草场,这里指没有房子的院子。"(温端政、张光明 1995:351)

5.《新编名扬百科大辞典》:"库伦,城市名,蒙古语称圈为库伦,即以为名。"

6.《新编实用汉语词典》:"圐圙,蒙古语,有围栏的牧场,现多用于地名,也译作库伦。"

7.《辞海》:"圐圙,北方方言。四围有墙而无房屋的空场,多用于地名,山西山阴县有薛家~。"又收录"库伦"一词,解释为"旧地名,蒙古语称城圈为'库伦',即以为名。"《辞海》虽将"圐圙"作为晋方言词,但又将同义异名的"库伦"当作蒙语。

8.《新华字典》:圐圙(kūlüè),蒙语音译词,也译做库伦。围起来的草场。"

还有一些学者也认为"圐圙"一词源自蒙语或满语,是汉语借自蒙语或满语,如:李作南(1991)认为"汉语向蒙语借词,不但历史悠久,而且数量很多,有的蒙语借词还保留在某些方言中,如'库伦'又作'圐圙'(圆形的圈子),今天还保留在内蒙古西部汉语方言中,并构成'草圐圙''羊圐圙''风圐圙'等等。"张清常(1978)也把"圐圙"当蒙语借词,他认为"达赖庄子、喇嘛营子、乌梁素海、哈喇沁沟、圐圙村、紫敖包,'庄子、营子、海、沟、村、紫'是汉语,其余是蒙语(喇嘛则是蒙语借自藏语)"。马国凡等(1997)也认为"圐圙"是少数民族语词渗透到汉语中形成的特有的地域词,也写作"库伦",蒙语指围栏,汉语方言用来构成混合词语,如"草圐圙""牛圐圙"等。佟靖仁(1991)认为"圐圙"是满语借词:

"许多用满语起的地名被汉语沿用下来了,如'圐圙',kuwaran,今写作'库伦',原指'营盘''围墙',后来泛指'围成圈儿的场院'。现在都写做'库伦',本地人读作'哭恋'。如今的'夸栏场'和'网围栏'由此而来。"由于这些解释多拘泥于字形,就词论词,不能跳出汉字的窠臼,也未能从方言语音的角度作出分析解释,再加之举到的地名大多是内蒙古的地名,未能理清其源流关系而将借方与被借方搞颠倒了。

从语音角度看,"圐圙"一词不是借自蒙古语或满语,而是晋方言"圈"的"分音词"或"嵌 L 词"。"分音词"或"嵌 L 词"在晋方言中成系统地存在着,目前,据山西学者研究有近百条之多。栗治国(1991)、张惠英(2021)也认为"圐圙"的合音是"圈","圈"的分音词是"圐圙"。宋人称"切脚语"(下文简称"分音词")。这个词无论写成"圐圙",还是写成别的字,都是记音字,都是晋方言"圈"的古音分音词的记音字。根据王力(1985)拟音,"圈"的中古音声母是溪母,读 k^h,韵母是山摄合口三等仙韵 $^*\text{iwεn}$,"圈"的中古拟音为 $^*k^h\text{iwεn}$。晋方言读该词时不是直接读这个音节,而是将该音节读为两个音节,即分音词。分音词往往在一个音节的声母和韵母之间要嵌入一个浊边音"l",其读音即为 $^*k^h\text{liwεn}$。嵌入"l"后看似一个音节,读时却分为两个音节,即:$k^h\text{u liwεn}$,读晋方言 $k^h\text{u}$ 音节时,多数方言点的韵母要促化,读后一音节 lĭwεn 时,韵母前鼻韵尾丢失,遂读为 $k^h\text{uəʔ liwε}$,汉字记为"圐圙"或其他记音形式。

"圐圙"一词广泛存在于山西及其周边地区。各地读音稍有不同,写法各异,但意义都与"圈"有关。如:

表 1　晋方言"圈"的分音词"圐圙"的读音与记音形式

太原	窟联	$k^h\text{uəʔ}^{22}\text{lye}^{45}$	长治	风圪练[1]	$fəŋ^{213}\text{kəʔ}^{54}\text{lyaŋ}^{53}$
文水	窟篮	$\text{kuəʔ}^{312}\text{laŋ}^{22\text{-}23}$	武乡	圪垒	$\text{kəʔ}^{33}\text{luei}^{213}$
临县	骨口	$\text{kuəʔ}^{44\text{-}22}\text{lyər}^{24}$	黎城	圐圙	$\text{kuʌ}^{53}\text{lyɤ}^{53}$
中阳	圐圙	$\text{kuəʔ}^{33}\text{lye}^{53}$	晋城	口骨口	$ʂuɛɛ^{11\text{-}113}\text{kuəʔ}^{22}\text{lyɛ}^{33}$
柳林	圐圙	$\text{kuəʔ}^{4}\text{luæ}^{24}$	高平	圪联	$\text{kəʔ}^{4}\text{liɛ}^{0}$
静乐	窟口	$k^h\text{uəʔ}^{212}\text{liæ̃}^{24}$	清水河	圐圙	$k^h\text{uəʔ}^{31}\text{ye}^{13}$
吴堡	骨㮁	$\text{kuəʔ}^{21}\text{lu}^{213}$	和林格尔	圐圙	$k^h\text{uəʔ}^{41}\text{ye}^{24}$
应县	圐圙儿	$\text{kuʔ}^{43}\text{luar}^{3}$	托克托	圐圙	$k^h\text{uəʔ}^{41}\text{ye}^{51}$
代县	口口	$k^h\text{uəʔ}^{22}\text{lye}^{213}$	准格尔旗	圐圙	$k^h\text{uəʔ}^{41}\text{ye}^{51}$
忻州	圐圙儿	$k^h\text{uəʔ}^{2}\text{lyər}^{53}$	伊金霍洛旗	圐圙	$k^h\text{uɤ}^{41}\text{ye}^{52}$
神木	窟口	$k^h\text{uəʔ}^{2}\text{lye}^{24}$	东胜	圐圙	$k^h\text{uəʔ}^{41}\text{ye}^{53}$
大同	圐圙	$k^h\text{uəʔ}^{32}\text{lye}^{24}$	包头	圐圙	$k^h\text{uəʔ}^{41}\text{ye}^{13}$
天镇	口口	$k^h\text{uəʔ}^{32}\text{lyæ}^{24}$	林州	骨娈	kuəʔlua
府谷	圐圙	$k^h\text{uəʔ}^{31}\text{ye}^{53}$	河津	口箍䦆	$tʂai^{44}\text{ku}^{0}\text{luæ̃}^{0}$

[1] "圪练"下加横线表示是记音字。下同。

续表

| 佳县 | 圐圙儿 | $k^h uə?^{31} yər^{34}$ | 新绛 | 口圐圙 | $mu^{335} ku^{53} luə̃^{225}$ |
| 绥德 | 圐圙 | $k^h uə?^{21} lie^{213}$ | 洪洞 | 骨来 | $ku^{24-22} lai^{0}$ |

"圈"的分音词的记音形式最早见于宋代,文献记载的时代往往晚于实际运用的时代,所以,分音词的读音与记音形式可能出现得更早。许慎《说文解字》释"聿":"聿,所以书也。楚谓之聿,吴谓之不律,燕谓之弗。"释"笔":"秦谓之笔。从聿竹。"《尔雅·释器》曰:"不律谓之笔。""不律"即为"笔"的分音词记音形式,说明上古已有分音词的记音形式。宋·洪迈《容斋随笔》卷十六有切脚语的记载:"世人语音有以切脚而称者,亦间见之于书史中,如以蓬为勃笼,槃为勃阑……圈为屈挛,锢为骨露,窠为窟驼是也。"据《广韵》"屈,区勿切","屈"为溪母字,王力先生拟音为 $^*k^h \mathrm{iuət}$,"挛,吕员切",山合三仙韵,王力先生拟为 $^*\mathrm{lǐwɛn}$,"屈挛"所切之字正是"圈",因此"屈挛"也是"圈"的分音词记音形式。今天的普通话中还能找到少量分音词的记音形式,如:"孔"为"窟窿"。

"圈"的分音词的记音形式在宋以后的元曲中还大量使用。如(下划线者):

1. 你过的这乞留<u>曲律</u>的蚰蜒小道。(《全元散曲·刘玄德醉走黄鹤楼》【货郎儿】)

2. 吸留忽剌水流乞留<u>屈吕</u>路,失流疏剌风摆奚留急了树。(《全元散曲·张孔目智勘魔合罗》【油葫芦】)

3. 将这双乞量<u>曲律</u>的胲膝儿,罚他屈直僵僵跪。(《全元散曲·杨氏杀狗劝夫》【叨叨令】)

4. 小的每颤嵬嵬杨柳腰,曲弯弯的莲瓣脚,怎生向溪流<u>曲律</u>坡前去,吉飂古突山上逃。(《全元散曲》第三本【后庭花】)

5. 一面旗白胡阑套住个迎霜兔,一面旗红<u>曲连</u>打着个毕月乌。(《全元散曲·高祖还乡》【耍孩儿】)

6. 待不吃呵,又被这酒旗儿将我来相迤逗,他他他舞东风在<u>曲律</u>杆头。(《全元散曲·梁山泊李逵负荆》【醉中天】)

7. 那狄青右手兜弦,左手推靶,弓开似那<u>曲律</u>山头蟒,望着鼻凹一点星。(《全元散曲·狄青复夺衣袄车》【醋葫芦】)

8. 本待做<u>曲吕</u>木头车儿随性打,原来是滑出律水晶球子怎生拿。(《全元散曲·乔吉杂情》【采茶歌】)

9. 乞留<u>屈律</u>归鸿行断,必飚不答寒驴步懒,咿呖呜剌杜宇声干。(《全元散曲》汤式【湘妃引·京口道中】)

10. 过了些乞留<u>曲吕</u>洞,重重叠叠山,扑簌簌泪滴雕鞍!(《全元散曲》无名氏【水仙子】)

以上"曲律、屈吕、曲连、曲吕、屈律"均为"圈"分音词的不同记音形式。"曲，丘玉切"中古为溪母字，"屈，区勿切"，中古也为溪母字，读*k^h，声母与"圈"相同。"连"与"圈"的韵基相同，"律、吕"与"圈"丢失前鼻韵尾后的韵母相近。《元语言词典》已将"曲连"释为"圈"的切脚语。而"曲律""屈律""乞流曲律"都有"弯曲不直"之意。《新华字典》(第11版)："圈 quān(动)弯曲。如：把胳膊圈过来；拱着腰圈着腿走路；圈盘腿(向外弯曲的畸形腿)"，这些词语与"圈"的意义相同，因此，都是"圈"的分音词的记音形式。

关于"圈"的分音词形式，有学者认为与上古汉语复辅音音节有关，上古汉语到底有无复辅音，这里暂不讨论。但广泛通行于山西方言中的这种语音形式却是客观存在的。而且"分音词"或"嵌L词"这种现象早在先秦古文献中就有记载，如《庄子·至乐》"庄子之楚，见空髑髅"，《说文通训定声》"髑"字下注"髑髅之合音为头字"，"髑髅"为分音词。宋·王观国《学林》："鹘仑为浑"。明·方以智《通雅》卷四九："物完曰囫囵。"宋人笔记小说、元曲文献中记录分音词近30条。"圈"的分音词记音形式在由宋至元的文献中一脉相承，在区域封闭、方言保守的晋方言中得以保存，成为晋方言的常用词。这种在一个音节的声韵之间嵌入浊边音"l"的方式成为晋方言颇具特色的构词方式。那么，究竟这个分音词是汉语借自蒙语，还是蒙语借自汉语。其实回答这个问题并不难，因为蒙语与汉语的正面接触始于13世纪，汉语与蒙语的相互借用也始于13世纪，用八思巴文记录汉语借词也当在13世纪之后。而汉语的分音词早在先秦即已存在，表"圈"的分音词早在宋代就已存在。因此不可能从宋代起汉语就借用蒙语词，符合逻辑的解释只能是元代蒙语将汉语的"kulue"借入，音译为"huriye"，汉语又将此词此音借回来，记为"库伦"。"圐圙"先出口然后转内销，转了一圈即认为是蒙古语了。从该词的来源往上推，原本就是汉语的分音词。汉语是"源"，蒙古语只能是"流"。李仁孝(1991)认为"蒙语的库伦音为 huriye，其中'r'是舌尖颤辅音，汉语系统中没有这样的音，'r'借入汉语后就用'l'代替，记作库伦 kulun"。这个说法恰恰证明蒙语借去晋方言的"圐圙"之后，蒙语没有l，才用相近的r替代，才发生 kulue—huriye 语音交替。

二 得脑

今晋方言普遍把"头"叫作"得脑"。有的学者从元曲用例认为"得脑"一词源于蒙古语 tenek(蠢人，见方龄贵 2001)。如《全元散曲·海门张仲村乐堂》【梧桐树】："同知这早晚做了个糟得恼了也。"将"糟得恼"作"蠢人"解，意义上虽也属贬义，但不确切。"得恼"指"头"，泛指"人"，"糟得恼"指代不好的人。从下文看，"得恼"一词表"头"无疑。如：

1. 一灵儿相伴着野云飞,则听得脑背后何人高叫起,是哥哥共母亲傍边立。我问你怎生来到这里,险送了家有贤妻。杀嫂索偿命,宜镌刎颈碑,我将好名儿万古标题。(《全元散曲·鲠直张千替杀妻》【水仙子】)

2. (正末云)可知是牢门,牢门里门上拴一条绳子,绳子上拴着铃子,有人来扯动这绳子,里面那铃子铎琅响一声,你便不合攒出得脑来。(《全元散曲·海门张仲村乐堂》【逍遥乐】)

3. 俺这个背晦爷,听的把古书说,他便恶忿忿的脑裂,粗豪的今古皆绝。(《全元散曲·闺怨佳人拜月亭》【滚绣球】)

4. 踏踏的忙那步,哑哑的不住脚,是谁人吖吖的脑背后高声叫?(《全元散曲·邓夫人苦痛哭存孝》【庆东原】)

5. 我今日脑疼头旋,身颤的当不的。请将范太医来看。太医来这里。请的屋里来。好相公坐的。小人虚汗只是流水一般,夺脑疼的一宿不得半点睡,与我把脉息看一看。咳,相公脉息尺脉较沉,伤着冷物的样子,感冒风寒。(《朴通事谚解·中》,汪维辉 2005:260)

《山西方言调查研究报告》(后文简称《报告》)所收110个方言点中有72个方言点将"头"叫做"得脑"或"得老"(侯精一、温端政 1993:247—248,列举见表2),除此之外,晋语神木、绥德方言也将"头"叫做"得老[təʔ² lɔ²⁴]"(贬,多用于骂人)、"的老[təʔ³ lɔ²¹³]"。

表2 晋方言"头"的分音词"得脑"的读音与记音形式

太原	得脑 təʔ² nɔu⁵³	朔州	得脑 təʔ³⁴ nɔo³¹²⁻⁴²	临汾	登脑 təŋ²⁴⁻²² nao⁰
清徐	得老 təʔ²⁻⁵ lou⁵³	忻州	得老 təʔ² lɔ³¹³	洪洞	的脑 ti²⁴⁻²² nao⁰
太谷	得老 təʔ¹¹ lau³²³	五台	得老 tə³³ lo	吉县	得脑 tei11nau⁵³
祁县	得老 təʔ²² lau²¹³	山阴	得脑 təʔ⁴ nɔɛ³¹³	闻喜	得老 ti³¹ lau⁰
平遥	得老 tʌʔ¹³⁻³⁵ lɔ⁵³	平定	得脑 təʔ⁴ nɔ⁵³	新绛	等脑 təŋ⁴⁴ nao⁴⁴
文水	得老 təʔ³¹² ləu⁴²³	和顺	得脑 tieʔ²¹ nɔu³⁵	运城	登老 təŋ¹³⁻¹¹ lao⁰
孝义	得脑 təʔ² naɔ³¹²	长治	得脑 tiəʔ³⁵ nɔ⁵³⁵⁻⁵³	万荣	得脑 tei²⁴ nao⁰
娄烦	得脑 təʔ² lau²¹³	平顺	得脑 təʔ³ nɔ⁴²⁴	永济	登老 təŋ²⁴ lao⁰
汾阳	得脑 tə³¹²⁻³¹ nao³¹²	沁县	得脑 təʔ²¹³ nɔ⁴⁴		
蒲县	得脑 təʔ⁵¹ nau⁵⁵	高平	圪脑 kəʔ³ nɔ²¹²		
汾西	得脑 tə³ nao³³⁻³⁵	霍州	登脑 təŋ²¹³ nao⁰		

清代山西方志中多有"得脑"指"头"的记载。康熙五年(1666年)序刊本《沃史·方言》记载:"头为低脑。"乾隆二十三年(1758年)修《新修曲沃县志》记载:"头为低脑。"乾隆三十八年(1773年)修《临晋县志》记载:"头曰登脑。"光绪九年(1883年)修《文水县志》也记载:"头曰得脑。"道光乙未(1835年)重修《辉县志》记载:"的脑,头。"曲沃、临晋今属中原官话汾河片,文水今属晋语并州片,辉县今属晋语张呼片。晋语邯新片济源话

今说"头"为[tə? nə tʰəu]。此词在晋方言中比较普遍。

我们认为,清代以来表"头"的"得脑/老、等脑/老、登脑/老、的脑、低脑",无论前字、后字均是记音形式,表现为上字取其声,下字取其韵而已。本字为"首"的上古音分音词的记音形式,写法有异恰恰证明它不是本字,而是记音形式。《说文》:"首,头也。"段注:"'头'下曰:'首也',与此为转注……象人头之侧面也。"《逸周书·芮良夫》:"予小臣良夫稽道谋告。"清王念孙《读书杂志》曰:"稽道,即稽首也。道从首声,故与首字通用。""首"的上古音,黄侃系统在透母,萧部;王力系统在书母,幽部。"首"是审母开口三等字,从黄侃系统看,读透母属"审三归端"的上古音遗存。今越南语"首"读 thù,还保留舌头音特点。据谐声原则,首声有"道、導、尊",皆读[tao],寿声有"涛、焘、梼、犧",皆读[tʰao]。根据晋方言分音词的构造规律,"得脑"是"首"的分音词的记音形式,本为tlao,记音为"得老",后"老"多转换成表义的"脑"。"得脑"是晋方言常见的一种构词形式,并非借自蒙语,更非外来词。晋方言保留"首"的分音词读音,为上古声母"审三归端"提供了鲜活的方言实证,也为上古时期有分音词的说法(如上文所举《尔雅·释器》曰:"不律谓之笔。")提供了又一个有力的证据,同时,也证明"得脑"一词并非借自蒙语的外来词。

有学者提出若"得脑"是"首"的分音词的记音形式,根据晋方言分音词构造规律,本为 tlao,记音为"得老",《文水县志》记录"头"读作"得脑",但《报告》记作"得老",后字声母 n—l 非 l—n,这样相反的音变说明"首"作为"的脑"源词的说法需重新考量。

首先,"嵌 L 词"在很多文章中都等同于分音词,二者被当做相同的概念,但"分音词是嵌 L 词的上位词"(师玉梅2007),"嵌 L 词"只是分音词的主要形式,并非唯一形式,二者断不可完全混同,所以分音词后字并非必须是"l"声母,如获嘉方言"圪冉"是"干"的分音词、"圪挡"是"冈"的分音词(贺巍1989)。其次,在今文水方言中,尚未有"头"读作"得脑"、后字声母为"n"的现象,我们认为《文水县志》中的"得脑"后字声母并不读"n",而是囿于记录者"根深蒂固的'字必表音'"(邢向东1992)的传统所致,后字用什么声母的代表字并不重要,表示韵母才是目的。所以,"n"与"l"并无语音演变关系。

三 阁落

晋方言"阁落"亦写作"圪落、肐落、圪落、旮旯",相当于普通话的"角落",且多指阴暗、避人的角落。现行多种词典收有"阁落"一词,表"角落"义,但均未能从语音的角度指出该词的本字,也未能对表"角落"义的词写成不同形式做出解释。从晋方言看,"阁落"当是"角"的古音(声母 k 未颚化为 tɕ)分音词的记音形式,本字就是"角"。《广韵》

"角"字凡二见：一在入声屋韵禄小韵卢谷切，一在觉韵古岳切；《集韵》亦二见，一在入声屋韵，音卢谷切，一在觉韵，音讫岳切。"古岳、讫岳"音同。"角落"中"角"音当古岳切，王力拟音为 kɔk，今音由此折合而来。晋方言的"阁落"就是在"角 kɔk"的声母和韵母之间嵌入"l"后形成的分音词：kəʔlɔk。"阁落"与"圪落、圪落、圪垏"都是 kəʔlɔk 的记音形式。"旮旯"一词当是"落"由 lao 演变为 la 音后形成的记音字。《广韵》中"卢谷切"原只用于人名，如汉高祖时商山四皓之一的角里先生。后用作地名。然"四皓"之"角里"，《集韵》作"角"字"夕"下多一点，又有作"甪"者，今苏州之甪里是也。"角"为何有二音？是否与 kəʔlɔk 读音有关？是否与双音词前字弱化进而丢失整个音节有关？这个问题还值得进一步探讨。

晋方言"角落"写为"阁落、圪老、圪老老、圪崂儿、圪劳、圪廊廊、圪络、旮旯"等。如：晋方言俗谚云："得过且过，向阳阁落里暖和。"五台片忻州方言："他住哩地方旮旯插随哩，可不好寻找哩。"此处"旮旯插随"就是角落的意思。

表3　晋方言"角"的分音词"角落"的读音与记音形式

太原	圪劳劳 kəʔ² lau⁵³ lau¹¹	武乡	圪廊廊 kəʔ³ lɔ⁵⁵ lɔ⁰
平遥	旮旯儿 kʌʔ²¹ lʌ²¹³ ʐʌ⁰ 角角上 tɕyʌʔ²¹ tɕyʌʔ¹² xɔ²⁴	高平	圪络 kəʔ³ luə³³
灵石	旮旯 kəʔ⁴ lʌ⁵³	阳城	圪角 kəʔ²² tɕio²¹² 圪角角 kəʔ²² tɕio²¹ tɕio⁰
兴县	圪老 kəʔ⁵⁵ lou³²⁴ 圪老老 kəʔ⁵⁵ lou³²⁴ lou⁰	林州	旮旯儿 kəʔlar
汾阳	圪劳劳 kəʔ²² lau²² lau²²	邯郸邯新片	旮旯 kəʔla
临县	旮旯 kəʔ³ la³¹	洪洞	旮旯儿 kɯ²⁴⁻²² lər⁰
柳林	圪廊廊 kəʔ⁴ lɔ²⁴ lɔ⁰ / 旮旯 kəʔ⁴ la⁵³	霍州	旮旯里 ki³⁵ la⁵⁵ li⁰
静乐	圪老儿 kəʔ²¹² la:⁰³³ 圪老老 kəʔ²¹² la:⁰²⁴⁻⁵³	闻喜	旮旯 ki⁵³ la³³
吴堡	圪崂儿 kəʔ²¹ lor²¹³	万荣	旮旯 kɤ⁵¹ la³³ / 角角 tɕyɛ⁵¹ tɕyɛ³³
汾西	旮旯里 kəʔ³ la⁰ lʐ⁰	永济	角角儿 tɕyo³¹ tɕyor⁵³ 角旮旯儿 tɕyo⁴⁴ kɯ⁴⁴ lər⁰
应县	背地旮旯儿 pəi²⁴ ti²⁴ kəʔ⁴³ lar³	清水河	旮旯旯 kəʔ³ la⁵² la⁰ / 圪老老 kəʔ³ lou²¹ lou⁰
偏关	圪老儿 kəʔ⁴ lɔo²¹³ 圪老老 kəʔ⁴ lɔo² lɔo⁵³ 背地旮旯 pei⁵³ ʐʅ⁰ kəʔ⁴ la⁵³	和林格尔	阁落 kəʔ⁴ lau⁵²
山阴	旮旯儿 kəʔ⁴ lʌr³³⁵	托克托	阁落 kəʔ⁴ lɔo¹³
忻州	旮旯儿 kəʔ² lər⁵³	准格尔旗	阁落 kəʔ⁴ lou²⁴

绥德	圪落 kəʔ³ lɔ²¹³	伊金霍洛旗	阁落 kɤʔ⁴ lou¹³
临河五台片	旮旯 kəʔ⁴ la⁵³	东胜	阁落落 kəʔ⁴ lou¹³ lou⁰
府谷	阁落 kəʔ³ lɔo²⁴	包头大包片	圪捞 kɤʔ⁴ lɔ³¹²
佳县	阁落落 kəʔ³ lou³¹ lou⁰	怀来张呼片	阁落 kəʔ⁵ lɔ⁴⁴²

宋·洪迈《容斋随笔》卷十六"切脚语"条对"角"的分音词已有记载:"角为圪落",即"阁落"。宋·苏轼《东坡集·大慧真赞》:"壁角落头","角落"即"阁落"。元明及以后用例更多,如:

1. 我如今带儒冠,着儒服,知他我那命里有公侯也伯子男乎?我左右来无一个去处,天也,则索阁落里韫椟藏诸!(《全元散曲·半夜雷轰荐福碑》【鹊踏枝】)

2. 你在黑阁落里欺你男儿,今日呵可不道指斥銮舆。(《全元散曲·温太真玉镜台》【豆叶黄】)

3. 老夫人转关儿没定夺,哑谜儿怎猜破;黑阁落甜话儿将人和,请将来着人不快活。(《全元散曲·崔莺莺夜听琴(第二本)》【乔牌儿】)

4. 只做自己的官,毫不管别人的苦,我不知他肚肠阁落里边,也思想积些阴德与儿孙么?(《初刻拍案惊奇·卷十一 恶船家计赚假尸银 狠仆人误投真命状》)

5. 拉到个屋圪拉子里,悄悄从袖中取出够一两多的一块银子递与他说……(《醒世姻缘传·第七十回 狠汉贪心遭主逐 贤妻巧嘴脱夫灾》)

6. 怎么着,你们连个大厅也不开,把人家让到那背旮旯子里去?这都是你们干出来的?(《侠女奇缘(上)》)

7. 无奈他又住在这山旮旯子里,外间事务一概不知。(《侠女奇缘(上)》)

8. 说着,又给他放下玻璃帘儿来。姑娘无法,只得咕嘟着嘴背过脸去,解扣松裙,在炕旮旯里换上。(《侠女奇缘(下)》)

9. 一句话,怔了半天,一个人儿站在屋里旮旯儿里,脸是漆青,手是冰凉,心是乱跳,两泪直流的在那里哭呢!(《侠女奇缘(下)》)

10. 说着,只恶心得他回过头去向旮旯儿里吐了一口清水唾沫。(《侠女奇缘(下)》)

11. 暗说:"要赢黄天霸,何不如此这般,将他挤在旮旯之中,料想他身轻,也难跳出去。"王爷想罢,跳至东边,假意要抓天霸。谁想天霸他只顾躲避,往后就退,直往旮旯里避去。黄天霸再想不到王爷要下毒手。黄天霸他只顾往后倒退,堪堪退至旮旯之中。(《施公案·第一七六回 达木苏王抗旨比武 康熙佛爷怪罪含嗔》)

12. 我老头藏在墙旮旯,把街门关好了才进来。(《雍正剑侠图·第四十三回 老剑客留笺救清官 童海川夜捉害民贼》)

13.咱们走了已有一年来的光景,他们全拿东西,咱这府里早拿净了,您回来四旮旯都空了,所以说不可能啊。(《雍正剑侠图·第五十回 丧良心燕雷打甘虎 丢烟壶童林斗三侠》)

《汉语大词典》指出"旮旯"是方言词,共三个义项:1.方言,角落;2.方言,指狭窄偏僻的地方;3.方言,地方、处所。《现汉》收"圪崂"一词,注"〈方〉角落(也用作地名):炕~|王家~(在陕西)。"《现汉》收"旮旯"一词,注"〈方〉1.角落:墙~。2.狭窄偏僻的地方:山~、背~。"这两部权威词典仅对"角落"的方言记音形式做出释义,注明为方言用词,这远远不够,还应揭示本字为"角","圪崂、旮旯"都是"角"的分音词的记音形式。

四 小厮

晋方言中"小厮"指男孩。晋方言上党片晋城方言叫"小石、小实","小实"即"小厮"。"厮"单字音为[sʅ],在"小厮"一词中,"厮"字由于轻读而促化,促化后读[ɕio ʂəʔ],与"实、石"同音。例如:

(1)俺闺女腊月初三生了一个小实。
(2)这小实多大啦(这个小男孩儿多大了)?

晋方言并州片文水靠近汾阳的平陶村还将男孩叫[sʅ²²],汾阳叫"侯厮儿"[xou²² sɐr³²⁴],中原官话汾河片有多个县将男孩叫[sʅr²⁴],通常儿化。洪洞方言:你几兀厮儿呢?(你有几个男孩呢?)——我跟前三兀厮儿(我有三个男孩儿)。

表 4 晋方言表"男孩"义"厮"的读音及记音形式

文水(平陶)	厮 sʅ²²	晋城	小实 ɕio ʂəʔ
孝义	厮儿 sər	霍州	口 su³⁵
汾阳	猴厮儿 xou²² sɐr³²⁴	古县	厮儿家 sʅr²¹⁻³⁵ tɕia²¹
交口	厮儿 sʅr⁴⁴ 猴厮儿 xou⁴⁴ sʅr⁴⁴	洪洞	厮儿 sʅr²⁴
汾西	厮 sei⁵⁵		

《现汉》(第7版)"厮²"中补收"厮儿"一词,标"〈方〉指男孩"。但该词放的位置不妥,不应放在动词"厮²"中,应当放在名词"厮¹"中,在"厮¹"的"男性仆人"后增加"男孩"的义项。

无论是晋方言还是《现汉》(第7版),"厮"指男孩。晋方言很多地方表小之义可用前缀"猴""小",如文水方言"猴凳凳"、清徐方言"猴娃娃",分别表示"小凳子""小孩子","猴厮""小厮"就是小男孩,已毋庸置疑。"厮"的本字为"孩",在山西方言中有一条完整的语音演变链条*xɒi(中古音)—xai(普通话)—xɛe(天镇)—xei(平遥)—xɛ(文水、武乡)—xi(静乐)—ɕi(清涧、临县)—sʅ(洪洞、文水),反映了"孩"演变为"厮"的全过程。

在南方部分方言中,有用"后生儿、后生家、后生团"等词表示男性晚辈(见表5)的用例,"后"与山西方言表小的前缀"猴"有本质区别。首先,二者声调不同,前者为去声,后者为平声;其次,山西方言中表"男孩"多用"厮儿""小子",也有"后生"一词,但其只表示青年男性,强调"年纪轻、有朝气",并非指"辈分小"。

表5 南方方言表示"男性晚辈"的词

梅县	后生 heu^{53} saŋ$^{44-35}$ ŋe^0	金华	后生儿 eu$^{535-55}$ sã^{33}
绩溪	后生家 xi$^{213-21}$ sēi^{31} ko^0	厦门	后生家 hau$^{22-21}$ sĩ$^{55-22}$ ke^{55}
温州	后生细儿 ɦau$^{24-33}$ siɛ$^{33-11}$ siɛ$^{42-11}$ ŋ$^{31-13}$	潮州	后生囝 hau$^{35-21}$ sẽ$^{23-23}$ kiã^{53}
武汉	后生伢 xou^{35} sən^0 (ŋa^{213})	南宁平话	后生崽 həu^{22} sieŋ^{53} tsai^{33}

《现汉》只列出"厮"见于早期白话的"男性仆人"的义项,未列出早期白话也同样常用的"男孩"义。"厮"表男孩在元曲中用例很多。如:

1.[旦云]记的驸马临亡之时,曾有遗言:若是添个<u>小厮儿</u>,唤做赵氏孤儿,待他久后成人长大,与父母雪冤报仇。(《全元散曲·怨抱怨赵氏孤儿·楔子》)

2.[张郎云]我想来,若是得个女儿也,则分的他一半儿家私,若是得一个<u>小厮儿</u>,我两只手交付与他那家私,我不干生受了一场。(旦儿云)张郎,你这几日眉头不展,可是为何?(《全元散曲·散家财天赐老生儿·第一折》)

3.[闾丘亮云]我有一子,却是个村<u>厮儿</u>,你久后得志,休忘了此子。盟府,你借剑来与老夫一看。(《全元散曲·说诸伍员吹箫》【哭皇天】)

4.[旦儿云]若是掷个上上大吉,便是<u>小厮儿</u>;掷个中平,便是女儿;若是掷个不合神道,便是鬼胎。(《全元散曲·相国寺公孙合汗衫·第二折》)

5.俺员外娶得一个妇人,叫做甚么张海棠,他跟前添了个<u>小厮儿</u>,长成五岁了也。(《全元散曲·包待制智赚灰栏记·第一折》)

6.(王兽医云)我可与你个<u>小厮儿</u>。(旦儿云)你那里将来?(王兽医云)姐姐你休问他。若是姐夫来家,则说是你添的。(《全元散曲·翠红乡儿女两团圆·第二折》)

7.(王兽医云)我问他得了个儿也是女,他便道:得了个<u>小厮儿</u>。(《全元散曲·翠红乡儿女两团圆·第二折》)

8.(卜儿云)居士,你寻思波,俺女儿不曾嫁,<u>小厮儿</u>不曾娶,你投至的挣成这个家业,非一日之故。许多的钱财,也是可惜的。(《全元散曲·庞居士误放来生债·第二折》)

9.[老夫人云]又有个小妮子,是自幼伏侍孩儿的,唤做红娘。一个<u>小厮儿</u>,唤做欢郎。先夫弃世之后,老身与女孩儿扶柩至博陵安葬;因路途有阻,不能得去。

(《西厢记·第一本 张君瑞闹道场杂剧·楔子》)

10.［李四云］一双儿女,厮儿叫做喜童,女儿叫做娇儿。(《全元散曲·包待制智斩鲁斋郎·楔子》)

11.小厮儿那女孩儿？一个俊小厮。好！好！只怕产后风、感冒,说与你姐姐,好生小心着。(《朴通事谚解·上》汪维辉 2005:243)

12.手下使着两个丫头,一个小厮。(《金瓶梅·第四十回 抱孩童瓶儿希宠 妆丫鬟金莲市爱》)

13.如今生了好不丑满抱的小厮儿,一家儿欢喜的要不的。(同上)

14.半夜里吊在杌子里,我和丫头点灯拨着瞧,倒是个小厮儿。(同上)

15.晁夫人道:"这几件衣服能使了几个钱,只这些人引开了头儿就收救不住,脱不了这个老婆子叫他们就把我拆吃了,打哩天爷可怜见,那肚子里的是个小厮,也不可知,怎么料得我就是绝户！"(《醒世姻缘传·第二十回 晁大舍回家托梦 徐大尹过路除凶》)

以上15个用例当中,"小厮(儿)"出现14次,"厮儿"只出现两次,说明表男孩义的"厮"前常常要带"小"。今方言只有晋城一个方言点还保留"小",孝义、汾阳带表小的"猴",其他方言都不带"小"了。例7中,问话用"儿",答话用"小厮儿",也说明"儿"与"小厮儿"同义,只是用"小厮儿"更口语化。从以上文献用例看,元明清都有表男孩的"厮",只是普通话消失了,但在部分晋方言中还保留着。晋方言保留表男孩的"厮",不仅仅是一个保留古词的价值,更重要的是它引发出"孩"读为"厮"的一个语音演变链,这在汉语音韵学上的价值是不可估量的。

五 不差什么

"不差什么"在晋方言中有两个意思,一是表示"什么都不差",述宾结构;如:你还差什么吗？——不差什么。二是表示"差不多",副词。如:现在不差什么有九点了吧(现在差不多有九点了吧);现在不差什么他该来了吧(现在差不多他该来了吧)。表副词的"不差什么","不差"与"什么"之间不可插入任何成分。"不差什么"有的方言点说"不差甚"。《现汉》中只收副词"差不多",未收"不差什么",显然,《现汉》不认为"不差什么"是词,也不是标〈方〉的方言词,当然更谈不上副词的用法了。

清代小说中多次出现该词,词义与用法与晋方言相同,如:

表述宾结构的用例:

那精明强干同尖酸刻薄,外面看着不差甚么,骨子里面是截然两路的。(《二十

年目睹之怪现状·第二十回 神出鬼没母子动身 冷嘲热虐世伯受窘》）

表副词的用例：

　　1. 为甚么为这个事，他老哥哥俩昨日商量了<u>不差甚么</u>一天，还弄了分笔砚写着，除了我们爷儿四个，连神鬼也不叫听见。（《侠女奇缘（上）》）

　　2. 何小姐先道："我来了<u>不差什么</u>两年了，从没见过老爷子象今儿个这等高兴。"（《侠女奇缘（下）》）

"不差什么"在《红楼梦》中的识读断句是正确的。如：

　　1. 今日早起听见说，房子<u>不差什么</u>就妥当了，竟是老太太，太太到姑妈那边，我也跟了去，商量商量。（表副词）

　　2. 一个是咱们姑太太的女儿，姓林，小名儿叫什么黛玉，面庞身段和三姨<u>不差什么</u>，一肚子文章，只是一身多病，这样的天，还穿夹的，出来风儿一吹就倒了。（表述宾结构）

但在《侠女奇缘》中，对"不差什么"一词的识读断句多有不妥。如：有的在该词后断句，有的在该词前断句，有的将该词孤立出来。如：

　　1. 如今老爷要到他家去，此刻正<u>不差什么</u>，是那老头子回来的时候，万一他见了，说上两句不知高低的话，奴才待不住，所以奴才在这里为难。（《侠女奇缘（上）》）

　　2. 何玉凤也捂着嘴笑个不住，说道："娘放心，我是再没人抢的了，这屋里的几位老人家<u>不差甚么</u>，八面儿我都占下了。"（《侠女奇缘（下）》）

　　3. 老爷正为这桩事，一个人为难了半天，那一肚子墨水儿<u>不差什么</u>，憋得都要漾上来了，那里还禁得起旁边儿再有人去晃荡它。（《侠女奇缘（下）》）

　　4. 老头说："没有过去哪。"那人说："给你打听了，还没过去哪。横竖<u>不差什么</u>，也就快来了。"那人说："怎么叫个仁义。"（《小五义（上）》）

从该词前断句的，如：

　　只见当门竖着一个彩画的影壁，过了影壁，一个大宽展院落，两棵大槐树，<u>不差什么</u>就遮了半个院子，也堆着点子高高矮矮、不成文理的山石；也种着几丛疏疏密密、不合点缀的竹子；又有个不当不正的六角亭子，在西南角上。（《侠女奇缘（上）》）

将该词孤立出来，更是莫名其妙。如：

　　1. 听了声都要走，便有些意思意思的舍不得，眼圈儿一红，<u>不差甚么</u>，就象安公子在悦来老店的那番光景，要撒酥儿。（《侠女奇缘（上）》）

　　2. 张老道："嗳！亲家太太，也怪不得你说这话；你们都是金枝玉叶，天子脚底下长大了的，可到那儿听这些去呢？等我说给你老公母俩听。你只要把这地弄行了，<u>不差什么</u>，你家里就有大半子不用买的东西了。"（《侠女奇缘（下）》）

3.落后还是老程师爷听不过了,说:"诸位台兄,不差甚么罢。龙媒大礼告成,也让他出去见见老翁。"众人那里肯依。张老是向这位一个揖,向那人一个揖,只是讨情。(《侠女奇缘(下)》)

综上所述,从方言的角度,利用活的方言词的词义与用法去解读古今文献相对应的词,可以收到良好的效果。编纂词典的学者掌握的方言是有限的,面对的文献用词却是无限的。因此,出现就词论词、望文生义种种失误在所难免。如果每个方言区的方言学者均能关注古文献的释文断句和字词典释义,无疑将大大减少古今文献中的失误。本文只是从晋方言的角度做出的尝试,其实有的词可能不仅限于晋方言。即使晋方言用例,也只是从目前所能见到的材料和调查所得,并非穷尽调查晋方言174个县市区材料所得,可能同一类词在晋方言有的点存在,没有举出来,尤其是山西省外的晋语。不过这不会影响我们的分析,也不会影响对古今文献的解释力。

参考文献

(1)李荣《官话方言的分区》,《方言》1985年第1期。
(2)中国社会科学院语言研究所词典编辑室编《现代汉语词典(第5版)》,北京:商务印书馆,2005年。
(3)中国社会科学院语言研究所词典编辑室编《现代汉语词典(第6版)》,北京:商务印书馆,2012年。
(4)中国社会科学院语言研究所词典编辑室编《现代汉语词典(第7版)》,北京:商务印书馆,2016年。
(5)许宝华、宫田一郎主编《汉语方言大词典》,北京:中华书局,1999年。
(6)罗竹风主编《汉语大词典》,上海:汉语大辞典出版社,1989年。
(7)三民书局大辞典编纂委员会《大辞典》,台北:三民书局,1985年。
(8)温端政、张光明编纂《忻州方言词典》,南京:江苏教育出版社,1995年。
(9)梁实秋总审定《新编名扬百科大辞典》,台北:名扬出版社,1985年。
(10)韩敬体、李玉英等《新编实用汉语词典》,北京:社会科学文献出版社,1990年。
(11)中华书局《辞海》编辑所主编《辞海(第6版)》,上海:上海辞书出版社,2009年。
(12)中国社会科学院语言研究所词典编辑室编《新华字典(第11版)》,北京:商务印书馆,2011年。
(13)李作南《蒙语对汉语的影响》,《汉语与少数民族语言》,呼和浩特:内蒙古大学出版社,1991年。
(14)张清常《漫谈汉语中的蒙语借词》,《中国语文》1978年第3期。
(15)马国凡、邢向东、马叔骏《内蒙古汉语方言志》,呼和浩特:内蒙古教育出版社,1997年。
(16)佟靖仁《呼和浩特地区满语同汉语、蒙语在词汇上的相互借用》,《汉语与少数民族语言》,呼和浩特:内蒙古大学出版社,1991年。
(17)王力《汉语语音史》,北京:中国社会科学出版社,1985年。
(18)洪迈《容斋随笔》,长春:吉林文史出版社,1994年。
(19)隋树森《全元散曲》,北京:中华书局,1981年。
(20)李崇兴、黄树先、邵则遂《元语言词典》,上海:上海教育出版社,1998年。
(21)李仁孝《蒙汉词互相借用的方式》,《汉语与少数民族语言》,呼和浩特:内蒙古大学出版社,1991年。
(22)方龄贵《古典戏曲外来语考释词典》,昆明:云南大学出版社,2001年。

(23)汪维辉编《朝鲜时代汉语教科书丛刊(全 4 册)》,北京:中华书局,2005 年。
(24)侯精一、温端政主编《山西方言调查研究报告》,太原:山西高校联合出版社,1993 年。
(25)王恭先《临晋县志》,康熙二五年(1686 年)序刊本。
(26)王炜《文水县志》,光绪九年(1883 年)重修本。
(27)周际华《辉县志》,道光乙未(1835 年)重修本。
(28)凌濛初《初刻拍案惊奇》,长春:时代文艺出版社,2002 年。
(29)西周生《醒世姻缘传》,上海:上海古籍出版社,1981 年。
(30)文康《侠女奇缘》(原名《儿女英雄传》),南宁:广西人民出版社,1981 年。
(31)吴敬梓、张琪编《施公案》,呼和浩特:内蒙古人民出版社,2007 年。
(32)常杰淼《雍正剑侠图》,北京:北京十月文艺出版社,1997 年。
(33)乔全生《晋方言语音史研究》,北京:中华书局,2006 年。
(34)王实甫《西厢记》,上海:上海古籍出版社,1980 年。
(35)兰陵笑笑生《金瓶梅》,济南:齐鲁出版社,1991 年。
(36)吴趼人《二十年目睹之怪现状》,上海:上海古籍出版社,2001 年。
(37)石玉昆《小五义》,长沙:岳麓书社,2004 年。
(38)曹雪芹《红楼梦》,北京:人民文学出版社,2008 年。
(39)邢向东《书面语中记载的"分音词"》,《语文研究》1992 年第 4 期。
(40)师玉梅《论"嵌 l 词"的起源》,《中州学刊》2007 年第 3 期。
(41)贺巍《获嘉方言研究》,北京:商务印书馆,1989 年。
(42)张惠英《蒙语词"嘎查、圐圙、胡同、敖包"的注释》,《辞书研究》2021 年第 3 期。
(43)栗治国《伊盟方言的"分音词"》,《方言》1991 年第 3 期。
(44)梁春胜《〈汉语大字典〉第二版疑难字例释》,《北斗语言学刊》第六辑,江苏:凤凰出版社,2020 年 6 月。

(刘雨荷、乔全生:山西大学语言科学研究所,030006,山西太原)

历代字书数据库属性提取的方法、难点及对策[*]

刘丽群　张一雄

提要： 历代字书数据库是基于历代字书图文数据生成的包含字头形体及释义、释音、释形、字际关系等属性信息的大型数据库。字书属性的提取和整理是建库工作中至关重要的一环，本文阐述了历代字书数据库建设中属性提取工作的基本原则与一般方法，并就计算机辅助下批量提取复杂释音属性、字际关系属性以及多重文与多音义对应等难点问题提出了解决方案。

关键词： 历代字书　数据库　属性提取

一　引　言

中国字书[1]的编纂与研究源远流长，成果丰硕，在中华文明传承和知识传播中发挥了不可替代的作用。历代字书汇集了数以万计的汉语字词，并依据一定体例逐字释义、注音、析形、辨用，贮存了丰富的汉字属性信息，因此历代字书是全面整理汉字以及汉语言文字学研究中不可或缺的重要资源。

在人类步入信息化社会的今天，语言文字研究的手段发生了革命性变化，语言文字资源库的建设已成为语言文字信息化最重要的基础性工作[2]，历代字书数据库的建设就是其中的重要组成部分。历代字书数据库是以汉字整理和语言文字学研究为目标，在获取大规模古今字书图文数据的基础上，汇集历代字书中经过整理的字头形体及释义、释音、释形、沟通字际关系等属性信息的结构化数据库，利用该数据库可以开展对历

---

[*]　基金项目：国家语委"十三五"科研规划年度一般项目"古今字书数据库属性标注研究"（批准号：YB135－43）和国家新闻出版重大科技工程项目"中华字库"工程版刻楷体字书文字整理项目（批准号：0610－1041BJNF2328/11）阶段性成果。

[1]　本文中的"字书"采用广义概念，指依据一定方式排列字头，并对字头的意义、读音、形体结构、字际关系等进行解释的专门著作，既包括古代的文字类、音韵类和训诂类专书，也包括现代的字、词典。

[2]　李国英《〈字书字料库的理论、实践与应用〉序》，载柳建钰《字书字料库的理论、实践与应用》，第1页，中华书局，2021年。

代字书中的汉字形体及其各种属性进行分类、统计、检索、类聚、比较等研究工作。

历代字书数据库的构建是一项系统工程,具体包括对历代字书资源进行搜集整理、图像获取、文本采集加工、属性测查、数据库设计、属性提取和数据汇总入库等多个环节。其中,字书属性的提取和整理是建库过程中至关重要的一环,由于字书属性的复杂性和专业性,需要专业学者的参与度更高。本文将就历代字书数据库建设中属性提取工作的基本原则、一般方法、操作难点及解决策略等问题进行讨论,以就正方家。

二 字书属性提取的基本原则与一般方法

(一)字书属性提取的基本原则

为了更好地服务于汉字整理和汉语言文字学研究工作,历代字书数据库属性的提取,既要遵循语言文字学的基本原理,也要根据字书自身体例和数字化采集加工的实际情况,以保真性、统一性和重要性为字书属性提取的基本原则。

1.保真性原则

历代字书数据库中的"属性",是指字书自带的原始属性。历代字书中对汉语字词的形、音、义、用进行解释的属性信息,是历代学者智慧与学养的结晶,具有重要的学术研究价值。

在提取属性的工作中,应依据字书体例和版本实际保证材料的真实性和充分性,尽可能客观呈现古今字书对汉语字词进行释义、释音、释形、沟通字际关系、考证注释的真实内容。这样,基于历代字书数据库的语言文字学研究才会具有更高的科学性和可靠性。

2.统一性原则

历代字书包含了古代的文字类、音韵类、训诂类和现代字词典等不同类型,各类字书体例不一,所涉属性的类别、层次、数量也不尽相同。而历代字书数据库的设计要求字段设置应是明确且有限的,所以应处理好数据库字段的共性与字书属性的个性之间的关系。因此,字书属性的提取工作,也要兼顾字书数据库的统一性和兼容性。

通过对573种[3]历代字书的体例和属性进行测查,我们抽绎出了归部、释义、释音、释形、沟通字际关系、考证注释等六个主要的属性类别。面对字书中纷繁复杂的内

---

[3] 北京师范大学"中华字库"工程版刻楷体字书文字整理项目组整理并修订的《版刻楷体字书文献资源目录》(2012年)收录了573种字书的788个版本。

容,在提取字书属性时应尽量向核心属性靠拢,使各部字书属性提取成果与数据库的结构保持基本一致,以便类聚同类属性信息和数据汇总入库。

3.重要性原则

历代字书层出不穷,而不同字书的学术价值和学史地位有所差异,各种字书中各类属性的提取难度也存在区别。在历代字书属性信息的提取过程中,我们遵循重要字书、重要属性优先的原则,兼顾学术价值、时间效率及操作难度,分批分级地展开工作。

首先,优先对具有重要学术价值的字书进行属性提取。如黄侃所列小学十种根柢书[4]——《尔雅》《小尔雅》《方言》《说文》《释名》《广雅》《玉篇》《广韵》《集韵》《类篇》等重要字书的属性应提尽提。其次,在属性提取的颗粒度方面,对于具有重要研究价值的释音、释义、字际关系等字词属性,在提取时应尽量精细。

(二)字书属性提取的一般方法

由于历代字书种类多样,内容复杂,因此字书属性的提取工作目前尚不能通过设定计算机程序自动完成。不过,我们可以在字书文本采集加工和属性全面测查两项工作的基础上,探索计算机辅助下字书属性批量提取的方法。字书全文本采集成果以专书为单位导出 Excel 工作表,表中以字头 ID、字头[5]、分部信息、字条[6]、位置信息等内容分列,以字头为单位分行,字书的各种属性即从字条文本中提取。通过对历代字书属性情况的全面测查和分析,我们发现字书的释义、释音、释形及沟通字际关系等属性信息一般具有某种形式特征或用语标记,这为我们在计算机辅助下半自动提取字书属性提供了可能。

在属性提取前,需要完成两项准备工作:一是再次确认某部具体字书的体例和属性情况,分析该书中可供提取的属性项及属性项的形式或用语标记;二是对工作表中的字书文本数据进行预处理,删去无字头行,增加序号列,复制"字条"列并新增"工作字条"列[7]供属性提取使用。在此基础上,即可利用 Excel 工作表中的筛选、分列、排序、函数等功能,对具有明确形式或用语标记的属性信息进行直接的批量提取;对于形式或用语标记不明确或不定量的属性信息,也可以采用间接提取的策略,先提取其它属性项,再使用函数功能保留需要的属性项。

---

[4] 黄侃《黄侃国学讲义录·文字学笔记》,第43页,中华书局,2006年。
[5] "字头"指字书中作为训释对象的字。
[6] "字条"指在字书中,从一个(组)字头开始,到对该(组)字头的训释全部结束的部分。
[7] 将原"字条"列改名为"原始字条"列,以保留原始字条数据;将复制后新插入的"字条"列改名为"工作字条"列,以供属性提取工作使用,提取部分属性后可更名为"剩余字条"。

下面以《大广益会玉篇》为例，简述提取释音、释义属性的一般方法。

1. 释音属性提取的一般方法

释音是指对字头读音的说明，是历代字书普遍包含的内容。通过释音信息，不仅可以识读文献中的生僻字，考察语音的历史演变，还可借以研究字词的音义关系。因此，字书中的释音属性具有重要的研究价值。释音属性一般具有明确的用语标记和位置特点，所以可以利用反切、直音、譬况等注音方式的用语批量提取释音属性，使同类的释音信息得以汇聚。

如《大广益会玉篇》中的释音属性以反切为主，通常位于字条的起始位置，以"××切"为术语标记。那么《大广益会玉篇》中以反切释音的内容可按以下步骤进行提取：

（1）对"工作字条"列进行自定义的文本筛选。筛选开头是"？？切"的单元格，并将筛选结果单元格填充为亮色，后退出筛选模式。

（2）对全表重新排序。排序条件为："工作字条"列的亮色单元格在顶端。即可将所有含反切的字条类聚在全表前段。

	A	B	C	D	E	F
1	序号	字头	原始字条	工作字条	结束文件名	字头位置
2	3	天	他前切說文曰天顛也至高無上从一大爾雅曰春爲蒼天夏爲昊天秋爲旻天冬爲上天詩	他前切說文曰天顛也至高無上从一大爾雅曰春爲蒼天夏爲昊天秋爲旻天冬爲上天詩	ZHZS0017	3628,101
3	7	丕	普丕切虞曰	普丕切虞書曰嘉乃丕績孔安國曰丕大也或作丕	ZHZS0017	1878,104
4	8	吏	力致切說文	力致切說文曰治人者也夏書曰天吏逸德烈于猛火周禮八則三曰廢置以馭其吏名氏傳	ZHZS0017	1878,300
5	10	上	市讓切說文云	市讓切說文云高也又居也易曰本乎天者親上虞書曰正月上日孔安國曰上日朔日也老	ZHZS0017	1116,251
6	12	帝	丁計切說文云	丁計切說文云諦也王天下之號也爾雅曰君也白虎通旦德合天者稱帝商書云惟皇上帝	ZHZS0017	602,1010
7	14	旁	步郎切旁猶側	步郎切旁猶側也邊也非一方也說文作旁溥也	ZHZS0017	85,2447,3
8	19	示	時至切神示又	時至切神示又天垂象見吉凶所以示人易日天乾確然示人易矣夫坤隤然示人簡矣示者	ZHZS0017	5094,258
9	21	神	市人切神祇誠	市人切神祇說文曰天神引出萬物者也夏書曰乃聖乃神孔安國曰神聖無所不通神妙無方	ZHZS0017	4828,257
10	22	祇	巨支切地之神	巨支切地之神也易曰無祇悔韓康伯云祇大也周禮亦作示	ZHZS0017	4310,183
11	26	祂	必利切說文云	必利切說文云以豚祠司命也	ZHZS0017	4075,465
12	27	柴	仕佳切說文云	仕佳切說文云燒柴樊燎也祭天神亦作柴爾雅曰祭天曰燔柴	ZHZS0017	3782,178
13	29	祖	子古切父之父	子古切父之父也道祭也始也	ZHZS0017	3814,468
14	30	祇	諸時切敬也俗	諸時切敬也俗作祗	ZHZS0017	3522,176
15	31	祀	徐里切周書八	徐里切周書八政三曰祀爾雅云祭又年也	ZHZS0017	3522,259
16	33	祠	似司切公羊傳	似司切公羊傳云春祠曰祠同猶食也	ZHZS0017	3540,463
17	34	祐	殊亦切廟主石	殊亦切廟主石室也	ZHZS0017	3261,180
18	37	祜	胡古切詩乙	胡古切詩乙受天之祜箋云祜福也	ZHZS0017	3295,464
19	39	祭	子滯切薦也祭	子滯切薦也祭祀也又側界切周大夫邑名	ZHZS0017	3013,258
20	41	禧	許其切福也	許其切福也	ZHZS0017	2649,994
21	42	禘	徒計切大祭	徒計切大祭也諦也	ZHZS0017	2659,178
22	43	祐	于救切助也	于救切助也易曰自天祐之吉無不利或作佑	ZHZS0017	2645,259
23	45	禛	之仁切以真受	之仁切以真受福也	ZHZS0017	2396,983
24	46	祉	刃理切福也	刃理切福也	ZHZS0017	2390,167
25	47	禷	力季切祭也	力季切祭也爾雅曰是禷是禡師祭也或作禷	ZHZS0017	2392,256
26	48	禔	之移切福也安	之移切福也安也又音題	ZHZS0017	2406,417
27	49	禰	息離切福也	息離切福也	ZHZS0017	2138,100
28	52	祥	似半切妖怪也	似半切妖怪也又福也善也	ZHZS0017	2163,418

图 1 反切的筛选结果

（3）利用分列或函数功能将反切提取出来。具体方式有三：

方式一：分列法。选中工作字条列（D列）中标亮色的单元格，在分列对话框中选择按固定宽度分列，固定宽度选择 6 个字符（一则反切含 3 个汉字），可将反切与其余属性分开；

图 2　利用分列功能提取释音属性

方式二：LEFT 函数法，适用于目标属性处于字条起始位置且字符数确定的情况。在提取反切的目标列（E 列）填充函数 E2＝LEFT(D2,3)；

方式三：MID 和 FIND 复合函数法[8]，适用于目标属性有明确形式标记且字符数确定的各种情况。在 E 列填充函数 E2＝MID(D2,FIND("切",D2)−2,3)。

提取结果如图 3 所示：

2. 释义属性提取的一般方法

释义是对字头意义的解释。在历代字书中，释义也包括引用前人说解的书证和援引前代文献用例的例证。从形式上看，释义内容通常以判断句进行表述，或用"曰""为""谓"等用语说明。我们可以根据各书体例和释义属性的形式特征，制定相应的提取方案。

---

〔8〕 MID 函数表示从一个字符串中截取出指定数量的字符；FIND 函数表示查找单元格中某字符从左边数第一次出现的位置。

	A	B	C	D	E
1	序号	字头	原始字条	释音-反切	剩余字条
2	3	天	他前切説文曰	他前切	説文曰天顛也至高無上从一大爾雅E
3	7	丕	普丕切虞書曰	普丕切	虞書曰嘉乃丕績孔安國曰丕大也或作
4	8	吏	力致切説文曰	力致切	説文曰治人者也夏書曰天吏逸德烈于
5	10	上	市讓切説文云	市讓切	説文云高也又居也易曰本乎天者親上
6	12	帝	丁計切説文云	丁計切	説文云諦也王天下之號也爾雅曰君也
7	14	旁	步郎切旁猶側	步郎切	旁猶側也邊也非一方也説文作旁溥也
8	19	示	時至切説文云	時至切	説文云天垂象見吉凶所以示人易曰天
9	21	神	市人切神祇説	市人切	神祇説文曰天神引出萬物者也夏書E
10	22	祇	巨支切地之神	巨支切	地之神也易曰無祇悔韓康伯云祇大也
11	26	祠	必利切説文云	必利切	説文云以豚祠司命也
12	27	柴	仕佳切説文云	仕佳切	説文云燒柴樊燎以祭天神亦作柴爾雅
13	29	祖	子古切父之父	子古切	父之父也道祭也始也
14	30	祇	諸時切敬也俗	諸時切	敬也俗作祇
15	31	祀	徐里切周書八	徐里切	周書八政三曰祀爾雅云祭也又年也
16	33	祠	似司切公羊傳	似司切	公羊傳云春祭曰祠同猶食也
17	34	祐	殊亦切廟主石	殊亦切	廟主石室也

图 3 释音属性（反切）的提取结果示例

《大广益会玉篇》的释义在字书中具有一定代表性。该书的释义内容一般位于反切之后、字际关系之前，一般以"也"或"名"作为结尾标记。虽然其形式标记较为明确，但一个字条中常常包含了数个训释或书证，即释义内容中可能存在多个"也"字；且因其后的字际关系用语比较复杂，通过剥离释音和字际关系等属性来间接提取释义信息会有一定难度。因此，我们认为可以利用函数功能进行直接提取。

设提取反切后的剩余字条所在列为 D 列，提取"释义"属性的目标列为 F 列，则根据不同情况和需要在目标单元格中输入相应的提取公式。

表 1 以"也"为结束标记释义项的提取策略

释义项	形式标记	提取公式
单个训释	剩余字条中只在句尾有一个"也"。	F2＝MID(D2,1,FIND("也",D2))
多个训释或书证	剩余字条中包含多个以"也"为结尾的训释或书证。	F2＝LEFT(D2,FIND("@",SUBSTITUTE(D2,"也","@",LEN(D2)－LEN(SUBSTITUTE(D2,"也",""))))) [9]

---

〔9〕 使用这一复合函数公式可一次性提取剩余字条中的首字到最后一个"也"为止的字段。其中，LEFT 函数表示将某单元格内文本中从左至右的若干个字符截取出来；LEN 函数表示求单元格内文本的字符数；SUBSTITUTE 函数表示在某一文本字符串中替换指定的文本。LEN(D2)－LEN(SUBSTITUTE(D2,"也",""))可求出 D2 中"也"出现的次数；SUBSTITUTE(D2,"也","@",LEN(D2)－LEN(SUBSTITUTE(D2,"也","")))可用符号"@"替换掉D2中最后一个"也"；FIND("@",

运用提取公式得到F2的释义结果后，便可进行整列填充，以"也"字结尾的释义字段将被批量提取至F列。如果剩余字条中的释义内容不含"也"，则相应单元格被标注"＃VALUE!"，可用替换功能清除F列中的"＃VALUE!"标记后另行处理。这样，可以将字书中大量以"也"结尾的释义内容批量地提取出来。释义属性提取结束后，应对提取结果进行校正和整理。

《大广益会玉篇》的释义属性提取结果如下图所示：

	A	B	C	D	E	F	G
1	字头	工作字条	释音1	释义1	字际关系	释音2	释义2
2	丕	普丕切虞書曰嘉乃丕績孔安國曰	普丕切	虞書曰嘉乃丕績孔安國曰丕大也	或作伾		
3	祕	悲冀切說文云神也廣雅曰勞也密	悲冀切	說文云神也廣雅曰勞也密也藏也			
4	祉	刃理切福也	刃理切	福也			
5	祈	巨衣切禱也報也告也	巨衣切	禱也報也告也			
6	祼	古換切祼鬯告神也	古換切	祼鬯告神也			
7	䄂	除霤切祝䄂也又力救切	除霤切	祝䄂也		又力救切	
8	禪	市戰切祭名又市然切靜也	市戰切	祭名		又市然切	靜也
9	祮	胡括切說文云祀也又法也	胡括切	說文云祀也又法也			
10	禱	丁老切請也謝也求福也	丁老切	請也謝也求福也			
11	禭	詞類切祭名	詞類切	祭名			
12	亟	居力切急也疾也又丘致切數也	居力切	急也疾也		又丘致切	數也
13	皇	胡光切大也王也爾雅云君也論語	胡光切	大也王也爾雅云君也論語曰皇皇后帝注謂大天帝也儀禮賓入門皇自莊盛也			
14	瓕	弭規切玉名	弭規切	玉名			
15	琳	力金切玉名	力金切	玉名			
16	璐	力故切美玉也	力故切	美玉也			
17	珮	步輩切玉佩也亦作佩或从至	步輩切	玉佩也	亦作佩或从至		
18	璬	公了切玉佩也	公了切	玉佩也			
19	球	思聿切玉名一云珂球與珹同	思聿切	玉名一云珂球	與珹同		
20	珣	思旬切玉屬也	思旬切	玉屬也			
21	理	力紀切治玉也正也事也道也從也	力紀切	治玉也正也事也道也從也治獄官也			
22	琿	戶昆切玉名	戶昆切	玉名			
23	珷	亡甫切石似玉也與碔同	亡甫切	石似玉也	與碔同		

图4 释义属性的提取结果示例

三 字书属性提取的难点及对策

历代字书中还存在大量的属性内容比较复杂或无明确形式标志的情况，需要由专业人员针对各书属性提取的难点问题进行具体分析，并制定相应的提取策略。下面就字书属性提取实践中遇到的三个有代表性的难点问题进行讨论。

（一）复杂释音属性项的提取策略

历代字书中贮存了丰富的语音信息，对于音韵学的研究具有重要价值。而释音信息常常形式多样、音项歧出、术语繁杂[10]，要合理、有序且高效地提取释音属性具有一定难度。这里以《重刊详校篇海》为例，阐述音项及用语均较为复杂的释音属性的提取

（接上页）SUBSTITUTE(D2,"也","@",LEN(D2)-LEN(SUBSTITUTE(D2,"也",""))))可以查找到最后一个"也"在整个字符串中出现的位置。当然，也可采用多次筛选、重复利用MID和FIND函数的方法提取字条中含多个以"也"结尾的训释内容。

〔10〕 字书中的释音信息除了通常使用的反切、直音、譬况等多种注音方式外，还收录了一个字头的多个音项，并涉及声（五音、清浊）、韵（韵目、韵摄、韵部）、调（四声）、四等、开合等语音属性。

策略。

《重刊详校篇海》在《四声篇海》基础上改编而成,收录了3.9万多个字头并逐个注音、释义。其中,大约三分之一的字头都注有多项释音信息,保存了丰富的又音材料。如:

(1)《弓部》:弦,<u>匣浊户萌切</u>,音宏,亦作彉,弸彋,开张也。又弓声。<u>又乌宏切,声同翁</u>,亦弓声。[11]

(2)《口部》:哄,<u>匣浊胡孔切</u>,旧音汞,读如去声。鸣声||。

(3)《句部》:句,居御切,音据,言语章句。又止也。又上音举,方也,与矩同。又群浊求于切,音渠,亦方也。《庄子》:"履句履者知地形。"又《周礼》:"黄繶,青|。"与绚同。又须|,地名,国名。又居侯切,音钩,曲也,俗作勾。又"|芒春神"。又去音构,|当。又音拘,执也。

由于《重刊详校篇海》释音信息层次多且用语复杂,因此需要在详细分析该书的释音体例后制定提取策略。经过分析,该书释音的基本体例是:主要采用反切、直音、譬况三种注音方式,间或注明四声和全浊声母;每个字头的各音项通常首列反切,或独用一种方式注音,或兼用几种方式注音;各音项之间以"又"字相隔,又音项更注重区别声调并收录《集韵》又音。可见下表:

表2 《重刊详校篇海》的释音体例

音项	注音方式	主要形式及用语
首音项	反切	①XX切;②X浊XX切[12];
	直音	①音X;②音X平(上/去/入)声;③旧音X;
	譬况	①声同X;②读如X;③读如X去(上)声。
又音项	反切	①又XX切;②又X浊XX切;③又平(上/去/入)XX切;④旧又XX切;⑤旧本XX切;⑥集韵XX切;
	直音	①又音X;②又平(上/去/入)声音X;③旧又音X;④旧本音X;⑤集韵又音X;
	譬况	①又声同X;②(又)读如X;③又读为X;④(又)读如X平(上/去/入)声

根据《重刊详校篇海》的释音特点,我们利用Excel工作表的筛选、排序、分列及函数等功能进行逐层筛选和切分。提取流程是:

---

[11] 为了方便阅读,本文(含例证)一般使用通行简化字,若强调字头构意则使用繁体字。字书工作表截图中的文字则与原字书字形保持一致。

[12] "X浊"表示字头为某全浊声母,"X"代表的十个浊声母为:並、奉、定、澄、从、邪、床、禅、群、匣。

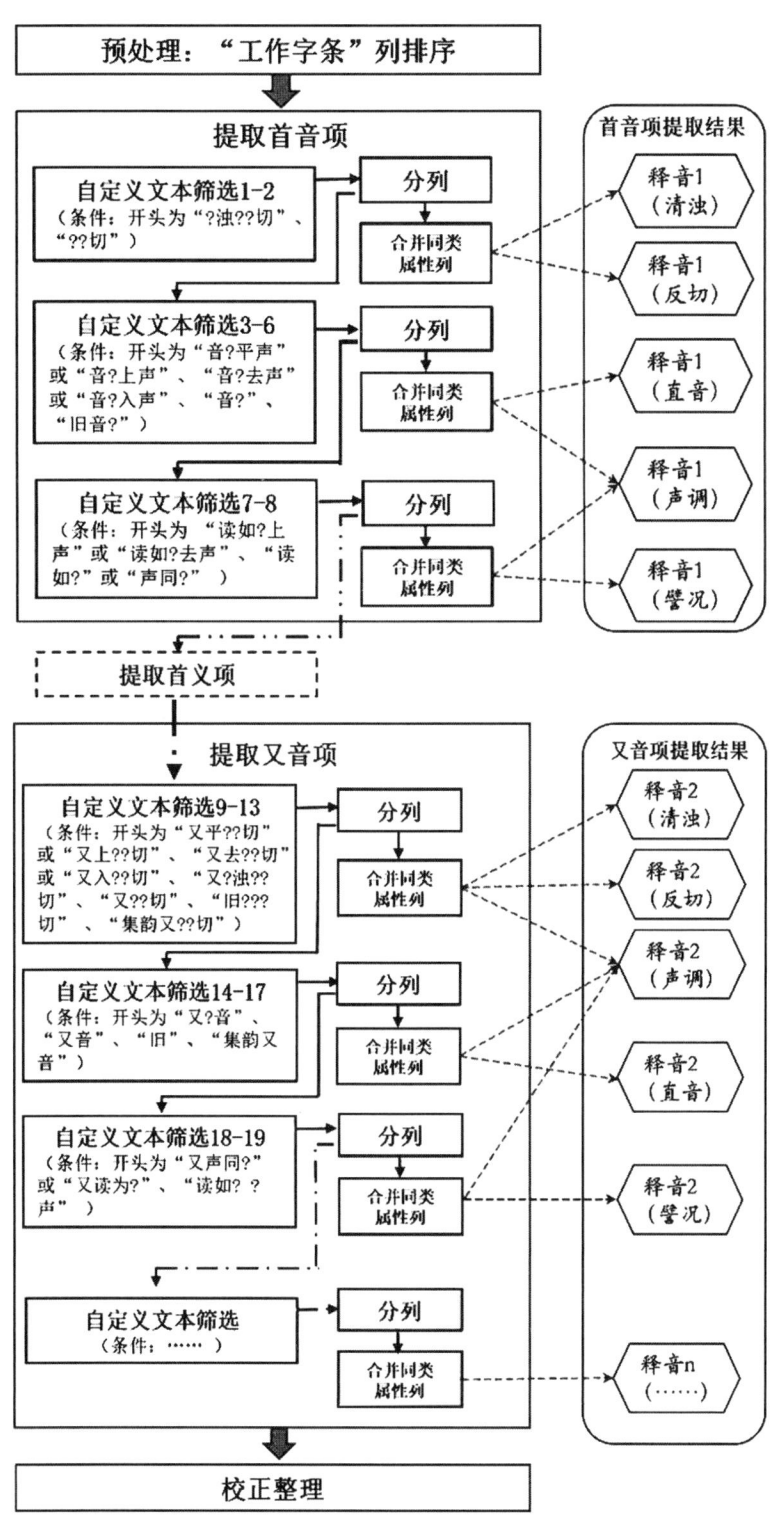

图 5 《重刊详校篇海》释音属性提取流程

如图所示，首先对《重刊详校篇海》文本数据工作表进行预处理，将“工作字条”列按“单元格值”进行降序排列（汉字默认音序），使非空单元格在前且首字相同的字条进行类聚。由于反切是该书首音项首选的注音方式，因此在提取首音项时，先用前文所述的一般方法提取反切，并把开头是“X浊”的内容单独分列，提取全浊声母信息；然后在剩余字条中依次以开头是“音？平声”或“音？上声”“音？去声”或“音？入声”“音？”“旧音？”“读如？”或“声同？”等为条件执行筛选及分列操作，并将同类属性列（如同一音项下的声调）用函数功能进行合并，即可将直音、譬况等释音属性依次提取出来，即得到首音项的清浊、反切、直音、声调和譬况等5项（列）属性结果。在完成首音项和首义项的提取后，可将工作表“剩余字条”列再次排序，根据又音项的用语标记和出现顺序依次进行自定义文本筛选、分列和同类属性列的合并，可得到又音项的提取结果。最后，需对全表进行校验和整理，并按序号升序排列，即可得到与该书字头顺序相同的释音属性数据。

该书释音属性的提取成果见下图：

	A	B	C	D	E	F	G	H	I	J	K	L	M	N	O	P	Q	R	S	T	U	V	W
1	字头	原始字条	部首	释音1（声母）	释音1（反切）	释音1（直音）	释音1（譬况）	释音1（声调）	释音2（声母）	释音2（反切）	释音2（直音）	释音2（譬况）	释音2（声调）	释音3（声母）	释音3（反切）	释音3（直音）	释音3（譬况）	释音3（声调）	释音4（声母）	释音4（反切）	释音4（直音）	释音4（譬况）	释音4（声调）
2	嚾	從濁才達切	口部	從濁	才達切	音[illegible]				魚列切	音臬				語堰切		声同彥			五割切		聲同遏	
3	鏃	子六切聲同	金部		子六切		聲同足			千木切		聲同促											
4	觡	澄濁杖几切	角部	澄濁	杖几切		讀如治			直駭切		讀如豸											
5	[illegible]	奴同切音[illegible]	巾部		奴同切	音[illegible]				奴昆切		聲同嫩	平		如刀切	音猱							
6	谾	居郎切音[illegible]	谷部		居郎切	音[illegible]			匣濁	胡公切	集韻音江												
7	訦	式荏切音沈	言部		式荏切	音沈			禪濁	時丁切	舊音神				食枕切		讀如甚	上					
8	[illegible]	都含切音耽	見部		都含切	音耽			定濁	徒含切	音譚				徒感切		讀如但	上					
9	靸	悉合切聲同	革部		悉合切		聲同撒			先立切		聲同惜											
10	鞥	於合切音諳	革部		於合切	音諳		入聲		烏含切	音諳		平										
11	咶	火栝切舊音	口部		火栝切	舊音壞			禪濁	上紙切		讀如侍		匣濁	胡化切	音話				下刮切	音滑		
12	啐	魚列切舊音	口部		魚列切	舊音業			從濁	才達切		聲同雜											
13	噣	戢救切音呪	口部		戢救切	音呪				之六切	音竹				側角切	音卓			定濁	徒谷切	音獨		
14	鈄	他口切音偷	金部		他口切	音偷		上聲	定濁	徒口切		讀如豆											
15	共	羣濁渠用切	共部	羣濁	渠用切	音窮		去聲		居中切	音弓					音拱		上			音供		去
16	歁	虛嚴切音杴	欠部		虛嚴切	音杴				火含切	音[illegible]				呼覽切	音喊		上		許鑑切		聲同陷	
17	魄	普伯切音拍	鬼部		普伯切	音拍				匹各切	音朴				他各切	音託			並濁	弼角切	音薄		
18	詔	音照上命又	言部			音照					音招		平	禪濁	時招切	音韶				市沼切		讀如邵	上

图6 《重刊详校篇海》释音属性提取成果示例

（二）复杂字际关系属性项的提取策略

汉字在创制、传承和使用过程中形成了纷繁复杂的字际关系，经历代学者辨别、沟通后贮存在字书中，成为当代汉字整理工作的重要参考。因此，字际关系属性的提取也是字书属性提取的重要内容。

字书中对字际关系的沟通包括异体关系、传承关系、分化关系、通假关系等类型。虽然这些字际关系往往通过一定的用语来体现，但是由于历代字书中所涉及的字际关系种类众多，而且用语繁杂、形式多样、名实不一，缺乏确定性和规范性，因此字际关系属性的批量提取难度较大。

以《新刊韵略》为例。《新刊韵略》是金代王文郁以《广韵》为基础、以106韵为框架编纂的一部韵书,后修订为《平水韵》,是元明清时期科举考试和诗歌创作的标准韵书。《新刊韵略》基本的说解体例是:先释义,次沟通字际关系,再反切释音(小韵首字),后附词藻用例,或注明又音。根据我们的测查,该书对字际关系的沟通主要包括三种方式:(1)在字条的释义之后,以"或作X""亦作X""俗作X"等形式直接关联与正字字头具有某种关系的文献用字;(2)在重文字头下通过"上同""同上""并上同""亦上同"等用语与正字字条相关联;(3)在重文字头下标注"古文""籀文"或"俗"等说明重文的字形类别。如下表所示:

表3 《新刊韵略》字际关系的沟通方式

序号	字际关系用语	用语类型	所释字头	示例
(1)	亦作X;俗作X;或作X;本作X;通作X;古作X……	关联型	正字	宜 本作宐,所安也。俗作宜,鱼羁切。…… 渾 渾沸,泉水出皃。亦作鸒,见《诗》。俗作㴐。
(2)	上同;同上;并上同;亦上同;说文同上……	关联型	重文	瞋 怒皃,张目也,昌真切。嗔 上同,本又音填。 煖 火气,亦上同,又音喧。
(3)	古文;籀文;俗……	类别型	重文	驱 驱驰也,…… 敺 古文。 愆 过也,去乾切。僁 愆。䇤 籀文。

根据《新刊韵略》对字际关系进行沟通的不同方式,我们采取了相应的属性提取策略:对于第(1)种使用关联型用语沟通正字字头与文献用字关系的情况,可利用该书常见的字际关系用语(如"亦作?""俗作?""或作?")依次进行筛选提取。对于(2)(3)这两种在重文字头下沟通字际关系的情况,由于字书工作表是以单个字头为单位分行的,每个重文字头亦占据一行,如果仅将"上同""同上""古文""籀文""俗"等用语作为字际关系提取出来,将导致数据库中的重文字头失联,不利于异体字的全面整理。因此,在提取重文字头的字际关系属性时,需要增加"关系字"一列来填充相应的正字字头,保证重文字头与正字字头能有效关联。因此,重文关系字的提取是该书字际关系属性提取的重点和难点。

我们在提取《新刊韵略》字际关系属性时,先提取重文下的字际关系属性,后提取正字下的字际关系属性。操作流程是:

重文字头下的字际关系用语所涉及的关系字,一般是重文字头的上一个字头,因此需要在字头序号升序排列的状态下,对于每一个重文字际关系属性项不为空的字头,在"关系字"一列中填充上一行的字头。设字头列为B,重文的类别型字际关系属性列为H列,关联型字际关系属性列为J列,则在K列从K2单元格起填充函数,公式为K2=IF(H2<>"",B1,"");在L列从L2单元格起填充函数,公式为L2=IF(J2<>"",

B1,""）。然后将 L 列数据合并至 K 列，便可将对应正字字头填入各重文关系字的位置。经过数据的校验和整理，可得到《新刊韵略》的属性提取成果。如下图所示：

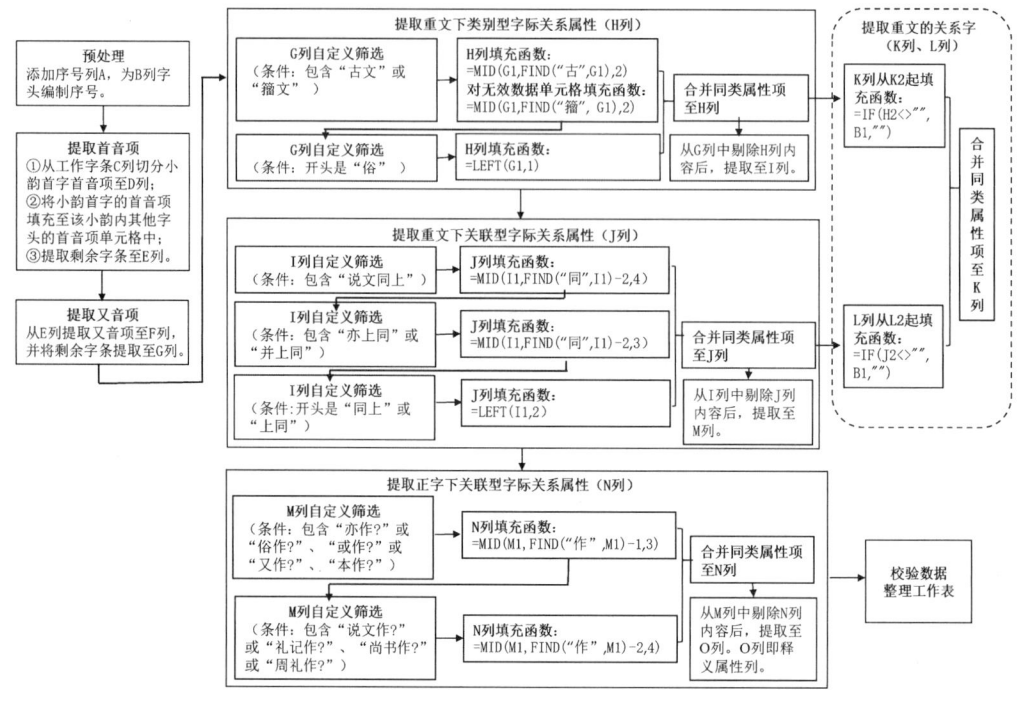

图 7 《新刊韵略》字际关系属性提取流程

图 8 《新刊韵略》字际关系属性提取成果示例

（三）多重文与多音义对应属性的提取策略

汉字在记录汉语的悠久历史中产生了大量的多音多义字，这些汉字的音义信息被不同时期的字书保存下来，成为汉字整理和汉语研究的重要资源。不过，字书中多音多义字的音义关系已然盘根错节，如果多音多义字还具有多个书写形式（重文）时，那么形、音、义之间的对应关系就更加错综复杂。为了在历代字书数据库中准确呈现属性信息,就需要解决字头的多重文与多音义属性项的提取及对应问题。

以《类篇》为例。《类篇》是宋人编纂的一部收字完备的大型字书,收字上它参照《集韵》而更加严谨,释义上继承了《玉篇》"随音释义"的传统。根据我们的测查,在《类篇》约 2.58 万个字条(含 3.08 万个字头)中,涉及重音(即又音)的字条约 1.1 万个(占总量 43%),带有重文的字条约 0.36 万个,兼有重文和重音的字条逾 0.2 万个。其基本说解体例为:以楷字(单字或字组)为字头,先释音,次释义,后沟通字际关系。若字头有重文且有多个重音,一般先以反切注明首音项,接下来如有共同重音则以"又并"注明,后按字头顺序依次为单字注明重音;每个音项后直接释义或引前代书证。字条末以"文 X 重音 X"小结该字条中的字头数目和除首音项外的重音数目。例如:

《类篇·言部》:"誩䜩,於五切,《说文》'相毁也',一曰畏。或从恶。又并乌故切,耻也,憎也。又并遏鄂切,誩也。誩又乙格切,《说文》'笑也'。又丘驾切,誩讶,言不正。文二重音四。"

实际上,书中对多重文字头的音义说解常常更加复杂。我们试将《类篇》的说解体例概括为下图:

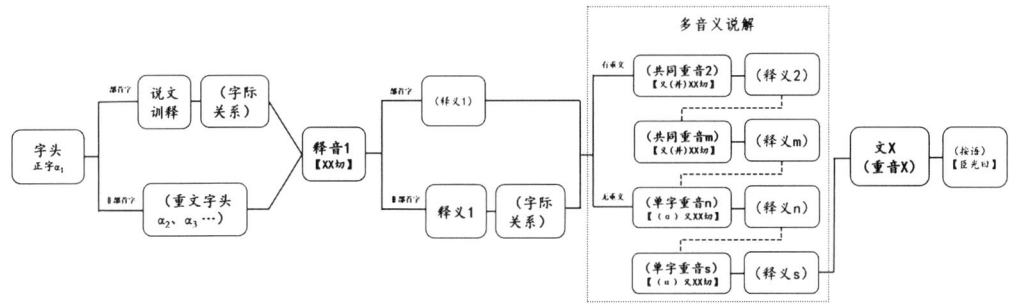

图 9 《类篇》说解体例示意图[13]

针对《类篇》的体例特点,我们对该书属性提取的总体思路是:首先,通过提取字条末尾的"文 X"和"文 X 重音 X",将数据表按字条的字头数量和重音数量进行排列;接下来采用常规方法先后提取无重音字条(约占总量的 57%)和无重文有重音字条(约占总量的 35%)的释音、释义和字际关系属性;最后处理提取难度较大的兼有重文和重音的字条(约占总量的 8%)属性。在 2000 余个兼有重文和重音的字条中,"文二重音 X"的情况又占到了 80% 以上,因此这里主要解决 Excel 表中批量处理多个重音与两个字头的对应问题,其他多字头多重音的字条因数量较少可通过人工手动提取属性。

---

[13] 图中的括号"()"表示其内容具有或然性;"【】"表示该属性项的形式标记。

"文二重音 X"字条属性提取的基本策略是：通过筛选将《类篇》中"文二重音 X"的字条进行类聚，按照由总到分的原则逐层提取。即先提取字条首音项，然后将剩余字条切分为三部分：(1)与首音项对应的释义和字际关系项（E 列）；(2)单字重音释义项（G 列）；(3)两字共同重音释义项（H 列）。然后按照属性提取的一般方法，进一步分离各自内部的释音、释义及字际关系内容。由于单字重音释义项在整个字条的后半部分，以单字的"α(字头)又 XX 切"为标志可切分出从单字重音到字条结束的字段，从而间接提取出共同重音释义项，因此，我们先取单字重音项，再取共同重音项。在这个提取过程中，难点是将单字重音释义项与共同重音释义项相分离并与字头相对应的操作，需要根据两个字头是否有单字重音的情况进行分类讨论。

设同一字条的两字头为 $α_1$、$α_2$，切分首音义项后的剩余字条所在列为 F，两字头剩余字条单元格内容相同（F1＝F2）。[14] 那么，单字重音的不同情况就决定了提取共同重音释义项时要采取相应的策略。如下表所示：

表 4　与单字重音情况相应的共有属性项提取策略

是否有单字重音		单字重音释义项（G 列）的情况[15]	G1〈〉"",G2〈〉""	共同重音释义项（H 列）提取策略
$α_1$	√	G2 为"$α_2$ 又 XX 切"到字条末尾的字段；G1 需进行替换操作。	G1〈〉"",G2〈〉""	H1＝H2＝SUBSTITUTE(F1,G1,"")
$α_2$	√			
$α_1$	√	G1、G2 均为"α 又 XX 切"到字条末尾的字段。	G1〈〉"",G2＝""	H1＝H2＝SUBSTITUTE(F1,G1,"")
$α_2$	×			
$α_1$	×		G1＝"",G2〈〉""	H1＝H2＝SUBSTITUTE(F2,G2,"")
$α_2$	√			
$α_1$	×		G1＝"",G2＝""	H1＝H2＝SUBSTITUTE(F1,G1,"")＝SUBSTITUTE(F2,G2,"")
$α_2$	×			

因此，共同重音释义项的提取需根据单字重音的不同情况，利用条件函数 IF 构建表达式，才能将共同重音项内容准确提取到相应单元格中。之后，还需将初步提取的单字重音释义列中的冗余内容（可能掺杂的其他单字属性字段）用函数予以剔除。操作流程如下：

需要注意的是，在提取过程中，需及时修正已完成属性列的命名，使同一层次的释音、释义等属性内容相互对应。提取工作完成后，应对数据表进行全面的检验校正，保证属性数据准确有效。《类篇》属性提取结果如下图所示：

---

[14]　工作表中，若单字条内含多个字头，则每个字头占一行，字条内容相同。提取出共同的首音义项后，剩余字条内容亦相同。

[15]　在 Excel 工作表的函数表达中，判断符"〈〉"表示内容非空，"＝"表示内容为空。

历代字书数据库属性提取的方法、难点及对策　261

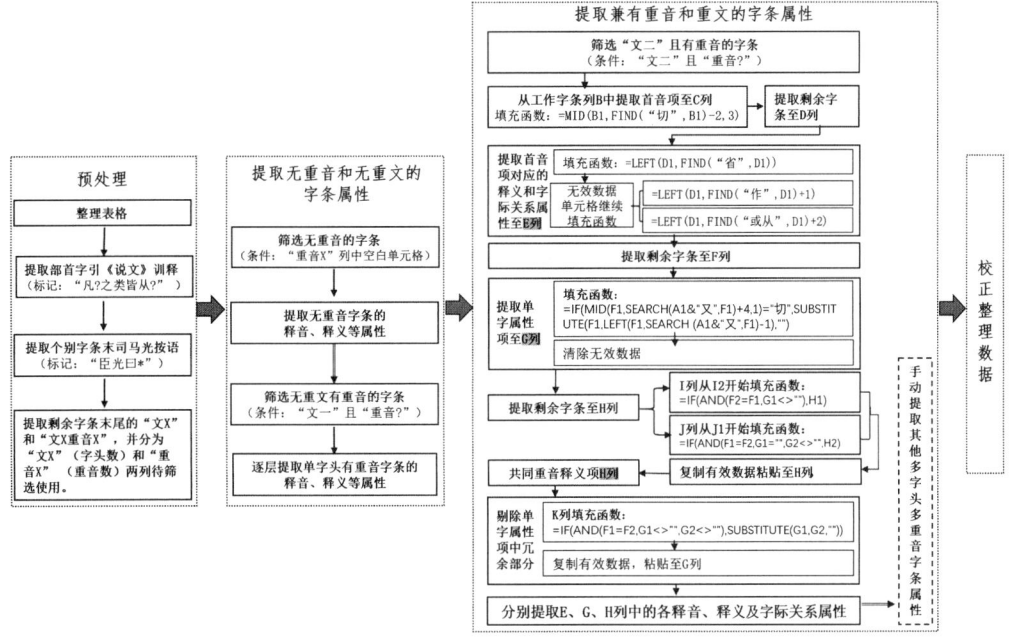

图 10　《类篇》属性提取流程

图 11　《类篇》属性提取成果示例

四　结语

　　字书属性的提取是历代字书数据库建设过程中的一项必要而艰巨的任务。提取历代字书中贮存的释音、释义、释形及字际关系等属性，是对历代字书数据进行深层次的分析和挖掘，是对字书文献所蕴涵的多重信息进行多元化的揭示和再组织。只有通过科学、准确地提取字书中的各种属性，才能使历代字书中关于汉字的形、音、义、用等方面的信息从零散走向聚合，由分隔得以贯通，才能使历代字书数据库实现数据的聚合化和知识的贯通化,才能满足大数据时代语言文字学研究的迫切需求。

当然,由于字书内容的复杂性,字书属性的提取和加工还面临着很多挑战。例如历代对《说文》《尔雅》等重要字书进行注释的著作颇丰,其中存在注疏层次多、正文与注疏交错、注释内容驳杂不易剥离的问题;又如《经典释文》《一切经音义》等音义类专书,其说解对象通常连带上下文出现,由于缺乏形式标记,所以字(词)头及属性内容的确定都需要依靠专业学者逐条辨析手动提取;再如《正字通》《康熙字典》等大型字书,纂集了前代字书中释音、释义的大量内容,却缺少便于批量提取的标记。这些难题的攻克,仍有赖于字书属性测查和计算机技术的密切配合与深入探索。

(刘丽群、张一雄:北京师范大学民俗典籍文字研究中心、
中国文字整理与规范研究中心,100875,北京)

上海图书馆藏宋宾王抄本《说文解字六书论正》考论

张宪荣

提要： 作为一部稀见的清初字书《说文解字六书论正》的重要版本，上海图书馆藏宋宾王抄本目前在学界鲜有研究。从版本特征上看，此本正文无界栏，天头和文内有颇多批注，诸序跋和卷首末多附有宾王手批题跋。通过对这些手批题跋的梳理和考证，可将其版本著录为"清乾隆初宋宾王抄本"。从批校情况看，此本有诸多批校符号和批校语，就前者而言，除了若干句读外，宾王手批时用的最多的是"〇"。该符号在文中分别起着突出部首字头、区分《韵谱》原文与王育按语及强调王育原书涉及的字际关系等作用。就后者而言，宾王从归纳同声符、同义符之字，于字头上标注四声，于文内难识字旁标注四声或读音等八个方面展现了其批注的内容和特点。对该本进行详细地考证，不仅有利于把握其版本特征和版本价值，更可以从清代《说文》学的角度挖掘其学术史价值。

关键词： 宋宾王抄本　《说文解字六书论正》　版本特征　批注

《说文解字六书论正》[1]是清初太仓学者王育所撰的一部文字学著作。其在明刻《说文解字五音韵谱》的基础上，依照其六书理论，对所收篆文字头所从的构件意义进行新的解释，同时还沟通各种字际关系，从而使这部著作别具特色。遗憾的是，由于该书自成书之后一直以抄本的形式流传于世，而且所行不广，故而长期不为人所知，研究者自然寥寥无几。目前所知，除了杨钟义《说文论正提要》（以下简称"杨文"）[2]，李森、李弘毅《论稿本〈许氏说文解字六书论正〉的文献价值》（以下简称"李文"）[3]对该书的某

---

* 基金项目：国家社科基金青年项目"小学文献学研究"（批准号：16CTQ012）。本文承蒙匿名评审专家指点，特此感谢。

[1] 为论述方便，此书在以下简称"《论正》"，下文《说文解字五音韵谱》简称"《韵谱》"。

[2] 中国科学院图书馆整理《续修四库全书总目提要》（稿本）第 4 册，第 352 页，齐鲁书社，1996 年。又见中国科学院图书馆整理《续修四库全书总目提要·经部》，第 1061 页，中华书局，1993 年。

[3] 李森、李弘毅《论稿本〈许氏说文解字六书论正〉的文献价值》，《文献》2016 年第 4 期，第 182—186 页。按，此文又见博客 http://blog.sina.com.cn/s/blog_65e559260102wskf.html，内容略有增改。

一版本进行过简单介绍外,别无他文可参。

从目前所掌握的资料看,《论正》存世共三个版本,分别收藏于上海图书馆(简称"上图本")、西南大学图书馆、台湾"中央研究院"傅斯年图书馆。前引两文所讨论者为后两个版本,第一个版本则除见录于诸书目外,已于2021年影印收入《上海图书馆藏清人说文研究稿钞本丛刊》内,此外别无研究,故本文详加论之。

一　上图本《论正》的版本特征

上图本凡25册,馆藏索书号为"线善793667-91"。《中国古籍善本书目·经部》[4]《中国古籍总目·经部》[5]《上海图书馆善本题跋辑录》[6]等并著录为"清宋宾王抄本　清宋宾王校并跋"。

从行款版式看,是本大小字不等,每字先列篆文大字,其中部首字的上方朱笔加圈以识之。次为楷体中字,包括楷体字头、《韵谱》原文和王育按语,半叶十四行,行二十字。而楷体字头下之反切和《韵谱》原文之徐铉按语皆为双行小字,行二十字。是本无界栏,惟版心上书口题"说文论正卷几",下书口记页码,或有墨钉。卷一卷端题"许氏说文解字六书论正卷一　上平声一",钤"一门深掩得闲权"朱文方印,次行题"太仓王育石隐著　同里后学宋宾王蔚如较钞"。卷五卷端"宾王"二字钤"蔚如"朱文方印。卷六卷端"下平声二"钤"宋蔚如收藏印"朱文方印。文内有朱笔圈点和墨笔小字夹批,天头有朱墨笔批注。每卷卷前附本卷部首字,并以朱笔小字记其页码。

从正文前所附序跋和相关资料看,可以分为两部分,其一为宋宾王补抄之内容,包括便查部首字若干、《岁会谒圣因以所著六书论正呈告》诗一首、巽岩李氏序及后序、吴徵誉《重录王石隐先生说文论正纪略》(简称《纪略》)四条、卷一目录(载部内篆文、重文总数)、《说文》新附字、《说文论正》增目等。其二为王育原书内容,依次包括陆世仪《王石隐先生六书论正题辞》、陈瑚《说文论正序》、王育《六书论正自叙》、说文论正目录及卷首一卷。其中,卷首包括《凡例》十四则、《字学源流说》、《总论》十六篇、《二十八宿说》、《由字说》、《皇帝万岁说》、《学字说》、《西隐说字略》等。

---

[4]　中国古籍善本书目编辑委员会编《中国古籍善本书目·经部》,第409页,上海古籍出版社,1989年。

[5]　中国古籍总目编纂委员会编《中国古籍总目·经部》,第1036页,中华书局,2009年。

[6]　陈先行、郭立暄编著《上海图书馆善本题跋辑录》,第74页,上海辞书出版社,2017年。

二　上图本《论正》的宋宾王手批题跋

据诸家书目著录可知，是本为宋宾王所抄。但宋宾王于何时所抄，诸书目仅笼统著录为"清"，并未作进一步的判断。且宋宾王是何人，其又是如何抄录该书亦是一个值得探讨的问题。

宾王事迹，《藏书纪事诗》卷四有录[7]，但所云不甚详。今考《（嘉庆）直隶太仓州志》卷三十二云[8]：

> 宋宾王，字蔚如。幼丧父，痛母早寡，誓不婚娶，极意色养。居市廛，兑易银钱为业。笃好诗书，堆积卷帙，稍闲，即吟咏抄录，不少辍。尤究心字学，辨驳讹伪。同里沈起元、顾陈垿称其极有根据。知县金鸿修县志，聘请分校人，称为宋布衣。

又，同书卷五十四收其《字体辨讹》一书，沈起元为之作序云[9]：

> 蔚如，奇士也。少孤，母孀居。终身不娶，以奉母。家贫，日坐市肆营什一。肆中障小屏，书满其案。市者至，趋出为市。市已，即隐屏读书。严寒溽暑，终夜不辍。初，借书以读。赀稍余，则购书。已而书略备，而于僻书、未刻书尤好之、重之，穷晷缮录，卒乃为里中书薮。士大夫求书，及书肆所无，必如蔚如是访。蔚如初未从师，久乃通大义。于水利兴废，典故沿革，儒先语类，明季遗事尤珍重考核。昔年牧令修《镇洋县志》，顾行人引致纂修，实多所订正。今蔚如老且病，无后，所购书行散佚，余因序《辨讹》一书而并及之，使后之人知吾州有宋蔚如其人也。蔚如，名宾王。

又，《东湖丛记》卷六"金石契言"条下云[10]：

> 莲泾居士王叔子闻远著有《金石契言》，叙其知交七十七人，皆畸人逸士也。中言宋蔚如名宾王，起家市井，性嗜奇书，无力搆弆，则百方丐抄，惟以搜罗遗佚，访求放失为事。鳏居无子，凭权奇以糊口，竭力茔葬先世之棺，更耑一友葬其亲，严冬午夜不戒于火，延烧邻茔。邻搆讼，友乃告急于蔚如。蔚如挺身代友酿金庀治墓门冢树，讼得息，其见义必为慷慨急难又如此。向读蔚如所校之书，叹其精审，不知其人始末。读此益当宝爱其手迹矣。

---

[7]　叶昌炽撰，王锷、伏亚鹏点校《藏书纪事诗》，第363—365页，北京燕山出版社，1999年。
[8]　王昶等纂修《（嘉庆）直隶太仓州志》卷三十二，清嘉庆七年刻本。
[9]　按，此文又见《敬亭诗文》文稿卷二，题名《宋蔚如字体辨讹序（壬申）》。王昶《湖海文传》卷二十二序亦收录。
[10]　蒋光煦《东湖丛记》卷六，清光绪九年缪氏刻云自在龛丛书本。

由此诸条可见宋宾王之生平[11]。宾王之生年,据《论正》卷六末跋"岁辛未四月尽日写毕此卷,时年七十"可知,辛未为乾隆十六年(1751),时年七十,那么,其必生于康熙二十一年(1682)。其卒年则不可考。郑伟章《文献家通考》于"宋宾王"条引证颇繁[12],但云"生卒年不详",是未见《论正》宾王之跋文之故。

宾王著述除上引《字体辨讹》一书外,余不可考,但其所抄校之书则往往见录于诸家书目当中[13],且学者多以精审称之,如沈斐云就曾对黄丕烈说其"藏书之富,校书之精,真读书人不过是"[14]。从存世的诸书来看,宾王每校一书,多在卷内留有题跋,颇具价值。以《论正》而言,其序跋末及诸卷卷末皆有宋氏手写的诸多题跋,足资考证,今录于下:

(1)吴徵誉《纪略》末跋云:

"雍正癸丑,新安吴嘉树先生称篆学失传已久,此书直有关绝续,从娄东沈子大(旁批:桂轩)先生借抄,因于篇首略附管窥(旁批:《纪略》)。"

又小字附跋云:

"宾王先族 叔祖麴斋先生暨直藩沈桂轩令祖同为石隐翁婿,无嗣,名垂不朽者

---

[11] 按,宾王之名与字并见以上三条,但乾嘉以来亦有怀疑者,《士礼居藏书题跋记》卷五所录校抄本《藏春诗集》六卷下,黄丕烈跋云:"莲泾跋云:'康熙岁壬寅三月立夏后五日,借娄东宋氏钞本再校于孝慈堂之东窗。'……娄东宋氏必宋定国宾王也,其人多宋元人集抄本,亦有名者。"(同样的观点见《善本书室藏书志》卷三十一所录明嘉靖刊本《秋崖先生小稿》八十三卷下,其云:"宾王名定国,又号蔚如,娄县人,性嗜奇书,得古椠旧钞,必手自校勘。")据此,叶昌炽怀疑其"名定国,而宾王其字,蔚如又其号也"。而《中国藏书家考略》"宋定国"条(杨立诚、金步瀛合编,俞运之校补《中国藏书家考略》,第83页,上海古籍出版社,1987年)、《历代藏书家辞典》"宋定国"条(梁战、郭群一编著《历代藏书家辞典》,第149—150页,山西人民出版社,1991年)则直接云"字宾王,号蔚如"。按,定国之名,黄丕烈诸人皆未云出处,今所见资料及宋氏钤印皆无一提及此名,故颇怀疑为另一人名。郑伟章《文献家通考》引王欣夫按语云:"屡见宾王校本,绝未见定国之名",故推测黄丕烈可能是误认"宾王"作"定国"了(郑伟章《文献家通考》,第172页小注③,中华书局,1999年)。由此,笔者本文不云定国之名。又,《中国目录学家辞典》于"宋定国"条推断其生卒年为"约1690—1760",且云其与谢星缠合撰《国史经籍志补》。按,据此,宋氏享年七十一。而《论正》诸卷末明确说在乾隆十六年(1751)宾王已经是七十一了。故可证编《国史经籍志补》的宋定国必然非字蔚如的宋宾王了。诸家所云应该是受到了叶昌炽《藏书纪事诗》的影响,而叶氏又是受到了黄丕烈的影响,陈陈相因,遂误上加误。

[12] 郑伟章《文献家通考》,第171—172页,中华书局,1999年。

[13] 如《善本书室藏书志》卷三十一所录《秋崖先生小稿》八十三卷,卷三十三所录旧抄本《淳南集》四卷、《诗话》三卷,同卷宋宾王抄校本《秋涧先生大全集》一百卷,卷三十三所录旧抄本《揭文安诗集》三卷、《续集》二卷、《文集》九卷,同卷抄化成刊本《雁门集》八卷,卷三十八宋蔚如抄校本《吴都文粹》十卷等。《铁琴铜剑楼藏书目录》卷二十三所录旧抄本《吴都文粹》十卷,卷二十三所录旧抄本《宋人小集》九十三卷等。《丽宋楼藏书志》卷八十五所录宋宾王校谢浦泰抄《周益公忠公集》二百卷、《附录》五卷、《年谱》一卷,卷九十四所录旧抄本《湛然居士文集》十四卷,卷九十六所录旧抄本《静修集》二十二卷、《补遗》二卷,卷一百六所录旧抄本《鹤年诗集》三卷,卷一百十七宋宾王手校本《玉山草堂雅集》十六卷等。

[14] 见黄丕烈《尧圃藏书题识》卷十抄校本《吴都文粹》条,余鸣鸿、占旭东点校《黄丕烈藏书题跋集》,第601页,上海古籍出版社,2013年。

此耳。原稿藏于翁甥沈天来家,宾亦得之桂轩。中脱《辵部》平声以下及《皀部》《仌部》之首,无从补足。乾隆壬戌秋,乃得李序本抄附卷首。古东仓后学宋宾王记。"(钤"蔚如"白文方印。)

(2)陈瑚序末跋云:

"此书抄成后,意欲纠友镂板以传,因循未举。迨桂轩任直藩,时双溪王子颖山在先生幕,曾作札双溪转致,得三百金即可包刊行世矣。桂轩以刻尊《白溇先生集》未竟,辞。宾年已近七,又囊空如洗,自问不能如愿矣。回忆前抄是书,顾子士瑶篆文,柰楷书者不得其人,至今贻憾。丙寅夏五潯暑中,力疾手书序目数篇,庸识有志无力之故。乾隆十又一年仲夏,古东仓宋宾王记。"(钤"一门深掩得闲权"朱文方印)

(3)目录末跋云:

"原编《说文》以始一终亥立部,生生不穷,盖昉诸《易》也。卷分一十又四,又上下卷,南唐徐楚金铉苦许氏之偏旁奥秘,不可意知,因令其(旁批:时翁不知李巽岩所改也)弟锴以《切韵》谱其四声,庶几检阅省力,即今本也。吾友常熟吴嘉树征誉藏有巽岩李焘原序两首,借录附订。并录嘉树兄于借抄《论正》后有《纪略》一通,为石隐先生辨论云。娄水后学宋宾王书。乾隆丁卯桂月。"(钤"蔚如"白文方印,在"王""书"二字之间。)

末又有双行小字云:

"续录李巽岩序二道计共七页,吴嘉树《纪略》目录式共四页","查录《说文》新附字两页,续增目录八页。"

(4)凡例第12—13条天头批云:

"先生此书几于散失,其甥沈天赉得之于换糖担中,后复亡去七本。宾于沈桂轩处合而归之,已有残阙。例中云云,不可得见矣,惜哉。宾王。"

又第13条末批:

"先生原本不可得见,卷中间有朱识处,皆宾王臆见也。宾王。"

(5)除卷五、卷十一、卷十二、卷十七至十九,卷二十二至二十四等九卷外,余卷卷前或卷末有宋氏朱笔跋文,依次为:

卷一卷末:时乾隆辛未十二月廿五日,实立春之六日也。宋宾王书,时年七十又一。(钤"宾王"朱文方印)

卷二卷末:补前《人部》附十八　侣、佽、倅、傔、倜、俛
　　　　　　　　　　　　　　　俏、倒、伶、低、债、价
　　　　　　　　　　　　　　　停、傲、伺、僧、伫、侦[15]

---

[15] 按,低、债、价、停、傲、伺六字右上角皆有"丶"符号,所谓"以下六字"即指此六字。

分韵本已注低三[16]字,以[17]下六字为新增,则其未见原本已明,不独石隐翁也,识之已辨先后云。

乾隆十七年壬申正月十九日写讫此卷,宾王记。

《人部》四十五页"偶"字下"桐人"注未解,《正义》作"俑",而始一终亥本、《补义》本俱作"桐"。

卷三卷末:写毕此卷,因与潜夫言语龃龉,遂烦士瑶先生终此卷至第五十三、五十六页云[18]。时七月尽日,宾又记。

卷四卷末:七月二十四日写毕。

卷六卷末:岁辛未四月尽日写毕此卷[19],时年七十,病中书,宋宾王记。若兄令郎潜夫篆首。(钤"宋蔚如收藏印"朱文方印。)

卷七卷末:乾隆十八年五月,每日阅六页,点识字,从俗也。

卷八卷末:癸卯四月二十九日。

卷九卷末:五月十三日。

新附十三:涂、埏、坳、坊、塘、垦、坠
塳、圹、塾、埸、塸、塔

卷十卷末:五月廿三日。

卷十三卷末:对入声讫,即对上声。时有病,恐旦不能毕事,故记。时辛未二月廿二日,时圣驾幸姑苏,天雨阴霾,若不释然。

卷十四卷端:辛未二月廿二日。卷中"厚"字末:廿二日止。卷末:廿四日。

卷十五卷端:乾隆十六年二月二十四日。卷末:廿六日晨起。

卷十六卷末:乾隆辛未二月廿八日,上、去、入三声阅讫。

卷二十一"亼"字末跋[20]:"按,王石隐先生《论正》于《辵部》下平内'邋'字已下阙,至《亼部》亼字止,连重文在内,共阙一百一十文。宾王先将许氏原文并注补足以俟,时乾隆丙寅初秋处暑后三日癸卯。"(旁朱笔题"宾王")

按,以上诸跋可以帮助我们基本了解宋宾王抄校《论正》的详细过程和具体时间。据(1)至(5)条可知,王育卒后,《论正》原稿为其甥沈天来(一作"赍")所藏,后亡去七本。

---

[16] 按,"三"字为旁增之字。
[17] 按,"以",原作"已",宋氏划去,旁改此字。
[18] 按,"语""烦""五十三"皆为旁增之字;"五十六"之"六",原作"五"。
[19] 按,"此卷"二字原倒,有编辑符号提示。
[20] 按,"邋"字后所补诸字字体与前后页大不同。

散佚之七本后来为宋宾王于沈桂轩处得之,遂成合璧,但已有残缺,卷二十一《辵部》下平内"邎"字以下共阙一百一十字。此合璧之稿后来全归沈桂轩所有,故雍正十一年(1733)新安吴徵誉(字嘉树)[21]从其处借抄,并补录《纪略》一文。继而宾王亦借出抄录。其借抄时间,据(1)可知似乎在乾隆七年以前,而抄毕时间在"桂轩任直藩"之时。按,桂轩本名沈起元,《清史稿》列传八十七有传。据清代彭绍升《故中大夫光禄寺卿加二级沈公事状》"七年,迁直隶布政使"[22]可知,乾隆七年(1742),沈起元方出任直藩,而其时正是宋宾王抄毕欲刊《论正》之时。据(2)至(4)可知,此时所抄完的应该是《论正》的正文部分。而从文中的笔迹看,当时至少是两人同时抄录的。其中,卷七至卷十九,卷二十一至卷二十四共十七卷为同一人所抄(见下笔迹一),余七卷为另一人所抄(见下笔迹二)。笔迹一皆无责任者题名,其卷端题名"说文解字"之"说"作"說","解"作"觧";笔迹二则有责任者题名,其卷端题名中"说""解"二字分别作"說""解",两种笔迹明显不同。

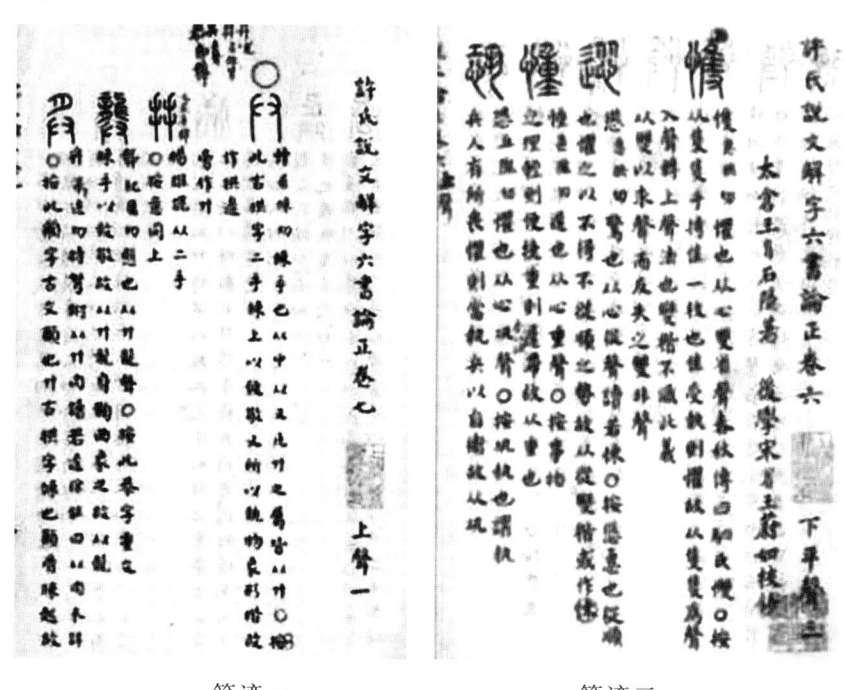

笔迹一　　　　　　　　笔迹二

---

[21] 按,沈起元《敬亭文稿》(《清代诗文集汇编》第 257 册,第 268 页,上海古籍出版社,2010 年)卷八《续集》有《吴嘉树印谱序》一文,云:"常熟吴子徵誉,字嘉树,嗜古若僻,精于篆刻之学,能究其本原而不以自炫,故世少知者。"

[22] 彭绍升《故中大夫光禄寺卿加二级沈公事状》(《二林居集·卷十八·事状七》),清嘉庆味初堂刻本。

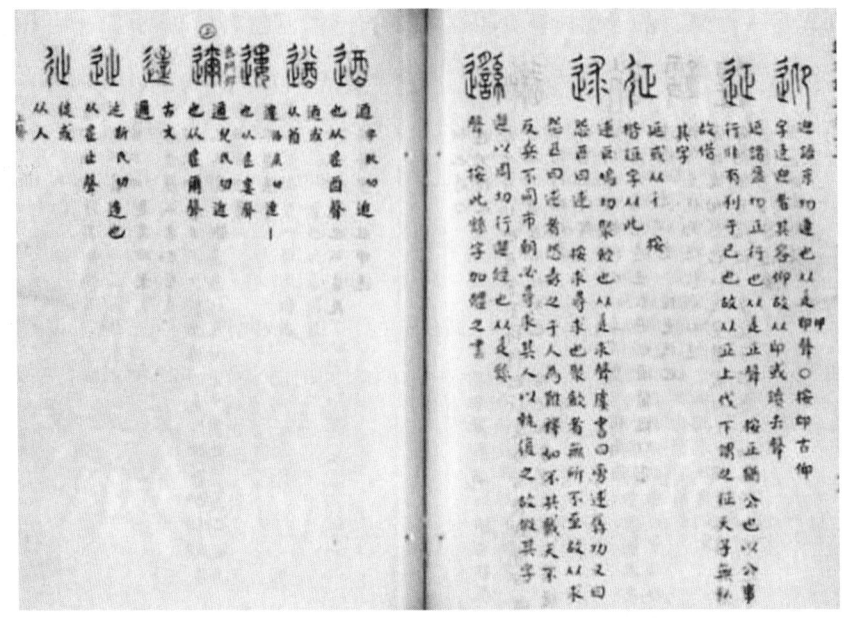

笔迹三

正因为当时仅抄毕正文,故而在之后的年月宾王又补抄了诸序跋并进行大量的批校。据第(5)条,具体时间依次如下:

(1)乾隆十一年(1746年),补录原书序文和目录,并据大徐本补足"邌"字以下一百一十个阙字(按,补足之字笔迹与正文又不同,见上笔迹三。据跋文可知,此当为宾王之笔迹)。

(2)乾隆十二年(1747年),宾王借吴嘉树抄本,补录其《纪略》一篇,卷一目录,李焘序两篇,《说文》新附字,《说文论正》增目等。

(3)乾隆十六年(1751年)二月至乾隆十八年(1753年)五月,宾王陆续用朱笔校补所抄《论正》,主要包括对每卷诸字标注四声,据大徐本补入新附字,倩人书写篆字,据《韵谱》本校底本、据《说文解字补义》等文献补原书等。

而从此本的批校墨迹看,宾王当时是先以朱笔批校所抄之本,再以墨笔改正朱笔讹字的(见下图),故而乾隆十八年以后应该还进行过一些校勘。

卷十五"重"字天头朱墨笔之批校

综上所述,此本之版本不能笼统被著录为"清宋宾王抄本",准确一点,至少可以著录为"清乾隆初宋宾王抄本"。

三 上图本《论正》的宋宾王亲笔批校

此本天头及文内有诸多朱墨笔批校文字和批校符号[23],深入考查这些内容,有利于把握宋宾王批校的特点,进而可以挖掘此本的学术价值。

(一) 批校符号

此本的批校符号除了若干句读外,用的最多的是"○"。该符号在文中分别出现在部首字天头处、《韵谱》原文与王育按语之间及王育原书涉及字际关系之字上。此三种情况中,第一种是宾王为了突出部首字头,第二种是为了区分《韵谱》原文和王育注文,第三种是为了强调出字际关系。前两种比较简单,以下主要讨论后一种。《论正》一书对字际关系有一些固定的用语,如"此古某字""别作某""楷作某""楷通用某""楷讹作某""俗作某""此某字加体之书"等。其中的"某"字,宾王多以朱笔圈之。如:

(1) 卷一"从"字下,注作:"小篆欲文字茂美,加体作'從'。"其中,"從"字以圈围之。
(2) 卷一"霝"字下,注作:"楷通用'灵(靈)'。"其中,"灵(靈)"字以圈围之。
(3) 卷六"鎦"字下,注作:"此古'刘(劉)'字。"其中,"刘(劉)"字以圈围之。

以上从与從、霝与灵(靈)、鎦与刘(劉)是王育提出的三组字际关系,宾王加圈以识之,其实是有意强调这些关系需要引起注意。

(二) 批校文字

此本的批校文字主要出现在天头和正文内,但偶尔也有若干书签朱笔批校,如卷七"钖"字批:"查人部'傷'注,为'易'字加体之书。所引原注'从钖省',又改作'从人易声'。再查他书,□有'鍚'字,而'易'字无著。今'钖'注又云'从易',亦先生说也,必查著'易'字方能明白。"[24]。整体上看,出现在书签上的这些批语与直接批注在天头和正文内的某些批语在内容上是一致的,仅仅批校的位置不同而已,所以可以与下面的内容一并加以讨论。除去朱笔改正部分笔画外,从内容上看,宾王的批校主要包括以下几个方面。

---

[23] 以下举例,凡引《韵谱》原文者,简称"原作某",引王育按语者,简称"注作某"。
[24] 按,此书签误贴于"䲿"字下。批注中"再查他书"下一字难以辨识,暂用"□"代替。

1. 归纳同声符、同义符之字。

此种情况主要出现在部首字的天头处。从其批语看,仅仅是对分散于各部的同声符或同义符之字进行简单的类聚,尚未进行具体分析,所以应该没有系联同源字的意识。

如卷二十四《黑部》"黑"字天头批:"默,犬部""墨,土部",是因为此二字皆从黑得声,故类聚于"黑"字之上。同卷《亼部》"亼"字天头批:"俞,舟部,从亼""命,口部""会、仓[25],并另部""令,卩部",以上诸字皆以"亼"为义,故亦类聚于"亼"字之上。

2. 于字头上标注四声。

《论正》以《韵谱》为底本编写,故先以四声区分,继将五百四十部首按《集韵》韵目依次排列。部首所属诸字亦按韵编排,部内下平、上声、去声、入声字之首字前,各以"○"为别。但宾王抄本于这些首字上方皆无此"○",故其据《韵谱》"○"下首字之反切标出其具体声调。如卷一"弛"字旁批"上声","弩"字旁批"去声","弹"字旁批"入声"。此三字于《韵谱》中皆属《弓部》下四声字之首字,且皆有"○"加以标识,故宾王分别据之进行批注。

3. 于文内难识字旁标注四声或读音。

文内难识字,主要指《论正》所引《韵谱》本文之字,偶尔也有王育注文之字。有时标注四声,如卷三"调"字下,原作"一曰諴",宾王旁批"罕,平声",意谓"諴"字在此处读如"罕",但需依平声读。有时不标四声而直接标注读音,或用直音,如卷一"䧢"字下,原作"从隹陞声",宾王旁批"音灰"。卷三"剭"字下,注作"斮同意",宾王旁批"音鹊";或用反切,如卷二"鲜"字下,原作"从鱼羴省声",宾王旁批"音尸占切"。

4. 卷末或卷中摘录徐铉之新附字

《论正》以《韵谱》为底本编写,所以在篆文字头的排列上一依底本,但是《韵谱》这方面有一个缺点,即将许慎原文和徐铉新附字混而不分,致使相关部首后的"文几新附"等统计用语空张其目。基于此,宾王进行批注时,会据大徐本将相关篆文列于相应的位置。如卷一"飑"字下,宾王补"附文三:飑、飕、飐"。卷三"帊"字下,宾王补"附文九:幢、帏、帟、帼、幧、帒、帊、幞、幰"。《风部》三字、《巾部》九字都被《论正》分别列入不同的位置,后人可能会将之当作许氏原文,故宾王专门摘出予以注明。需要注意的是,宾王如是批校,往往会放在最后一个新附字下,如卷一中"飑"字是《论正》中三个新附字的最后一个。但有的时候会将这些字列于卷末,如前引卷九宾王之跋。

---

[25] 按,仓,《说文》云"从食省,口象仓形",是省形之字。食,《说文》云:"从皀亼声。或说人皀也。"段注云:"此九字当作'从亼皀'三字,经浅人窜改不可通。"据此,仓、食之义亦来自"亼"。

5. 沟通字际关系。

前文提及,《论正》有很多固定用语是用来沟通字际关系的,宾王有时也仿其例,对王氏未及沟通的字际关系进行批注。如卷二"叚"字下,原作"从殳嵩省声",宾王旁批"嵩即𠂊,又端字。"这就是说,宾王以为"嵩"字在这里与"𠂊"是同一个字,同时又与"端"发生了关系。再如卷三"诒"字下,原作"相欺诒也"。宾王旁批"与绐通"。按,考《论正》卷二十三"绐"字下云"假借欺也"[26],则在"欺也"这一义项上,诒、绐构成了一组假借关系。再如卷三"詹"字下,原作"《易》曰:'詹口说也'",宾王旁批"今作朕"。在宾王看来,詹、朕二字是古今字关系。卷七"汣"字,注作"𠂊,古汣字,俗作㳒"。宾王旁批"汣,㳒本字。"据此,汣、㳒二字是后起字和本字的关系。

6. 引用群书进行校勘

这里的校勘,既包括校勘《韵谱》的本文,又包括校勘王氏的注文。前者很多时候是根据《韵谱》和汲古阁本大徐《说文》(宾王称之"始一终亥本""原本"者即是)校勘反切,如卷七"媿"字,原作"乌贿切",宾王旁批"于鬼"。按,"乌贿"切"媿",韵书无有,今检《韵谱》和大徐本正作"于鬼切"。再如卷十一"蘸"字,原作"呼旱切",宾王旁批"如延切",检大徐本正与之同[27]。卷十二"瓮"字,原作"土封切",宾王于"土"字上改"上",旁批"原本一作'与封切',一音崇,《字典》音容"。按,《韵谱》作"上封切",大徐本作"与封切"[28],则此条据《韵谱》改,而所谓"原本"当指大徐本。

除此之外,也有在校勘正误的同时增补脱文甚至篆文者,如卷十一"薿"字,原作"月尔也",宾王旁批"薿"。按,检《韵谱》及大徐本作"薿月尔也",则"薿"字乃是脱文。又如卷十"厌"字,原作"乌輒切",宾王旁批"於""又一琰切"。按,《韵谱》及大徐本作"於輒切,又一琰切"。据此,原文不仅"乌"字有误,且脱去了四字。卷十三"韭"字,原作"故谓之韭也,象一之上",宾王旁批"象形,在一之上"。按,《韵谱》及大徐本作"故谓之韭,象形,在一之上",则此条脱"象形在"三字。增补篆文的情况,如卷九"墊"字,宾王旁批"失坶字",并于该字末补"坶"字的篆文和注文。同卷"嫷"字,原作"材紧也。从女罢声。《春秋传》曰:'嬛嬛在疚。'"宾王旁批"壹也。从女专声,一曰嫷嫷""'材紧'以下悉属'嬛'字注"。据此,"嫷"字下的注释文字本属于"嬛"字,而"嬛"已经脱去,故宾王于"嫷"字下不仅补足了其所脱注文,且又在该字下补上了"嬛"字的篆文和注文。

以上是宾王据群书校误补脱其所据抄本文字的情况。与此同时,宾王还往往据群书列举异文。这种情况并不是要改动原书文字,而是为理解原文提供另一种可能,故有

---

[26] 按,王育所说的假借是指意义的引申。

[27] 《韵谱》本作"呼旰切"。

[28] 按,四库本及淮南书局本《说文》皆作"与封切"。

沟通字际关系的意味,但有时并无结论。如卷二"偶"字下,原作"桐人也",宾王旁批"作俑"。该卷卷末又批"《人部》四十五页'偶'字下'桐人',注未解。《正义》[29]作'俑',而始一终亥本、《补义》本俱作'桐'"。按,"偶"字的解释,究竟作"桐人",还是"俑人",宾王并未作出具体判断,仅仅是列出这种异文提供参考而已。再如卷三"叟"字下,原作"一曰窑叟",宾王旁批"一作窒";原作"读若穰",宾王旁批"一作襄";原作"爻,物相交质也",宾王于"质"旁批"一作贸"[30]。又在王氏注旁批"原石隐叟作叟。窒,始一终亥本作'窑','穰'作'襄'。又徐注作'质',存参。"按,"叟"字下,宾王列出数条异文:"窑"与"窒"、"穰"与"襄"、"质"与"贸",但并未说明到底哪个正确,只是"存参",提供一种理解字义的可能。总体而言,宾王在进行这类校勘时,所据群书基本上不脱当时流行的明清大型字书,除了大徐本及《韵谱》外,还有《字汇》《正字通》《六书正义》,等等。由此可见宾王批校时并非妄批,而是有征的。同时也可以隐约反映出这些为主流学者鄙弃为兔园册[31]的字书在康、乾时期一般士子中的流行情况。

7. 引用群书进行增补

宾王在文内大量的批注皆为补《论正》而作,或补其所引《韵谱》之原文,或补王育之注文。其所引诸书,有《补义》、《字汇》、大徐本等。所补的这些资料,基本上都能与《论正》诸文相互照应。具体可以分以下几种情况:

(1)进一步注解所引《韵谱》和王氏注释之文字。

如卷四"奥"字下,原作"臣徐铉等曰:弄非声,未详。"宾王旁批"弄从釆。釆,古辨字。廾,古手字。"又卷十一"茏"字下,注作"《诗》曰:'隰有游龙'",宾王旁批"游龙,朱注:'枝叶放纵皃。'叶力定反,楚越谓竹树深者为茏。李华诗'玄鸟嘊深茏'。"按,以上两条,前者进一步补充了所引《韵谱》中"弄"字构形的阐释,后者则补充了王氏注文所引《诗经》中"游龙"的相关解释。它们都不是针对具体的某一篆文字头,而只是摘取其中的某一字词进行较为详细的注解。

(2)进一步发挥王育之说

如卷二"仪"字,注作"按,仪,古本作'我',因借为人我字。"宾王旁批"《易·渐》上九'其羽可用为仪',读'我'。"

卷三"帖"字,注作"占,定也。书署文字于帛上,则事有定断而不可移易,故从占。"宾王旁批"今往来用帖署名,其亦有定也。"

---

[29] 按,此《正义》疑即吴元满《六书正义》(《四库全书存目丛书》第194册,第163页,齐鲁书社,1997年),考其卷四"偶"字下云:"偶因耦,俑人也。"又卷三"带"字下,宾王旁批"《正义》入《巾部》",检《六书正义》卷八"带"字正是在《巾部》第十三(《四库全书存目丛书》第194册,第300页)。

[30] 按,此处宾王未云此字来自何处,今检《韵谱》正作"贸"字。

[31] 朱彝尊《曝书亭集》(《四部丛刊》本)卷四十三《汗简跋》云:"呜呼,小学之不讲,俗书繁兴。三家村夫子挟梅膺祚之《字汇》、张自烈之《正字通》以为兔园册,问奇字者归焉,可为齿冷目张也。"

卷四"害"字，注作"丯，古契字，券也，家之祸患多起于言语财物，故从口从丯。"宾王旁批："祸患之来焉，有不知其所自，中心不正也。"

按，以上三条中，第一条王育以为"仪""我"二字构成了一组字际关系，二者音义皆同。宾王则进一步举《周易》之文，证明"仪"有读作"我"的情况。第二条王育以为"帖"字取义于书写在帛书上的文字不可移易，宾王则进一步补充了后世在帖上署名时也有同样的情况。第三条王育以为"害"之所以"从口从丯"，是因为言语（从口）与财物（从丯）都会对家带来祸害。王育沿此解释，进而认为祸患来源于内心之不正。总而言之，宾王在这种情况下，无论是解释字词，还是阐释句意，都能较好地与王育之说相得益彰。

（3）在王育之说基础上提供一种可能的解释

如卷四"容"字，注作"《周礼》'王以六耦射三侯，三获三容'，俗以为容皃字，非是"。宾王旁批"或取含容巽顺意"。王育引《周礼》文，认为"三容"之"容"训作"容貌"的说法是错误的，但并没有给出正确的解释。宾王则在此基础上推测可能有"含容巽顺"之义。无论其说是否正确，这应该算作是对王育之说的进一步的补充。

（4）在王育之说外征引别家之说

除了提出自己的观点外，宾王在批注时也常常引诸家说法补充王育之说。这些说法有时与王育之说有不谋而合之处，有时则仅仅是为了广博见闻而已。如卷三"诀"字下，注作"夬，古决字"，宾王旁批："《补义》曰：'夬者，决也，以言夬断。决省声，义短。'"王育以为"诀"之所从"夬"乃"决"之本字，宾王引《说文解字补义》"夬者，决也"，虽为声训，但正好印证了王氏之说。又卷十四"禹"，注作"陆佃《埤雅》云：鹳性甘带，每遇大石，知其下有蛇，即布趾运气以禁之，石即泐然而转。"宾王天头批："《庄子》：'蝍蛆甘带。'蝍蛆，蜈蚣也。性能制蛇，甘美之也。"此条中王育引《埤雅》之说，说明鹳性喜食蛇，宾王则引《庄子》之文说明蜈蚣也有同样的品性。这里，宾王的批校与王氏的注释没有任何实际的关系，仅仅是因为二人所引之事物在某些地方有些相似故宾王旁注之，显然这是出于广见闻的目的而进行的征引。

8. 指出《论正》之谬误

宾王在批注时并不总是一味发挥王育之说，有时也会对之进行一定的补正。这种补正有时是通过征引他说的方式进行的，有时则直接指出王氏之误。如：

（1）卷三"设"字，注作："殳，古又字，手也。有所施陈，手口并用，故从言从殳，会意。"宾王旁批"《补义》曰：殳者，殊离也。言论既定而后分殊，使各有定止，施陈之意也，故从殳。"

（2）卷二"舃"字，注作"鹊喜噪，故象其张口仰噪之形"，宾王旁批"隹短尾鸟，鹊噪在尾，疑误。"

（3）卷三"谦"字下，注云："《易》卦：'地中有山，谦。'地退处于下，不与山争高，是能成其大,故谓之谦。"宾王旁批:"玩'地中有山'则此解非。"

以上三条,第一条是有关"设"字构件"殳"构意的解释,王育认为它取义于手,陈设需用手,故从"殳"。宾王则引《说文解字补义》之说,认为"殳"取义于分离,与王氏之说不同,显然这种引用暗示了对注者的不认同。后两条是明确指出王氏之说的谬误的,"舃"字的构意,王育认为象鹊张口仰噪之形,宾王指出鹊之噪来源于尾巴,而不是其口,所以怀疑王说有误。同样,"谦"字,王育引《周易》之说,认为其取义于地谦退山下,而宾王则认为这种说法其实与谦卦之卦象并不符。

从以上八个方面可以看出,宾王作批注时确实用力颇深,既有简单的标注和校勘(1—4),又有丰富的增补和勘误(5—8)。既要多方征引证明王氏之说,但又不盲目遵从而有所辩驳,显示了其谨严的批注态度。

四　余　论

以上从版本特征、手批题跋、批校情况等三个方面,对上海图书馆所藏宋宾王抄本《论正》进行了较为详细的论述。现在我们知道其底本为西南大学图书馆藏本(简称"西南本")[32],两本相校,可以发现宋宾王在乾隆初期抄写此书时,并没有严格遵从底本的样貌,而是对其中很多讹字直接进行了修改,如卷一"棘"字下,西南本作"今《论正》当作曹切",不成句。宾王抄写时直接改为"今《论正》当作'曹'",显然文从字顺。当然此本也有很多对西南本阙误的承袭之处,这种情况宾王往往会以朱笔旁注之,如前文提及的"引用群书进行校勘"那部分中所举的例子,凡此本遗漏和讹误之处,大多来源于西南本。如卷十一"䉤"字,此本作"且往切",末"亦声"下留有空白,检西南本与之正同。这种情况不仅对我们深入了解此本的版本特点有很大的帮助,而且对我们考查其底本(即西南本)的价值也具有很大的启发。

上图本的价值显然是非常大的,尤其是宋宾王的大量批注。从前文论述中我们可以看到,宾王当时引用了大量文献对《论正》进行了疏解和补正,其中尤为可贵的是对《说文解字补义》(简称"《补义》")和大徐本的征引。我们知道,《补义》一书,明清学者鲜有征引,虽有一二学者如阮元[33]、张金吾[34]、孙原湘[35]等竭力推崇,但乾嘉诸老多不

---

[32]　笔者另有《西南大学图书馆藏〈说文解字六书论正〉版本考》(《图书馆研究与工作》,2022年第6期)一文讨论二本的关系,此略。

[33]　见阮元《揅经室外集》卷一,《四部丛刊》影清道光刻本。又见《四库未收书提要》卷一,清刻《揅经室外集》本。

[34]　张金吾《爱日精庐藏书志》卷十三,清光绪万卷楼藏本。

[35]　孙原湘《天真阁集》卷四十三《跋说文解字补义》,清嘉庆五年刻增修本。

重视,盖"其议论多宋学"[36]故也。然其毕竟为元明间注解《说文》不可多见之作,且其说解亦有精确之处,不可忽略。可以毫不夸张地说,宾王是当时注重此书的第一人。同时,对大徐本的征引也是其特色之一,我们说乾嘉时期《说文》学大盛,那是乾隆末嘉庆初以后的事情了。其实在乾隆初中期,始一终亥的《说文》并不流行,学者仍然以始东终甲的《韵谱》为案头读物[37]。宾王在此书中虽对大徐本征引不是很多,但却能据之挖掘出很多异文,与大致同时期出现的朱文藻《说文系传考异》[38]等著作一样成为清代中期不可多得的征引大徐本的先驱,而其校勘方式和内容也深深打上了当时校勘学的烙印,从而颇具学术史价值。

参考文献

(1) 王育《说文解字六书论正》,上海图书馆藏清乾隆间宋宾王抄本。
(2) 曹锦炎主编《上海图书馆藏清人说文研究稿钞本丛刊》,上海:上海科学技术文献出版社,2021年。
(3) 沈受宏《白漊先生文集》,《四库全书存目丛书·集部》第238册,济南:齐鲁书社,1999年。

(张宪荣:山西大学文学院,030006,山西太原)

---

[36] 见阮元《揅经室外集》卷一。
[37] 如据段玉裁《戴东原年谱》的记载,在乾隆二十年,戴震"以《方言》写于李焘《许氏说文五音韵谱》之上方",其实是以《方言》校《五音韵谱》,显然是书在当时仍在通行之中。
[38] 按,是书大致始作于乾隆三十五年,至三十八年为汪氏进献四库馆,主要依大徐本校勘小徐,见董婧宸《传抄、借阅与刊刻:清代〈说文解字〉的流传与刊刻考》,第56页,北京师范大学博士后研究报告,2017年。此文蒙董婧宸赐予,特此感谢。

英 文 提 要

Following the Paradigm of Evidentiary Scholarship Established during the Qianlong and Jiaqing Periods of the Qing Dynasty——Thoughts On Reading Qian Mu(钱穆)'s Review of Xu Fu(徐复)'s Annotations on Classics(*Hou Dushu Zazhi* 后读书杂志)
Wang Jiru

Abstract: In 1944, Xu Fu(徐复) submitted his manuscript *Annotations on Classics* (*Hou Dushu Zazhi* 后读书杂志) to the-then Ministry of Education for an award contest. One of the reviewers was Qian Mu(钱穆), whose comments have survived and were published in 2016 in *Xue Deng*(*The Scholar's Lamp* 学灯) Issue 1. Qian Mu's review sheds light on how scholars in the 1940s strictly followed scholarly protocols while also undertaking creative exploration. Xu Fu's *Annotations on Classics* (*Hou Dushu Zazhi* 后读书杂志) was not officially published until 1996. Its annotative work has been tested by time. As Xu Fu's former graduate student, I use three examples, one from *The Book of Han*(*Hanshu* 汉书), one from *Xunzi*(荀子) one from *Zhuangzi*(庄子), to unpack Xu Fu's approach to annotating classics. In so doing, I consider the ways he creatively followed scholarly protocols.

Keywords: Qian Mu; Xu Fu; *Annotations on Classics*(*Hou Dushu Zazhi* 后读书杂志); scholarly protocols

On the Establishment and Publication of *Xuelin* Edited by Zhang Taiyan
Wang Zhi

Abstract: *Xuelin* was an important magazine founded by Zhang Taiyan when he was in exile in Japan for the third time. Although *Xuelin* was organized in 1910, its first issue was published in 1911, not in 1910. This view can be proved by many literatures. A popular view in academic circles is that Huang Kan edited *Xuelin*, which is not credible. Although *Xuelin* was founded with the assistance of Zhang Taiyan's disciples, Zhang Taiyan was mainly responsible for the writing and editing of the articles in *Xuelin*.

Keywords: *Xuelin*; Zhang Taiyan; Huang Kan; Zhu Xizu

Introduction and Collation of Draft of Huang Kan's Quotations
Delivering: Huang Kan
Recording: Huang Zhuo
Re-organizing: Zhang Yiyun

Abstract: Among the various materials on Huang Kan's scholarship and thoughts, quotations are of unique value, and the newly available draft of Huang Kan's quotations recorded by Huang Zhuo adds another important source for this purpose, which is the basis for this paper. The manuscript is an early draft, divided into two parts: transcription and record. The transcription part mostly overlaps with the published *Quotations of Huang Kan*, while the record part contains more than fifty new entries. The manuscript has two main values: first, the new entries can expand the materials of Huang Kan's academic research and confirm his academic views and academic heritage; second, the manuscript can reflect the collation of Huang Kan's quotations and enrich the knowledge of related publications.

Keywords: Huang Kan; Huang Zhuo; Quotations; exegesis; academic history of scholarship

Analysis of JiPuLi in Song Dynasty
Chen Yuan

Abstract: In the history of China, there had long existed a method of exorcising locusts through prayer. However, in the early northern Song Dynasty, due to the decline of traditional Confucian sacrificial rites, the official sacrificial rites for exorcising locusts had to resort to Buddhism or Taoism. In the Qingli period, with the need of ostracizing heresy and rebuilding ancient rites, the official constructed the "JiPuLi" with the goal of repealing locusts by correcting the meaning of the word "Pu", and incorporated it into the auspicious rites in the Southern Song Dynasty. From the practice of "JiPu" in Song Dynasty, because "JiPuLi" was not often held as a sacrifice, "JiPu" was difficult to be widely recognized by the people in the face of the competition between Buddhism and Taoism and folk beliefs in the activity of exorcism. However, because "PuShen" has the dual characteristics of nature god and personality god, its appearance paved the way for the personification of the god of exorcism in Ming and Qing Dynasties.

Keywords: The Song Dynasty; Locust plague; JuPuShen; Ritual

Disaster Narration and Local Knowledge of Changgui Stories in Tang Dynasty
Zhang Yun

Abstract: Changgui stories in the Tang Dynasty is a special type of ancient tiger storie, including many narrative motifs, such as Changgui, transforming tigers, tiger skins, documents, stabbing clothes. These motifs not only show the human-tiger relationships in different situations, but also developed continuously in the inheritance, and finally show the characteristics of the times. PeiXing's *ChuanQi Ma Zheng* as a typical Changgui story, which was related to the frequent tiger disasters in many places in South China since Kaiyuan of the Tang Dynasty, and the stories show strange and surprising narrative characteristics in the extraordinary writing of the tiger disasters. To some extent, the stories also contain the life knowledge and experience of local people in dealing with the tiger disasters for a long time. The cognition of "Changgui" based on local folk belief is the emotional logic to explain the causes of tiger disasters. At the same time, the concept and action system about eliminating natural disasters with folk culture have been formed accordingly.

Keywords: Changgui stories; motif; the extraordinary writing; disaster folk custom; Local Knowledge

On "虐" and Other Related Character on Chu Bamboo Slips
Ma Wenjie; Meng Pengsheng

Abstract: The radical "虍" in the writing system of Chu state has two sources, "虍" and "虎", which causes a question that how to distinguish "虐" and "虘" in specific contexts. By examining those related character patterns, this paper discovers that it is irreversible one-way changes from "虍" to "虍" and from "虎" to "虍". So there is no possible confusion between "虐" and "虘". Based on this, The character "虐" in Gou Dian Chu bamboo slips *Lao Tzu* "绝伪弃虐" and Shanghai Museum bamboo slips *San De* "虐事不成" should not be considered as a variant of "虑 lü". In the former it should be interpreted as 诈 zha, in the latter it should be interpreted as 作 zuo. The radical "虐" of the character "簏" in Shanghai Museum bamboo slips *Jing Jian Nei Zhi* "发古簏" is a phonetic element. It can not be interpreted as "虑", but probably should be interpreted as "籍".

Keywords: the writing system of Chu state; *Zha*(虘); *Lü*(慮); *Ji*(簠); one-way confusion; interpretation

Discrimination of "Jue(绝)" and "Ji(继)" on Chu Bamboo Slips
Yu Shaohong; Sun Zhenkai

Abstract: "𢇍" is the ancient form of "绝" in *Shuowen*(《说文》), which originated from the glyphs that similiar with "𢆶" on Jin Dynasty Zhongshan Wangqi of the Warring States; it also uses "𢆶" which is the inverse form "𢇍" as "继". Contrary to *Shuowen*(《说文》), "𢆶" on the Chu Bamboo Slips and Silks is the word "绝", and the "𢇍" which is the inverse form of "𢆶" is "继", in Zenghouyi tomb the word "𢇍聂" which usually be seen was read as "麂摄". During the Warring States Period, the glyph "𢆶" and "𢇍" were not confused in the Chu scripts, among the characters of different families, due to the inconsistency of the corresponding relationship between the font and the type, the confusion occurred. The handed down documents "𢆶" and "𢇍" were mixed.

Keywords: Chu Bamboo Slips; Ji(继); Jue(绝)

On the Form Confusion between the Combination of Components and Strokes and Individual Components in Oracle Bone Script
Wu Shengya

Abstract: In Oracle bone inscriptions, there exists the phenomenon of body confusion between the combination of components and strokes and single components. The "又" and stroke combination of the inverted writing may be confused with the "止" shape. "女" may also be confused with is written "又" and the combination of strokes. This kind of confusion is a physical change caused by inscriptions, which leads to the lack of form motivation and affects the systematicness of Oracle-bone Script. The engraver group tries to avoid confusion by changing the way certain shapes are written. However, this process is restricted by the conformation system of Oracle-bone Script.

Keywords: component; strokes; combinant; glyph confusion

An Interpretation of Difficult Folk Forms in the Traditional Drama of Ming and Qing Dynasties
Wang Rongyan

Abstract: There are a large of difficult folk forms in the traditional drama of Ming and

Qing Dynasties, but there are few research achievements in this area. This paper interprets seven folk forms, think"[illegible]"is "竅(窍)","[illegible]"is "隐","[illegible]"is "肸","[illegible]"is "鼠","[illegible]"is "羶臊","[illegible]"is "抻".

Keywords: Ming and Qing Dynasties; difficult folk forms; interpretation

Etymological Character Analysis on the Word "Sha(饦)" in "Sha soup(饦汤)" around Xuzhou

Shi Yanfeng

Abstract: "Sha(饦)" is a popular word in "Sha soup(饦汤)" around Xuzhou. "Sha soup(饦汤)" was written as "sha soup(糁汤)" before, but "Sha(糁)" is not the etymological character of "Sha(饦)". Then through etymological character analysis of dialects, it is proved that the etymological character of "Sha(饦)" is "Sha(麨)". "Sha(麨)" is the meaning of "broken wheat", which is consistent with the fact that wheat kernel must be added when making "Sha soup(饦汤)". "Sha(麨)", which is the "Jiashe kaikou second-class Sheng-initial character with the flat voice(假开二生母平声字) in middle Chinese sounds", belongs to the character of "Kaikou Zhi-er-zhuang group (开口知二庄)". And the character "Sha(麨)" should have been pronounced [sa] in Xuzhou dialect, but now it is pronounced [ʂa] in Xuzhou dialect. This is related to the evolution of the "Kaikou Zhi-er-zhuang group" characters from flat tongue sound to rolling tongue sound in Xuzhou urban dialect. Based on the above, the paper also analyzes the unreliability of views that the etymological character of "Sha(饦)" is "Sha(啥)", "Sa(膗)" or "She(蛇)".

Keywords: Sha soup(饦汤); etymological character analysis; Sha(麨); speech modification

The Research of the Motivation in Chinese Semantic Combination

Yuan Shixu; Zheng Zhenfeng

Abstract: This paper mainly analyzes four types of combination from the perspective of combination motivation: redundancy combination, contradiction combination, strong motivation combination and weak motivation combination. The synonymous rule theory of sememe combination is used to study redundancy combination and contradictory combination. Redundancy combination is the type with the strongest combination strength, The combinations contain the most common and coincident sememes, On the contrary, Contradictory combination is a type of combination with weak strength, The number of common sememes contained between combinations is small, and most sememes are contradictory, Only individual sememes are harmonious. When there is no connection point between sememes, two sememes cannot be combined.

Keywords: sememe; combination; motivation

The Research on Self-name Modifier of Wei Si Gui(卫姒簋)
Wang Yingxiao

Abstract: Wei Si Gui(卫姒簋) in the late Western Zhou Dynasty is shaped like Dou(豆) and its inscription can be interpreted as "(卫)始(姒)乍(作)(簋)". The research shows that there are many kinds of modifiers before the character "Gui(簋)", which are related to characteristics, diet, offering in a courteous manner and sacrifice, concubine marriage, travel or burial, quantity and so on. The bronze inscription is, which means offering in a courteous manner; The bronze inscription is short for "Shen(深)". The is either a part of the component of the inverted vessel or the beautifying decorative strokes "一". "Shen(深)""Tan(覃)" and "Xun(寻)" are closely related, "Shen(深)" has the meaning of "Wen(温)", and "(簋)" means that this Gui(簋) is used to preserve cooked or heated food for courtesy usage. There are many self-name modifiers in verb-object structure in bronze ware inscriptions.

Keywords: Wei Si Gui(卫姒簋); offering in a courteous manner; Shen(深); Wen(温)

Discrimination and Analysis of Different Interpretations of "Qihou jie, sui shan(齐侯疥,遂痁)" in *Zuozhuan*(《左传》)
Wang Kesong

Abstract: Regarding the "Jie(疥)" of "Qihou jie sui shan(齐侯疥,遂痁)" in *Zuozhuan*(《左传》), there are two viewpoints, which have been debated from ancient times to the present. One view is to interpret "Jie(疥)" according to the original meaning of *Shuo Wen*(《说文》), and the other view is to change "Jie(疥)" to "Jie(痎)". This paper examines the relevant materials of *Zuozhuan*(《左传》), *Yanzi Chunqiu*(《晏子春秋》) and *Jinggong Nue*(《竞公疟》) from the Shanghai Museum bamboo slips, demonstrates the linguistic evidence, including the lack of documentary evidence, the incompatibility of Chinese characters, and the incompatibility of old Chinese sounds, and explains the pathological time relationship and the development of the disease. It is wrong to change "Jie(疥)" to "Jie(痎)". The original meanings of "Jie(疥)" and "Shan(痁)" are in line with the text context. This paper also analyzes the motivation of Emperor Yuan of Liang's change of characters, and thinks that it is related to the phonetic condition of middle Chinese sounds and the academic atmosphere of the times.

Keywords: Qihou jie(齐侯疥); transformation of Chinese characters; Jie(痎); linguistic evidence; pathological explanation

Research on the Meaning of the Word "*Linli*(淋沥)" in the Medieval Medical Books
Zhu Shengjie

Abstract: "*Linli*(淋沥)" is a common word in ancient books of traditional Chinese medicine. The usage of the word is flexible and its meaning doesn't have a reliable conclusion all through the ages. This article explores the meaning of *Linli* in the medieval medical books, and sums up two senses related to the gonorrhea and wasting diseases. Combing the track of semantic change according to the semantic characteristics of *Linli*; Based on the semantic of "continuous and unobstructed", the meaning of "appearance of water dripping in the natural state" can be extended to the meaning of "appearance of water flowing unobstructed and dripping incessantly due to gonorrhea"; The semantic of "continuous and unobstructed" extend to the semantic of "slow and continuous", and then "*Linli*" can refer to the appearance of chronic disease. In addition, some cognate words with homologous relationship can also be connected through "*Linli*", such as "*Lianli*(连历)(廉沥)", "*Linlu*(淋露)", "*Linluo*(淋洛)", etc.

Keywords: *LinLi*; meaning of the word; cognate word; the medieval medical books

The Study on the Origins of Official Rhyme Book of *Peiwen Shiyun*(佩文诗韵) in Qing Dynasty
Zhang Minquan; Xu Wenjing

Abstract: According to the people's statements in Qing Dynasty, Yin Shifu's *Yunfu Qunyu* was a typical Chinese rhyme book handed down in history, and its writing style of yi shi xi yun, yi yun zhai shi(以事系韵,以韵摘事) had not only interpreted the pronunciation and meaning of characters, but also widely collected vocabularies, which had a far-reaching impact on the later rhyme books of poetry. The subsequent rhyme books of poetry in Ming Dynasty abandoned the words of allusions in it, excerpted its characters and wrote rhyme books which had the nature of Yunzi Yinyi(韵字音义). Hence, rhyme books actually contained two types of so-called Yun fu(韵府) and Yun zi Yinyi. Rhyme books developed in Qing Dynasty were based on the *Peiwen Yun fu* (佩文韵府). *Peiwen Shiyun* was an official book, which was the *Li bu Yun lüe*(礼部韵略) in Qing Dynasty, and then developed so many kinds of folk adaptations of different levels, among which Zhou Zhaoji's *Peiwen Shiyun Shiyao*(佩文诗韵释要) in Jiaqing year was a typical one, which widely circulated and was constantly reprinted and edited. This paper, starting from the compilation of *Peiwen Yunfu*, detailedly studied the nature of *Peiwen Shiyun*(佩文诗韵), the version and content of private adaptations of *Peiwen Shiyun*, etc. This paper also introduced the content arrangement and the publication of Zhou Zhaoji's *Peiwen Shiyun Shiyao* in Qing Dynasty in detail.

The significance of studying rhyme books of poetry is that it can fully reflect the heritage, development and evolution of traditional Chinese rhyme books since *Qie yun*(切韵) and the related cultural history of the imperial examination system in Qing Dynasty.

Keywords: official rhyme in Qing Dynasty; origins of books; folk adaptations; various forms

Explanation of *Ciyun*(《词韵》)Cited in *Hebing Zixue Jiyun*(《合并字学集韵》)
Li Zijun; Gao Bo

Abstract: *Hebing Zixue Jiyun*(《合并字学集韵》)is a milestone in the history of Putonghua phonetics. *Ci Yun*(《词韵》), *Gaibing Wuyin Jiyun*(《改并五音集韵》), *Gaibing Wuyin Leiju Sisheng Pian*(《改并五音类聚四声篇》) and *Hebing Zixue Ji Pian*(《合并字学集篇》) are the four major sources of rhyme characters in *Zixue Jiyun*. *Hebing Zixue Jiyun* cites *Ciyun* 109 times, but what is *Ci Yun*? Scholars are bewildered. The author examines various documents and compares four drama-rhyme books with the entries in *Ciyun* cited in *Zixue Jiyun*, and concludes that *Ciyun* cited in *Zixue Jiyun* is actually Chen Duo(陈铎)'s *Cilin Yunshi*(《词林韵释》).

Keywords: *Hebing Zixue Jiyun*(《合并字学集韵》); *Cilin Yunshi*(《词林韵释》);

Ciyun(《词韵》); explanation

Reasearch on the Alliteration Words of Full Reduplicant in the Adjacent Chapters of *Shijing*
Zhao Tuanyuan

Abstract: There are three situations in the corresponding words of full reduplicant in the adjacent chapters of *Shijing*: alliteration, quasi-alliteration and non-alliteration. The fact that the proportion of alliteration or quasi-alliteration reaches 57.5% proves that the alliteration or quasi-alliteration of adjacent chapters can be identified as a voice skill. The alliteration of words of full reduplicant in *Shijing* also appear between chapters separated by a chapter、you character format etc in the adjacent chapters、adjacent sentences, and the formats related to the AABB style, which are closely related to the voice skill.

In these cases, the objects that alliteration or quasi-alliteration words modify are generally the same, and the semantics are often similar. Some of the synonymous words are interpreted in the form of "AA 犹 BB 也" in *Maozhuan*, and some are interpreted by different words. Through the investigation of *Erya Shixun*, it can be found that there are many alliteration or quasi-alliteration words between the synonyms。

On the basis of the language, the voice skills are gradually developed from within a sentence to between different sentences and finally adjacent chapters.

Keywords: *Shijing*; the word of full reduplicant; alliteration of adjacent chapters; voice skill

The Theory of Chongyin(重音) and Chongyin in *Yili Yinyi*(《仪礼音义》)
Chu Limin

Abstract: There are two or more same phonetic notations in one entry in *Jingdian Shiwen*(《经典释文》), the version in use today, which was named as *Chongyin*(重音) by *Shao Rongfen*(邵荣芬). Since the early nineteen eighties, it has been paid close attention in the circle of the ancient Chinese language. Some scholars thought that it was for recording and storage of different views, and some were skeptical about it. There are thirty-one pairs of *Chongyin* in *Yili Yinyi*(《仪礼音义》) according to *Shao Rongfen's* research, which are main object of this paper. Those *Chongyin* would be researched one by one through the angles of textual criticism, Chinese phonology, Chinese exegetics, and Chinese phonological history. Most of the *Chongyin* were proved to be unreasonable, except for three situations when a *fanqie*(反切) before a doubtful character of *zhiyin*(直音) and when a *fanqie*(反切) after a character of *zhiyin*(直音) from the older notations.

Keywords: *Jingdian Shiwen*(《经典释文》); the theory of Chongyin(重音); *Yili Yinyi*(《仪礼音义》)

Prove and Illustrate the Corresponding Words in Ancient and Modern Literatures with the Jin Dialect

Liu Yuhe; Qiao Quansheng

Abstract: The five dialect words "圐圙、得脑、阁落、小厮、不差什么" selected in the dialect of Jin have been proved and illustrated with the corresponding words in ancient books, as well as revealed what they are and the rules of evolution from the angel of ancient pronunciation and their orientation in this article. The former three embody the way of consisting words for sound-divided words and ones embedded with "L" which are unique and dynamic in dialect of Shanxi province, and result from "圈、首、角". Especially pointed out that the words "圐圙、得脑" are not foreign words. Although the word "阁落" exists in Jin dialect and northern mandarin, but we haven't seen the phonetic examination of the word itself. From the pronunciation and phonetic evolution of "厮" in Jin dialect, the word is "孩", especially "boy". "不差什么" as an adverb, errors abound in broken sentences and interpretations in ancient books. In addition, the above five words in the "Modern Chinese dictionary" and "The Great Chinese Library" some entries omitted, some definitions are improper or even wrong.

Keywords: Jin dialect words; ancient books; sound-divided words

An Analysis on Extracting Attributes in the Project of Chinese Dictionary Database: Methods, Difficulties and Countermeasures

Liu Liqun; Zhang Yixiong

Abstract: The Chinese Dictionary database is a large-scale attribute database containing the information of the headwords and their phonetic notation, the morphological notation, their semantic notation, and the intercharacter relationship. The database based on the graphic and textural data of Chinese Dictionaries. The extraction and sorting of the attributes is of great importance to the database construction. This paper expounds the basic principles and general methods when extracting attributes in the database construction. This paper also puts forward the solutions towards extracting phonetic notation, the intercharacter relationship, and the correspondence between phonetic notation and definition in the headwords of Chongwen with the computer aided.

Keywords: Chinese Dictionaries in history; Database; The extraction of attributes

A Study of Song Binwang Manuscript Copy "*Shuowen Jiezi Liushu Lunzheng*" Collected in Shanghai Library

Zhang Xianrong

Abstract: As an important edition "*Shuowen Jiezi Liushu Lunzheng*", a rare calligraphy book of the early Qing Dynasty, the codex of Song Binwang(宋宾王) collected by Shanghai Library has been seldom studied in the academic circle. From the characteristics of the version, this text is not bound column, Tiantou(天头) and there are quite a lot of comments, the sequence and the end of the book with Binwang(宾王) handwriting postscript. Through the carding and textual research of these handwritten inscriptions and postscripts, the version can be recorded as "Song Binwang(宋宾王) manuscript copy in the early Qianlong period of Qing Dynasty". In terms of the former, in addition to a number of sentence reading, Binwang(宾王) used the most "○". The symbol plays an important role in the text, such as highlighting the radical prefix, distinguishing the original text of "*Yunpu*(《韵谱》)" from the preface of Wang Yu (王育), and emphasizing the intercharacter relationship involved in Wang Yu's(王育) original book. As for the latter, Binwang(宾王) shows the content and characteristics of his annotations from eight aspects, such as summing up the characters of homonyms and synonyms, marking four notes on the head of the characters, and marking four notes or pronunciations next to the characters difficult to read. A detailed textual research of this edition will not only help us to grasp the characteristics and value of this edition, but also explore its academic historical value from the perspective of "*Shuowen xue*"(说文学) in Qing Dynasty.

Keywords: Song Binwang(宋宾王) manuscript copy; *Shuowen Jiezi Liushu Lunzheng*; version features; prefaces and postscripts handwritten remark

《民俗典籍文字研究》征稿启事

《民俗典籍文字研究》是教育部国家人文社会科学重点研究基地北京师范大学民俗典籍文字研究中心主办的学术刊物，采取以书代刊的方式，由商务印书馆出版。本刊设立栏目有：中国语言学的自主创新、特别转载、学术思想研究、学术讨论、民俗学、民间文学研究、文献学、语法学、词汇学、文字学、训诂学、音韵学等。从2003年创刊至2011年每年一期，2012年开始增至每年两期，分别于每年6月、12月出版。《民俗典籍文字研究》欢迎海内外专家、学者赐稿。

本刊的口号是："植根民族的土壤，建设自信的学科"。本刊的选稿标准是：原创、科学、严密、有深度、扎实、规范。来稿篇幅一般以10000字以内为宜，选题特殊、内容涉及面广的稿件可不以此为限。

来稿注意事项如下：

1. 稿件请传Word与PDF电子文本至编辑部邮箱：bnumindianwen@126.com，联系电话：010-58806893　郭云琴老师。

2. 本刊实行匿名审稿，稿件正文及注释中避免出现影响匿名审稿的行文或注文。

作者姓名、简介（单位、职称、学位、主要研究方向）、准确的通信地址、电话及E-mail地址请另页。

3. 正文、注释及参考文献格式见下附"稿件格式要求"。

4. 除特别转载外，本刊只登此前未发表的作品，请勿一稿两投。编辑部在收到来稿的一至三个月内，对不准备采用的稿件，给作者发通知书，稿件一律不退，请自留底稿。三个月之内，对准备采用的稿件，给作者发通知书。一俟正式发表，即寄样书二册。

附：《民俗典籍文字研究》稿件格式要求

根据商务印书馆要求，特对本刊论文注释等体例统一规定如下：

一、一级标题序数为"一、二……"，二级标题为"（一）（二）……"，三级标题为"1、2……"，四级标题为"（1）（2）……"。

二、注释用当页脚注，全文序号相承。用六角号"〔1〕〔2〕〔3〕……"。

三、注释格式请按以下要求：

（一）中文专著,依次注明作者姓名、书名、页码、出版社、出版时间。如：

　　王力《同源字典》,第 310 页,商务印书馆,1982 年。

（二）中文论文,依次注明作者姓名、篇名、所载刊物年份及期数或所收文集名称及出版社、出版时间、页码。如：

　　吕叔湘《疑问・否定・肯定》,《中国语文》1985 年第 4 期,第 241 页。

　　罗常培《知彻澄娘音值考》,《史语所集刊》3 本 1 分(1931 年),第 136 页。

（三）中文古籍,属常用性质者,在正文中注明书名及篇名,不必出注。

四、参考文献,依次注明作者(主编)、书名、地名、出版社、出版时间。如：

　　李方桂《上古音研究》,北京：商务印书馆,1982 年。

　　王念孙《广雅疏证》,上海：上海古籍出版社,1983 年。

五、古文字请用扫描方式处理,请勿自造,以便编辑工作。

六、正文前请写 200～300 字中文提要,以及关键词 3～5 个。

七、全文后请附论文的英文题目、提要、关键词。

八、稿件一律用简体字。个别讨论中可能引起歧义者,可用繁体再加小括号注出简体。

北京师范大学民俗典籍文字研究中心
《民俗典籍文字研究》编辑部